中文社会科学引文索引（CSSCI）来源集刊

传统中国研究集刊

Journal of Historical China Studies

上海社会科学院《传统中国研究集刊》编辑委员会 编

第十六辑

Vol.16

上海社会科学院出版社
SHANGHAI ACADEMY OF SOCIAL SCIENCES PRESS

《传统中国研究集刊》编委会名单

学术顾问：李学勤　陈祖武　李　庆　陈鸿森

主　　编：王　健
执行主编：司马朝军

编委会成员（以姓氏笔画为序）：

马　军　马学强　王　健　王　敏　司马朝军
叶　斌　叶　舟　周　武　黄仁伟　熊月之

执行编辑（以姓氏笔画为序）：

王　健　池　桢　陈　磊　张晓东　秦　蓁

编　　务：徐佳贵

目　录

专稿

被遮蔽的学者
　　——朱文藻其人其学述要 ················· 陈鸿森/001

经子研究

《论语》词语考释二十五则 ····················· 杨逢彬/032
自然还是自由
　　——《老子》思想版图中的"自然"概念再辨析 ·········· 詹　刚/063

史学研究

宾道：商周燕飨礼制中君臣关系的新考察 ············· 李志刚/085
"体道行德"与秦帝国政治合法性的形上建构 ··········· 王　刚/113
宋元时期上海地区的节令风俗变迁 ················ 陈　磊/136
明代保甲法的成效与弊端探析 ·················· 薛理禹/147
清代武场防弊与舞弊问题述论 ·················· 李　林/158

文献考证

李承箕《大厓李先生诗文集》与庄昶《定山集》关系考 ······ 朱志先/172
周亮工《书影》与顾炎武《日知录》关系考 ··········· 王献松/194
清戏曲家顾麟瑞略考 ······················· 钱　成/215

李慈铭集外碑传铭文辑考 ················· 张桂丽/225
《诗经·邶风·谷风》"贾用不售"别解 ········ 叶雁鹏 汪少华/236

书评
一部整体社会史研究的典范之作 ············· 王玉贵/241
史志目录首次大规模的汇辑和整理
　　——《二十五史艺文经籍志考补萃编》编纂出版的学术意义 ··· 王承略/249

专稿

被遮蔽的学者
——朱文藻其人其学述要

□ 陈鸿森

摘　要：朱文藻(1735—1806)，清代乾嘉时期杭州地区知名学者，《清史列传》卷七十二有传。朱氏并无赫赫功名，前后十余次乡试，无所遇合，以一衿终老。他挟笔砚为衣食，以代人校书、编书、撰述为事，著作可考者，多达四、五十种。"委托代工"者，包括名公巨卿王杰、阮元、王昶，及著名金石学者黄易等。历来学界甚少关注"学术生态"底层——生员(秀才)的社会角色和生存处境。本文拟藉由朱文藻的个案研究，发掘、揭示清代下层知识人的科举困境、生活状态和学术代工的实景，期为清学研究提供一个新的视角。

关键词：朱文藻；《山左金石志》；《两浙輶轩录》；学术代工；乾嘉学术

作者简介：陈鸿森，台北"中研院"历史语言研究所研究员

一

长期以来，清代学术史研究，大多集中在顾炎武、黄宗羲、王夫之、钱大昕、戴震、段玉裁、高邮二王、章学诚等少数著名学者。也许由于自己出身底层，所以1989年我编次《陈鳣年谱》之后，[①]我的研究，即致力于发掘一些重要而长期被学界所忽略的学者，我搜罗他们的遗闻轶事，排纂其学行事迹，先后发表了《臧庸年谱》(2007)、《丁杰行实辑考》(2009)、《洪颐煊年谱》(2009)、《钱坫年谱》(2012)、《余萧客编年事辑》(2012)、《武亿年谱》(2014)，以及最近刚完成的《朱文藻年谱》。[②]

---

① 陈鸿森：《陈鳣年谱》，《历史语言研究所集刊》62本第1分，第149—224页。
② 陈鸿森：《臧庸年谱》，北京清华大学《中国经学》第2辑，第247—315页；《丁杰行实辑考》，《传统中国研究集刊》第6辑(上海人民出版社2009年版)，第274—307页；《洪颐煊年谱》，《历史语言研究所集刊》80本第4分，第691—771页；《钱坫年谱》，《中国经学》第9辑，第109—166页；《余萧客编年事辑》，《中国经学》第10辑，第65—95页；《武亿年谱》，2014年，《历史语言研究所集刊》85本第3分，第477—574页；《朱文藻年谱》，《古典文献研究》第19辑，第155—241页。

这些学者因长期乏人研究,相关传记资料久已湮薶,多数学者并无文集流传,如丁杰、钱坫、余萧客、朱文藻等人,丁杰甚至无完整的著作存世。要为这些学者编纂年谱,首先必须搜访他们的遗文佚诗、稿抄本,及由同时代学者的著作,和笔记、方志、族谱中,一鳞半爪的记载,以及散藏各地的书札,经年累月的钩稽爬梳,然后他们的身影像在显影剂中慢慢呈现,藉由这些学者生涯史的发掘,一些学术史湮失的断面逐渐复现;经由若干学者生涯史的重建,他们生活年代的"学术生态"也慢慢鲜明、鲜活起来,虽然历经两百年之久,这些学者似乎"死而不亡"。

我所从事的,尽是一些"见树不见林"的工作。但在我看来,许多学术名家大叙述的清代思想史、学术史著作,往往过于简化,就像多数的登山客,其实只在山的一隅,沿着已被走成的山径走了一段,也就算"入山"了,凭借着一些阅读经验和个人想象,他也可以大谈山中风景。其实,他所看到的"林",只是"视而可见"的林相外在的一层。而登山家攀岩、辟凿、探勘、筚路蓝缕,所看见的应该是不同的山的形态和意象。我不敢自诩为登山家,但半生在清代学术这座大山里讨生活,樵夫知见的山,相信和一般登山客观览所及的山,应该大异其趣。

2016年秋间,我编《朱文藻年谱》,可说是一趟不同经验的发现之旅,年谱编纂过程,我逐渐意识到,清代学术史其实存在着"明"和"暗"两个世界。过去学界很少关注"学术生态"底层——生员(秀才)的社会角色和生存处境,朱文藻应该是一个极好的样本。朱文藻(1735—1806),字映滑,号朗斋,出身寒微家庭,父亲是个铁工,为了谋生,从福建建宁迁居杭州。朱文藻十六岁丧父,刻苦自励,乾隆二十三年,二十四岁时补仁和县学生员。北京国家图书馆藏有他的诗集《朗斋先生遗集》,只有两卷,卷二《孙丈羡门自砀山书来,劝应秋试,并惠卷资感赋》,诗末自注:

> 予应乡闱者已十一举,今秋无意于此,适丈书来敦劝,不可负也,因努力再应之。①

我曾考证,这首诗应撰于乾隆五十三年。依诗注所言,他半生蹭蹬场屋,共十二次乡试,无所遇合。此诗颈联:"贫病儒生虚拔萃,蹉跎年数惜知非。"原注:

> 时方应选拔试,学使问年齿,以五旬对,惋惜久之,遂不录。

---

① 朱文藻撰,胡敬辑,《朗斋先生遗集》,道光二十五年崇雅堂刻本,卷二,第24页。

拔贡十二年选拔一次,每逢酉年乡试前举行,在五贡中最为社会所重视。乾隆五十三年预行正科乡试,所以,己酉拔贡提前于五十三年举行。乾隆五十二年岁考时,学政朱珪试古学,朱文藻名列第一,补廪膳生。试拔贡时,朱珪曾考虑录取他,但这年朱文藻实际年龄已五十四岁,朱珪只好作罢。朱文藻一生中唯一一次仕进机会,就此擦肩而过,这年乡试,他还是下第,只能以"名诸生"终其一生,是个典型的下层知识人。

朱文藻生活的年代,和钱大昕(1728—1804)同时,钱氏长朱文藻七岁。钱大昕主要的生活圈在苏州,朱文藻则在杭州,皆属江南名区。由于乡试有录取限额,主要依据各省文风高下、人口多寡和丁赋轻重而定,江、浙人文荟萃,才人辈出,举人乡试竞争尤其激烈。钱大昕科举之路极为平顺,十五岁补诸生;乾隆十六年,高宗南巡,钱大昕献赋一篇,召试一等二名,赐举人,授内阁中书学习行走,得以免去乡试的煎熬。钱大昕乾隆十九年,二十七岁时进士登第。乾隆二十四年、二十七年,先后担任山东乡试、湖南乡试正考官;乾隆三十年,他以翰林院学士派充浙江乡试副考官,这年朱文藻第三度应试。虽然两人只相差七岁,但一个是主考官,一个是应试举子,科举的成败,形成巨大的阶级差异,于此可见。钱大昕乾隆三十九年以四品少詹事出任广东学政,翌年丁忧;服阕,年方五十,即不再补官。归田后,长期在苏州紫阳书院讲学,安定的生活,使他能专意学术,最终成为一代史学巨擘。朱文藻同样研精史学,但科举不遇,决定了知识人不同的人生道路和学术趋向。① 他只能终生挟笔砚为人校书、编书,代人撰述为生。

古代学者不事生产,要长期从事智能活动,著书立说,极为不易,特别是像朱文藻这样,仅具秀才身份,绝大多数只能从事舌耕,担任塾师,依靠菲薄的馆谷收入糊口,一面继续准备科举应试。一些长于文才的生员,则被官僚、富商延聘为清客,代行笔砚之事。若有贵人引荐,这些生员也选择入幕,但除非具有刑名、钱谷长才,待遇稍丰,否则一般书记类的幕宾,收入仍然不多。这些诸生最终还是期望能通过科举而出仕,改变他的社会地位和经济收入。朱文藻久困场屋,为了生计,他长期馆于杭州著名藏书家汪氏振绮堂,前后长达二、三十年。振绮堂第一代主人汪宪(1721—1771),乾隆十年进士,以刑部员外郎乞养归。《清史列传》卷七十二《汪宪传》记载:

> 性好蓄书,丹铅多善本,求售者虽浮其值,不与较。家有静寄东轩,具花木水石之胜。朱文藻尝介严可均见宪,宪即馆之东轩,偕同志数人,日夕讨论经史疑义,又悉发所藏秘籍,相与校雠;稍暇则投壶赋诗为娱乐。②

---

① 朱文藻曾与钱大昕有过学术交往,《十驾斋养新录》卷十五"势都儿大王令旨碑"条载:"此与《朝城令旨碑》皆钱唐朱文藻朗斋所贻。"
② 《清史列传》,中华书局 1987 年点校本,第 5890—5891 页。

传中所言"朱文藻尝介严可均见宪",此处有误,"严可均"应为"严诚"之误,因严诚、严可均两人皆字"铁桥",史臣混淆,误以为严可均。① 当时朱文藻谋食常州靖江,其友严诚是杭州地区著名的才子,工诗善画,他以朱文藻所撰诗文出示汪宪,汪氏极赏识其才学,延揽他到振绮堂从事编校工作。② 汪宪本系甲科出身,有志撰述,当时振绮堂另有一位门客周锴,也是生员,周氏主经部,朱文藻则负责史部。③ 乾隆三十六年,汪宪过世,振绮堂宾客星散;第二代主人汪汝瑮接掌家业,朱文藻继续馆于其家,这时主要工作是教课汪氏子弟。振绮堂藏书连绵数代,直到咸丰年间洪杨之乱,藏书始散。④

汪氏藏书多精刊秘籍,朱文藻于汪宪生前,曾为编《振绮堂书录》十册。他长期在振绮堂从事编校工作,见闻益广,所学日进,厉鹗、杭世骏一些未刊稿、抄本,即经由朱文藻之手得以传行后世。丁申《武林藏书录》郁氏"东啸轩"条记载一则轶事:

> 所居骆驼桥,与厉征君樊榭山房近不一里,传录其秘册尤多。征君没后,其家出《辽史拾遗》手稿,潜亭(按郁礼,东啸轩主人)购之,中缺五十叶,百求不得。一日,至青云街,见拾字僧肩废纸两巨簏,检视之,皆厉氏所弃,征君平日掌录《辽史拾遗》在焉。亟市以归,棼如乱丝,一一为之整理,闭户两月,缀辑成编,适符所缺。振绮堂汪氏后为雕行,洵潜亭之功也。⑤

其实,厉鹗《辽史拾遗》手稿不止一本,振绮堂第三代汪璐所辑《藏书题识》,卷一"辽史拾遗"条曾引朱文藻《振绮堂书录》之说:

> 此书文藻乙酉岁(乾隆三十年)初馆振绮堂,首抄是书。先是,书贾以抄本求售,检校阙卷四之一。后又得手稿,主人属余汇录成完书,厘为二十卷。越岁戊子,吴西林同馆,复取郁陛宣(礼)本校过,遂成善本。⑥

---

① 参拙作《〈清史列传〉汪宪、朱文藻传订误》,将刊于《中国古籍文化研究:稻畑耕一郎教授退休纪念论集》(日本东京东方书店)。
② 钱大昕:《内阁侍读严道甫(长明)传》云:"……及补县学生,学使梦侍郎以国士目之。侍郎知其贫,问所需,长明曰:'贫乃士之常,闻广陵马氏多藏书,愿得一席为读书计耳。'因荐之卢运使见曾,立延致之。是时东南名士多假馆马氏斋,长明虚心质难,相与上下其议论,遂博极群书。"(《潜研堂文集》,上海古籍出版社1989年点校本,第665页)可见假馆知名藏书家,实当时寒士获取文化资源的重要途径之一。
③ 汪璐:《藏书题识》,上海古籍出版社2009年版,第14页。
④ 丁申:《武林藏书录》,《武林掌故丛编》本,卷下,第15—16页。
⑤ 丁申:《武林藏书录》,卷下,第27页。
⑥ 汪璐:《藏书题识》,第19页。

朱文藻乾隆三十年初到振绮堂时,首先抄录校订的,就是《辽史拾遗》,他根据厉鹗手稿和另一抄本残卷,将它"汇录成完书",编为二十卷。乾隆三十三年,吴颖芳(西林)同馆于振绮堂,又从郁礼借得东啸轩本参校,始勒为定本。此书振绮堂后人汪远孙曾刊刻行世,依据的就是朱文藻校录本。

厉鹗所著《东城杂记》,也是由朱文藻编录成书,汪璐《藏书题识》卷一引朱文藻《振绮堂书录》:

> 此文藻手抄。樊榭先生,吾乡名宿。……初居南湖,其后移家东园。暇日采录诸书,遂成是编,不加铨次,名曰《杂记》。振绮主人得其初稿有年,乾隆丁亥(三十二年),又得其手书续稿,因合前后录为二卷。①

可见《东城杂记》亦由朱文藻校录成书。古代学者一本书著作周期极长,学者孜孜矻矻,勤苦撰述,书稿完成后,往往限于财力,未能付刻。身后遗稿散出,幸而得遇有心之人,为它缮录清本,编次成书,或有可传之日;如不得其人,任其散落,作者结撰时的一番心血,转眼化为云烟。杭世骏所著《三国志补注》六卷,也是经由朱文藻之手校录成书,汪璐《藏书题识》引朱文藻之说:

> 此书文藻手抄。往岁丁亥(乾隆三十二年),有书贾以《三国志》求售,见其上方多墨笔细注,不书姓名,观其笔迹,是前辈杭世骏手书。……余既合数人力,录稿于史书之上;又别为庄书一通,厘为六卷,题曰《三国志补注》,盖其中引用诸条,皆裴《注》所未备也。②

《补注》并非杭世骏专意之作,而是他读《三国志》时,书页遍加批校和增注的夹签,以补裴松之《注》之遗缺。杭氏身后,此书流入书铺,书贾携至振绮堂求售,朱文藻认出是杭世骏笔迹,将它校录成书。杭世骏勤于撰述,晚年所著书多未付梓,朱文藻《榕城诗话跋》言:

> (杭氏)罢归后,尤勤于著书,年七十余,读书日以寸计。余生虽晚,犹幸得亲老成,备闻绪论。著述之富,撮其大者,若《史、汉疏证》、《三国志补注》、《金史补缺》、《历代艺文志》……每读一书,必有考证,零星墨沈,散见简编,若悉加裒辑,皆为后学

---

① 汪璐:《藏书题识》,第43—44页。
② 汪璐:《藏书题识》,第18页;另参同书第17页"三国志"条。

津梁。诸书间为藏弆家传抄,惟诗文集近已梓行。吾友鲍君以文,留意乡先辈论著,亟取余所录,刻入《丛书》。诗话自《榕城》而外,尚有《桂堂诗话》,家居所作,当更为校录,以成以文之美举也。①

可见杭氏《榕城诗话》亦朱文藻所录,鲍廷博取之刻入《知不足斋丛书》,其书始传于世。朱文藻说杭氏晚年家居时,另著《桂堂诗话》,"当更为校录",这书朱文藻后来未及"校录",书稿也就亡佚了。杭世骏晚年心血专注于《金史补》一书,这书和厉鹗《辽史拾遗》齐名,但遭遇则不如历书幸运。《金史补》稿本今已散佚,现在仅存《艺文志》、《风土志》,及列传六十三、六十四,稿本藏北京国家图书馆;南京图书馆另藏抄本五册,为《世纪》、《太祖本纪》、《太宗本纪》,其余各卷则不知所归。②杭世骏另著《史记疏证》、《汉书疏证》,稿本藏于北京国家图书馆,未署作者名氏,近年始由学者证实为杭氏著作。③杭世骏另有《后汉书疏证》、《北齐书疏证》两书,遗稿则不知流落何处。古人常说:"书之传否,殆有数存焉。"主要便是不得其人而传之。

厉鹗、杭世骏这样的文史名家,遗稿流传尚且如此不易,更遑论一般诗人、文士。北京国家图书馆藏张世荦诗集《频迦偶吟》抄本,目录钤有"汪鱼亭藏阅书"印,正文首叶有"文藻手抄"朱文方印,可知此册即朱文藻手抄本,卷首有朱氏《叙录》:

> 先生卒年七十五,子若孙力不能葬。汪渔亭,先生同年友也,为醵资营兆。……著《频迦偶吟》,皆手稿未定,予为手钞二百余篇。④

张世荦是乾隆九年浙江解元,⑤深于佛典,乾隆《杭州府志·文苑》有传。⑥张氏卒后,朱文藻为他编录遗诗,手抄两百余篇,藏之振绮堂,张氏诗稿因此得以一线仅存。

前面提到的朱文藻挚友严诚,乾隆三十二年,客游福建时染痊病逝,朱文藻为他编录《铁桥全集》,另写一帙寄严诚朝鲜友人洪大容(1731—1783)。《铁桥全集》未付刻,中国并无传本,朱文藻原抄本现藏韩国檀国大学退溪纪念馆,已缺第三、第五两册;首尔大学中央图书馆藏一传抄本,五册俱全。洪大容是朝鲜北学派先驱,朱文藻这一抄本,不仅为严诚"续命",也为清代中、朝文化交流史留下具体的见证。

---

① 杭世骏:《榕城诗话》,鲍氏《知不足斋丛书》本,卷末。
② 徐旭晟:《杭世骏〈金史补〉稿抄本及其史学价值》,《史林》2014年第6期,第52—59页。
③ 董恩林:《佚名〈史记疏证〉、〈汉书疏证〉作者考》,《历史研究》2010年第3期,第183—188页。
④ 张世荦:《频迦偶吟》,北京国家图书馆藏乾隆三十六年朱文藻抄本,卷首,第1页。
⑤ 邵晋涵纂,《杭州府志》,乾隆四十九年刊本,卷七十一《选举》,第53页。
⑥ 邵晋涵纂,《杭州府志》,卷九十四,第33—34页。

朱文藻长期馆于振绮堂,因此,与杭州地区大多数藏书家皆有来往,他所撰拜经楼藏《宋椠汉书跋》言:

> 余馆武林汪氏者垂三十年,汪氏有振绮堂,为藏书之所。与同郡诸藏书家,若小山堂赵氏、飞鸿堂汪氏、知不足斋鲍氏、瓶花斋吴氏、寿松堂孙氏、欣托山房汪氏,皆相往来,彼此互易,借抄借校,因得见宋椠、元抄不下数百十种。①

由于富饶的社会经济条件,加上深厚的人文底蕴,江、浙出现不少著名藏书家,浙江藏书风气尤盛。乾隆三十七、三十八年,清廷采访天下遗籍,编纂《四库全书》,清高宗特别谕令浙江巡抚加意访购。从乾隆三十七年秋到三十九年夏,浙江省分十二次进呈,所征集到的善本秘籍,多达四千五百二十三种。《高宗实录》卷九五八记载三十九年五月十四日内阁奉谕:

> 江、浙两省藏书家呈献者种数尤多,……今阅进到各家书目,其最多者,如浙江之鲍士恭、范懋柱、汪启淑,两淮之马裕四家,为数至五六七百种,……着赏《古今图书集成》各一部,以为好古之劝。又进书一百种以上之江苏周厚堉、蒋曾莹,浙江吴玉墀、孙仰曾、汪汝瑮,及朝绅中黄登贤、纪昀、励守谦、汪如藻等,亦俱藏书之家,并着每人赏给内府初印之《佩文韵府》各一部,俾亦珍为世宝,以示嘉奖。②

浙江负责经进事宜的学官张羲年等人,事后将十二次采进书目编为《浙江采集遗书总录》一书。当时进呈之书,每书撰有简明提要,以供四库馆臣甄选采录,这项分校工作共十人,主要由省内绩学的教谕、训导和举人担任,而朱文藻因熟谙四部源流、书林故实,特别以生员身份参与分校工作。征书后期,浙江巡抚极力催索,几乎竭泽而渔,而藏弆家则穷于应付。以振绮堂为例,朱文藻《重校说文系传考异跋》述及:

> 岁壬辰(乾隆三十七年),值朝廷开四库馆,采访遗书,于是武林诸藏书家各踊跃进书。而比部(汪宪)之子名汝瑮字坤伯者,先以储藏善本,经大吏遣官精选得二百余种,汇进于朝;最后中丞以振绮藏书选剩者尚堪增采,命重选百种,以毕购访之局。盖其时浙省进书已约五千余种,此百种者当在五千余种之外,搜罗极难。③

---

① 吴寿旸:《拜经楼藏书题跋记》,《续修四库全书》本,卷二,第2—3页。
② 《高宗实录》,中华书局1986年版,卷九五八,第22—23页。
③ 朱文藻:《说文系传考异》,光绪八年,徐氏八杉斋校本,卷末,第3页。

振绮堂前后进书三百余种。可以想见,朱文藻因熟习四部群籍及杭郡藏书社群网络,浙江遗书采访工作,他应扮演着重要的角色;尤其到了征书后期,珍本日少,他应较同时分校诸人,更能调剂其事。后来朱文藻应四库馆副总裁王杰之邀,入京佐校《四库全书》(详下),大概即因他参与采集遗书时特出的表现,深为当时学政王杰所赏识。①

朱文藻博闻多识,除参与浙江遗书采访工作外,鲍廷博汇刻《知不足斋丛书》,其中不少罕见之书,即由朱文藻佐其参订、校勘。乾隆四十一年春,朱文藻撰《知不足斋丛书序》,中言:

> 余馆于振绮堂十余年,君借抄诸书,皆余检集;君所刻书,余尝预点勘。余与君同嗜好,共甘苦,君以为知之深者莫余若也。②

其他为《知不足斋丛书》撰序者,有卢文弨、王鸣盛等经史名家。朱文藻虽只是个生员,但与鲍廷博相知相得,因此鲍氏特地请他撰序,俾与《丛书》一同留名后世。

当时浙西学者撰述,颇多获益于朱文藻之助者,如周广业、崔应榴著《关帝事迹征信编》,书后《附记》即言:

> 自惟谫陋,兼少藏书,编纂方兴,其难戛戛。幸绿饮鲍君插架甚富,时从披阅,即进呈遗书中所称知不足斋本也。鲍庐(按卢文弨)、嘉树(倪一擎)、诚斋(朱鸿钧)、朗斋……诸君又各发笥箧,参酌是正。③

其后,万之蕙、吴宝彝继纂《汉关侯事迹汇编》,朱文藻亦列名参订。另如吴颢辑《国朝杭郡诗辑》,《序》中言:

> 搜集所本,除名家专集,及《诗观》、《别裁》所选外,有孙可堂以荣《湖墅诗抄》、赵笠亭时敏《郭西诗抄》、柴临川杰《浙人诗存》。又于朱朗斋文藻处得二百余家,以增补所无。④

---

① 王杰于乾隆三十六年秋至三十九年秋任浙江学政(钱实甫编,《清代职官年表》,中华书局1980年版,第2671—2672页),正浙江大力采集遗书之时。
② 鲍廷博纂,《知不足斋丛书》第一集卷首,第3页。
③ 周广业、崔应榴:《关帝事迹征信编》,乾隆三十八年参和堂刊本,卷末《附记》。
④ 吴颢辑,《国朝杭郡诗辑》,嘉庆五年,守惇堂刊本,卷首,第1页。

朱文藻娴熟乡邦文献，吴颢编《杭郡诗辑》，因得朱文藻之助，为他增补遗阙计二百余家，可见朱文藻平素搜访之勤和周览之博。乾隆四十九年，邵晋涵受聘重订《杭州府志》，亦延朱文藻协助校订，乾隆《杭州府志》卷前《修辑姓氏》虽不列朱文藻之名，但阮元《两浙𫐐轩录》卷十五"吴允嘉"条引朱文藻《碧溪诗话》：

> 石仓先生……尝手辑《钱塘县志补》，皆魏《志》所未备。予预修《府志》，取以补入。①

《拜经楼藏书题跋记》卷五"海昌闺秀诗"条载录吴骞《蕉雨楼吟·跋》，亦言：

> 余从花溪倪砚翁借得全稿读之，惜其才之饶而志之苦也。……会当事有重修郡乘之举，纂修为姚江邵太史晋涵，分掌艺文者仁和朱茂才文藻，皆于余有故，因即录集名贻之，以存海昌名媛之一种。②

吴骞跋文证实了朱文藻确曾参预《杭州府志》的修订工作。朱文藻一向留意乡邦文献，王昶纂《西湖志》，他曾参与分纂，瞿世瑛《清吟阁书目》卷一著录朱文藻《西湖志略》稿本，③或即修《西湖志》时所撰。《清吟阁书目》另著录朱氏《武林旧闻》稿本二册，④孙峻亦说朱文藻曾著《武林坊巷志》；⑤而《两浙𫐐轩录》卷四十"周志蕙"条引朱文藻《碧溪诗话》：

> 予辑《武林耆旧诗》，访求殿撰诗不得；而《浴碧轩诗》则为石泉所手录、裒入陈氏家集者，因得尽读之。⑥

则朱文藻另编有《武林耆旧诗》。综上所述，他协助邵晋涵重订《杭州府志》，当不只吴骞所言"分掌艺文"而已。惟因朱文藻夙负文献盛名，为免喧宾夺主，故乾隆《杭州府志·修辑姓氏》不列其名，他只能以"影子"的形式存在。

---

① 阮元：《两浙𫐐轩录》，《续修四库全书》本，卷十五，第39页。
② 吴寿旸：《拜经楼藏书题跋记》，《续修四库全书》本，卷五，第46页。
③ 瞿世瑛：《清吟阁书目》，民国七年，仁和吴氏双照楼刊本，卷一，第25页。
④ 瞿世瑛：《清吟阁书目》，民国七年，仁和吴氏双照楼刊本，卷一，第18页。
⑤ 孙峻：《武林坊巷志·序》，丁丙《武林坊巷志》，浙江人民出版社1987年点校本，卷首，第5页。
⑥ 阮元：《两浙𫐐轩录》，卷四十，第35页。

二

科举,对于广大寒窗苦读的举子而言,是改变社会阶梯唯一的选择,但它却是一条漫漫长路,不知闲白多少少年头,多数士子人生三分之一以上的岁月皆消耗于此。不少士子中举时年过四十,四、五十岁进士登第,已缺乏活力,才开始初仕,因而整个文官体系年纪偏大,这是科举时代社会发展迟滞的一个主要原因。

朱文藻乾隆二十三年,二十四岁时补诸生,次年第一次参加乡试,到乾隆五十三年第十二次乡试,时间长达三十年。五十三年以后,他是否继续应举,未见明文记载,但乾隆五十八年他给邵晋涵的信说:

> 文藻塾课汪氏,历十二年之久,平居人事鞅掌,浏览泛应,竟无一事成就,可以质之高明。学业日荒,蹭蹬场屋,颓然一老诸生。明年周甲,黄发苍苍,青云之志从此隳矣。①

玩味文意,似乎朱文藻六十岁以前,乾隆五十四年己酉科、五十七年壬子科乡试,他还应考。最后,已届花甲,"青云之志"只好断念,以一衿终老。这漫长的科举岁月,他除"塾课汪氏"之外,还代人编书、撰述,博取微资,贴补家用。清高宗采访天下遗书时,振绮堂主人汪宪已卒,由长子汪汝瑮接掌家业。振绮堂进书三百余种,其中有两种署名汪宪著,即《说文系传考异》六卷和《苔谱》五卷。②这两书其实是朱文藻所撰,朱氏《说文系传考异跋》固明言:

> 南唐徐锴《说文解字系传》四十卷,今世流传盖尠,吾杭惟城东郁君陛宣购藏抄本。昨岁因吴江潘君莹中,获访吴下朱文丈游,从其插架借得此书,归而影写一过。复取郁本对勘,讹阙之处,二本多同;其不同者十数而已,正讹补阙;无可疑者,不复致说。其有与今《说文》互异,及传中引用诸书,随案头所见,有与今本异者,并为录出,作《考异》二十八篇。又采诸书中论列《系传》及徐氏事迹,别为《附录》,分上下二

---

① 朱文藻:《与邵二云书》,转引自朱炯《新发现的〈南江先生年谱初稿〉及其文献价值》(《史学理论与史学史》2014 年卷)。此札朱君从余姚市文物保护管理所藏朱兰《南江先生年谱初稿》稿本录出,惟录文鲁鱼亥豕,拙稿《朱文藻碧溪草堂遗文辑存》有校录文(《正学》第 4 辑,江西人民出版社 2016 年版,第 395—396 页)。
② 参拙作《〈清史列传〉汪宪、朱文藻传订误》;按汪宪另著《易说存悔》二卷,《四库全书总目》列于存目(卷十,第 26—27 页),其书乃"编修邵晋涵家藏本",非由振绮堂进呈。

篇,随见随录,故先后无次,并附于后。①

现在存世的《说文》完本,可分大徐本和小徐本两个系统。南唐时,徐锴校订本名《说文系传》,其书卷一至卷三十为《通释》,是全书主体部分,专阐释许慎的说解,卷三十一以下,依次为《部叙》、《通论》、《祛妄》、《类聚》、《错综》、《疑义》,卷四十为《系述》,即此书之序,说明各篇著述的旨趣。这书是《说文》第一个注释本,世称"小徐本",陈振孙《直斋书录解题》极称"此书援引精博,小学家未有能及之者"。宋太宗雍熙三年(986),徐锴之兄徐铉奉诏校定《说文》,这个官定本称"大徐本"。大、小徐本皆以刊定唐代李阳冰改定本为名,但二者文字时有出入。清代通行的《说文》,主要是毛氏汲古阁本,属大徐系统。而小徐本传行甚微,元、明以来仅有少数抄本流传,但即便是抄本亦极罕见。乾隆三十四年冬,汪宪听说苏州藏书家朱奂(文游)滋兰堂藏有《系传》抄本,因以振绮堂之名,由朱文藻亲赴苏州商借。朱文藻借到《系传》后,即影抄一部,由振绮堂收藏。滋兰堂本是个抄本,文字传写颇多讹误,因此,朱文藻又借杭州郁氏东啸轩所藏另一个抄本对勘,并取汲古阁本《说文》参校。《系传》的《通释》部分,主要是疏证古义和诠释名物,故徐锴多引群籍以证释古义。他所引诸书,文字有与今本异者,朱文藻也一并校录。朱氏将这些校语录为《说文系传考异》二十八篇,后来并合为四卷。所谓"考异",亦即"校勘记"的别称。朱文藻将《系传考异》附于振绮堂本之后;他另采辑《系传》序跋、评论文字和二徐事迹,编为《附录》二卷。附带一提,朱文藻为知不足斋所校各书,亦多辑有类似的《附录》,以便读者参阅,这是他博洽多闻的一种体现。

朱文藻将《说文系传》归还滋兰堂时,特地将自己所撰的《考异》、《附录》另写一帙,附于滋兰堂本之后,作为答谢。②因《系传》抄本外间本极罕见,又经朱文藻详加校勘,更为难得。因此,滋兰堂本《系传考异》便不胫而走,不少学者辗转传抄,后来竟流传到北京的学术社群。而振绮堂抄本,则署汪宪之名,由浙江采进送到四库馆。不久,四库馆本《系传考异》也被传录,流布于外。陆心源《皕宋楼藏书志》卷十三著录汪宪《说文系传考异》,有乾隆四十三年九月丁杰手跋:

> 去岁冬,锦鸿(丁杰原名——引者注)借灵石何庶常(指何思钧——引者注)抄本

---

① 朱文藻:《说文系传考异》,卷末,第1页。
② 朱文藻致文翁宗老先生答谢函云:"春夏以来,两奉候札,想并蒙省览。顷潘莹中先生来杭,得稔近安,深慰鄙怀。承假《说文系传》,本拟速为抄竣,适入夏后猝遭鱼亭先生尊人大故,未免间以他务停止,嗣因勉赴秋闱,又停一月,蹉跎至今。抄毕之日,正欲造堂面缴,快聆清诲,恰值潘先生有还吴之便,原书附顺奉上。外有《考异》二十八篇、《附录》二篇,合为一册,并呈教政。"

影抄;同时海宁沈鲍尊(指沈心醇——引者注)亦影抄一本,乃大兴翁学士(指翁方纲——引者注)本也。翁本无篆文,惟何本有之,误谬实多。今年春,朱君映辰至京师,嘱其手自校正,并益《附录》数条。迩与歙县程易田(指程瑶田——引者注)闲谈,始知何庶常借易田本影抄,易田本又出于长洲汪竹香(指汪元亮——引者注)。易田云:"竹香绝秘惜此书,不肯语人。"前年秋,将往丰闰整顿书籍,偶为易田所见,强借得之。锦鸿与竹香交最深,始终不知其有此书也。戊戌重阳后一日记。①

这一传抄本作者署名汪宪,显然是从四库本传录。丁杰同年六月另有一跋说:

初见此跋(指朱氏《说文系传考异跋》——引者注),心疑即朱君所撰书也。今询朱君,果如余所料,抃喜者累日。辇下诸公传抄者并署朱君名,不复知有嫁名汪主政事,乃据吴门副本耳。②

所谓"据吴门副本",知由苏州滋兰堂本传写,这个系统的抄本则题朱文藻原名。从丁杰跋文所述,当时京中知名学者竞相抄传《系传考异》,可见此书见重于学林之一斑。朱文藻这书以现在学术眼光来看,自然尚有许多不足之处。乾隆四十七年,汪启淑从四库书录出《说文系传》,校刻于京师,小徐本因此复行于世,校勘其书者纷纷而起,陈鱣、钮树玉等对大小徐本《说文》所校尤称专诣;嘉庆、道光以后,王筠著《说文系传校录》,承培元等撰《说文系传校勘记》,皆后出转精,较朱文藻《考异》所校尤邃密。但学术发展本来即由粗而精,先河后海,不能以后来不同的研究条件来苛责前人之疏。四库馆臣对《系传考异》给予极高的评价:

南唐徐锴作《说文系传》四十卷,岁久散佚。……据王应麟《玉海》,则宋时已无完帙矣。……好事者秘相传写,鱼鲁滋多,或至于不可句读。宪所见者仍属影宋抄本,然已讹不胜乙。因参以今本《说文》,及旁征所引诸书,证其同异,以成是编,讹者正之,其不可解者则并存,以俟核正。……韵书、字书节目繁碎,从未有缕析旧文,彻

---

① 陆心源:《皕宋楼藏书志》,《续修四库全书》本,卷十三,第12页。丁丙《善本书室藏书志》卷五"说文系传考异一卷附录一卷"条亦曰:"右书因《说文系传》世无善本,传写讹脱,殆不可读,乃杂考诸书,正其异同。《附录》一卷,皆诸家论《系传》语也。汪启淑刊《系传》四十卷并《附录》,而遗此《考异》。乾隆壬辰,开四库馆,采访遗书,武林诸书家各以善本经大吏汇进于朝,先后凡五千余种,浙抚复令振绮堂后人汪汝瑮增选百种续进,遂以此应选,题为汪宪撰,实则朱文藻所校录也。有文藻三跋。文藻字朗斋,自号碧溪居士,钱塘诸生。此诚吾杭艺林掌故也。"
② 陆心源:《皕宋楼藏书志》,《续修四库全书》本,卷十三,第12页。

首彻末订舛互而汇为一编者。宪作是书,亦可云留心小学者矣。末有《附录》二卷,乃朱文藻所编,上卷为诸家评论《系传》之词;下卷载锴诗五首及其兄弟轶事,亦颇费搜罗。①

这代表主流社群对《考异》学术价值的一种认定。《四库全书》一般不收录见存者著作,《系传考异》因署汪宪之名,故得以编入。四库著录之书别择极严,古今著作见存者不下数万种,而被四库著录者仅三千四百六十余种。对一个屡试不第的秀才而言,著作能被四库著录,自然是一种莫大的殊荣。

朱文藻虽屡试不遇,但其博学之名久著于外,因此,他多次被当时名公巨卿延请协助编校事宜,《清史列传》卷七十二《朱文藻传》记载:

> 王杰督学浙江,延访之至京师,佐校《四库全书》;复奉敕在南书房考校。尝游山左,阮元、孙星衍与之商订金石,成《山左金石志》。后复为王昶修《西湖志》,纂辑《金石萃编》、《大藏圣教解题》等书。②

传中提到的王杰、阮元两人,后来官至大学士,位极人臣;王昶则以刑部侍郎致仕,三位都是乾嘉时期名宦重臣,这意味朱氏才学当时已受到高层比较普遍的肯定。

王杰特地延请一个科举失意者入都佐校四库书,从某种意义而言,此举不啻对科举选士功能的一种否定。王杰本人是乾隆二十六年恩科状元,是少数西北出身的一甲进士,素孚清望,极为清高宗所赏识。他于乾隆三十六年九月至三十九年八月、四十一年正月至四十二年八月、四十五年三月至四十七年四月,三度出任浙江学政。③周春《耄余诗话》记载,乾隆三十七年岁考时,王杰试古学,朱文藻名列第一,④大概因此受知于王杰,这年他即以生员身份参与浙省遗书采进工作,后更受邀入京佐校四库书。史传未载朱文藻入都之年,据梁同书《文学朗斋朱君传》言:

> 戊戌入都,应王文端公(杰)之聘。文端适视学浙中,君偕之归。⑤

---

① 纪昀等撰,《四库全书总目》,乾隆间武英殿刻本,卷四十一,第10—11页。
② 《清史列传》,中华书局1987年点校本,第5891页。
③ 钱实甫编,《清代职官年表》,第2671—2677页。
④ 周春:《耄余诗话》,《续修四库全书》本,卷四,第3页。
⑤ 朱文藻:《朗斋先生遗集》,卷首,第2页。

则朱文藻入都佐校在乾隆四十三年。另据《朗斋先生遗集》卷二《戊戌元夕发北关》、《哭黄春帆》两诗,①可知朱文藻这年元宵,与毛熙台、王宾、戴根香、许聿、黄春帆五位入京参加会试的浙江举人同船北上;二月,抵北京。这时王杰任四库全书馆暨三通馆副总裁,因朱文藻长于史部及簿录之学,特地邀他入都襄佐校订之事。

四库馆修书,是盛世王权文化力的一种展现,因系皇家官书,所以特别慎重,每一书缮写就正后,需经分校校订、总校覆勘,然后总裁抽阅,往复几次发出、收回,校订无误后,才勒为定本。当时不少落第的举人,淹留京师,以待下科会试,谋生之道,就是为四库馆校书,主要是协助分校校订。②朱文藻迢迢千里北上,他所从事的,应和这些举人有别。科举时代治经者多,博通史学者少,朱文藻由浙入京,我推想主要是协助王杰覆勘史部群籍及修订提要。另外,南京图书馆藏朱文藻未刊稿《校订存疑》抄本三册,第二册为《续三通校语》,卷首有朱氏识语:

> 乾隆戊戌(四十三年),应韩城王少宰惺园先生之招入都,馆于虎坊桥,校阅三通馆续纂《三通》。凡所引正史,有原文可疑者皆签出,加按以志疑。③

《续三通校语》卷一至卷四为《续通典》,计五十一叶;卷五至卷七为《续通志》,计五十四叶;《续文献通考》未见校语。据此可知,朱文藻除佐校四库书外,还协助校订三通馆所纂的《续三通》。

但上引《清史列传》所言,朱文藻曾"奉敕在南书房考校",此事梁同书《朗斋朱君传》不载,我觉得颇有疑义:一、梁同书《朗斋传》说他"食饩以终其身",如朱文藻曾"奉敕在南书房考校",此为寒士莫大的殊荣,梁同书撰《传》所宜大书特书者,今却无一语记及此事,未免可疑。二、南书房乃内府重地,非一介诸生所能亲近,倘朱文藻曾"奉敕在南书房考校",则不应"食饩以终其身"。三、他如"奉敕在南书房考校",不应王杰"视学浙中",朱文藻即偕之南归。四、朱文藻晚年撰《金石萃编跋》,曾追述平生经眼金石之富:

> 窃幸文藻毕生能窥金石之美富,殆有天焉。先是,客京师,寓大学士韩城王文端公邸第,值文端充《续西清古鉴》馆总裁,得见内府储藏尊彝古器摹本三百余种。后

---

① 朱文藻:《朗斋先生遗集》,卷二,第1—2页。
② 如许宗彦《丁教授(杰)传》言:"举乡荐入都,时方开四库馆,任事者多延之佐校,小学一门往往出其手。"(《鉴止水斋集》,《续修四库全书》本,卷十七,第12页)周春《蓬庐文钞·序》言:"计偕北上,时纂四库书,馆阁亟需校勘,争相延致。君肆应精详,各餍所请舁以去,凡卷帙经君寓目者,悉成善本。"(周广业:《蓬庐文钞》,《续修四库全书》,卷首,第1页)
③ 朱文藻:《校订存疑》,南京图书馆藏朱氏未刊稿抄本,册二,卷首。

客任城小松司马署,得见济宁一州古今碑拓数百种。……继客济南,赴阮中丞芸台先生之招,……得见全省拓本千数百种,赞成《山左金石志》,刻以行世。今又得见先生(指王昶——引者注)所藏寰宇碑墓,几一千余种,刻成《金石萃编》一百六十卷。夫拘墟寒士,虽有金石之好,欲购藏则无赀,欲远访则无事。兹文藻前后所见,多至四千余种,自幸以为海内嗜古之士,企及此者亦难矣。①

《跋》中无一语谈到"奉敕在南书房考校"事,则《清史列传》所言应非史实。史传所说的"在南书房考校",与此《跋》所言"文端充《续西清古鉴》馆总裁",应该同为一事,则"奉敕在南书房考校"者乃王杰,而非朱文藻。

根据我的考证,《西清古鉴》乾隆十六年修成后,乾隆四十五年春,王杰奉命续纂,朱文藻因此得"见内府储藏尊彝古器摹本三百余种"。但这年三月十四日,王杰再度奉命提督浙江学政,②《西清续鉴》修纂之事因而中辍;十三年后,乾隆五十八年,王杰再度奉命续纂,始告成书。③朱文藻虽无缘参与编修《西清续鉴》,但一介寒士能见到内府秘藏的尊彝古器摹本数百种,也是一种奇缘。梁同书《朗斋朱君传》说:"文端适视学浙中,君偕之归。"《朗斋先生遗集》有一首《庚子四月十五日出都,良乡道中作》,④可知他于乾隆四十五年四月出京。朱文藻前后在北京两年余,校书之暇,他还为王杰京邸藏书编了一本《葆醇堂藏书录》,这书未刻,北京国家图书馆藏有道光九年刘喜海味经书屋抄本两册,书分八类,与一般藏书志分类、排次不同。过去学者误以此书为朱文藻的"自藏书目",⑤但我考证,"葆醇堂"应该是王杰斋名。朱文藻这次北上校书,省俭节余,积攒了一些钱,回杭州后,在艮山门外庀材盖屋,命名为"碧溪草堂"。但三年后,乾隆四十八年十一月,邻居失火,碧溪草堂不幸波及,同遭回禄,真所谓"造化弄人"。

---

① 王昶:《金石萃编》,《续修四库全书》本,卷首,第2页。
② 《高宗实录》,卷一一〇二,第22页。
③ 拙稿《〈清史列传〉汪宪、朱文藻传订误》。
④ 朱文藻:《朗斋先生遗集》,卷二,第11页。
⑤ 郑伟章《文献家通考》以《葆醇堂藏书录》为朱文藻"自藏书目"(中华书局1999年版,第420页),其说非是。按王杰著《葆淳阁集》二十四卷,"淳"、"醇"音同义近,葆淳(醇)堂盖王杰斋名,检《藏书录》著录胡奕勋编《十三经类纂》十二卷、《续集》十九卷,朱文藻按语云:"此书抄本,得于浙中胡氏所呈之手稿也"(上册,第27页);又徐咸清《资治同文》三十册,朱氏按语:"此书抄本从越中传钞,校对、缮录皆越郡诸生,卷首及面页各题识姓名。第二册有《校对凡例》十四条,乃会稽诸生王霖所定。"(上册,第30—31页),知此二书皆王杰乾隆三十六年至三十九年任浙江学政时,由浙中传钞所得。另据《说文解字系传》条,朱文藻按语云:"此书……末附《考异》二十八篇、《附录》二卷,则刑部员外郎钱塘汪宪与文藻同校是书而作。……此本借钞于汪氏振绮堂,即宪家藏校本。"按朱文藻:《重校说文系传考异跋》,自言《说文系传考异》原稿藏于己家,如葆醇堂为朱文藻藏书之所,渠何须更从振绮堂"借钞"?即此一条,可断言《葆醇堂藏书录》断非朱氏"自藏书目"矣。

朱文藻应王杰之聘入京佐校《四库全书》，此行想必为他在杭州学术圈增加不少名望。他南归后，先后应邀为汪氏欣托山房校勘《十六国春秋》一百卷；南京图书馆所藏朱文藻未刊稿《校定存疑》抄本册三，是乾隆四十六年夏、秋间，他为欣托山房所刻的《隶释》、《隶续》两书所撰的校勘记。四十七年夏，又为欣托山房校《韵补》，并协助王昶重修《西湖志》；四十九年，协助邵晋涵重订《杭州府志》。乾隆五十年，为孙氏寿松堂校勘《资治通鉴》，以寿松堂所藏宋刻本，与明人路进刻本、天启五年陈仁锡刻本对校，有校记六卷，这些皆其荦荦大者。其后，又为陶元藻增补《全浙诗话》。乾隆五十八年冬，他给邵晋涵的信中谈及：

> 数年来受萧山陶篁村先生之托，以所辑《全浙诗话》属为补遗，因此博考诸家文集，外及山经地志、说部杂家、名人书画真迹，无不采录，积稿可得百十卷，而津涯浩瀚，迄未成书。今岁应兖州运河司马黄小松之聘，就馆济宁，课读其子。司马富于金石，属纂《济宁金石录》，响拓其文，摹绘其画，备采诸家题跋，附以管见考证，创稿于夏，已成十之七八，开春可以脱稿。①

这信谈到两件事，皆历来学者所忽略的，一是他为陶元藻增订《全浙诗话》，另则为黄易代撰《济宁金石志》。此信未明言他为陶元藻增订《诗话》始于何年，但朱文藻《碧溪诗话》有一条言："庚戌春，凫亭丈以《全浙诗话》属余增订。"②则经始于乾隆五十五年春，至五十八年冬，积稿已逾百卷。这书后来重加删并，编为五十四卷，于嘉庆元年冬付刻。《全浙诗话》载录的浙籍诗人，自越王句践起，至乾隆间诗家，共一千八百八十五人，所采之书多达六百余种。陶元藻本是个诗人，著有《泊鸥山房集》，及《凫亭诗话》二卷、《越彦遗编考》五卷、《越画见闻》三卷，篇幅皆不大。《全浙诗话》则多达五十四卷，是清代少有的大型诗话。一般诗话内容，不外纪本事、寓品评、赏名篇、标隽句，藉由名家说法，度人以金针，内容不拘长短，随兴为之。而《全浙诗话》则属辑录体诗话，与前述赏鉴品评型的个人诗话不同。既属辑录体，首要条件便是取材要丰富、采撷力求完备，因此，除诗文别集外，举凡"山经地志、说部杂家，以至名人书画真迹，无不采录"。这书时间跨度上下两千年，所涉既广，要搜罗完备本即不易，兼综条贯尤非易事。《全浙诗话》最大的特色则在辨正故实，对诗人事迹、诗篇掌故，寻源溯流，订讹正俗，这自然不是一般诗家文士所能为功。书中一些考证，间加"文藻按"，但他为陶元藻加工增订补遗者，当然不止"文藻按"这几十条，

---

① 朱文藻：《与邵二云书》，见拙稿《朱文藻碧溪草堂遗文辑存》。
② 阮元：《两浙𨎭轩录》，卷三十一，第18页。

朱文藻不过藉此留下自己"代工"的痕迹和线索，俾后人可藉以寻踪考实；我们下面将谈及的，他为阮元编《两浙輶轩录》，也留下 76 条"朱文藻曰"的线索。过去研究者并不知道朱文藻曾费数年之功，为此书作了大量加工、增补工作，①现由他给邵晋涵的这封信，我们才知道此书和黄易《济宁金石录》背后，还有这么一段被湮霾的故实。

黄易（1744—1802）是乾嘉时期著名的金石学者，字小松，号秋盦，精究河防事宜，长期在山东河道任官。黄易好收藏金石铭刻，宦辙所到，山岩僻野，无不搜访椎拓，最为学界称道的是，在山东嘉祥发现武梁石室画像，《清史列传》卷八十三《黄易传》说：

> （黄易）尤嗜金石，寝食依之。在济宁升起郑季宣全碑，于曲阜得熹平二年残碑；于嘉祥之紫云山，得武斑碑、武梁祠堂石室画像，即其地筑室砌石，榜曰"武氏祠堂"，立石以记之。……四方嗜古之士，所得奇文古刻，无不就正于易者，以是所蓄金石甲于一时。……翁方纲尝曰："黄伯思、米芾而后，世久无此人矣。"②

阮元《小沧浪笔谈》卷二云：

> （黄易）收金石刻至三千余种，多宋拓旧本，钟鼎、彝器、钱镜之属不下数百。予每过任城，必留连竟日，不忍去。③

黄易多数著作并未付梓，今天传世的仅有《小蓬莱阁金石文字》、《小蓬莱阁金石目》、《嵩洛访碑日记》、《岱岩访古日记》以及一些印谱。钱大昕为《小蓬莱阁金石文字》撰序时说：

> 海内研精金石文字，与予先后定交者，盖二十余家，而嗜之笃而鉴之精，则首推钱唐黄君秋盦。秋盦博极群书，元元本本，于吉金乐石尤寝食依之。④

黄易长期在山东济宁任官，济宁、兖州一带见存的碑碣石刻，他搜访略遍，因此拟编《济宁金石录》一书。乾隆五十八年，他特地邀请朱文藻到济宁，名义上是"课读其子"，实际上是为黄易代撰《金石志》，这书五十九年春告成。书中载录济宁一州古今碑刻数百种，皆

---

① 如蒋寅撰，《陶元藻与〈全浙诗话〉》（浙江古籍出版社 2015 年点校本，卷首，第 1—9 页），全文但论陶氏费十七年之功编纂此书，并未提及朱文藻曾费数年之力，为此书作了大量加工增订、补遗之劳。
② 《清史列传》，第 5986 页。
③ 阮元：《小沧浪笔谈》，商务印书馆 1936 年版，第 53 页。
④ 黄易：《小蓬莱阁金石文字》，嘉庆间刊本，卷首，第 1 页。

由朱文藻一手摹写,朱氏曾亲自到嘉祥访碑,并登洪山绝顶,发现前人未经著录的石刻题字多种。①《济宁金石录》编成后,并未出版,其书著录的碑刻和考证之语,后来被阮元《山左金石志》完全吸收。

乾隆末,阮元任山东学政,拟编《山左金石志》一书,乾隆六十年二月,派生员段松苓携拓工各地访碑。四月,至济宁时,拜访黄易,见《济宁金石录》搜采甚博,且附考证,因此借归济南,以备采择。阮元因此邀请朱文藻到济南,参与分纂《山左金石志》。阮氏《序》说:

> 元在山左,卷牍之暇,即事考览,引仁和朱朗斋(文藻)、钱塘何梦华(元锡)、偃师武虚谷(亿)、益都段赤亭(松苓)为助。兖、济之间,黄小松司马搜辑先已赅备;肥城展生员(文脉)家有聂剑光(鈫)《泰山金石志》稿本;赤亭亦有《益都金石志》稿,并录之,得副墨。其未见著录者,分遣拓工四出,跋涉千里。岱麓、沂镇、灵岩、五峰诸山,赤亭或春粮而行,架岩涧水,出之椎脱,捆载以归。②

则当时参与修书的,另有武亿、何元锡、段松苓三人。山东本金石之邦,金石研究风气极盛。黄易的《济宁金石录》、聂鈫的《泰山金石志》和段松苓《益都金石志》等,均有成书,但这些著作未及出版,即为阮元《山左金石志》所吸收消化,在此,我们可以看到一种"掠食"性的学术生态链,阮元后来编《两浙輶轩录》、《两浙金石志》莫不如此。《山左金石志》乾隆六十年四、五月开始编纂,同年九月,阮元调任浙江学政,分纂诸人各自散去,武亿到临清州,担任清源书院主讲;段松苓则回益都;朱文藻与何元锡随阮元到浙江。③阮元《山左金石志·序》说:

> 六十年冬,草稿斯定,元复奉命视学两浙。舟车校试余闲,重为厘订。更属仁和赵晋斋(魏)校勘,凡二十四卷。④

---

① 按《山左金石志》元祐七年"姜三校洪山顶题字"条,末云:"朱朗斋亲至洪山绝顶拓得之。"(《续修四库全书》本,卷十七,第20页)又卷二十"洪山石佛题名"条云:"在嘉祥县洪山顶,……朱朗斋客济宁时访得。"(第19页)同卷明昌七年"段在等登高会题字"(第19页)、卷二十三元统元年"洪山题字",又无年月"洪山题字五种"(页36)、卷二十四至正四年"洪山诗刻残石"(第18页)等,俱此行访碑所得。另据卷二十三"萌山闰九日诗刻"条言:"在嘉祥县萌山石壁,……朱朗斋至其处得之。"(第27页)则朗斋访碑嘉祥,所至固非一处。
② 毕沅、阮元纂,《山左金石志》,卷首,第1—2页。
③ 参拙作《武亿年谱》乾隆六十年条,《历史语言研究所集刊》85本第3分,第536—537页。
④ 《山左金石志》,卷首,第2页。

实际上,《山左金石志》在济南编纂时间前后不及半年,并未蒇事。①阮元《序》中所说的"舟车校试余闲,重为厘订",是一种虚饰性的门面话,并非实情。《山左金石志》全书之编订,其实是由朱文藻代工。梁同书《文学朗斋朱君传》言:

> 芸台先生得拓本数千种,将谋纂辑,适调任浙江,延君归杭州;明年,以各碑拓本录为《山左金石志》。时扬州江文叔重君名,延馆于其家。君遂偕张椿年携各搨本应之,寓康山草堂。……一年,《金石志》成。②

嘉庆元年,朱文藻名义上是应聘馆于江振鸿康山草堂,其实是由江氏提供生活、笔墨之资,以便朱文藻专意编订《山左金石志》。③朱氏因携张椿年同往,以佐校录,在扬州一年,始编订成书。南京图书馆藏张椿年诗集《荆华仙馆初稿》,嘉庆元年编年诗目录言:"岁丙辰,余与朱丈朗斋为阮芸台阁学纂辑《山左金石志》于维扬江氏康山草堂,积诗五十余首,目之为《邗上吟》。"④又王昶《春融堂集》卷二十二嘉庆二年春《访主云上人于净慈,宿听松轩,与朱映渭及僧慧照夜话》诗,元注:"时伯元延映渭纂《山左金石志》。"⑤朱休度《辛酉春家朗斋自杭来禾,招同曹种梅花下小饮,朗斋有诗见贻次答》:"胸握珍珠能记事,手编铁网竟成书。"元注:"朗斋撰《山左金石录》,稿成八十巨册。"⑥这些史料皆可佐证《山左金石志》系由朱文藻加工、编录成书。

今阅《山左金石志》,其书引用朱文藻之说共三十余见。另外,书中多处提到"此碑朱朗斋从他处录得"、"朱朗斋自友人处借录",或言其碑"据朱朗斋所录载之",此共五十余见,这类碑目应该是朱文藻在扬州编录时所增补的。阮元《序》言:"舟车校试余间,重为厘订,更属仁和赵晋斋(魏)校勘。"知《山左金石志》由朱文藻厘定编成后,阮元另请赵魏覆校。朱文藻为人代工著作,常会以"文藻按"的形式附加一些考证按语,《山左金石志》

---

① 段松苓《山左碑目·自叙》述及《山左金石志》分工情形,言:"余编次山左吉金,而二先生(按指朱文藻、武亿)分录列代碑版,宫詹(阮元)总其成而裁定之,已有绪成。八月终,宫詹膺简命擢阁学,调任两浙。此时余所著录者仅云蒇事,而二先生所辑,未能告竣。"(光绪三十四年,李氏《圣译楼丛书》本,卷首,第1—2页)可知此书在济南时并未完稿。
② 朱文藻:《朗斋先生遗集》,卷首,第2页。
③ 按张椿年《荆华仙馆初稿》有《季廉夫(尔庆)征诗来邗,同宿康山寓斋,诗以纪事》一首,云:"乍晤不相识,相看是故人。几年成别况,一夕话酸辛。祖宅衣冠旧(元注:先生话里门事甚详),编诗岁月新(时阮芸台阁学修纂《淮海英灵集》,先生为之采访)。愿交来恐后,联榻话频频。"(南京图书馆藏嘉庆间刊本,卷一,第4页)其时季尔庆为阮元《淮海英灵集》征访扬人诗稿,亦同寓康山草堂。
④ 张椿年:《荆华仙馆初稿》,卷首,第1页。
⑤ 王昶:《春融堂集》,《续修四库全书》本,卷二十二,第25—26页。
⑥ 朱休度:《俟宁居偶咏》,《续修四库全书》本,卷上,第17页。

经赵魏覆校,这类个人按语已被刊落,或被改写入《志》,但整部《山左金石志》以兖州、济宁金石搜罗、考证最富,则是不争之事实。这书于嘉庆二年付刻,十月刊成。

朱文藻为人代工,未署其名的著作,尚有几种可考。《山左金石志》编订竣事,朱文藻即由西湖净慈寺住持际祥(主云上人)聘修《寺志》。净慈寺创建于吴越时,号慧日永明院,宋绍兴时改今名,与大昭庆律寺南北对峙,为西湖丛林之冠。《净慈寺志》共二十四卷,每卷首署"住持际祥主云纂辑",书中前后序跋全未提及朱文藻之名。但《寺志》卷二十载录一首寺僧法喜的诗:

> 释法喜《丁巳新春喜朗斋居士入山修志率成一律》:"二月春风利,侵肤似剪刀。著书来访旧,挈伴已登高。逸事重烦辑,深心勿惮劳。禅文俱不泯,凭仗一枝毫。"①

又卷二《兴建》载录无量寿佛忏堂刻石,有朱文藻等题名:

> 丁巳二月,朱文藻修《志》寺中,杨秉初、邵志纯同来。②

据此,可知《净慈寺志》实出于朱文藻之手。朱氏本熟谙乡邦文献,曾分纂《西湖志》,又擅编录实务,《寺志》分《兴建》、《支院》、《寺产》、《住持》、《法嗣》、《塔院》、《山水》、《园亭》、《古迹》、《艺文》、《杂记》、《外纪》等十二门,凡净慈寺兴修沿革、支院寺产、法嗣传承等相关史实,以及南屏历代题咏、刻石等,有可考者,皆采撷无遗,编缀条理井然,俞樾《重刻净慈寺志序》即称此《志》"搜罗宏富,体例谨严,洵为志书善本"。此《志》最特别的是《杂记门》录有"诗话"一卷。朱文藻前此曾为陶元藻增辑《全浙诗话》,因此《寺志》特别采辑宋明以来,有关净慈寺的诗事掌故,编为"诗话"一卷,这对朱文藻而言,自然是老马识途。此卷载录了四则朱文藻自著的《碧溪诗话》,③最后一则为:

> 《碧溪诗话》:"嘉庆丁巳春正,寓净慈修《寺志》。一日,游行高丽寺。……庭中石佛四尊,四面镌刻,制如石幢,不知何代所刻,无题名。归途经太子湾田孝子守庐先生家,一妇人出见,乃其孙媳也。问先生手书遗迹,出所藏集唐诗一轴,④不知何

---

① 释际祥纂,《净慈寺志》,光绪十四年嘉惠堂丁氏重刊本,卷二十,第23—24页。
② 释际祥纂,《净慈寺志》,卷二,第21页。
③ 释际祥纂,《净慈寺志》,卷二十一,第6—7页,第9页,第13页。
④ 按此实集陶渊明诗句,朱氏以为"集唐诗"者,误也。"今日天气佳"句,见陶诗《诸人共游周家墓柏下》;"摘我园中蔬"、"好风与之俱"二句,见《读山海经》十三首之一;"提壶接宾侣"句,见《游斜川》;"缓带尽欢娱"、"我愿不知老"二句,见《杂诗》之四。此"挥翰□平素"句,盖《咏二疏》"挥觞道平素"也;末句"君怀定如何",失韵,盖《拟古》九首之三"君情定何如"也。

题,诗云:'今日天气佳,摘此园中蔬。提壶接宾侣,好风与之俱。挥翰□平素,缓带尽欢娱。我愿不知老,君怀定如何。'……"①

朱文藻刻意载录这则诗话,想必有意藉此留下他代纂《净慈寺志》的一些线索。嘉庆二年秋,《寺志》告成后,他随即应阮元之邀,为阮氏编选《两浙𬨎轩录》。

浙江人文荟萃,阮元乾隆六十年十一月就任学政后,即充分驱使当地丰沛的人力,大举修书。嘉庆元年,阮氏除委派陈焯、赵蕙荣、陈文杰、端木国瑚等采辑清代扬州诗家之作,编纂《淮海英灵集》;另则拟辑清代浙江十一郡之诗,编为《两浙𬨎轩录》,因此委派仁和邵志纯、海宁俞宝华、萧山顾一麒、孙度、平湖钱仁荣、鄞县袁钧、东阳楼上层等人"分任采访";诸人采辑"荟萃成帙"后,另由戴殿海、朱文藻、汤礼祥、吴文溥、李富孙、郭麐、陈鸿寿、陈文述、朱壬、蒋炯、陈传经、张鉴、方廷瑚、顾廷纶、朱为弼等人"参校补采",②据此书《凡例》所记,朱文藻仅是十五位"参校、补采"人员之一。《凡例》第五则言:

> 是编采录,随所得为先后,有初编、续编、补遗之分。兹并各编,通以时代为次。③

阮元书中并未透露采访(初编)、参补(续编)等工序之后,由何人担任总纂,将这些由各地采辑分散的材料,"并合各编,通以时代为次",编录成书,并作最后增订补遗。历来研究者对此并未细考,多以为由阮元亲自编选,④其实不然。阮元《定香亭笔谈》卷二有一条言及:

> 仁和朱朗斋能诗,留心文献,好金石。老而贫,居艮山门外清溪前。丁巳、戊午间,助余编录两浙诗数千家。雨久穿屋流,余赠诗云:"雨后清溪绕屋流,藤床着膝看鱼游。先生竟似陶贞白,万卷图书不下楼。"⑤

阮元《山左金石志》、《两浙𬨎轩录》两书《序》中,虽提及朱文藻之名,但含混其词,讳言朱氏编订之劳。《定香亭笔谈》此则纪事,乃一时兴到之笔,原意本在录存阮元之诗,以写朱文藻的安贫勤学,今由"丁巳、戊午间,助余编录两浙诗数千家"之语,我们可据以寻踪索

---

① 释际祥纂《净慈寺志》,卷二十一,第13页。
② 阮元:《两浙𬨎轩录》,卷首《凡例》,第2—3页。
③ 阮元:《两浙𬨎轩录》,卷首《凡例》,第1页。
④ 如近年出版的《两浙𬨎轩录》夏勇等点校本(浙江古籍出版社2012年版),卷首夏勇《整理弁言》,全未提及朱文藻的编订之功。
⑤ 阮元:《定香亭笔谈》,《续修四库全书》本,卷二,第10页。

隐,考知《两浙輶轩录》实由朱文藻编订成书。南京图书馆藏张椿年《荆华仙馆初稿》嘉庆丁巳编年诗目录言:"是年,与朱丈朗斋为阮阁学纂辑《两浙輶轩录》,因得憩息家园。……得诗五十首,目之《邺居集》。"①可为旁证。又周春《耄余诗话》卷四:

> (朗斋)客仪征阮公学使幕中,助撰《山左金石志》。公调任浙江,助选定《两浙輶轩录》。余以诗寄怀云:"三年不见朱遵度,腹笥包罗万卷书。杭厉一灯还未坠,西泠十子果相如。著述等身尽足传,篁村《诗话》赖增编。武林此日征文献,能不思君一怅然。"②

这则《诗话》述及朱文藻曾为陶元藻增编《全浙诗话》;又佐阮元纂订《山左金石志》及选定《两浙輶轩录》。周春为周广业《蓬庐文抄》撰序时,也提到:

> 嘉庆丁巳冬,因营先世窀穸,积劳暴病,卒于戊午元旦。……仁和朱朗斋为阮中丞选《輶轩录》,亟征诗入选。③

周广业著《蓬庐诗抄》二十二卷,未刊,稿本现藏上海图书馆。《輶轩录》卷三十三录周广业之诗,仅《和潜山豆腐诗用松霭先生韵》一首,松霭即周春字号,显然这首诗即由周春提供。这些史料足可佐证《两浙輶轩录》其实是由朱文藻编选成书。

朱文藻能诗,传衍杭世骏、厉鹗一绪流风遗韵,故周春赠诗有"杭厉一灯还未坠,西泠十子果相如"之句。他费时数年,为陶元藻增辑《全浙诗话》,"博考诸家文集,外及山经地志、说部杂家、名人书画真迹,无不采录",故而对两浙诗家文献(著述、名篇、诗话、诗人传记、遗闻佚事等),原即寻讨有素。其次,朱氏勤于编录,长年搜罗遗佚,采访、选录诗家名篇佳什,故吴颢编《杭郡诗辑》,即"于朱朗斋文藻处得二百余家,以增补所无"。更重要的是,朱文藻长于编务,他编有《武林耆旧诗》,并为阮元编订《山左金石志》,为净慈寺编纂《寺志》等,因此,由朱文藻担任《两浙輶轩录》总纂工作,正是不二人选。阮元《两浙輶轩录序》说:

> 余督学浙江时,……爱访遗编、求总集,遍于十一郡,自国初至今,得三千余家,甄而序之,名曰《两浙輶轩录》。嘉庆三年书成,存之学官,未及刊板。六年,巡抚浙

---

① 张椿年:《荆华仙馆初稿》,卷首,第1页。
② 周春:《耄余诗话》,《续修四库全书》本,卷四,第1页。
③ 周广业:《蓬庐文钞》,《续修四库全书》本,卷首,第1页。

江,仁和朱朗斋、钱塘陈曼生请出其稿,愿共刊之,乃畀之重加编定,序而行之。①

阮元嘉庆三年八月学政任满,调补礼部侍郎,回北京任职。阮《序》说此书成后,"存之学官",并非事实。嘉庆三年秋,《𬨎轩录》仅成初稿,尚未编定成书。法式善《陶庐杂录》卷三说:

> 阮芸台中丞督学两浙时,有《两浙𬨎轩录》。己未年(嘉庆四年)夏,芸台官侍郎,退直邀余至琅嬛仙馆,读画品诗。遂以此书委勘,尚未分卷数,束为十六捆。余约十日阅两捆,历三月始毕,间有为增入者。②

可见嘉庆三年秋阮元北返时,《𬨎轩录》尚未分卷,阮元携其稿副本回京,请戴璐、法式善审阅;在南方则由朱文藻续加校订、分卷,并增补遗缺。今由《𬨎轩录》中载录朱文藻《碧溪诗话》一百余则,《录》中引用朱文藻传、序之文及按语,亦不下数十处,此即《两浙𬨎轩录》由朱文藻总纂成书的具体内证。阮元嘉庆四年十一月署理浙江巡抚,次年正月实授。《𬨎轩录》则于嘉庆五年编定成书,共著录两浙诗家三千一百三十三人,选诗九千二百四十一首。阮《序》说:"六年,巡抚浙江,仁和朱朗斋、钱塘陈曼生请出其稿,愿共刊之,乃畀之重加编定,序而行之。"则此书于嘉庆六年付刻。原刊本扉页署"仁和朱氏碧溪草堂钱唐陈氏种榆仙馆同刊",朱文藻一介寒士,自然无力出资为阮元刻书,此书应该是由陈鸿寿(曼生)出赀,并负责校刻工作,因为这一年《𬨎轩录》编定后,朱文藻即应王昶之聘,为他编订《金石萃编》。

王昶乾隆四十八年任陕西按察使,"关中为三代、秦、汉、隋、唐都会之地,碑刻之富,甲于海内",③王昶因而有意编纂《金石萃编》,曾寄信托朱文藻协助采辑金石题跋。④其后,王氏历官各地,宦辙所到,即勤力搜访当地碑碣遗文,前后所积多达一千五百余种。王昶《金石萃编序》言:

> 余弱冠即有志于古学,及壮,游京师,始嗜金石,朋好所赢,无不丐也。蛮陬海澨,度可致,无不索也。两仕江西,一仕秦,三年在滇,五年在蜀,六出兴桓而北,以至

---

① 阮元:《两浙𬨎轩录》,卷首。
② 法式善:《陶庐杂录》,《续修四库全书》本,卷三,第32页。
③ 钱大昕:《关中金石志序》,《潜研堂文集》,第415页。
④ 南京图书馆藏朱文藻《碑录二种·自序》,参拙稿《朱文藻碧溪草堂遗文辑存》,《正学》第4辑,第364页。

往来青、徐、兖、豫、吴、楚、燕、赵之境,无不访求也。①

王昶扬历中外,转徙各地,直到乾隆五十九年致仕后,才有空料理所储金石摹文,但这年王氏已七十一岁,恐怕"有志而力未逮"。这书实际上是由朱文藻代工编订成书,朱氏《金石萃编跋》说:

> (王昶)甲寅(五十九年)春,蒙恩予告归里。……嗣是林泉清暇,发箧陈编,取所录金石摹文,详加考订,阅数年而次第成编。嘉庆辛酉岁(六年),主讲武林敷文书院,文藻候问,出示所定初稿百余巨册,尚须删汰订定,招文藻襄其役。是夏,即携具山斋,与嘉定钱君同人(侗)共晨夕。明年春,先生辞讲席归渔庄,仍令文藻与钱君供其事,旋付梓人校写校刊,迄于今始竣。②

钱侗(1778—1815)是钱大昕侄儿,钱大昭第三子。嘉庆六年,朱文藻协助编订《金石萃编》时,这年钱侗才二十四岁,应该是协助朱文藻查核、考订工作,这年王昶七十八岁。《金石萃编》共载录周、秦至宋、辽、金历代金石铭刻一千五百余种;另有元碑八十种,后来删去未刻,罗振玉得其稿,曾以《金石萃编未刻稿》之名影印行世。《金石萃编》主要以石刻为主,兼及少量铜器、瓦当和泉范。著录一依时代为序,每一碑目下注明石刻形制,计其尺寸、行数、字数、书体及石之所在,具录全文,并博采诸家题跋附于后,末加按语,考其事迹,折衷是非。朱文藻本长于金石之学,又擅编录,此前曾为黄易代纂《济宁金石录》,为阮元编订《山左金石志》,可以想见《金石萃编》各碑跋尾,其考证按语应多出自朱文藻手笔。罗振玉《金石萃编未刻稿》目录后识语曾言:

> 至顺二年《加封启圣王等敕旨》后,附录钱竹汀先生跋尾,其后有朱书"文藻校"三字,与跋尾字迹相同,知跋尾亦出朱先生手。③

这是罗振玉由原稿目验,可以证实《金石萃编》各碑跋尾的确出于朱文藻之手。《金石萃编》集碑目、碑文、题跋、考证于一书,全书多达一百六十卷,是清代金石学集大成之作。当时王昶年事已高,急欲有生之年亲见此书告成,因此,每一卷稿成,"旋付梓人校写校

---

① 王昶:《金石萃编·自序》,《续修四库全书》本,卷首,第1页。
② 朱文藻:《金石萃编·跋》,卷首,第1页。
③ 王昶:《金石萃编未刻稿》,《续修四库全书》本,卷首目录后罗振玉识语。

刊"。朱文藻前后费时五年为之编订,全书于嘉庆十年十一月刻成;次年六月,王昶去世,享年八十三;朱文藻亦于同年八月去世,年七十二,结束劳瘁的一生。梁同书《文学朗斋朱君传》说:

> 壬戌(嘉庆七年)春,青浦王述庵少司寇招君于三泖渔庄,纂辑《金石萃编》、《大藏圣教解题》若干卷,以少寇下世,不及竟。①

《金石萃编》稿成后,朱文藻接着又为王昶纂辑《大藏圣教解题》。王昶与王鸣盛、钱大昕自少同学,又同榜进士,王、钱二人中年早退,俱已等身著作,足可传世。王昶则历官中外,官事旁午,撰述虽不少,但并无代表性著作可传,因此晚年急欲假手门客,以编录传世。王氏本深于佛典,《再书楞严经后》言:

> 今天下士大夫能深入佛乘者,桐城姚南青范、钱塘张无夜世荦、济南周永年书昌及余四人。其余率猎取一二桑门语以为词助,于宗教之流别、性相之权实,盖茫如也。②

可见王昶本人也以"深入佛乘"自负。朱文藻从吴颖芳游二十余年,后又缔结姻亲,一生受吴氏影响极大。吴颖芳精研佛典,尤深于因明学、唯识论等,著有多种佛学著作,朱文藻深受濡染,也潜研佛典。他本擅于簿录之学,因此,虽晚年衰病,但纂辑《大藏圣教解题》,他固优为之。瞿世瑛《清吟阁书目》卷一著录:"《大藏圣教解题》,朱文藻,十六本。"③南京图书馆藏此书抄本卷一、卷九、卷二十至二十三,共六卷,署名"青浦王昶德甫撰集"。此残本卷一为经藏大乘经般若部,卷九为经藏小乘经阿含部之单译经,卷二十至二十三为经藏此土著述一至四。这是一部辑录体的释藏目录解题,每书各记书名、卷数、大藏某字号某卷、函数,着译者名号,并节录序跋要语,以明一书著作要旨。书中间加按语,注明《明藏》在某字号,作者事迹、传记所在,及与今《藏》题名、卷数、文字异同等。可惜此书已残缺,又因王昶、朱文藻相继去世,全书未能完成,但由此残帙足可想见其书大略矣。

---

① 朱文藻:《朗斋先生遗集》,卷首,第2页。
② 王昶:《春融堂集》,卷四十五,第20页。
③ 瞿世瑛:《清吟阁书目》,卷一,第7页。

三

朱文藻困于科举,侘傺以终。他虽一生穷困,却有不少义举。梁同书《文学朗斋朱君传》记载:

> 赁东街一廛,与业师沈翁耕寸共居。翁夫妇年老衰疾,困顿床蓐,一子谋食四方,君躬汤药、视寒暖者十有余年;及卒,为营丧葬。方之汉代尊师儒,弟子有为师执厮养役者,君之高谊殆不多让。……君外舅沈某,父子相继没,无嗣,积棺三世,君为营丧葬,更属子孙世祀之。张椿年者,君次子之妻弟也。少孤,君饮食教诲,相依二十余年,俾昆弟各成立,里中人称君为长者。①

这些义行一般人已难为,更何况朱文藻终身穷饿困乏,尤觉难能。乾隆五十年,江浙久旱成灾,米价腾涌,朱文藻一家七口,加上张椿年兄弟,一共九人,饥肠辘辘,只能依赖寺院赈米,并以所藏书画易米而食。我常觉得阮元似乎欠朱文藻一个公道,《雷塘庵主弟子记》嘉庆元年条载:

> 诏举孝廉方正,浙江举者十二人:仁和邵志纯古庵、翁名濂莲叔、钱塘陈振鹭礼门、海宁陈鳣仲鱼、杨秉初纯一、嘉兴庄凤苞韶九、李彀中玉、海盐张燕昌芑堂、鄞县袁钧陶轩、慈溪郑勋简香、定海李巽占申三、义乌楼锡裘萃千。辞不就者四人:钱塘何淇春渚、奚冈铁生、朱彭青湖、鄞蒋学镛。②

朱文藻并未获荐,这十六人中,邵志纯、陈鳣、杨秉初、张燕昌、何淇、奚冈、朱彭等,皆朱文藻友人。以才学而论,朱文藻应不在这些人之下。孝廉方正因不授职任官,并无严格年龄限制。嘉庆元年,朱文藻年六十二,但江苏所举的江声(1721—1799),这年七十六岁;安徽举荐的程瑶田(1725—1814),这年七十二,皆较朱文藻年长;即浙江举荐辞而不就的朱彭(1731—1803),这年六十六,也较朱文藻年长。大概朱文藻为人冲澹不争,胡敬《碧溪草堂诗集序》言:"省闱屡踬,终老牖下,他人处此,当若何愤懑。而先生诗和平恬适,不以境遇扰其心,斯学养裕也。"③阮元《山左金石志》、《两浙𬨎轩录》两书,颇赖朱文藻之力

---

① 朱文藻:《朗斋先生遗集》,卷首,第1—2页。
② 张鉴等编,《雷塘庵主弟子记》,光绪间琅嬛仙馆刻本,卷一,第17页。
③ 胡敬:《崇雅堂文钞》,《续修四库全书》本,卷一,第15页。

以成,但他给的笔资似乎不丰,因此,朱文藻不得不同时另外接案,以贴补家用。现将乾隆四十五年朱文藻从北京南归后,为他人代工校书、编书可考者简列如次:

乾隆四十六年,为汪氏欣托山房校勘所刻《隶释》《隶续》。
乾隆四十七年,为欣托山房校吴棫《韵补》。夏,应王昶之聘,分纂《西湖志》。
乾隆四十八年春,分纂《西湖志》。是年秋,复为王昶搜采金石题跋。
乾隆四十九年,协助邵晋涵重订《杭州府志》。
乾隆五十年,为孙氏寿松堂校《资治通鉴》。
乾隆五十三年,盐运使卢崧属修《吴山城隍庙志》,与诸念斋、胡干学同事分纂。
乾隆五十四年六月,《吴山城隍庙志》八卷刻成。
乾隆五十五年至五十七年,为陶元藻增补、编订《全浙诗话》。
乾隆五十八年夏,为黄易代撰《济宁金石录》;访碑嘉祥,登洪山绝顶。
乾隆五十九年春,《济宁金石录》告成。
乾隆六十年五月,应阮元之聘,分纂《山左金石志》。
嘉庆元年,为阮元编订《山左金石志》;并为扬州江振鸿撰《康山草堂小志》。
嘉庆二年,为西湖净慈寺编《寺志》二十四卷。秋,为阮元增补《两浙𬨎轩录》。
嘉庆三年,增补《两浙𬨎轩录》;并辑《洞霄图志续》五卷、《洞霄诗集续》六卷。
嘉庆四年,为阮元编订《两浙𬨎轩录》。
嘉庆五年,为阮元编订《两浙𬨎轩录》。七月,应嘉兴知府伊汤安之聘,分任《嘉兴府志》校刊工作。
嘉庆六年,本年夏起,为王昶编订《金石萃编》。冬,纂《崇福寺志》四卷。
嘉庆七年,为王昶编订《金石萃编》。
嘉庆八年,为王昶编订《金石萃编》;冬,余杭知县张吉安聘纂《余杭县志》。
嘉庆九年,校刻《金石萃编》;又为王昶纂辑《大藏圣教解题》。冬,鹤林道院住山张复纯聘修《金鼓洞志》。
嘉庆十年三月,《金鼓洞志》八卷告成;夏,《余杭县志》四十卷初稿成;复为王昶纂《大藏圣教解题》。

从上表所列,可以看出朱文藻几乎以撰述为生活,日无暇晷。他并无文集行世,诗集也仅两卷,至乾隆五十八年止,上列撰述情况仅是我个人知见所及,并非全貌。他的著述可考者,不下四、五十种,梁同书《朗斋朱君传》,说他"一生绩学笃行,著书日以寸许,至老不倦";胡敬《先友记》也说他"博览群书,勤于手录,竟晨夕笔不停辍,无倦容"。[①]嘉庆十年三

---

① 胡敬:《葑唐府君年谱》,南京图书馆藏道光间胡氏家刻本,第10页。

月,朱文藻撰《碑录二种序》,自言:"予之勤笔写书,数十年如一日。"①这一方面固由于他绩学博闻,期望能以著述传世;另方面则是笔耕易米,用以弥补家计的匮乏。朱文藻嘉庆十一年八月去世,卒前两个月,他还重订早年旧著《说文系传考异》,当时他已重病,《考异》增订告成后,他写了一篇长跋,文末说:

> 余年逾七十,结习未忘,深以重录四十年前苦心校勘之旧稿,留贻敝箧,以示后人,实为暮年幸事。然恐衰疾不起,转瞬即化云烟,则有此书之数存焉,非吾意料之所能及矣。②

此书重定稿后来展转为瞿世瑛清吟阁所得,道光十七年,瞿氏曾付刻行世,他死前重订旧著的一番苦心幸未白费。朱文藻孜孜矻矻,穷年撰述,但并没能改善生活窘状。朱文藻死后,家贫不能葬,道光九年,即死后二十余年,振绮堂后人汪远孙和朱文藻弟子胡敬出资埋葬朱文藻和子、媳、孙一共六柩。他虽"著书满屋",却无力刊刻,这些遗稿一部分道光时归清吟阁所有,咸丰庚辛之乱,清吟阁藏书"散失无遗",③朱文藻多数遗稿俱已亡佚,仅有少数稿抄本藏于中国国家图书馆、南京图书馆和上海、浙江图书馆。

我曾慨叹朱文藻"力能传人,却不足以自传"。王昶《蒲褐山房诗话》"朱文藻"条曾综论其学:

> 朗斋渔猎百家,取材宏富。精六书,自《说文系传》、《佩觿》、《汗简》及《钟鼎款识》、《博古图》诸书,无不贯串源流,会其旨要。……又通史学,凡合纪传、编年、纪事、《通典》诸书,辄能考其缺略,审其是非。④

朱文藻小学著作刊行者只有《说文系传考异》一书。他曾为欣托山房校勘所刻《隶释》、《隶续》、《韵补》三书,南京图书馆所藏《校订存疑》抄本第三册收有这三书的校记。此外,乾隆四十八年,他曾校订葛鸣阳所刻张有《复古编》;五十八年,校赵氏小山楼所刻《九经字样》,两书校语亦见于《校订存疑》册三。大抵朱文藻所擅长者,主要是由六书校订刊本

---

① 朱文藻纂,《碑录二种》,南京图书馆藏道光九年瞿氏清吟阁抄本,卷首,第2页。
② 朱文藻:《说文系传考异》,卷末,第4页。
③ 丁丙《善本书室藏书志》卷二十九"藏海居士集"条云:瞿氏"清吟阁所藏金石书画极富,辛酉(咸丰十一年)兵燹后,散失无遗"。丁申《武林藏书录》"清吟阁"条,亦言所储秘籍异本皆"失于庚辛之乱"。(卷下,第39页)
④ 王昶辑,《湖海诗传》,《续修四库全书》本,卷三十八,第33页。

文字传讹,无可讳言的,这与段玉裁、王念孙辈由声音以通假借,以古音串训诂,因声求义,发明古义,进而探索语源发展规律的研究高度相较,朱文藻所为,仅属"前近代"研究。他在小学方面最主要的贡献,是让徐锴《说文系传》重新回到学者的研究视野。周祖谟先生曾指出,徐锴考索字义时,经常运用"因声求义"的方法。"这种因声求义的方法,对清代的训诂学家影响极大。段玉裁《说文注》和王念孙《广雅疏证》也常应用这种方法申明字义。由此可见徐锴的《说文系传》是清代文字训诂之学的前驱,清人受徐锴《系传》的启示很多。"①朱文藻促进了《系传》的流播,自然也有一份贡献。②

王昶极称朱文藻博通史学,这应该是他助纂《金石萃编》时,王昶的切身感受。朱文藻应王杰之邀入都校书,即曾协助校订《续三通》;又为孙仰曾寿松堂校勘《通鉴》,有校记六卷。这两种校记收于《校订存疑》册一、册二。此外,他曾为鲍廷博校订明人钱士升所纂的《南宋书》,此书似无刻本,朱文藻《跋》说:

> 钱氏此书盖取《宋史》原文删去繁衍,更采他书补所未备,得百(森按:疑"十"字之误)分之四五焉。细审删处有未尽善者,……补传亦不皆合例。史笔文字,知非长才;且原史间有讹字,引用仍而不改。惟人与模拟,事以时属,叙次井井,兼无此见彼复之病,为可取耳。乾隆己丑(三十四年),借抄一过。复取《宋史》细校,诸未善者,据史略加增润;遇有讹误可议,标出上方,俱用朱笔,凡校两月而毕。③

乾隆时采访天下遗书,鲍廷博曾将朱文藻《南宋书》校本进呈,原书现藏上海图书馆。朱氏亦曾校吴城瓶花斋所藏《三朝北盟会编》,这个校本亦被进呈,成为四库馆臣删削的底本。光绪末,许涵度在四川校刻《三朝北盟会编》,即依此本校订,故近世推为佳刻。④

《清吟阁书目》著录所藏朱文藻稿抄本,有《五代史纪事》一本、《宋史艺文志》十四本、《历代经籍志》稿本四册,及《郎官石柱题名考》稿本、《胡忠简公年谱》六卷并《附录》二卷。胡忠简即南宋胡铨,建炎二年进士,曾上疏主斩秦桧,谪徙广东,乾道时以资政殿学士致仕。这些书现皆不传,但由上列书名,可以推知朱文藻尤熟谙宋史,长于校订史文讹误及经籍簿录之学。可惜他一生困于科举,奔走衣食,无法像钱大昕、王鸣盛辈一样潜心研究,成一家之言,以著述名世。他为糊口,只能依人以编订为生,这是下层知识人的生活

---

① 周祖谟:《徐锴的说文学》,见氏著《问学集》,中华书局1966年版,第843—851页。
② 清代《说文》四大家之一的王筠在《说文解字句读》《说文释例》《文字蒙求》等书中对朱氏的《考异》多所征引,而其他各家似乎较少关注到他。
③ 上海图书馆藏知不足斋原藏旧抄本朱文藻《跋》。
④ 傅增湘《藏园群书题记》,上海古籍出版社1989年版,第124—125页。

困境。

朱文藻另有一值得称述的是他熟习两浙文献,前面谈过,他曾分纂《西湖志》,协助邵晋涵重订《杭州府志》,参与《嘉兴府志》校刊工作。晚年还应余杭知县张吉安之聘,主纂《余杭县志》。一般而言,方志的主修、监定和主纂三者鼎列并称,主修由该地行政长官担任,主纂大多延请举人以上知名人士担任,以免地方士绅掣肘。朱文藻因长于编订,兼具史裁和名望,故能以诸生担任主纂。据张吉安《序》,《余杭县志》"属稿粗竟,朱君即世",后来由崔应榴和本邑董作栋(曾任河南鲁山知县)继纂成书。

除方志外,朱文藻还为杭州一些寺院、道观编志,现在可考的,有《净慈寺志》二十四卷、《崇福寺志》四卷、《洞霄图志续》五卷及《金鼓洞志》八卷。其中,《洞霄图志续》是余杭大涤洞洞霄宫的志书,洞霄宫建于唐弘道时,经吴越王改建、宋高宗重修,是杭州著名的古道观,元人邓牧心曾著《洞霄图志》六卷,收于《道藏》和《四库全书》,朱文藻这书是它的续编。元代孟宗宝另编《洞霄诗集》十四卷,采辑唐宋以来有关大涤洞天的题咏荟为一编,朱文藻也编有《洞霄诗集续》六卷,可作为《洞霄图志续》的《艺文》看。《洞霄图志续》嘉庆时有刻本,我未见其书。《金鼓洞志》八卷,是朱文藻生前最后一部写定的著作。金鼓洞在杭州栖霞岭北麓,康熙五年,全真道士周太朗(字明阳,号元真子)云游至其地,建构屋宇,创设鹤林道院,广收弟子,后来成为全真教龙门派一个重要支派。嘉庆十年,鹤林住山张复纯看到朱文藻编的《洞霄图志续》,极为歆羡,因此,特请朱文藻编纂院志,也就是《金鼓洞志》。此书载录了鹤林道院兴修沿革、法嗣传承,及金鼓洞相关的题咏,搜采极为详备。其中最可注意的是卷六《教祖》、卷七《法嗣》两卷。卷六小序言:

> 道院法派奉丘真人(按丘处机)之教,而丘真人为王重阳(王喆)真人弟子七真之一,奉王真人之教。今陕西西安府盩屋县宗圣宫说经台有《全真教祖碑》,虽专述王真人事迹,而丘真人亦略见其中,碑拓传世甚尠。至七真中,亦惟丘真人事迹散见诸书,最为详备,从未经人汇辑。今据所见,悉为裒录,凡奉全真之教者皆得以悉两真人授受之原委而广为流传,俾知渊源之有自。①

朱文藻详细考证了全真教教祖王喆、丘处机事迹,并从群书记载与各地道观石刻互相参考钩稽,考证了丘真人从游漠北的十八弟子名号、事实。鹤林道院创建初期,因榛莽初辟,前四代主院之人已无可考,朱文藻搜集前闻,勤访故老,及时载录了金鼓洞派第五代至十四代的法嗣传承,保留了大量原始文献及口述材料。此书成为研究全真教南传及清

---

① 朱文藻纂,《金鼓洞志》,丁氏《武林掌故丛编》本,卷六,第1页。

代道教流派极重要的历史文献。

朱文藻算不上清代第一流的学者,①我的报告,主要是想藉由朱文藻的事例,用以揭示清代下层知识人普遍的生存困境、研究者长期忽略的著述代工现象,以及清代社会某种上下掠食而又互相依存的学术生态链。报告卑之无甚高论,但希望能为清代学术研究提供一个新的视角和思考。②

[本文为专题计划"书札史料与清代学术研究"(编号:MOST 105-2410-H-001-097)之部分研究成果。]

---

① 《书目答问》将朱文藻列为小学家与金石学家。
② 本文依据作者2017年4月7日于南京大学文学院所作的演讲录音档,由北京大学博士生潘妍艳、南京大学博士生吴钦根两君协助整理,经作者增订成稿,书此以志谢忱。

经子研究

《论语》词语考释二十五则

□杨逢彬

摘 要：1."贤贤易色"意为尊贤轻色，句式同"贵货易土"。2."不……；亦不……"结构，一般是两个相互呼应的复句，故应标点为"小大由之，有所不行；知和而和，不以礼节之，亦不可行也。"3.当"色"位于句首表示面部表情时，一般是指未出现的主语的容色，故"色难"是指儿子侍奉父母时总保持和颜悦色为难。4."退"的语义特征：一为卑对尊而言，一为客对主而言，故"退而省其私"没有出现的主语当为"颜渊"。5."所以"表示行事的方法和途径；"所由"表示如此行事的缘由；"所安"是所赖以生存，所赖以安身立命者之意。6."而后"总是处于"(S)V(O)而后V(O)"结构中，"先行其言而后从之"只能一气读下，不能作"先行，其言而后从之"。7.君子和小人，有时以德言，有时以位言。8."攻乎异端，斯害也已"的"攻"是"治"义，因其为"攻击"义时宾语或为人或为地，除此之外均"治"义。9."举直错诸枉"的"错"为放置义，因其时"废置"义尚未产生。10."有教无类"属于"有……无……"句式，决不能读为"域教无类"。11."人而无信"的"人"活用为谓词，是表示"作为一个人"。12."是可忍也，孰不可忍也"的"忍"是"忍耐"的意思。13."丧，与其易也，宁戚"的"易"当释为"和易"，因为该义不带宾语。14."揖让而升下而饮"只能断为"揖让而升，下而饮"因"而"一般位于两个谓词性结构中间。15."示诸斯"的"示"应如字读，因"示"常和"指"共现。16."劳而不怨"的"劳"是"劳苦"而非"忧"义，因为王引之对后者的归纳是不成功的。17."无所取材"是无处取桴材之谓，因"无所取"彼时是"无处取"的意思，且"取"亦未虚化。18.共时语料的归纳表明："非尔所及也"及类似句子表示的都是对现实的判断，而非对已然的否定。19."唯恐有闻"不能读作"唯恐又闻"，因"又闻"必须带宾语。20."如有"连言且在句首时，"如"一般都是连词，意为"如果""假如"，故"如有所立卓尔"的主语是孔子而非颜渊。21.由于职业名一般用"良"而非用"善"修饰，且"善"常修饰抽象名词，故"善贾"的"贾"不应读作 gǔ 而应读作"价"。22."君子泰而不骄"的"泰"为贬义，并非"安详舒泰"之意。23.由于"甚"通常用于描述不好的、恶劣的事物，且"水火"通常代表可怕的、容易伤害人的事物，故"民之于仁也，甚于水火"意为"老百姓对于仁的畏惧，超过对水火的畏惧"。24."逸"已引申出"隐逸"义，未见表"超逸"者，故"逸民"意为"隐逸之民"。25."又谁怨"不当如诸家所译为"又谁来怨你呢"，"谁"是前置宾语，因为副词"又"总是位于主语之后，宾语之前。

关键词：论语；词语考释；训诂；古书整理

作者简介：杨逢彬，文学博士，上海大学文学院教授、博士生导师，200444

在普通语言学的指导下从事中国古典文献的整理，是一条康庄大道。从2004年起，笔者一直从事这一探索，今选出25则，请读者指正。

一

《学而》："子夏曰：'贤贤易色；事父母，能竭其力；事君，能致其身；与朋友交，言而有信。虽曰未学，吾必谓之学矣。'"我们认为，"贤贤易色"意为尊贤轻色。第一个"贤"是形容词的意动用法，"尊敬"的意思，第二个"贤"指贤人。何晏《集解》引孔安国说："言以好色之心好贤则善。"①孔说以"好贤"解"贤贤"，得之；但解"易"为"交换"则误。知者，《论语》时代，表达"用……交换……"，大多是"以……易……"的句式，偶尔也会是"易之以……"或"与……易……"。

例如："郑伯请释泰山之祀而祀周公，以泰山之祊易许田。"（《左传》隐公八年）"以乱易整，不武。吾其还也。"（僖公三十年）"君将以亲易怨，实无礼以速寇。"（昭公五年）"何可废也？以羊易之！……以小易大，彼恶知之？……我非爱其财而易之以羊也。"（《孟子·梁惠王上》）"曰：'否。以粟易之。'以粟易械器者，不为厉陶冶；陶冶亦以其械器易粟者，岂为厉农夫哉？'"（《滕文公上》）"柳下惠不以三公易其介。"（《尽心上》）"逢丑父与公易位。"（《左传》成公二年）

有时，介词"以"的宾语不出现："宣子为初言，病有之，以易原县于乐大心。"（《左传》昭公七年）"是何伤哉？彼身织屦，妻辟纑，以易之也。"（《孟子·滕文公下》）果如孔安国所说"以好色之心好贤"，则当为"以贤贤易色"，所以，本章的"易"，只能是"轻视"的意思。

"易"表"轻视"的句子还有："虢必亡矣。……必易晋而不抚其民矣，不可以五稔。"（《左传》僖公二年）"戎狄荐居，贵货易土，土可贾焉。"（襄公四年）"己丑，秦、晋战于栎，晋师败绩，易秦故也。"（襄公十一年）"吴乘我丧，谓我不能师也，必易我而不戒。"（襄公十三年）"且夫戎、狄荐处，贵货而易土。"（《国语·晋语七》）"贤贤易色"句式正同"贵货易土"，为两个谓宾结构组成的联合结构。这一意义的"易"也可用意义较为抽象的名

---

① 程树德：《论语集释》，中华书局1990年版，第31页。

词做宾语:"人之易其言也,无责耳矣。"(《孟子·离娄上》)所以,解"易色"为轻视色,是没有问题的。

色,女色。《左传》成公二年:"今纳夏姬,贪其色也。贪色为淫,淫为大罚。"黄怀信《论语新校释》说释"易"为"轻",与"贤"不对,"贤"无"重"义;其《论语汇校集释》又说《论语》"色"字凡十八见,指女色者仅二,因而本章之"色"不可能为女色云云①,均不成其为理由,兹不赘论。陈祖范《经咫》、宋翔凤《朴学斋札记》等书说,以下三句事父母、事君、交朋友,各指一定的人事关系;那么,"贤贤易色"也应该是指某一种人事关系而言,不能是一般的泛指;因此认为这里是指夫妇关系②。但所谓"夫妇为五伦之首"云云,乃后世观念,《论》《孟》中未有谈及夫妇关系者,谈君臣、父母与儿子、朋友关系者则极多。《论语》中两见"吾未见好德如好色者也"(《子罕》《卫灵公》),正可和"贤贤易色"互证。

二

《学而》:"有子曰:'礼之用,和为贵;先王之道,斯为美。小大由之,有所不行。知和而和,不以礼节之,亦不可行也。'"这段话现今许多注本都这样标点:"礼之用,和为贵。先王之道,斯为美;小大由之。有所不行,知和而和,不以礼节之,亦不可行也。"何晏《集解》引马融说:"人知礼贵和,而每事从和,不以礼为节,亦不可行。"这似乎是当今诸多注本的依据,从"每事从和"可知。但皇侃《义疏》却认为"小大由之"应该下接"有所不行"③。邢昺《疏》从之④。笔者同意皇侃《义疏》,理由是,"不……;亦不……"结构,一般是两个相互呼应的复句,而断句为"小大由之,有所不行。知和而和,不以礼节之,亦不可行也",正是相互呼应的两个复句。论证如下:

含有"亦不"的否定句,它的前面不一定非得有另一个否定句,如:"我君景公引领西望曰:'庶抚我乎!'君亦不惠称盟,利吾有狄难。"(《左传》成公十三年)但如果在其前面不远处有另外一个否定句,这两个否定句一般都是互相呼应的,形成一个"不(弗)……;亦不……"的结构,亦即两个互相呼应的复句。

例如:"过卫,卫文公不礼焉。……及郑,郑文公亦不礼焉。"(《左传》僖公二十三年)"郑僖公之为大子也,于成之十六年,与子罕适晋,不礼焉。又与子丰适楚,亦不礼焉。"

---

① 黄怀信:《论语汇校集释》,上海古籍出版社2008年版,第17页。
② 程树德:《论语集释》,中华书局1990年版,第31—32页。
③ 皇侃著,高尚榘点校:《论语义疏》,中华书局2013年版,第17页。
④ 程树德:《论语集释》,中华书局1990年版,第46页。

(襄公七年)"叔孙与庆封食,不敬。为赋《相鼠》,亦不知也。"(襄公二十七年)"子木与之言,弗能对。使叔向侍言焉,子木亦不能对也。"(同上)"天或者以陈氏为斧斤,既斫丧公室,而他人有之,不可知也。其使终飨之,亦不可知也。"(哀公十五年)"使君为藏奸者,不可不去也。臣违君命者,亦不可不杀也。"(《国语·鲁语上》)"丕郑曰:'吾闻事君者,从其义,不阿其惑。……'里克曰:'我不佞,虽不识义,亦不阿惑,吾其静也。'"(《晋语一》)"过卫,卫文公有邢、狄之虞,不能礼焉。宁庄子言于公曰:……公弗听。自卫过曹,曹共公亦不礼焉。闻其骈胁,欲观其状,止其舍,谍其将浴,设微薄而观之。……公子过郑,郑文公亦不礼焉。"(《晋语四》)"四封之内,百姓之事,蠡不如种也。四封之外,敌国之制,立断之事,种亦不如蠡也。"(《越语下》)但是,为什么本章却前言"不行"而后言"不可行"呢?俞樾说:"上云'有所不行',此云'亦不行也',两'不行'之义彼此贯通。'亦'者亦上文而言,上无'可'字,则此亦无'可'字,盖涉马注而衍。马注云:'不以礼为节,亦不可行。'此自用以足句,非其所据经文有'可'字也。"①俞樾所说"两'不行'之义彼此贯通",正可谓一语中的,笔者十分赞同;但说"可"字是衍文,笔者不能同意。

诚然,有许多"不……;亦不……"的句子上句、下句都无"可"字,如上引各句;或上句、下句都有"可"字。如:"一齐人傅之,众楚人咻之,虽日挞而求其齐也,不可得矣;引而置之庄岳之间数年,虽日挞而求其楚,亦不可得矣。"(《孟子·滕文公下》)"逮至人之众,不可胜计也。则其所谓义者,亦不可胜计。"(《墨子·尚同下》)"与其居处之不安,食饭之不时,饥饱之不节,百姓之道疾病而死者,不可胜数。丧师多不可胜数,丧师尽不可胜计,则是鬼神之丧其主后,亦不可胜数。"(《非攻中》)不过,并非千篇一律。例如:"君子不夺人之亲,亦不可夺亲也,此之谓乎?"(《礼记·曾子问》)"君子不夺人之丧,亦不可夺丧也。"(《杂记下》,又见《服问》)我们将此章标点为"小大由之,有所不行。知和而和,不以礼节之,亦不可行也",正是互相呼应的两个复句;而标点为"……小大由之。有所不行,知和而和,不以礼节之,亦不可行也",则与那时语言的句法不合。

三

《为政》:"子夏问孝。子曰:'色难。有事,弟子服其劳;有酒食,先生馔,曾是以为孝乎?'""色难"有两解,一说是儿子侍奉父母时的容色。《诗经·邶风·凯风》:"有子七人,莫慰母心",孔颖达《正义》引郑玄注《论语》"色难"说:"和颜悦色,是为难也。"《礼记·祭

---

① 俞樾:《群经平议》,上海古籍出版社1995年版,第486页。

义》说:"孝子之有深爱者必有和气,有和气者必有愉色,有愉色者必有婉容。"也可以做这两个字的注脚。另一说是承顺父母的容色为难(就是受得了父母的脸色),后汉的经学家包咸、马融都如此说。

我们取前说。因为,先秦及西汉典籍中,当"色"位于句首表示容色(面部表情)时,一般是指未出现的主语的容色。例如,《乡党》:"色勃如也,足躩如也。"——指孔子的容色。《阳货》:"色厉而内荏,譬诸小人,其犹穿窬之盗也与!"——指小人的容色。《礼记·玉藻》:"君子之容舒迟,……头容直,气容肃,立容德,色容庄,坐如尸,燕居告温温。"——指君子的容色。《表记》:"君子貌足畏也,色足惮也,言足信也。"——指君子的容色。主语如果出现,当然是指主语的容色:"文王色忧,行不能正履。"(《礼记·文王世子》)"其有不安节,则内竖以告世子,世子色忧不满容。"(同上)"色难"的主语为何呢?从"子夏问孝"看,显然是指行孝者,即孝子。那么。"(孝子)色难"当然是指孝子(侍奉父母时)总是保持和颜悦色相当困难了。《史记·佞幸列传》:"太子入问病,文帝使啮痈,啮痈而色难之。"这是指"太子"用嘴吸文帝的疖疮时面露为难之色。亦可证。

四

《为政》:"子曰:'吾与回言终日,不违,如愚。退而省其私,亦足以发,回也不愚。'"皇侃《义疏》说:"察退与二三子私论,亦足以发明圣奥,振起风训也。"①即颜回退而省视自己之私;朱熹《集注》却以为孔子退而省颜回之私,"则见其日用动静语默之间皆足以发明夫子之道"②。笔者同意皇说。因为,"不违如愚"和"亦足以发"未出现的主语都是颜回,这是没有异议的。如皇说,则三句的主语一气贯穿,正和"回也不愚"相呼应。如朱说,则是孔子"退而省其私",而颜回"皆足以发明夫子之道",文气不相连贯。但这一点并不足以完全证明皇说正确,因为"古人行文不嫌疏略"③。

笔者的主要证据是动词"退"的语义特征。"退而省其私"的"退",《王力古汉语字典》的解释是"退走,退回"④。笔者在对《论语》、与《论语》成书为同一时代的《左传》,以及有关孔子的《礼记·仲尼燕居》《孔子家语》《史记·仲尼弟子传》等加以全面考察后发现,表示"返回""退走"的"退",还同时具备两个特点,1.卑对尊而言"退"。2.身份地位无明显差

---

① 皇侃著,高尚榘点校:《论语义疏》,中华书局2013年版,第32页。
② 朱熹:《四书章句集注》,中华书局1983年版,第56页。
③ 俞樾等:《古书疑义举例五种》,中华书局1956年版,第23页。
④ 王力主编:《王力古汉语字典》,中华书局2000年版,第1429页。

别者,则是客言"退"。例如:"里克谏曰……公曰:'寡人有子,未知其谁立焉。'(里克)不对而退。"(《左传》闵公二年)"初,晋侯使士蒍为二公子筑蒲与屈,不慎,置薪焉。夷吾诉之。公使让之……(士蒍)退而赋曰……"(僖公五年)"周内史叔兴聘于宋,宋襄公问焉……对曰……(叔兴)退而告人曰……"(僖公十六年)"(宣子)问何故。对曰:'翳桑之饿人也。'问其名居,不告而退。"(宣公二年)"卫侯在郛,臧纥如齐,唁卫侯。与之言,虐。(臧纥)退而告其人曰:'卫侯其不得入矣!其言粪土也。'"(襄公十四年)"晋侯享之,有加笾。武子退。"(昭公六年)"宋公使昭子右坐,语相泣也。乐祁佐,退而告人曰……"(昭公二十五年)"荀跞以晋侯之命唁公,公曰……荀跞掩耳而走……(荀跞)退而谓季孙……"(昭公三十一年)"吴子将许之。伍员曰……(吴子)弗听。(伍员)退而告人曰……"(哀公元年)"孟子去齐,居休。公孙丑问曰:'仕而不受禄,古之道乎?'曰:'非也。于崇,吾得见王,退而有去志。'"(《孟子·公孙丑下》)"鲁定公问于颜回曰……对曰……定公色不悦,谓左右曰……颜回退。"(《孔子家语·颜回》)

因此,1.孔子和学生讲学时,都是学生"退";孔子和儿子谈话时,则是儿子"退"。例如:"樊迟问仁。子曰:'爱人。'问知。子曰:'知人。'樊迟未达。子曰:'举直错诸枉,能使枉者直。'樊迟退。"(《论语·颜渊》)"陈亢问于伯鱼曰:'子亦有异闻乎?'对曰:'未也。尝独立,鲤趋而过庭,曰:"学诗乎?"对曰:"未也。""不学诗,无以言。"鲤退而学诗。他日又独立,鲤趋而过庭,曰:"学礼乎?"对曰:"未也。""不学礼,无以立。"鲤退而学礼。闻斯二者。'陈亢退而喜曰:'问一得三,闻诗,闻礼,又闻君子之远其子也。'"(《季氏》)"仲尼燕居,子张子贡子游侍……子贡退。"(《礼记·仲尼燕居》)"孔子闲居,曾参侍……孔子又不应,曾子肃然而惧,抠衣而退,负席而立。"(《孔子家语·王言解》)"孔子北游于农山,子路、子贡、颜渊侍侧。孔子四望,喟然而叹……颜回退而不对。"(《致思》)"孔子曰……子贡跪曰:'请退而记之。'"(《弟子行》)"子张既闻孔子斯言,遂退而记之。"(《入官》)"子曰:'礼乎!夫礼,所以制中也。'子贡退。"(《论礼》)"冉有问于孔子曰……冉有跪然免席,曰:'言则美矣!求未之闻。'退而记之。"(《五刑解》)

2.孔子的"退",只出现在孔子见国君或季孙等权臣时。例如:"孔子适季氏,康子昼居内寝。孔子问其所疾,康子出见之。言终,孔子退。"(《孔子家语·曲礼子贡问》)

3.孔子和身份地位差不多者相见时,无论是孔子还是他人,都是客"退"。例如:"陈司败问:'昭公知礼乎?'孔子曰:'知礼。'孔子退。"(《论语·述而》)"孔文子之将攻大叔也,访于仲尼。仲尼曰:'胡簋之事,则尝学之矣。甲兵之事,未之闻也。'退,命驾而行。"(《左传》哀公十一年)

综上,这一章既然是孔子记述自己与颜回谈话的情形,当然"退而省其私"的是颜回。

五

《为政》:"子曰:'视其所以,观其所由,察其所安。人焉廋哉?人焉廋哉?'""所以""所由""所安"何谓?先说"所以"和"所由"。何晏《集解》云:"以,用也,言视其所行用也。由,经也,言观其所经从也。"①通过对《论语》时代典籍中这两个较为常见的词组的全面考察,笔者以为此说是比较可靠的。

"所以"往往表示行事的方法和途径,如《公冶长》:"归与!归与!吾党之小子狂简,斐然成章,不知所以裁之。"《左传》隐公三年:"去顺效逆,所以速祸也。"桓公八年:"弗许而后战,所以怒我而怠寇也。"庄公二十三年:"夫礼,所以整民也。"僖公二十八年:"微楚之惠不及此,退三舍辟之,所以报也。"《孟子·公孙丑上》:"今人乍见孺子将入于井,皆有怵惕恻隐之心,非所以内交于孺子之父母也,非所以要誉于乡党朋友也。"

"所由"则往往表示如此行事的缘由,如《左传》文公七年:"义而行之,谓之德、礼。无礼不乐,所由叛也。"昭公元年:"患之所生,污而不治,难而不守,所由来也。"昭公十三年:"不明弃共,百事不终,所由倾覆也。"哀公二十六年:"今君再在孙矣,内不闻献之亲,外不闻成之卿,则赐不识所由入也。"

《左传》昭公四年这段文字中,"所以""所由"同时存在,可以比较:"夫六王二公之事,皆所以示诸侯礼也,诸侯所由用命也。夏桀为仍之会,有缗叛之。商纣为黎之搜,东夷叛之。周幽为大室之盟,戎狄叛之。皆所以示诸侯汰也,诸侯所由弃命也。"

再说"所安"。这个词组也较常见,是所赖以生存,所赖以安身立命者之意。如《左传》庄公十年:"衣食所安,弗敢专也,必以分人。"《国语·晋语一》:"孝、敬、忠、贞,君父之所安也。"《吴语》:"寡人其达王于甬句东,夫妇三百,唯王所安,以没王年。"《墨子·非乐上》:"且夫仁者之为天下度也,非为其目之所美,耳之所乐,口之所甘,身体之所安,以此亏夺民衣食之财,仁者弗为也。"

六

《为政》:"子贡问君子。子曰:'先行其言而后从之。'"孔安国说:"疾小人多言而行之不周。"刘宝楠《论语正义》此8字作一句读。沈括《梦溪笔谈》、郝敬《论语详解》、黄式三

---

① 程树德:《论语集释》,中华书局1990年版,第93页。

《论语后案》均主张"先行"后断开①。因为定州竹简本作"先行其言从之"②,"先行"后是应该断开的,似乎此章之作"先行,其言而后从之"已然铁证如山了——古人言之在先,出土文献证之在后。

但在《论语》时代,表示"然后"意义的"而后"这一词语,总是处于"(S)V(O)而后 V(O)"(S代表主语,V代表谓语动词,O代表宾语,括号中的成分可以有,也可以无)这一结构中,未见例外。如:"季文子三思而后行。"(《论语·公冶长》)"仁者先难而后获。"(《雍也》)"子与人歌而善,必使反之,而后和之。"(《述而》)"死而后已,不亦远乎?"(《泰伯》)"色斯举矣,翔而后集。"(《乡党》)"如有王者,必世而后仁。"(《子路》)"事君敬其事,而后其食。"(《卫灵公》)"君子信而后劳其民……信而后谏。"(《子张》)"圣王先成民,而后致力于神。"(《左传》桓公六年)"济汉而后发丧。"(庄公四年)"无众而后伐之,欲御我谁与?……夫民让事乐和,爱亲哀丧而后可用也。"(庄公二十七年)"国将亡,本必先颠,而后枝叶从之。"(闵公元年)"襄王定位而后发丧。"(僖公八年)"物生而后有象,象而后有滋,滋而后有数。"(僖公十五年)"丁丑,杀庆郑而后入。"(同上)"既陈而后击之,宋师败绩。"(僖公二十二年)"待我二十五年,不来而后嫁。"(僖公二十三年)"夫惠本而后民归之志,民和而后神降之福。"(《国语·鲁语上》)"为人臣者,能内睦而后图外。"(《晋语六》)

也就是说,"而后"必须紧接(S)V(O),"而后"和(S)V(O)之间不能再有别的成分。可见,"先行其言而后从之",可以不断而一气读下,也可在"其言"后断开,但决不能读作"先行,其言而后从之"。至于定州竹简本之"先行其言从之",因为句子结构不同,当然应读作"先行,其言从之"。但这不能证明"先行其言而后从之"当读为"先行,其言而后从之"。这是两码事,不能以此例彼。

七

《为政》:"子曰:'君子周而不比,小人比而不周。'"关于"君子""小人",杨伯峻《论语译注》说:"《论语》中的'君子',有时指'有德者',有时指'有位者'。"③赵纪彬《论语新探》却认为在春秋时期,"君子"与"小人"已分裂成两个对立的政治派别。"君子"是西周、春

---

① 程树德:《论语集释》,第97页。
② 河北省文物研究所定州汉墓定州汉墓竹简整理小组:《定州汉墓竹简论语》,文物出版社1997年版,第12页。
③ 杨伯峻:《论语译注》,中华书局1980年版,第9页。

秋时期对奴隶主贵族的通称,是指奴隶主阶级侯国"大夫以上"当权派。而"小人"则指奴隶制生产方式支配下的个体农民①。我们认为,《论语》时代典籍中的"君子""小人"确实有的指"有德者",有的指"有位者"。这两个词的引申路径如同"鄙"由"边鄙之地"而引申出"鄙陋"的意义一样,"君子""小人"也由区分地位的高下的两个词,双双成对地引申为区分道德高下的两个词。其引申背景如同英国贵族是道德的表率一样,西周时的君子在地位上道德上都是处于高位的。必须指出,以位言和以德言是今人的区分,在当时人们的心目中,两者也许是统一的。

《孟子·梁惠王上》一段话很能说明此点:"无恒产而有恒心者,惟士为能。若民,则无恒产,因无恒心。苟无恒心,放辟邪侈,无不为已。"(1.7)类似的话又见《滕文公上》(5.3)。因此,"君子""小人"这两个词有时是难以截然划分"以德言""以位言"的。春秋时逐渐"礼崩乐坏",有些处于"君子"地位的人便被斥为"小人"。当时典籍中此类例证不少。"以位言"的如:"君子小人,物有服章,贵有常尊,贱有等威。"(《左传》宣公十二年)"贾人曰:'吾无其功,敢有其实乎?吾小人,不可以厚诬君子。'"(成公三年)"君子勤礼,小人尽力。"(成公十三年)"君子劳心,小人劳力,先王之制也。"(襄公九年)"世之治也,君子尚能而让其下,小人农力以事其上……及其乱也,君子称其功以加小人,小人伐其技以冯君子。"(襄公十三年)"宋人或得玉,献诸子罕。……稽首而告曰:'小人怀璧,不可以越乡。纳此以请死也。'"(襄公十五年)"小人之事君子也,恶之不敢远,好之不敢近。敬以待命,敢有贰心乎?"(襄公二十六年)"初,景公欲更晏子之宅,曰:'子之宅近市,湫隘嚣尘,不可以居,请更诸爽垲者。'辞曰:'君之先臣容焉,臣不足以嗣之,于臣侈矣。且小人近市,朝夕得所求,小人之利也。敢烦里旅?'"(昭公三年)"君子不犯非礼,小人不犯不祥,古之制也。"(同上)"有犯命者,君子废,小人降。"(昭公六年)"厨人濮曰:'吾小人,可藉死而不能送亡,君请待之。'"(昭公二十一年)"古之君子,过则改之;今之君子,过则顺之。古之君子,其过也,如日月之食,民皆见之,及其更也,民皆仰之;今之君子,岂徒顺之,又从为之辞。"(《孟子·公孙丑下》)"汤始征,自葛载,十一征而无敌于天下。……其君子实玄黄于篚以迎其君子,其小人箪食壶浆以迎其小人。"(《滕文公下》)"君子犯义,小人犯刑,国之所存者幸也。"(《离娄上》)"君子之泽五世而斩,小人之泽五世而斩。"(《离娄下》)"公孙丑问曰:'高子曰,《小弁》,小人之诗也。'孟子曰:'何以言之?'曰:'怨。'"(《告子下》)"君子务治而小人务力。"(《国语·鲁语上》)"齐侯见使者曰:'鲁国恐乎?'对曰:'小人恐矣,君子则否。'"(《鲁语上》)"君子劳心,小人劳力,先王之训也。"(《鲁语下》)"吕甥逆君于秦,穆公讯之曰:'晋国和乎?'对曰:'不和。'公曰:'何故?'对曰:'其小人不念其

---

① 赵纪彬:《论语新探》,人民出版社1976年版,第95—134页。

君之罪,而悼其父兄子弟之死丧者,不惮征缮以立孺子,曰:"必报仇,吾宁事齐、楚,齐、楚又交辅之。"其君子思其君,且知其罪,曰:"必事秦,有死无他。"故不和。比其和之而来,故久。'公曰:'而无来,吾固将归君。国谓君何?'对曰:'小人曰不免,君子则否。'公曰:'何故?'对曰:'小人忌而不思,愿从其君而与报秦,是故云。其君子则否,曰:"吾君之入也,君之惠也。能纳之,能执之,则能释之。德莫厚焉,惠莫大焉,纳而不遂,废而不起,以德为怨,君其不然?"'秦君曰:'然。'"(《晋语三》)以上书证证明在《论语》《孟子》时代确实存在"君子""小人"两个阶层,且"君子"地位高而"小人"地位较低。

但同时,"君子""小人"在那一时期也确实可以"以德言";地位为"君子"者可以因为德行低下而被斥之为"小人"。如:"冬十月,楚子伐郑。郑人将御之,子产曰:'晋、楚将平,诸侯将和,楚王是故昧于一来。不如使逞而归,乃易成也。夫小人之性,衅于勇,啬于祸,以足其性而求名焉者,非国家之利也。若何从之?'子展说,不御寇。"(《左传》襄公二十六年)"君子有远虑,小人从迩。"(襄公二十八年)"宣子……见子尾。子尾见强,宣子谓之如子旗。大夫多笑之,唯晏子信之,曰:'夫子,君子也。君子有信,其有以知之矣。'"(昭公二年)"叔向曰:'子野之言,君子哉!君子之言,信而有征,故怨远于其身。小人之言,僭而无征,故怨咎及之。'"(昭公八年)"十一年春,齐为鄎故,国书、高无丕帅师伐我,及清。……武叔呼(冉求)而问战焉,对曰:'君子有远虑,小人何知?'懿子强问之,对曰:'小人虑材而言,量力而共者也。'武叔曰:'是谓我不成丈夫也。'"(哀公十一年)"孟子去齐。尹士语人曰:'不识王之不可以为汤武,则是不明也;……士则兹不悦。'高子以告。曰:'夫尹士恶知予哉?……'尹士闻之,曰:'士诚小人也。'"(《孟子·公孙丑下》)《论语》因其书宣扬伦理的性质,"君子""小人"多以德言。仅举数例:"君子周而不比,小人比而不周"(《为政》)"君子喻于义,小人喻于利。"(《里仁》)"女为君子儒,无为小人儒。"(《雍也》)"君子坦荡荡,小人长戚戚。"(《述而》)"君子成人之美,不成人之恶。小人反是。"(《颜渊》)也有以位言的。例如:"君子怀德,小人怀土;君子怀刑,小人怀惠。"(《里仁》)"子为政,焉用杀?子欲善而民善矣。君子之德风,小人之德草,草上之风,必偃。"(《颜渊》)

"小人"也可用于谦称。许多地位为"君子"者在地位更高或年龄较自己为长的"君子"前自称"小人"。如:"(申叔时)对曰:'可哉!吾侪小人所谓取诸其怀而与之也。'(《左传》宣公十一年)申叔时,晋国贵族。"郑人游于乡校,以论执政。然明谓子产曰:'毁乡校,何如?'子产曰:'何为?夫人朝夕退而游焉,以议执政之善否。其所善者,吾则行之。其所恶者,吾则改之。是吾师也,若之何毁之?……'然明曰:'蔑也今而后知吾子之信可事也。小人实不才,若果行此,其郑国实赖之,岂唯二三臣?'"(襄公三十一年)然明,即鬷蔑,郑国贵族。"张趯使谓大叔曰:'自子之归也,小人粪除先人之敝庐,曰子其将来。今子皮实来,小人失望。'"张趯,晋国大夫。"小人"也可能是相对而言的。即,地位为"君子"者,相对地位更高的人,得自称为"小人"。如:"宋皇国父为大宰,为平公筑台,妨于农功。子罕请俟农功之毕,公弗许。筑者讴曰:'泽门之晳,实兴我役。邑中之黔,实尉我心。'子罕闻之,亲执扑,以行筑者,而抶其不勉者,曰:'吾侪小人,皆有阖庐以辟燥湿寒暑。今君为一台而不速成,何以为役?'讴者乃止。"(《左传》襄公十八年)子罕为宋国司城(司空),当然得与于"君子"之列,但相对于平公,却自称"小人"。"楚子使薳罢来聘,通嗣君也。穆叔问:'王子之为政何如?'对曰:'吾侪小人,食而听事,犹惧不给命而不免于戾,焉与知政?'"(襄公三十年)薳罢,楚国贵族,后为令尹,相对年长的穆叔,自称"小子"。"冬,梗阳人有狱,魏戊不能断,以狱上。其大宗赂以女乐,魏子将受之。魏戊谓阎没、女宽曰:'主以不贿闻于诸侯,若受梗阳人,贿莫甚焉。吾子必谏。'皆许诺。退朝,待于庭。馈入,召之。比置,三叹。既食,使坐。魏子曰:'吾闻诸伯叔,谚曰:"唯食忘忧。"吾子置食之间三叹,何也?'同辞而对曰:'或赐二小人酒,不夕食。馈之始至,恐其不足,是以叹。中置,自咎曰:"岂将军食之,而有不足?"是以再叹。及馈之毕,愿以小人之腹为君子之心,属厌而已。'献子辞梗阳人。"(昭公二十八年)阎没、女宽均为晋国大夫,在地位更高的魏子面前,自称"小人"。较为典型的一例是楚贵族锺仪被俘后在晋侯面前自称"小人",而其德行令敌方人士折服,称其为"君子":"晋侯观于军府,见锺仪。……问其族,对曰:'泠人也。'公曰:'能乐乎?'对曰:'先父之职官也,敢有二事?'使与之琴,操南音。公曰:'君王何如?'对曰:'非小人之所得知也。'固问之,对曰:'其为大子也,师保奉之,以朝于婴齐而夕于侧也。不知其他。'公语范文子,文子曰:'楚囚,君子也。言称先职,不背本也。乐操土风,不忘旧也。称大子,抑无私也……'"(《左传》成公九年)

通过以上归纳可知,"君子""小人"诚如杨伯峻所指出的,有时指"有德者",有时指"有位者"。赵纪彬所言"君子"是西周、春秋时期对奴隶主贵族的通称,是指奴隶主阶级侯国"大夫以上"当权派,而"小人"则指奴隶制生产方式支配下的个体农民,也大体不错。但是,由于不明白,或有意模糊"君子""小人"有以德言以位言的区别,赵纪彬的一些具体的结论却并不正确。如,他说:"也不能认为与'君子'处于对立地位的'小人',全是不在位的统治者。"并以《雍也》"女为君子儒,无为小人儒"为例,又以《子路》"子贡问曰:'何如斯可谓之士矣?'子曰:'行己有耻,使于四方,不辱君命,可谓士矣。'……曰:'敢问其次。'曰:'言必信,行必果,硁硁然小人哉'"为例,从而得出结论说:"由此可见,春秋过渡时期的'士'中,确有'言必信,行必果,硁硁然小人哉'的'其次'之士。"其实,这里无论"君子儒""小人儒"还是"硁硁然小人",都是"以德言"的。这种具体结论的失误,又导致了较大较重要结论的失误。如说:"'君子''小人'的对立,是春秋过渡时期'人'的阶级内部两条政治路线斗争的反映。"另外,"君子""小人"也并非如赵说,属于所谓"'人'的阶级内部",而与"民"对立。例如:"吾闻之,民受天地之中以生,所谓命也。是以有动作礼义威仪之则,以定命也。能者养以之福,不能者败以取祸。是故君子勤礼,小人尽力,勤礼莫如致敬,尽力莫如敦笃。敬在养神,笃在守业。"(《左传》成公十三年)前文说"民受天地之中以生,所谓命也。是以有动作礼义威仪之则,以定命也。能者养以之福,不能者败以取祸",接着又说"是故君子勤礼,小人尽力"云云,可知君子、小人都是"民"的一部分。又如"曹刿问所以战于庄公。公曰:'余不爱衣食于民,不爱牺牲玉于神。'对曰:'夫惠本而后民归之志,民和而后神降之福。若布德于民而平均其政事,君子务治而小人务力;动不违时,财不过用;财用不匮,莫不能使共祀。'"(《国语·鲁语上》)这一段也是前文说"民"如何如何,后文说"君子""小人"如何如何,可见,君子、小人是"民"中的两个阶层,而非与"民"对立的两个阶层。关于这一点,我们在《也谈〈论语〉中的"人"与"民"》一文中论述得很详细,详见《论语新注新译》(北京大学出版社2016年版)一书的《附录》。

八

《为政》:"子曰:'攻乎异端,斯害也已。'"何晏《集解》说:"攻,治也……异端,不同归者也。"皇侃《义疏》云:"攻,治也……异端,谓杂书也。"①

杨伯峻《论语译注》译为:"批判那些不正确的议论,祸害就可以消灭了。"并说:"《论语》共享四次'攻'字,像《先进篇》的'小子鸣鼓而攻之',《颜回篇》的'攻其恶,无攻人之恶'的三个'攻'字都当'攻击'解,这里也不应例外。很多人却把它解为'治学'的'治'。"又说:"已,应该看为动词,止也。因之我译为'消灭'。"②

如果因为《论语》书中其余3次"攻"都当"攻击"解,此章便不应例外,那么,《论语》除此章外,"也已"凡14见(其中7例为"也已矣"),均为复合句末语气词,那本章就更不应例外了。可见这一理由难以成立。而如果本章的"也已"是复合句末语气词,"攻"就不能解为"攻击"。

笔者认同何晏的主张。理由有二:

(一)"攻"在先秦汉语中,确实绝大部分为"攻击""进攻"义,但它也确如《王力古汉语词典》所列,有"从事某事,进行某项工作"的意义,就是何晏《集解》所说的"治"。例如《诗经·小雅·鹤鸣》:"他山之石,可以攻玉。"《大雅·灵台》:"经始灵台,经之营之。庶民攻之,不日成之。"《周礼·考工记》:"凡攻木之工七,攻金之工六,攻皮之工五。"

两者在分布上是有区别的。"攻击""进攻"义的"攻",其宾语无非为人和地。其中有

---

① 皇侃著,高尚榘点校:《论语义疏》,第40页。
② 杨伯峻:《论语译注》,第18页。

转指者,如:"兼弱攻昧……犹有弱而昧者,何必楚?"(《左传》宣公十二年)沈玉成《左传译文》:"兼并衰弱进攻昏暗……还有弱小而昏暗的国家,为什么一定要攻打楚军?""攻乎异端"似乎类似"兼弱攻昧",但前者是自指而后者是转指。

"从事某事,进行某项工作"意义的"攻",其宾语却是人和地之外的事物,本章的"异端"也是如此。

(二)本章的"攻"若解释为"攻击""进攻",有一个前提,就是这一复合句句末"也已"的"已"必须解为动词,为"停止"的意思。但上文说:"《论语》除此一章外,"也已"凡 14 见(其中 7 例为"也已矣"),均为复合句末语气词。"岂止《论语》?周秦典籍中,不下数百例"也已",都是句末复合语气词。例如:"天之弃商久矣,君将兴之,弗可赦也已。"(《左传》僖公二十二年)"臣之壮也,犹不如人,今老矣,无能为也已。"(僖公三十年)

王力指出,《曹刿论战》中"肉食者谋之,又何间焉"的"间",有的书解释其意义为"补充或纠正",但《左传》中"间"出现 81 次,另外 80 处都不当"补充、纠正"讲,其他先秦两汉的古书中"间"也从不当"补充、纠正"讲,"左丘明在这里不可能为'间'字创造一个新义,因为这样的'创造'谁也不会看得懂。作为一个原则,注释家不会反对语言的社会性,但是,在实践的过程中,注释家却往往忽略了这个重要的原则。"①

本章的"也已"也应作如是观——不能因为要将"攻"解为"攻击",就不顾其余数以百计的"也已"都是复合句末语气词的事实,而强解"也已"的"已"为"停止""消灭"。

九

《为政》:"哀公问曰:'何为则民服?'孔子对曰:'举直错诸枉,则民服;举枉错诸直,则民不服。'"杨伯峻《论语译注》说:"'错'有放置的意思,也有废置的意思。一般人把它解为废置,说是'废置那些邪恶的人'(把'诸'字解为'众')。这种解法和古汉语语法规律不相合。因为'枉'、'直'是以虚代实的名词,古文中的'众'、'诸'这类数量形容词,一般只放在真正的实体词之上,不放在这种以虚代实的词之上。这一规律,南宋人孙季和(名应时)便已明白。王应麟《困学纪闻》曾引他的话说:'若诸家解,何用二"诸"字?'这二'诸'字只能看做'之于'的合音,'错'当'放置'解。'置之于枉'等于说'置之于枉人之上',古代汉语'于'字之后的方位词有时可以省略。朱亦栋《论语札记》解此句不误。"②笔者同意

---

① 王力:《王力语言学论文集》,商务印书馆 2000 年版,第 521 页。
② 杨伯峻:《论语译注》,第 20 页。

这一意见,同时认为,"错"(包括"措")的"废置"义是由"放置"义引申而来的,两者的产生有先后的不同。除"举直错诸枉"有歧解外,我们在《论语》时代及稍后的典籍中找到的"错"("措")均为放置义。如《论语·子路》:"刑罚不中,则民无所错手足。"《庄子·达生》:"为彘谋,曰不如食以糠糟而错之牢筴之中。"《国语·郑语》:"不建立卿士,而妖试幸措,行暗昧也。"《庄子·田子方》:"措杯水其肘上,发之,适矢复沓,方矢复寓。"直到《荀子》,我们才见到可解为"废置"的"错"("措")字:"故错人而思天,则失万物之情"(《天论》)。可见,此章的"错"是"放置"的意思。

十

《为政》:"子曰:'由!诲女知之乎!知之为知之,不知为不知,是知也。'""季康子问使民敬,忠以劝,如之何。子曰:'临之以庄,则敬;孝慈,则忠;举善而教不能,则劝。'"《卫灵公》:"子曰:'有教无类。'"关于《论语》中的"教"与"诲",关于"有教无类",赵纪彬有《"有教无类"解》一文(载于其《论语新探》)①,影响很大,必须弄清楚。

何晏《集解》引马融说:"言人所在见教,无有种类。"②见教,即被教。马说意为所有人都被教育,不分种类。赵文却说:"自东汉至今,解者有马融、程颐、朱熹、王船山、冯登府、刘宝楠、刘恭冕、章太炎、梁启超和今人冯友兰先生等十二人。就中除王船山而外,均以此章为孔丘自述教育宗旨,义即不分尊卑贵贱,不问出身,超阶级地教育一切人。今按,此种训解,纯系望文生义,揆之《论语》全书,毫无根据。"③又说:"总而言之,《论语》'有教无类'的'教'字,乃是奴隶主贵族对于所域之民施行的教化,发布的教令,以及军事技能的强制性教练……目的在于将奴隶主贵族所需要的精神绳索强加于民,迫之必从,而与在'人'的内部进行'诲知'的教育,有严格的阶级界限,不容混同。"④赵纪彬又认为,"无类"不是不分"种类",而是不分"族类"。⑤

"教"与"诲"二词究有何不同?《王力古汉语字典》说:"两个词都有'教导'义,但有细微差别。'教'带强制性,'诲'重在启发、诱导。"极其精确。

赵纪彬"教""诲"两词的例证,局限于《论语》一书;而语言的使用者必须遵循当时当

---

① 赵纪彬:《论语新探》,第60—94页。
② 程树德:《论语集释》,第1126页。
③ 赵纪彬:《论语新探》,第60—61页。
④ 赵纪彬:《论语新探》,第81页。
⑤ 赵纪彬:《论语新探》,第81—85页。

地所有使用该语言的人的使用习惯。这就使得我们可以通过考察当时当地其他记录同一语言的典籍，如《左传》《国语》《孟子》等书来认知该语言；通过这一考察可知，"教"与"诲"并非如赵氏所说"有严格的阶级界限"。

"教"通常可用之于国君、贵族。例如："（狐突）曰：'子之能仕，父教之忠，古之制也……今臣之子，名在重耳，有年数矣。若又召之，教之贰也。父教子贰，何以事君？'"（《左传》僖公二十三年——子，指狐毛、狐偃，跟随重耳逃亡的贵族）"以是教王，王能久乎？"（《国语·周语上》）"子教寡人和诸戎、狄而正诸华，于今八年。"（《晋语七》）"王曰：'吾惛，不能进于是矣。愿夫子辅吾志，明以教我。'"（《孟子·梁惠王上》）

"诲"的宾语也有为"民"或指代"民"的："昔先王议事以制，不为刑辟，惧民之有争心也……故诲之以忠。"（《左传》昭公六年）"是故圣王……诲于民，是以天下之民可得而治。"（《墨子·辞过》）

为了证明"有教无类""乃是奴隶主贵族对于所域之民施行的教化，发布的教令，以及军事技能的强制性教练"，赵纪彬说"有"通"域"。"域教无类"意为"对所域之民，依方舆或疆界施行教练或教令"。实际上，"有……无……"是《论语》时代的语言中的常见句式，我们至今常说的"有备无患"即属这一句式。其中的"有"当然是"有无"的"有"。如："凡天灾，有币无牲。"（《左传》庄公二十五年——沈玉成《左传译文》译为："祭祀时只能用玉帛而不用牺牲。"）"必报德，有死无二。"（僖公十五年——沈译："有必死之志而无二心。"）"臣闻师众以顺为武，军事有死无犯为敬。"（襄公三年，又见《国语·晋语七》——沈译："在军队里做事宁死不犯军纪叫做'敬'。"）"《书》曰：'居安思危。'思则有备，有备无患，敢以此规。"（襄公十一年——沈译："有了防备就没有祸患。"）"德，国家之基也。有基无坏，无亦是务乎！"（襄公二十四年——沈译："有基础才不至于毁坏。"）"有不用命，则有常刑无赦。"（哀公三年——沈译："有不卖力气的，就按规定处罚，不加赦免。"）[①]以上各例，足证"有教无类"之"有"绝不通"域"。

因此，"自行束脩以上，吾未尝无诲焉"（《述而》），便是"有教无类"，即不分类别，人人我都教育。

十一

《为政》："子曰：'人而无信，不知其可也。大车无輗，小车无軏，其何以行之哉？'""人

[①] 沈玉成：《左传译文》，中华书局1981年版，第57、91、195、257、281、321、337、555页。

而无信"的"而",不能如《经传释词》等书当"若""如果"讲。连词"而"的作用是连接形容词、动词或动词性词组(以上三者都可称之为"谓词性结构"),表示两种性质或两种行为的联系。这里的"人"也是活用为谓词性的,表示"作为一个人"。《左传》襄公三十年:"我有子弟,子产诲之。我有田畴,子产殖之。子产而死,谁其嗣之?"后两句意为"像子产这样的贤人都死了,又有谁能继承他呢?"《八佾》"人而不仁"(3.3)"管氏而知礼"(3.22)、《述而》"富而可求"(7.12)、《宪问》"士而怀居"(14.2)与之类似。

十二

《八佾》:"孔子谓季氏:'八佾舞于庭,是可忍也,孰不可忍也?'"可,在这句中等于"能被",和"可以"的意义是不同的(王力先生《汉语语法史》第十七章,《王力文集》第11卷,山东教育出版社1990年版)。①忍,先秦典籍中常见的有两个意义,一为忍受、忍耐,一为忍心,即贾谊《新书·道术》所谓"反慈为忍"。此章"忍"字何晏《集解》无注。唐写本郑玄注:"今陪臣而舞天子八佾之乐,不可忍之甚。"皇侃《义疏》:"忍,犹容耐也。……僭此八佾之舞若可容忍者……则天下为恶,谁复不可忍也?"邢昺《疏》:"季氏以陪臣而僭天子,最难容忍,故曰:若是可容忍,他人更谁不可忍也?"是郑、皇、邢三人均持"容忍"说。朱熹《集注》则持两可之论。说:"孔子言其此事尚忍为之,则何事不可忍为。或曰:忍,容忍也。盖深疾之辞。"

笔者同意郑、皇、邢所说。论证如下:我们姑且称忍耐义的"忍"为忍$_1$,称忍心义的"忍"为忍$_2$,它们都是所谓"关系动词"(张猛《左传谓语动词研究》,语文出版社2003年版)。忍$_1$忍$_2$都可用谓词性成分做宾语,例如:"衡父不忍$_1$数年之不宴(宴,安宁),以弃鲁国,国将若之何?"(《左传》成公二年)"曾皙嗜羊枣,而曾子不忍$_2$食羊枣。"(《孟子·尽心下》)"与乡人处,由由然不忍$_2$去也。"(《万章下》)

但忍$_1$常带抽象名词做宾语,例如:"子死亡有命,余不忍其詢(gòu,耻辱)。"(《左传》昭公二十年)"今天子不忍小忿以弃郑亲,其若之何?"(僖公二十四年)"以能忍耻,庶无害赵宗乎!"(哀公二十七年)。

忍$_2$多带一般名词做宾语,例如:"公曰:'一朝而尸三卿,余不忍益也。'对曰:'人将忍君……'"(《左传》成公十七年)"群臣不忍社稷宗庙,惧有二图。"(襄公七年)"子干曰:'余不忍也。'子玉曰:'人将忍子,吾不忍俟也。'"(昭公十三年)

---

① 王力:《汉语语法史》,山东教育出版社1990年版,第337—339页。

从宾语的意义特征看,忍₁的宾语均为说话者认为不好、有害的事物,如"数年之不宴""訽""小忿""耻",而忍₂的宾语一般并非如此,如"食羊枣""去""益""君""社稷宗庙"。这是因为,忍₁的意义特征是施事忍受受事(对象)对施事的加害、刺激等,而忍₂的意义特征为施事放纵加害、刺激受事(对象)。反之,受事(对象)如果是能够加害、刺激施事的事物,那么谓语动词"忍"一般是忍₁。

　　忍₁忍₂都是关系动词。关系动词的特点是,其受事宾语可转为受事主语。对照"人将忍₂君"(《左传》成公十七年)与"君不可忍₂,惠不可弃,吾其从王"(昭公十三年),可知。"八佾舞于庭,是可忍孰不可忍"中的"是",是指代谓词性成分"八佾舞于庭"的,亦即"八佾舞于庭"是"忍"的受事;而它绝对是孔子认为大错特错的,对孔子本人具有莫大的刺激作用。因此,其谓语动词"忍"是忍₁,表达的是忍耐义。类似的如:"失政而害国,不可忍也。"(《国语·晋语一》)

十三

　　《八佾》:"林放问礼之本。子曰:'大哉问!礼,与其奢也,宁俭;丧,与其易也,宁戚。'"该章的"易",《礼记·檀弓上》云:"子路曰,'吾闻诸夫子:丧礼,与其哀不足而礼有余也,不若礼不足而哀有余也。'"《檀弓下》:"丧礼,哀戚之至也。"《问丧》:"丧礼唯哀为主矣。"可以解释"与其易也,宁戚"。何晏《集解》引包咸说:"易,和易也。"和易,就是和悦。这里意为为了不失礼而强忍悲痛和颜悦色,不如将悲恸尽情释放。

　　杨伯峻解释说:"'易'有把事情办妥的意思,如《孟子·尽心上》'易其田畴',因此这里译为'仪文周到'。"①这一解释笔者不取。因为,"易"固然有整治田亩道路的意义,除"易其田畴"外,还有《国语·晋语四》的"轻关易道,通商宽农",《左传》襄公三十一年的"司空以时平易道路";杜预注后者为"易,治也"。但"易"的这一义位是及物动词,而通过对《论语》同时代典籍的调查,"与其……宁……""与其……不如……"的句式中,"与其"之后的谓词性结构如果是及物动词,一般是要带宾语的;反之,"与其"之后的谓词性结构如果不带宾语,一般就是不及物动词或形容词。

　　例如:"与其失善,宁其利淫。……故《夏书》曰:'与其杀不辜,宁失不经。'惧失善也。"(《左传》襄公二十六年)"与其杀是人也,宁其得此国也,其孰利乎?"(《国语·越语上》)"与其成周,不如城之。"(《左传》昭公三十二年)"与其为善于乡也,不如为善于里;与

---

① 杨伯峻:《论语译注》,第24页。

其为善于里也，不如为善于家。"(《国语·齐语》)以上各例中"失""杀""戍""为"都是及物动词，都带宾语。其中"戍"带的是处所宾语。再看以下各例："子不如易于齐，与其死也。"(定公十年)"与其害于民，宁我独死。"(定公十三年)"王孙贾问曰：'与其媚于奥，宁媚于灶，何谓也？'"(《论语·八佾》)"与其不孙也，宁固。"(《述而》)"且予与其死于臣之手也，无宁死于二三子之手乎！"(《子罕》)

以上各例中"死""害""媚""孙"都不带宾语，都不是及物动词，而是不及物动词或形容词。比较特殊的是"害"，其"危害"义是及物的，其"妨害"义是不及物的，这里是后者。"与其易也，宁戚"的"易"既然没带宾语，当然不会是杨伯峻所解释的意义；而包咸解其为"和易"，恰恰就是不及物的心理动词（"戚"也是不及物心理动词），是不带宾语的。例如《诗经·小雅·何人斯》："尔还而入，我心易也。"

顺便说一句，《经典释文》记载郑玄解释"与其易也"的"易"为"简易"[①]，而"简易"是形容词，当然也不带宾语。由此可见，我们对待汉人的注解一定要慎重，缺乏语言上尤其是语法上的坚强证据时，不要轻易将其弃置不用。王力说："古代的经生们抱残守缺，墨守故训，这是一个缺点。但是我们只是不要墨守故训，却不可以一般地否定故训。训诂学的主要价值，正是在于把故训传授下来。汉儒去古未远，经生们所说的故训往往是口耳相传的，可信的程度较高。汉儒读先秦古籍，就时间的距离说，略等于我们读宋代的古文。我们现代的人读宋文容易懂呢？还是千年后的人读宋文容易懂呢？大家都会肯定是前者。因此，我们应当相信汉代的人对先秦古籍的语言比我们懂得多些，至少不会把后代产生的意义加在先秦的词汇上。"[②]对同是汉人的包咸和郑玄之说，我们取前者，是因为包说较能和《礼记》所载互证。

十四

《八佾》："子曰：'君子无所争。必也射乎！揖让而升，下而饮。其争也君子。'""揖让而升下而饮"七字断句有歧异，一为何晏《集解》引王肃说："射于堂，升及下皆揖让而相饮。"皇侃《义疏》以及《经典释文》皆从之，有人据此断为"揖让而升下，而饮"；一为郑玄之注《诗经·小雅·宾之初筵》："故《论语》曰：'下而饮，其争也君子'。"

按《礼记·少仪》："仆于君子，君子升下则授绥"，似可证成王说；但《祭统》："夫大尝

---

① 陆德明：《经典释文》，中华书局1983年版，第338页。
② 王力：《王力语言学论文集》，第530页。

禘,升歌《清庙》,下管《象》"(《明堂位》《仲尼燕居》有类似文字),又可证成郑注。

笔者以为断作"揖让而升下,而饮"不妥。因为,笔者遍搜《左传》(3104)、《论语》(354)、《国语》(1506)、《孟子》(772)中 5795 个"而",未见"揖让而升下,而饮"这种用法;除非将后一"而"换成"且",作"揖让而升下,且饮"。类似例证如:"若使大子主曲沃,而重耳、夷吾主蒲与屈,则可以威民而惧戎,且旌君伐。"(《左传》庄公二十八年,又见《国语·晋语一》)"宫之奇之为人也,懦而不能强谏,且少长于君。"(《左传》僖公二年)"好勇而狂,且恶夷驰之佐上军也。"(文公十二年)"师老而劳,且有归志,必大克之。"(襄公九年)"使圉人驾,寺人御而出。且曰:'崔氏有福,止余犹可。'"(襄公二十七年)"士皆释甲束马而饮酒,且观优。"(襄公二十八年)"不义而富且贵,于我如浮云。"(《论语·述而》)从语言是一个系统的观点来考虑,由于有了"V 而 V,且 V"(V 表示谓语性质的成分)这一句式,就不大可能再有"V 而 V,而 V"的句式表达完全相同的意思;这是何以我们找不到后者的缘由。可见,断作"揖让而升下,而饮"之不可从。而如果断作"揖让而升,下而饮",则类似例子不胜枚举,仅以《论语》为例:"道千乘之国,敬事而信,节用而爱人。"(《学而》)"述而不作,信而好古,窃比于我老彭。"(《述而》)"说而不绎,从而不改,吾末如之何也已矣。"(《子罕》)"博学而笃志,切问而近思,仁在其中矣。"(《子张》)

十五

《八佾》:"或问禘之说。子曰:'不知也;知其说者之于天下也其如示诸斯乎!'指其掌。""示诸斯"有两说。一为何晏《集解》引包咸说:"言知禘礼之说者,于天下之事如指示掌中之物,言其易了也。"一为《礼记·中庸》"明乎郊社之礼、禘尝之义,治国其如示诸掌乎"之郑玄注:"'示'读如'寘诸河干'之'寘'。寘,置也。物而在掌中,易为知力者也。"笔者以为前说较为可靠。

示诸斯,就是"示之于斯":"诸"是"之于"的合音。"之"即包咸所说"掌中之物"。孔子时代的典籍中,"示之"较为常见。示之,就是将某物展示、指示给人看。所示于人的,也往往是人体的部位,如:"费曰:'我奚御哉!'袒而示之背,信之。"(《左传》庄公八年)或比较小的东西,如:"既入焉,而示之璧,曰:'活我,吾与女璧。'"(哀公十七年)

正因为如此,故而往往伴随着"指"的动作:"戎人见暴布者而问之曰:'何以为之莽莽也?'指麻而示之。"(《吕氏春秋·先识览》)"曾子指子游而示人曰……"(《礼记·檀弓上》)所以《尔雅·释言》说:"观、指,示也。"这至少说明"示"和"指"两个动词的关系是密切的。

由于"指"和"示"两个动词经常连用,后来成为连动结构:"上目送之,召戚夫人指示四人者曰……"(《史记·留侯世家》)"然既已贵如负言,又何说饿死?指示我。"(《绛侯周勃世家》)"璧有瑕,请指示王。"(《廉颇蔺相如列传》)这大约是现代汉语"指示"一词的源头。

郑玄所注的《礼记·中庸》:"明乎郊社之礼、禘尝之义,治国其如示诸掌乎?"同书《孔子燕居》一篇有类似文字:"明乎郊社之义,尝禘之礼,治国其如指诸掌而已乎。"一为"示诸掌",一为"指诸掌",可知《礼记》这两处文字分别对应《论语》此章的"示诸斯"和"指其掌"。因此,包咸所谓"言知禘礼之说者,于天下之事如指示掌中之物",是有道理的。

而"寘诸"于《左传》中共16见,其他典籍罕见。其宾语多为处所,共11见。如:"饰棺置诸堂阜"(文公十五年)、"姬置诸宫六日"(僖公四年)"子罕置诸其里"(襄公十五年)"晋人置诸戎车之殿"(襄公二十六年)"置诸火所不及"(昭公十八年)"置诸门"(昭公二十七年)等。还有较大的容器:"置诸橐以与之"(宣公二年)"郑贾人有将置诸褚中以出"(成公三年),还有一例为"股肱":"王曰:'除腹心之疾,而置诸股肱,何益?'"(哀公六年)。

"寘"由其词义所限,它的宾语不能是面积体积较小的场所或物体,亦即不大可能为"掌"。从"示"和"寘"带宾语的情况看,也显然以"示"如字读更为恰当。桂馥《札朴》解《中庸篇》的"示诸掌"也说:"案(《礼记》)《仲尼燕居》:'入门而金作,示情也;升歌《清庙》,示德也;下而管象,示事也。是故古之君子,不必亲相与言也,以礼乐相示而已。'馥谓'示诸掌'当如'礼乐相示'之'示',犹指示也。"①可参。

十六

《里仁》:"子曰:'事父母几谏,见志不从,又敬不违,劳而不怨。'""劳而不怨",大约相当于《左传》僖公二十九年的"勤而不怨"以及《孟子·尽心上》的"虽劳不怨",即勤苦劳顿却不怨恨。

王引之说:"劳,忧也。"不确。《经义述闻·礼记下》云:"劳,忧也。高诱注《淮南·精神篇》:'劳,忧也。'凡《诗》言'实劳我心''劳心忉忉''劳心慱慱''劳人草草'之类,皆谓'忧'也。……'劳而不怨',即承上'见志不从'而言。言谏而不入,恐其得罪于乡党州闾,孝子但忧之而不怨其亲也。"②王说为杨伯峻《论语译注》所采纳③,影响很大。

---

① 桂馥:《札朴》,商务印书馆1958年版,第43页。
② 王引之:《经义述闻》,世界书局1975年版,第385页。
③ 杨伯峻:《论语译注》,第40页。

按，王所举4例中有3例"劳"以"心"为宾语。笔者穷尽考察了《诗经》中的33例"劳"字(《大雅·民劳》的5例"民亦劳止"算作1例；4例"实劳我心"，因其中2例见于《小雅·白华》，就只算作3例)，除去以"心"字做宾语的9例，以及"民劳草草"1例，剩下23例中除了3例一般解作"慰劳"(莫我肯劳、职劳不来、召伯劳之)外，其余20例一般都作"辛劳""劳苦"理解。如："棘心夭夭，母氏劬劳"(《邶风·凯风》)。"劳心"的"劳"即这一义位的使动用法。这和《左传》襄公九年、《国语·鲁语下》"君子劳心，小人劳力，先王之制也"以及《孟子·滕文公上》"或劳心，或劳力；劳心者治人，劳力者治于人"的"劳心"并无不同。又"劳心惨兮"(《陈风·月出》)和"惨惨劬劳"(《小雅·北山》)的"劳"也并无不同。

"心之官则思"，思虑过度则为"劳心"，亦即是"忧"。试以义素分析法来解决这一问题：《王力古汉语字典》"忧"的第一个义位是"忧虑""忧伤"，而"忧虑"这一义位大致可以分析为[操劳]+[心(脑)]+[坏心情]，而"劳心"正是"操劳其心"。这样看来，将"劳心"理解为、翻译为"忧"是可以的；但"劳心"的"劳"，其词汇意义并无本质上的改变。换言之，"劳心"可以理解为"忧"，但"劳"不能理解为"忧"。

至于将"劳人草草"的"劳"也解作"忧"，则是由于《毛传》说"草草，劳心也"，而《郑笺》说："草草者，忧；将妄得罪也"，王氏乃运用"互文"的训诂方法将《毛传》的"劳心"与《郑笺》的"忧"联系起来。

笔者认为，说"劳"有"忧"义，是随文释义，并不可靠；《左传》中"劳"凡63见，而据陈克炯先生《左传词典》考察[①]，并无一例可释作"忧"者。这就有违王引之自己所说的"揆之本文而协，验之他卷而通"[②]，亦即违反了语言的社会性原则。

"劳而不怨"又见于《尧曰》"子张问"章(20.2)，上文言"劳而不怨"，下文答曰"择可劳而劳之，又谁怨？"皇侃《义疏》："择其可应劳役者而劳役之，则民各服其劳而不敢怨也。"尤可证"劳"当训"劳动""劳苦"而非"忧愁"。另外，《孟子·尽心上》："以佚道使民，虽劳不怨。"杨伯峻《孟子译注》译为"在求老百姓安逸的原则下来役使百姓，百姓虽然劳苦，也不怨恨。"亦可证。

十七

《公冶长》："子曰：'道不行，乘桴浮于海。从我者，其由与？'子路闻之喜。子曰：'由

[①] 陈克炯：《左传词典》，中州古籍出版社2004年版，第367页。
[②] 王引之：《经传释词》，岳麓书社1982年版，"自序"第3页。

也好勇过我,无所取材。'""由也好勇过我,无所取材",是郑玄的句读,还有其他句读,一为"由也好勇,过,我无所取材",一为"由也好勇过,我无所取材"(武亿《经读考异》、孙钦善《论语本解》)①。

关于前一种,"过"无论作超过、过分、过错、犯错误解,单独为一分句,是有条件的,其后一定有"则""而""是以"等连接词。如:"过,则勿惮改"(《论语·学而》,又见《子罕》)"古之君子,过,则改之;今之君子,过,则顺之。"(《孟子·公孙丑下》)"过,而不改,是谓过矣。"(《卫灵公》)"过,而能改者,民之上也。"(《国语·鲁语上》)"过,是以迷惑,陷入大国之地。"(《吕氏春秋·先识览》)因为连接紧密,通常"过"后不标逗号,而且诸如"过而能改"的"过",不一定是作动词用。所以,"由也好勇,过,我无所取材"的读法,实难成立。

至于后一种,当"过"做谓语表示过分、过错时,要么其后或其前紧接"也""矣"等语气词,要么其后有"则""而""然后"等连接词。如"四者之来,宠禄过也。"《左传》隐公三年"师也过,商也不及。"(《论语·先进》)"且尔言过矣,虎兕出于柙,龟玉毁于椟中,是谁之过与?"(《论语·季氏》)"吾言实过矣。"(《国语·晋语九》)"利过,则为败。"(《左传》襄公二十八年)"吾过,而里革匡我,不亦善乎!"(《国语·鲁语上》)"人恒过,然后能改。"(《孟子·告子下》)而且,"过"的主语也都是名词、代词等体词,从未见"好勇"这样的谓词。所以,"由也好勇过,我无所取材"的读法也是难以成立的。

无所取材,没地方取得木材。这是汉代郑玄的第一个解释。他的第二个解释是:"无所取哉,言唯取于己。古字'材''哉'同。"但先秦典籍中,"材"一为木材,一为人材,罕见借为"哉"者。如《左传》"材"出现21次,均为木材、人材、材用义。河北定州汉墓竹简的《论语》也作"无所取材"。

另外,先秦时,我们未见"无所取"表达对某种性格、性情、态度等表示不认可、不赞同的意义,而只是表示没有"拿走"什么;因此不能解作"不可取"。基于以上两点,我们认同郑玄的前一解释。

孙钦善《论语本解》释这句的"材"为"用",将"我无所取材"译为"我无所取用"。这也不妥。《论语》《左传》成书的年代,像"无所取材"这样的"无所+动宾结构","所"多为名词,义为"处所"。例如:"君若以力,楚国方城以为城,汉水以为池,虽众,无所用之。"(《左传》僖公四年)"群臣无所逃命。"(宣公十二年)"若又勿坏,是无所藏币,以重罪也。"(襄公三十一年)"若从有司,是无所执逃臣也。"(昭公七年)"刑罚不中,则民无所错手足。"(《论语·子路》)以上例句也可证明"无所取材"之译为"没有地方获取木材"在当时语言中是没有问题的。

---

① 程树德:《论语集释》,第299页;孙钦善:《论语本解》,三联书店2009年版,第48页。

又，如上所述，"材"在当时文献中，也用为"人才"义，那么，像北大哲学系《论语批注》那样，将"无所取材"解为"其他没有什么可取的才能"可行吗？这也是不妥的。既然"所"为处所义，"无所取材"的焦点就是"无所"；所以郑玄解作"无所取桴材也"。而解为"没有什么可取的才能"，就无形中转移了焦点；而且如前所述，"取"的意义当时并未虚化，因此也不能解作"没有什么可取的"。况且，"所"表处所，是"材"之所在，若解"材"为"才能"，"所"就只能是指代子路本身。而子路本身是存在的，并非虚无。

简言之，郑玄解作"无所取桴材"之所以较为稳妥，乃是因为"无所"的"所"和动词"取"的意义当时仍然较为实在，并未虚化。其实，"取材"为取得木材或材料，当时典籍中并不罕见："取材以章物采谓之物。"（《左传》隐公五年）"岁云秋矣，我落其实而取其材。"（僖公十五年）"信之而直，则取材正也。"（《周礼·考工记》）

十八

《公冶长》："子贡曰：'我不欲人之加诸我也，吾亦欲无加诸人。'子曰：'赐也，非尔所及也。'"杨伯峻译"非尔所及也"为："这不是你能做到的。"①按，杨说得之。孔安国说："非尔所及，言不能止人使不加非义于己也"②，正是这个意思。孙钦善《论语本解》说："在12.2中孔子把'己所不欲，勿施于人'视作'仁'的内容，在15.24中又把'己所不欲，勿施于人'视作终身行之的'恕'道（仁道的一种表述），而孔子不轻以仁许人，故这里说子贡尚未做到这一点。此处'非尔所及'是'非尔所已及'的意思，不是'非尔所能及'的意思，否则就与15.24中对子贡说的话相矛盾，在那里正是把'己所不欲，勿施于人'作为子贡终身努力的方向提出来的。"③此说笔者不能同意。这一说法，正是李零赞誉的所谓"很注意辞语互见"④。但这种非语言而是着重思想的"注意辞语互见"，适足以扰乱基于语言内部考察所作出的正确判断。《左传》隐公五年："若夫山林川泽之实，器用之资，皂隶之事，官司之守，非君所及也。"沈玉成《左传译文》："……有关官吏的职分，不是国君所应涉及的。"昭公十八年："天道远，人道迩，非所及也。"《左传译文》："天道悠远，人道切近，两不相关，怎么能了解它们的关系？"昭公二十五年："公曰：'非小人之所及也。'"《左传译文》："昭公说：'这不是小人管得着的。'"宣公十二年："潘党曰：'君盍筑武军，而收晋尸以为京观。

---

① 杨伯峻：《论语译注》，第46页。
② 程树德：《论语集释》，第317页。
③ 孙钦善：《论语本解》，第51页。
④ 李零：《丧家狗：我读〈论语〉》，山西人民出版社2007年版，第41页。

臣闻克敌必示子孙,以无忘武功。'楚子曰:'非尔所知也。'"《左传译文》:"……这不是你所知道的。"①《孟子·万章上》:"长息问于公明高曰:'舜往于田,则吾既得闻命矣。号泣于旻天,于父母,则吾不知也。'公明高曰:'是非尔所知也。'"杨伯峻《孟子译注》:"……这不是你所能懂得的。"②《礼记·杂记下》:"孔子曰:'赐也乐乎?'(子贡)对曰:'一国之人皆若狂,赐未知其乐也!'子曰:'百日之蜡,一日之泽,非尔所知也。'"《国语·鲁语下》:"晋乐王鲋求货于穆子,曰:'吾为子请于楚。'穆子不予。梁其胫谓穆子曰:'有货,以卫身也。出货而可以免,子何爱焉?'穆子曰:'非女所知也。'"以上7例"非所及""非……所及""非……所知"句式的句子,表示的都是对现实的判断,而非对已然的否定。后者在当时语言中用"未"不用"非",而"非"通常用于判断句,否定谓语和主语的关系,不是对过往的否定。

十九

《公冶长》:"子路有闻,未之能行,唯恐有闻。"这一章两个"有闻"相同。

何晏《集解》引孔安国说:"前所闻未及行,故恐后有闻不得并行也。"杨伯峻《论语译注》说后一"有闻"的"有"同"又",不确。

在《论语》的时代,"闻"表示"听见"意义,做谓语时,除了下文将要讲到的几种特殊情况另当别论外,"闻"一般都必须带宾语,没有例外。以《论语》为例:"夫子至于是邦也,必闻其政。"(《学而》)"朝闻道,夕死可矣。"(《里仁》)"赐也何敢望回?回也闻一以知十,赐也闻一以知二。"(《公冶长》)"子路曰:'愿闻子之志。'"(同上)"吾闻之也:君子周急不继富。"(《雍也》)崔立斌《〈孟子〉词类研究》将"闻"归入及物感知动词,是正确的。此章后一"有闻"如果读作"又闻",按照上述规律,则必须带宾语。

几种特殊情况是:

(一)联动结构中"闻"与后一谓语动词共享宾语:"郑伯闻而恶之,使盗诱之。"(《左传》僖公二十四年)"若汤,则闻而知之。"(《孟子·尽心下》)

(二)与代词"所"结合成"所闻","所"其实可视为"闻"的宾语:"劳师以袭远,非所闻也。"(《左传》僖公三十三年)

(三)或与副词"相"结合成"相闻":"鸡鸣狗吠相闻,而达乎四境。"(《孟子·公孙丑上》)

---

① 沈玉成:《左传译文》,第9—10、459、489、190页。
② 杨伯峻:《孟子译注》,中华书局1960年版,第207页。

（四）"闻"前出现受事主语时："召武子曰：'季氏，而弗闻乎？'"（《左传》宣公十六年）"夫子之文章，可得而闻也；夫子之言性与天道，不可得而闻也。"（《论语·公冶长》）"齐桓、晋文之事，可得闻乎？"（《孟子·梁惠王上》）

（五）当"闻"受否定副词"不"修饰为"不闻"时，有小部分不带宾语："齐侯不及期，非疾也。君亦不闻。令龟有咎。"（《左传》文公十八年）"若曰无罪而惠免之，诸侯不闻，是逃命也。"（昭公十三年）

（六）当"闻"与其他词结合成固定结构如"多闻""无闻"时。

此章的"有闻"先秦典籍中常见，也是一种固定结构，一般不带宾语："三咽，然后耳有闻，目有见。"（《孟子·滕文公下》）"康子曰：'虽然，肥愿有闻于主。'"（《国语·鲁语下》）

"又闻"先秦典籍中极少见，所以它不是固定结构，而是副词"又"修饰谓语动词"闻"，因此都得带宾语："问一得三，闻《诗》，闻《礼》，又闻君子之远其子也。"（《季氏》）"君固无勇，而又闻是，弗能久矣。"（《左传》襄公十八年）"侨又闻之，内官不及同姓，其生不殖，美先尽矣，则相生疾，君子是以恶之。"（昭公元年）考虑到"闻"的带与不带宾语与否，所以本章第二个"有闻"还是如字读为妥。

二十

《子罕》："颜渊喟然叹曰：'仰之弥高，钻之弥坚。瞻之在前，忽焉在后。夫子循循然善诱人，博我以文，约我以礼，欲罢不能；既竭吾才，如有所立卓尔，虽欲从之，末由也已。'"

"既竭吾才，如有所立卓尔"两句有歧义。何晏《集解》引孔安国说："……使我欲罢而不能，已竭我才矣。其有所立，则又卓然不可及……"①按照孔安国的说法，是孔子"有所立"，句中的"如"是连词，"如果""假如"的意思；"如有所立"就是"假如（夫子）有所建树"。朱熹《集注》与孔说同："尽心尽力，不少休废，然后见夫子所立之卓然。"②但署名韩愈、李翱的《论语笔解》则说"此回自谓虽卓立，未能及夫子之高远也"③，又成了颜回"有所立"，句中的"如"为副词，"好像""似乎"的意思；"如有所立"则是"似乎能够独立地工作"④。

笔者同意孔安国说。原因一是孔说远较《笔解》之说为早，二是虽然《论语》中的"如"大多是副词，意为"好像""似乎"，但"如有"连言且在句首时，"如"一般都是连词，意为"如

---

① ③ 程树德：《论语集释》，第596页。
② 朱熹：《四书章句集注》，第112页。
④ 杨伯峻：《论语译注》，第90页。

果""假如"。除本章存疑待考外,其他如:"如有复我者,则吾必在汶上矣。"(《雍也》)"如有博施于民而能济众,何如?可谓仁乎?"(同上)"如有周公之才之美,使骄且吝,其余不足观也已。"(《泰伯》)"如有王者,必世而后仁。"(《子路》)"其事也,如有政,虽不吾以,吾其与闻之。"(同上)"吾之于人也,谁毁谁誉?如有所誉者,其有所试矣。"(《卫灵公》)"如有用我者,吾其为东周乎!"(《阳货》)可见,"如有"在当时语言中是一表假设的常用词组,本章的"如有"似乎也不能例外。

有一点顺便说一下。朱熹《集注》在"欲罢不能,既竭吾才,如有所立卓尔,虽欲从之,末由也已"后注释说:"此颜子自言其学之所至也。"①这并不意味着朱熹的解释与《论语笔解》同,是颜回"有所立"。朱熹这段话是总结上面5句话的,而非单单解释"如有所立"的,当然也不是说颜回"有所立"了。观其下文也可知,"盖悦之深而力之尽,所见益亲,而又无所用其力也。"

二十一

《子罕》:"子贡曰:'有美玉于斯,韫椟而藏诸?求善贾而沽诸?'子曰:'沽之哉!沽之哉!我待贾者也。'"

"善贾"有两说。一为"贾"同"价",价钱;一为"贾"音 gǔ,商人,上古行商曰商,坐商曰贾。如取后一义,"善贾"便是"好商人"。但形容词"善"在周秦时代只修饰"人""士"等,作"善人""善士";农、工、商、贾、医、匠、庖等职业名一般则用"良"修饰,作"良农""良工""良商""良贾""良医""良匠""良庖"等。从未见"善农""善工""善商""善医""善匠""善庖"等。"善贾(jià)"虽未在他书见到(《韩非子·五蠹》"长袖善舞,多钱善贾"之"善贾"是善于做买卖之意,"贾"音(gǔ),但在《左传》《国语》等书中,"善"修饰抽象名词如"善政""善教"等常见,因此笔者以为"善贾"的"贾"应读作"价"。

二十二

《子路》:"子曰:'君子泰而不骄,小人骄而不泰。'"泰,又写作"汏""汰"。"泰"和"骄"是同义词,且都是贬义,所以可以组成同义词组如"骄泰""泰侈"(侈泰)"骄侈"等,例如:

---

① 朱熹:《四书章句集注》,第112页。

"君骄泰而有烈,夫以德胜者犹惧失之,而况骄泰乎?"(《国语·晋语六》)"及桓子骄泰奢侈,贪欲无艺,略则行志,假贷居贿,宜及于难,而赖武之德,以没其身。"(《晋语八》)"骄泰奢侈,上无以亲下。"(《晏子春秋·内篇谏上》)"泰侈者,因而毙之。"(《左传》襄公三十年)"骄傲侈泰,离度绝理,其唯无祸,福亦不至矣。"(《管子·禁藏》)"君骄侈而克敌,是天益其疾也。"(《左传》成公十七年)"伯有汰侈,故不免。"(《左传》襄公三十年)"楚王汰侈而自说其事,必合诸侯。吾往无日矣。"(昭公元年)"然则戴、桓也。汰侈,无礼已甚,乱所在也。"(昭公二十年)"今公家骄汰,而田氏慈惠,国泽是将焉归?"(《晏子春秋·外篇上》)然而"统言无别,析言则异","泰""骄"的共同特点是看上去自高自大,严厉不好接近。《礼记·檀弓上》:"汰哉叔氏,专以礼许人。"《经典释文》:"汰,自矜大。"就是矜持自负之意。"骄"则不但自大,还盛气凌人,且显摆自己。《孟子·离娄下》:"施施从外来,骄其妻妾。"然则君子虽然矜持自负,但"望之俨然,即之也温,听其言也厉"(《论语·子张》),此所谓"泰"。《唐写本论语》郑玄注:"泰谓威仪矜庄,骄谓慢人自贵"①,近之。所谓慢人自贵,就是做出高高在上的样子,通过轻慢他人来显摆自己。君子则"无众寡,无小大,无敢慢","无敢慢"就是"即之也温"(接近他却温和亲切)所以孔子紧接着说:"斯不亦泰而不骄乎?"(《尧曰》)译文从此。另外,笔者发现,《论语》中所有"君子~而不~""小人~而不~"的句式,实际上都是同义词辨析。他如:"君子周而不比,小人比而不周。"(《为政》)"君子和而不同,小人同而不和。"(《子路》)"君子矜而不争,群而不党。"(《卫灵公》)"君子贞而不谅。"(同上)本章适足以与上举各章互证。这些材料都有利于同义词的辨析,是训诂学、词汇学的好材料,但孔子的本意是却为了"正名"(《子路》)。为何不将"泰"从杨伯峻《论语译注》译作"安详舒泰"②? 除以上两个原因外,还因为先秦文献中除此章再外也找不到"泰"作"安详舒泰"解的用例。可知,此章实辨明君子的缺点和小人的做派有着本质上的区别。

二十三

《卫灵公》:"子曰:'民之于仁也,甚于水火。水火,吾见蹈而死者矣,未见蹈仁而死者也。'""甚于水火"有歧义。何晏《集解》引马融说:"水火与仁皆民所仰而生者,仁最为甚。"③杨伯峻《论语译注》从之,注释说:"《孟子·尽心上》说:'民非水火不生活',译文摘

---

① 王素编著:《唐写本〈论语〉郑氏注及其研究》,文物出版社1991年版,第143页。
② 杨伯峻:《论语译注》,第143页。
③ 程树德:《论语集释》,第1123页。

取此意。"并译为:"百姓需要仁德,更急于需要水火。"①钱穆《论语新解》译作:"人生有赖于仁,尤甚其有赖于水火。"②但皇侃《义疏》引王弼说:"民之远于仁,甚于远水火也。"③孙钦善《论语本解》从之,译之为"老百姓对于仁的畏惧,超过对水火的畏惧。"④笔者倾向于后一种解释。理由如下:

(一)《论语》时代,"甚"作为动词,是"过分""严重"(《王力古汉语字典》)的意思。该词用作谓语时,通常用于描述一些不好的、恶劣的事物。例如:"甚矣吾衰也!"(《论语·述而》)"纣之不善,不如是之甚也。"(《子张》)"官之失德,宠赂章也。郜鼎在庙,章孰甚焉?"(《左传》桓公二年)"高伯其为戮乎?复恶已甚矣。"(桓公十七年)"君子以齐人杀哀姜也为已甚矣。"(僖公元年)"晋不可启,寇不可玩,一之谓甚,其可再乎?"(僖公五年)"若能为旱,焚之滋甚。"(僖公二十一年)"祸其在此乎!君欲已甚,其何以堪之?子若不许,仇我必甚。"(成公二年)"若不能败,为辱已甚,不如还也。"(成公六年)"栾黡汰虐已甚。"(襄公十四年)"楚子使医视之,复曰:'瘠则甚矣。'"(襄公二十一年)"尤而效之,其又甚焉!"(同上)"获诸侯,其虐滋甚,民弗堪也。"(昭公元年)"大叔谓叔向曰:'楚王汰侈已甚,子其戒之。'叔向曰:'汰侈已甚,身之灾也。'"(昭公五年)"贪淫甚矣,独非罪乎?"(昭公十六年)"若听乐而震,观美而眩,患莫甚焉。"(《国语·周语下》)"急偷甚矣,非死逮之,必有大咎。"(《晋语八》)例外是有的,但不多见。如:"天之爱民甚矣。"(《左传》襄公十四年)在那一时期,当"甚"后接"于"字介宾结构,用于比较时,一般用于比较两个较为不好的事物中哪一个更为不好。例如:"楚师大败,王夷师熸,子反死之。郑叛吴兴,楚失诸侯……声子曰:'今又有甚于此。椒举娶于申公子牟,子牟得戾而亡……'"(《左传》襄公二十六年)"防民之口,甚于防川。川壅而溃,伤人必多,民亦如之。"(《国语·周语上》)"子常为政,而无礼不顾甚于成、灵。"(《楚语下》)"民之憔悴于虐政,未有甚于此时者也。"(《孟子·公孙丑上》)也有例外,但少见。如"生亦我所欲,所欲有甚于生者,故不为苟得也。"(《孟子·告子上》)"民之于仁也,甚于水火",句式略同上举"民之憔悴于虐政,未有甚于此时者也"。

(二)《论语》时代的典籍中,"水火"通常代表可怕的、容易伤害人的事物。例如:"众怒如水火焉,不可为谋。"(《左传》昭公十三年)"水火之所犯,犹不可救,而况天乎?"(《国语·周语下》)"天下之百姓,皆以水火、毒药相亏害。"(《墨子·尚同上》)"又与今人之贱人,执其兵刃、毒药、水火,以交相亏贼。"(《兼爱下》)"以万乘之国伐万乘之国,箪食壶浆以迎王师,岂有它哉?避水火也。"(《孟子·梁惠王下》)"今燕虐其民,王往而征之,民以

---

① 杨伯峻:《论语译注》,第169页。
② 钱穆:《论语新解》,巴蜀书社1985年版,第394页。
③ 皇侃著,高尚榘点校:《论语义疏》,第414页。
④ 孙钦善:《论语本解》,第206页。

为将拯己于水火之中也,箪食壶浆以迎王师。"(同上)"救民于水火之中,取其残而已矣。"(《滕文公下》)"水火"没有贬义的虽远较含有贬义的为少,但并不鲜见。除杨伯峻所举《孟子·尽心下》"民非水火不生活"之外,又如《左传》昭公二十年:"和如羹焉,水火醯醢盐梅以烹鱼肉,燀之以薪。"但若与"甚"连用,笔者便倾向于认为其义为"比水火更为可怕"了。联系下文"水火,吾见蹈而死者矣",更能显现"水火"在此表现威胁人身安全的事物。然则,孔子之哀叹"民之于仁也,甚于水火",与哀叹"已矣乎!吾未见好德如好色者也"(《卫灵公》)如出一辙。

二十四

《微子》:"逸民:伯夷、叔齐、虞仲、夷逸、朱张、柳下惠、少连。子曰:'不降其志,不辱其身,伯夷、叔齐与!'谓:'柳下惠、少连,降志辱身矣,言中伦,行中虑,其斯而已矣。'谓:'虞仲、夷逸,隐居放言,身中清,废中权。我则异于是,无可无不可。'"

何晏《集解》:"逸民者,节行超逸也。"①皇侃《义疏》:"逸民者,谓民中节行超逸不拘于世者也。"②我们不取此说,因为终先秦之世,未见"逸"表"超逸"者。"逸"有"安逸"义,似乎与"超逸"义近,但多含贬义。如:"不穀即位,于今五年,师徒不出,人其以不穀为自逸,而忘先君之业矣。"(《左传》襄公十八年)"夫三军之所寻,将蛮、夷、戎、狄之骄逸不虔,于是乎致武。"(《国语·周语中》)"齐桓、晋文,皆非嗣也,还轸诸侯,不敢淫逸,心类德音,以德有国。"(《楚语上》)《论语》时代"逸"最为常见的义位是"逃逸",进而引申出"隐逸"义。而伯夷、叔齐、柳下惠诸人均隐逸不仕者。上文的长沮、桀溺就是所谓"逸民"。黄式三《论语后案》说当释为"佚民",引《说文》:"佚,佚民也"为说③。按,逸、佚本常通用:"以佚道使民,虽劳不怨。"(《孟子·尽心上》)"夫大块载我以形,劳我以生,佚我以老,息我以死。"(《庄子·大宗师》)故不必舍近求远。

二十五

《尧曰》:"子张曰:'何谓惠而不费?'子曰:'因民之所利而利之,斯不亦惠而不费乎?

---

① 程树德:《论语集释》,第1283页。
② 皇侃著,高尚榘点校:《论语义疏》,第488页。
③ 程树德:《论语集释》,第1280—1281页。

择可劳而劳之,又谁怨? 欲仁而得仁,又焉贪? 君子无众寡,无小大,无敢慢,斯不亦泰而不骄乎? 君子正其衣冠,尊其瞻视,俨然人望而畏之,斯不亦威而不猛乎?'"

这一段中的"又谁怨",注《论语》诸家如杨伯峻、钱穆、李泽厚、孙钦善、金良年等今译时都将这一"谁"当成主语,译为"又有谁来怨恨呢""又谁来怨你呢""又谁会怨恨",恐不妥①。上古汉语疑问代词做宾语时,通常置于谓语动词的前面。那么这里的"谁怨"意为"怨谁"。类似的有《左传》成公三年:"臣实不才,又谁敢怨?"昭公元年:"叔出季处,有自来矣,吾又谁怨?"《国语·晋语七》:"二三子为令之不从,故求元君而访焉。孤之不元,废也,其谁怨?"《史记·吴太伯世家》:"吾敢谁怨乎?"这几例"谁怨"都是"怨谁"的意思,本章也是如此。本章下文"又焉贪",《述而》的"求仁而得仁,又何怨"、《子路》的"既庶矣,又何加焉"、《左传》宣公十五年、成公十六年的"又何求",昭公元年、七年的"又何疑焉"、《庄子·内篇·逍遥游》的"之二虫又何知"、《外篇·在宥》的"朕又何知"都与之类似。

上举诸家之释,大约本自皇侃《义疏》:"择其可应劳役者而劳役之,则民各服其劳而不敢怨也。"②自汉代起,以前前置的宾语逐渐转为后置,这一时期"谁怨"的"谁"就逐渐成为主语了。如《战国策·西周》:"王曰:'周君怨寡人乎?'对曰:'不怨且谁怨王? 臣为王有患也。'"所以汉以后注家会将"又谁怨"的"谁"理解为主语。

也许有人问"谁"用为主语更为常见,怎知这一章的"谁"不是主语? 实际上做主语和做宾语的"谁"是能够鉴别的。以这里的"又谁怨"为例,副词"又"通常都紧接谓语动词,通常都位于主语后面。除去"莒纪公生大子仆,又生季佗"(文公八年)"吾骤歌北风,又歌南风"(襄公十八年)这样的"又"前明显承前省略了主语的句子不算外,《左传》中"又"位于主语后的有74例,而无1例位于主语之前者(《论语》中"又"字句都没有主语,故从略)。如:"大叔又收贰以为己邑,至于廪延。"(隐公元年)"将亡,神又降之,观其恶也。"(庄公三十二年)"君老矣,吾又不乐。"(僖公四年)"尤而效之,罪又甚焉。"(僖公二十四年)上文所举"又焉贪""又何怨""又何加""又何求""又何疑焉""之二虫又何知""朕又何知"的"又"则全部位于前置宾语的前边。

综上,"又谁怨"的"谁"应当不是主语,而是前置的宾语。所以我们将"择可劳而劳之,又谁怨"译为:"选择可以役使的时机去役使百姓,又能怨恨谁呢?"

与"又"类似的副词还有"将",也是通常只位于主语之后。据此也可以断定出现于"将"之前的"谁"为主语,而出现于之后的"谁"为前置宾语:"谁将当日食?"(《左传》昭公

---

① 杨伯峻:《论语译注》,第210页;钱穆:《论语新解》,第481页;李泽厚:《论语今读》,安徽文艺出版社1998年版,第452页;孙钦善:《论语本解》,第254页;金良年:《论语译注》,上海古籍出版社2004年版,第242页。
② 皇侃著,高尚榘点校:《论语义疏》,第522页。

七年)"美哉室,其谁将有此乎!"(《晏子春秋·外篇上第七》)"佻之谓甚矣,而壹用之,将谁福哉?"(昭公十年)"君讨臣,谁敢仇之?君命,天也,若死天命,将谁仇?"(定公四年)。

其实鉴定主语"谁"和宾语"谁"还有多种方法。如在叙述句中做主语的"谁"通常是:

(一)句中另有宾语。以上引定公四年《左传》为例,前面的"谁敢仇之"因为有宾语"之",即知"谁"是主语。

(二)"谁"之后谓语动词前有能愿动词"能"、否定副词"不""非"等。如"以此众战,谁能御之?"(僖公四年)"主齐盟者,谁能辩焉?"(昭公元年)

(三)谓语动词为不及物动词。如:"人谁不死?吾死莫矣。"(定公十四年)"其余,君之所及也,谁敢不至?"(昭公四年)

除了前文所说副词"又""将"通常位于主语之后这一鉴别方法外,在叙述句中做宾语的"谁"通常是:

(一)"谁"之外另有主语。如:"狐裘龙茸,一国三公,吾谁适从?"(僖公五年)"秦伯谓郤芮曰:'公子谁恃?'"(僖公九年)

(二)除"谁"外既无主语也无宾语,谓语动词又是及物的,这种情况下"谁"一般都是宾语。如:"盍亦求之,以死谁怼?"(僖公二十四年)

许世瑛说:"第二小句'择可劳而劳之,又谁怨'是条件关系构成的复句……'谁'是'怨'的止词,因为是疑问指称词,所以提前了。'又'是限制词。第三小句'欲仁而得仁,又焉贪'也是如此。"[1]笔者认为,许说是正确的。

[本文为国家社科项目"运用现代语言学方法考释先秦汉语疑难词句的理论与实践研究"(15BYY124)成果。]

---

[1] 许世瑛:《〈论语〉二十篇句法研究》,中国台北开明书店1978年版,第355—367页。

自然还是自由

——《老子》思想版图中的"自然"概念再辨析

□詹 刚

摘 要：学术界有一种倾向，认为可以用"自然自治""自由发展"来概括《老子》的中心思想。本文不同意用"自然"来概括老子思想。首先，《老子》这里，侯王与百姓是区分社会阶层的，百姓的理想状态是"自然"，而侯王的理想状态是"无为"，而且由侯王来负责百姓的"自然"；其次，"自然"不仅有条件，而且条件严厉，侯王要防范智力的发展，文明的产生，一看到苗头，就要立刻扑灭，这样的社会里很难谈得上"发展"；再者，在《老子》这里，道非一端，有政治之道，有玄奥之道。政治之道，的确重视"自然"，而在玄奥之道问题上，是不可用"自然"来概括的。玄奥之道的特点非感性非理性，超越语言，也超越"自然"，需要通过"灵性"来把握。本文认为用"自然"来概括《老子》的道，实际上是关注了《老子》思想的政治论方向，而遮蔽了老子思想中的玄奥的价值论，而此价值论与《庄子》之道，是相关联的。标举《老子》的"自然"，意在与当代学术对话，其旨趣可以理解，但其与思想史脉络中的《老子》以及《老子》思想版图中的"自然"存在偏差。

关键词：《老子》；自然；自然界；玄奥之道

作者简介：詹刚，上海大学文学院历史系 2014 级博士生，200444

一、"自然"非自然界

"自然"是《老子》思想中的重要概念。《老子》文本中有三类词特别多，一类的构造是：无+某；另一类构造是：不+某；第三类的构造是：自+某。第三类词，有如下这些：自然、自化、自宾、自均、自定、自正、自富、自朴、自知、自爱等。其中"自然"一词自河上公以来，便被认为是《老子》思想的核心之一。[①]其后，有王弼极力推崇。[②]

---

① 比如，"天法道"河上公注解为"道清静不言，阴行精气，万物自成也。"又，"道法自然"注为"道性自然，无所法也。"见王卡点校：《老子道德经河上公章句》，中华书局 1993 年版，第 101 页。
② 王弼注解"道法自然"说："法自然者，在方而法方，在圆而法圆，于自然无所违也。自然者，无称之言，穷极之词也。"见楼宇烈校释：《王弼集校释》，中华书局 1980 年版，第 65 页。

对"自然"这一概念,以前一直有两派代表性的理解。一派认为自然即"自然界";①另一派认为自然即"自己如此",②现在看来,这二派的看法,皆有偏差。搜罗一下,《老子》文本中"自然"一词一共出现5次,罗列如下:

(一)功成事遂,百姓皆谓:我自然。(第17章)

(二)希言自然。故飘风不终朝,骤雨不终日。孰为此者?天地。(第23章)

(三)人法地,地法天,天法道,道法自然。(第25章)

(四)道之尊,德之贵,夫莫之命而常自然。(第51章)

(五)以辅万物之自然而不敢为。(第64章)③

这5处用例,(一)(四)(五)是无法理解为"自然界"的,无须多论;(三)也难以理解为"自然界",因为地、天本就是代表着自然界,地、天效法道,道不可能再回过来效法自然界;只有(二)需要讨论一下。此条,自然二字之后便说风、雨,似乎讲的是自然界,但其实从逻辑来看,并非如此。这条用风雨为喻,说的是风雨皆不可久,所以,人应该由此得到教训,不可有为,而应无为。蒋锡昌已经指出,自然"即自成之谊。'希言自然'谓圣人应行无为之治,而任百姓自成也。"④因此,《老子》文本中的"自然"皆不可解释为自然界。这一点,正如刘笑敢所言:"在中国哲学的学术界中,老子之自然不是自然界已经是不言而喻的常识。"⑤

接下来的问题是,将自然解释为"自成""自己如此"是否妥当?

二、"自然"非无条件的"自己如此"

《老子》的自然,如果理解为万物"自己如此",那么,第一个问题是,在逻辑上,意思便是万物自我产生,自我发展,自我繁荣,自我更新,而这样一来,势必会导致一个结果,那就是,这一思想最恰当的提法应该是万物自有其道,"本性具足",万物之上不需要任何管

---

① 代表人物有郭沫若、詹剑峰、蒙培元等。
② 代表人物有钱穆、张岱年、陈鼓应等。
③ 本文所引《老子》,优先使用郭店本,其次是马王堆帛书本,但章号仍依王弼本。郭店本据李零:《郭店楚简校读记》,中国人民大学出版社2007年版;帛书本据高明《帛书老子校注》,中华书局1996年版。需要说明的是,除非引文与流行的王弼本有重要出入,否则不再随文注明引文页码。
④ 蒋锡昌:《老子校诂》,民国丛书第五编第5册,上海书店1996年版,第156页。
⑤ 刘笑敢:《人文自然对正义原则的兼容与补充》,《开放时代》2005年第3期,第44页。

理者,这样,万物自然产生、自然发展才说得通。第二个问题是,如果说万物之上还有一个管理者,此管理者对万物有所管理,有所帮助,这都将与万物"自己如此"相矛盾,都将表明"自己如此"实际上是有条件的。第三个问题,如果万物之上有一个管理者,但此管理者彻底无为①,一切人为都没有,那么问题便转化为此管理者何必存在?此管理者又何必称为管理者?此管理者与万物的关系是什么?以上三问题的"万物"都可替换为"百姓"或"民",因《老子》文本中此两者并不作清晰区分②。

就目前学术界的研究现状而言,以上三个问题中,第一、三两个问题并不存在,《老子》中的"自然"是按照第二个问题的思路来进行的,即在《老子》的思想中,万物或百姓之上当然有管理者,即"侯王""圣人",而万物或百姓"自己如此",也是有条件的,并不如后来佛教所说的那样,"当下具足","众生皆有佛性"。百姓的自然,其条件是侯王的"无为",而无为并不是否定一切行为,而是有行为的,是"实有似无",或者"有而似无"。刘笑敢解释"以辅万物之自然而弗能为"时说:

> "辅万物之自然"与"弗能为"本质上就是一回事,是一体之两面。它不是一般的行为,所以可以说是无为;但它毕竟对万物之自然发展产生了辅助的功能,所以也可以说是一种特殊的行为或行为方式。因此,我们也可以说这是一种"实有似无"的行为和行为方式。③

其解释"无为"时说:

> 无为就是"有而似无"的行为。"有"说明无为的实行者不可能真的毫无行动,而且,在特定的情况下,拒绝行动或没有反应本身也是一种行动或行为。"似无"则说明无为之为的特点,那就是自然而然,虚静恬淡,为之于不为之中,成之于无事之中,虽胜而未争,虽得而未夺。④

又说:

---

① 如张岱年认为老子、庄子的思想是"主张自然无为,认为一切人为都是自扰,有害而无益"。张岱年:《中国哲学大纲》,中国社会科学出版社1982年版,第419页。
② 《老子》中常以万物指人与物,将百姓包含于此一词中,这可能也是有其独特的考虑的,要之,在《老子》这里,两者并无多少分别。
③ 刘笑敢:《人文自然对正义原则的兼容与补充》,《开放时代》2005年第3期。
④ 刘笑敢:《老子之自然与无为概念新诠》,《中国社会科学》1996年第6期。

"有而似无"主要是从效果来说的。某种行为已然发生,并产生了很大的影响,但人们却很少意识到它的存在和作用,这就是无为之为,以此方式治理天下就是无为而治。①

最近,张敏在一篇文章里继续研究了此问题。在此问题上他与刘氏的看法是一致的,他认为自然即"自己如此"的解释,起自于王弼以"无为"解释"自然"②。张氏认为此解释与《老子》思想有距离:

> 王弼阐释逻辑的影响,皆以"无为"来诠释"自然",这虽然肯定了万物自己成就自己的性质在发展、变化过程中的根本性,但是也存在着两个问题。第一,将万物"自己如此"的性质绝对化,忽视了万物之所以能够"自己如此"所要依赖的外在条件。万物之所以能够"自己如此",一方面是因其自身内在的自发性和潜在性,另一方面还在于天地、圣人的"无为"。第二,将"无为"与"自然"不加区分地等同起来,忽视了二者间的差异性。"无为"首先是作为一种行为,而"自然"首先则是作为一种万物内在的能动性质。③

本文以为,近来学者们对"有而似无"的无为政治的论证应该被学术界接受下来,这是合于《老子》文本的。比如像第17章这样的章节里("太上,下知有之,其次亲誉之,其次畏之,其次侮之。信不足,焉有不信,犹乎其贵言也。成事遂功,而百姓曰我自然也。"郭店简《老子》丙组),④明白地表明《老子》最理想的政治,也是"下知有之",而不是"不知有之",不是纯任百姓之自然。⑤

要而言之,将"自然"解释为自然界的做法,必须停止。而自王弼以来,部分学者所形成的以"无为"解释"自然"的做法,即认为老子的自然就是"自己如此",没有条件,没有一切干扰的想法,也应该废止了。

---

① 刘笑敢:《老子之自然与无为概念新诠》,《中国社会科学》1996年第6期。
② 这一解释方式是非常有影响力的,比如车载在《论老子》中便说"道法自然一语,是说道应以'无为'为法则的意思",见陈鼓应:《老子今注今译》,商务印书馆2003年版,第173页。
③ 张敏:《〈老子〉文本中的自然观念》,《理论月刊》2015年第2期。
④ 李零:《郭店楚简校读记》,中国人民大学出版社2007年版,第33页。
⑤ 陈鼓应极力主张"下知有之"应该作"不知有之",这样才能够说明百姓的真正"自然",侯王不加任何干涉。但是,郭店简、马王堆帛书、北大西汉竹书都作"下知有之",可知王弼本不误。可以肯定《老子》中的"自然"并非完全由百姓自我发展自我完成。见陈鼓应:《老子今注今译》,商务印书馆2003年版,第142页。

与刘氏相似,在王中江对《老子》思想的研究中,也是"无为"与"自然"结合,但"自然"与"无为"一体两面,高度同构,二人的看法实际上很接近。①我以为,这意味着关于《老子》思想的研究,已经从张岱年、陈鼓应时代进入刘笑敢、王中江时代。

不过,也应该指出,刘笑敢将《老子》"自然"概念理解为"实有似无"的努力,王中江提出的《老子》的"不干涉主义",与陈鼓应在政治思想上对《老子》"自由"思想的推崇,并无根本性的区别。他们都特别重视"自然"概念中,让百姓自我发展的含义。

但是,在本文看来,刘笑敢、王中江们在解释"自然",以及推崇《老子》"自然"思想的时候,有所偏差。而本文的努力,则旨在解释这一偏差是如何形成的——这项工作本身很困难,笔者尝试为之。

如果百姓"自然"而侯王"无为",这是不是意味着百姓与侯王所具有的德是分为不同性质或层次?侯王与百姓必有分矣。也就是说,上一节我们提出的第二个问题并没有解决。除非像王弼那样处理,"自然"就是"无为",那么矛盾便不存在(王中江正是这个思路,参见第五节)。否则,"实有似无"何如纯任"自然"? 最近,张敏察觉到了此问题。他说:"自然作为一种万物皆应的原则时,具体而言即无为。无为这一概念也由一种具体的行为上升为一种原则。此时,自然和无为是两个意涵相同的概念,自然即要求无为,无为即合于自然。"②这段话,是想说自然与无为可以是一件事,暗示所有的人都应该具有相同的德,但措辞颇费解,张敏既想对自然与无为作出区分,但又想支持和赞同刘笑敢的"实有似无"说,于是采取了一个折衷的方案。

我们知道,学者们认为自然与无为可以统一的最重要论据是《老子》第25章的内容:"故道大,天大,地大,王亦大。域中有四大,而王居其一焉。人法地,地法天,天法道,道法自然",文中"人"即"王"③,王最终所效法的也是"自然",也即"自己如此",这样一来,王最终也是追寻"自然"之德,王与百姓之德是一样的,不存在张力。然而,此章中的"道法自然"一语是《老子》文本中聚讼纷争的焦点之一。对于此语,我们留待本文第五节讨论。请读者注意,下面的讨论都是在暂时抛开"道法自然"一语的前提下进行的。

---

① 王说"在《老子》那里,作为万物之母的'道',它又让万物按照各自的本性自由发展,虽然万物的本性原本又是道所赋予的。对于万物,'道'这一最伟大的母亲从不居功自大,它只是给予而不占有。道始终是万物的赞助者,它扮演着类似于慈善家的角色。万物作为不同的种类,它们都有其自身的特性,作为个体,它们都要按照自己的特性去实现和完成自己。同样是'道'的至上美德,'道'对它产生的万物完全不加干涉和控制,而是让其自身自由变化和表现。……"王中江:《道与事物的自然:老子"道法自然"实义考论》,《哲学研究》2010年第8期。
② 张敏:《〈老子〉文本中的自然观念》,《理论月刊》2015年第2期。
③ 蒋锡昌注"锡昌按:顾本成疏'人,王也'。人即上文之王。"蒋锡昌:《老子校诂》,民国丛书第五编第5册,上海书店1996年版,第156页。

先来看一下"无为"。刘笑敢曾经研究过"无为"。在《老子之自然与无为概念新诠》这篇论文中,刘氏列举了《老子》中共见于10章中的所有"无为"的12个用例,其中11例的"无为"是谈圣人的政治行为,第12例是"道常无为而无不为",是"为圣人无为提供了形而上的根据"①。"侯王"当然是与"圣人"相联系的(说详下),可知并无"无为"用于一般人的例子。尽管如此,刘氏还是认为"作为一般性的方法论的表述,无为的原则就不仅适用于圣人行为,也适用于一般人的日常活动"②。综合起来看,本文以为,在自然与无为之间,有着不容易弥缝之处,在自然与无为的用例背后,可能有着《老子》的思维架构在起作用。下一小节,就此问题稍作探讨。

三、侯王无为,百姓自然——侯王与百姓层级有别

上节所引《老子》第25章,在郭店简中也有,内容与今本无别,此章强调王亦大,四大之中,王居其一,故"人法地",也应该理解为王法地,否则,语意不连贯。此读法不会错,我们可以找到另一个旁证,那就是第16章"知常容,容乃公,公乃王,王乃天,天乃道,道乃久,没身不殆。"二章皆显示出王与百姓地位不同。再看第39章:"昔之得一者,天得一以清,地得一以宁,神得一以灵,谷得一以盈,万物得一以生,侯王得一以为天下正。其致之,天无以清将恐裂,地无以宁将恐废,神无以灵将恐歇,谷无以盈将恐竭,万物无以生将恐灭,侯王无以贵高将恐蹶。"虽说全都是"得一",但万物得一只是"生",侯王得一却是"为天下正",显然侯王与万物地位不同,其所得之道也不同——《老子》这里已经有"理一分殊"的气息。

而且,还不止于此。在《老子》文本中,明确地存在着不可任万物自然自由发展,必须调节、控制的表达。比如第37章"道恒无为也,侯王能守之,而万物将自化。化而欲作,将镇之以无名之朴。夫亦将知足,知(足)以静,万物将自定。"(郭店简《老子》甲本)③,这里,"万物"自然指百姓,此章中侯王对百姓的调节与防范作用最为明显。又如以下说法:

(一)不上贤,使民不争;不贵难得之货,使民不为盗;不见可欲,使民不乱。是以圣人之治也,虚其心,实其腹;弱其志,强其骨。恒使民无知无欲也,使夫智不敢,弗为而已,则无不治矣。(第3章)

---

①② 刘笑敢:《老子之自然与无为概念新诠》,《中国社会科学》1996年第6期。
③ 李零:《郭店楚简校读记》,第6页。

（二）绝智弃辩，民利百倍。绝巧弃利，盗贼无有。绝伪弃诈，民复孝慈。三言以为使不足，或令之有乎属：视素抱朴，少私寡欲。（第19章，郭店简《老子》甲组）①

（三）道恒无名，朴虽细，天地弗敢臣。侯王如能守之，万物将自宾。（第32章，郭店简《老子》甲组）②

（四）若民恒且不畏死，奈何以杀惧之也？若民恒且畏死，而为奇者吾得而杀之，夫孰敢矣？（第74章）

以上处处都是侯王无为，从而使民朴实可靠，事实上，《老子》全书中几乎见不到民、百姓自己变得朴实可靠之章节。因此，本文认为，在《老子》的思想中，有一个关于社会层级的框架，即认为侯王与百姓是不同的阶层，百姓理应是被统治者，也是被觉悟者，而侯王理应是觉悟者，以道治天下者。总之，《老子》里，侯王与百姓在道面前是不平等的。百姓是被监护者，很难说得到多少道，他们的最好状态是生存、自然，而此状态有赖于侯王的觉悟。侯王责任大，所得的道也大。这一观念，最集中地体现在"道恒无为也，侯王能守之，而万物将自化。"以及"道恒无名，朴虽细，天地弗敢臣。侯王如能守之，万物将自宾。"二语中，这二语相反相成，一句中说万物"自化"，一句中说万物"自宾"，将万物的"自己如此"特征与宾服于侯王之特征，完整地表达了出来。得道与治理万物，是侯王的职责。这就是说，《老子》说到底还是侯王之书。因此，前述刘笑敢研究"无为"发现全是圣人之行为，正是此社会层级框架的反映，只有侯王才能成为圣人。而张敏想将《老子》的无为与自然统一起来，便非常困难。

在本文看来，这一侯王与百姓的层级悬隔，要到《庄子》那里才被打破，在庄子那里，普通人甚至丑陋贫困的人，往往是得道者。但是，《老子》与《庄子》又有一致之处，他们在道的问题上，都崇大卑小（当然大由小来），得道有大小的不同，而人们应该追求最高的道。在《庄子》处，这一思想特征，有时体现为一种矛盾，如我们在《庄子·逍遥游》中看到的大鹏与斥鷃的互讽那样。这一倾向到了郭象那里被打破，郭氏用性分、独化之说，将道置入每一个事物，每一个个体之中，从而确认万物"本性具足"，从而不羡慕不追求外在事物，因为并无外在于自己的道。本文以为，这一递进的序列还是比较清楚的。

我们继续讨论上引第37章的"化而欲作"一语，此"作"是什么意思？这不难回答，实际上，老子中最常批评的情况都应该属于"作"的范围。

---

① 李零：《郭店楚简校读记》，第5页。
② 李零：《郭店楚简校读记》，第6页。

（一）天下皆知美之为美，恶已；皆知善，此其不善已。（第2章，郭店简《老子》甲组）①

（二）五色使人目盲，驰骋畋猎使人心发狂，难得之货使人行妨，五味使人之口爽，五音使人之耳聋。（第12章）

（三）故大道废，焉有仁义。六亲不和，焉有孝慈。邦家昏乱，焉有贞臣。（第18章，郭店简《老子》丙组）②

美、善、五色、五音、五味、畋猎、贵重财物、仁义、智慧、孝慈、忠信，这些全都属于"作"。这些事物和价值，可以用一个词来概括，就是"文明"。在通常的观念里，文明总是与进步相联系，与发展相联系，与人类的伟大和成就联系，但在老子这里正好相反。在老子看来，世界混乱的根源是文明，世界混乱的结果也是文明。与前二节联系起来，老子的意思是以道治理天下，首要的，当然是让万物自由自然发展，不加干涉，但是万物会有一个倾向，即会自发地产生出文明，万物会有可能、有倾向、自发地走向文明，而这正是老子最为警惕、恐惧和反对的。

《老子》有一个重要的意思，文明的发生就是衰败的开始。③如果侯王推崇文明，以文明来治理国家，那么国家便会混乱；如果民懂得文明，那么国家便难以治理。在舍弃文明问题上，并无侯王与百姓的区别。这就是65章中所说的"古之善为道者，非以明民，将以愚之。民之难治，以其智多。故以智治国，国之贼；不以智治国，国之福。"所以，《老子》的自然概念里，让万物自由自然发展，这当然不错，但这种自由自然发展是有限度的，这个限度就是不可产生文明。一旦有人或物想成为文明的尝试者、文明的先行者，那么，掌握道的侯王必须要采取行动，"镇之以无名之朴"④。治理国家就像放牧羊群，要让羊群吃饱，但同时必须将不安分的羊"使其安分"。什么叫作不安分？就是过了限度。限度是什么？文明。也就是说，在老子这里，自由发展以文明为限，必须保持于前文明状态。

这意味着，所谓"自由发展"，其限制极严。

那么，文明何以会是坏的东西？能否保留文明中好的部分，而将文明中坏的部分剔除掉呢？何必将洗澡水和孩子一起泼掉呢？在《老子》看来，这恰恰不能。解决文明问题

---

① 李零：《郭店楚简校读记》，第6页。
② 李零：《郭店楚简校读记》，第33页。
③ 这种文明发生导致世界衰败的思想，在中国思想史上很常见。《礼记·大同》便是此意，此思想在上博简二《容成氏》里更有深度的表现。
④ "吾将镇之以无名之朴"一语向来难解释，陈鼓应解释"吾将镇之以无名之朴"说："（万物）自生自长而至贪欲萌作时，我就用道的真朴来安定它。"用贪欲来解释"作"，可能缩小了"作"的内容。"作"应该指所有打破静、定、朴状态的思想与行为。见陈鼓应：《老子今注今译》，商务印书馆2003年版，第213页。

的关键,不是留下文明的好的方面,剔除文明的坏的方面,而是整体上否定掉文明。原因在于,按照老子的辩证视角,这是做不到的。正是不能割舍文明的心态,正是对美、善、五音、五色的喜爱与追求,造成了世界的不可救药。《老子》反文明思想的真义是,侯王要认识到文明是坏的东西,只有侯王自己以及民都保持在前文明状态中,侯王才可能无为,万物才可能自然。一旦进入文明状态,侯王再要无为,便不再可能,而民的文明化将使得侯王无法治理,以文明对文明,是一条死路,其结果是侯王被颠覆:"民不畏死,奈何以死惧之?若使民常畏死,而为奇者,吾得执而杀之,孰敢?常有司杀者杀。夫代司杀者杀,是谓代大匠斫。夫代大匠斫者,希有不伤其手矣。"(第74章)因此,《老子》才会说:"天地不仁,以万物为刍狗;圣人不仁,以百姓为刍狗。"(第5章)必须将文明完全剔除掉。智慧、仁义、奢侈品贸易,以及由此而引发的偷盗、纷争,以及心智的混乱,才能够清除。

其实,一旦否定掉文明,便是不再用文明的眼光和语言看待世界,而是放弃语言,"涤除玄鉴",从全新的视角来看待世界。这个视角,便是道的视角。关于道的视角,在许抗生理解那是一种直觉主义的视角,在笔者理解是一种灵性的视角,其特质在于超越对象性思维,是从《庄子》"道通为一"的视角来看待生命与世界的。关于这一点,后文还会提到,并有另文详述。

这样一来,《老子》强调社会上下分层,又强调保持社会于前文明状态,这不免使人产生某种联想。我们知道,在《老子》研究史上,曾经有一个时期,许多学者倾向于认为《老子》代表着落后奴隶主的利益,消极逃避阶级斗争,要求社会回到原始状态。本文要指出,并非如此,或者说似是而非。

首先,《老子》要求保持于前文明状态的思想,是在哲学意义上说的,与人类学意义有别。此前文明状态,具有一些哲学规定性,比如自然、正、富、甘食、美服、安居、乐俗。而人类学意义上的前文明状态,是战争与杀戮、疾病与贫困频生的时代。①两者既不相同,也不具有关联性。当然,这并不是否定《老子》有可能观察、思考和借鉴过人类学意义上的前文明族群的生存状况——因为那时,在中国版图上存在着不少的原始族群。其次,在《老子》这里,在道的问题上,侯王责任大,得道多,这并不是说侯王高高在上,恰恰相反,在保持前文明状态问题上,侯王要负首要责任,而不是百姓。这又表现在,理想状态的破坏,往往是侯王所引发的。这一点,论者颇多。我们看下列几章:

(一)不上贤,使民不争;不贵难得之货,使民不为盗;不见可欲,使民不乱。是以

---

① 人类在原始群时代,并非不相往来,相反,游猎、采集、食盐和物品的贸易并不少见,所以,老子的理想社会,并不是直接照搬一个前文明状态的族群,而是老子的观念及逻辑所构造出来的产物。

圣人之治也,虚其心,实其腹;弱其志,强其骨。恒使民无知无欲也,使夫智不敢,弗为而已,则无不治矣。(第3章)

(二)五色使人目盲,驰骋畋猎使人心发狂,难得之货使人行妨,五味使人之口爽,五音使人之耳聋。是以圣人之治也,为腹不为目,故去彼取此。(第12章)

(三)绝智弃辩,民利百倍。绝巧弃利,盗贼无有。绝伪弃诈,民复孝慈。三言以为使不足,或令之有乎属:视素抱朴,少私寡欲。(第19章,郭店简《老子》甲组)[①]

那些文明行为,扰乱前文明理想状态的行为,恰恰是由侯王尚贤、好声色田猎、好奢侈品、好智慧、仁义、伪诈等而造成的,民如果有问题的话,也只是学习、效仿侯王才如此。民的争斗、为盗、混乱都是由侯王挑动起来的。因此,在《老子》这里,侯王要对理想社会的混乱负最大责任,侯王需要做出表率,与百姓共熄文明之心。故《老子》中说:"我无为而民自化,我好静而民自正,我无事而民自富,我无欲而民自朴。"(第57章)总而言之,老子看来社会分层级,但不是剥削式的、压迫式的分层方式,而是一种在上者负责、在下者听从的分层方式。这让我们可以联系《老子》中的另一章:"大国不过欲兼畜人,小国不过欲人事人。夫两者各得其所欲,大者宜为下。"(第61章)在国家间的关系上,《老子》也并不认为各国平等,相反,他同意大国统治,大国负更大的责任,大国照管小国,但这种照管不再用以前的"有为"方法,而是谦下、不争等德。这种大国与小国的关系,类似于侯王与百姓的关系。

现代思想史上,一直有学者认为《老子》有愚民、反智观念,这是有一些根据的,所谓"非以明民,将以愚之"(第65章)。但需要澄清的是,《老子》里并不存在一个有智慧的统治阶层,以愚民政策统治百姓。侯王的管理与控制是必须的,侯王要负最大的社会责任,但侯王又不是高高在上,骄奢放纵,相反,他们与民有一个共同点,即无知无欲。

《老子》的意思,其实是说,发展繁荣与和谐稳定,是不相容的。发展繁荣必然导致混乱无序、偷盗、欺骗、纷争,美、善成为丑恶,一切虚伪化。没有希望,没有止境。老子,也许是思想史上第一个提出发展极限的思想家,但这种极限不是物质有限欲望无限、地球不足以承载人的欲望的问题,不是从环境与欲望的矛盾着眼,而是从辩证的、规律性总结的角度提出问题。这应该与他对历史的研究,对当时中国版图内的国家纷争的观察有某种关系。那是一个僭越的时代,同时又是一个周边地区还保存着相当多人类学意义上前文明状态的族群的时代。老子思考了文明产生的大问题。在他看来,文明并没有带来好处,需要彻底反思文明,整体上放弃文明(不是完全放弃)。只有整体上放弃了文明,侯

[①] 李零:《郭店楚简校读记》,第5页。

王和民才能得到无为和自然,才能够符合道。在此前文明状态中,百姓自由自然,但是有其限度,而且限制极严,侯王的管理其实是必须的。侯王通常是"无为"的,与民一样,饱腹强骨,此外无所事事,但他还有一个任务,那就是在文明想要冒头的时候,将其剔除。——若我们的理解不误,那么高扬《老子》的"自由发展"思想,可能与《老子》距离较远。《老子》,主要还是侯王之书,其思想的确是"君王南面之术"。

小结一下。《老子》思想有几大内容,一是惚恍之道;二是辩证观;三是自然无为政治观;四是守柔守弱,朴厚无欲,谦下不争人生论。学者们高扬《老子》中的"自然"观念,认为《老子》鼓励从百姓到侯王"自由发展",这一理解并非没有文本根据,但这一思想只是《老子》的一个方面,而且,此观念需要与其他方面协调,也受到其他方面思想的制约。从逻辑上来讲,"自由发展"与"朴厚无欲"便存在着矛盾,很难协调。我们认为,在学者们强调《老子》"自然"思想的时候,一来遮蔽了《老子》中明显存在的侯王与百姓的阶等区别,造成了一种印象,似乎侯王与百姓皆纯任自然,平等和谐——这是不完全符合《老子》文本的,在《老子》里是等级严格;二来忽视了《老子》对"自然""自由发展"的限制。《老子》是要求侯王与百姓都必须保持在前文明状态中,这是一种具有哲学规定性的乌托邦的世界,在这一世界里,"发展"意味着什么,是很难弄清楚的。而笔者以为,《老子》是反对发展的,这样才能够保持于前文明状态。

四、侯王的"惚恍之道"

老子较早窥出了文明的巨大危害,而且这种危害是文明本身不能够克服的。至于解决办法,是用道重新构建生活形式,此生活形式属于前文明状态,安乐无争,甘食美服。在此前文明状态中,侯王与百姓的层级是不同的,其所得的道、德,也是不同的。侯王之德,是"为天下正",而百姓则是"生""自然"。但两者也有共享的价值,比如,谦下、柔弱、朴、厚、无欲。

可是,这里有一个问题。学界有一个共识,认为老子冲破了商周以来的神学观念,以人文性的道确立了新的政治和社会秩序。此道具有超越性,也的确如上文所论,老子的政治哲学有着哲学规定性,其所构造的前文明社会是非现实的,在此构造当中,民的处境有所改善,他们不是被奴役、压迫因而饥寒贫困之人,他们富、甘食、美服、自然。但除此而外,民的地位并不高。老子既然说侯王无为,百姓自然,他们生存于前文明状态之中。但如此一来,人与邦国存在的意义是什么?因为此种情况之下,人与草木、鸟兽,并无多少区别。除了温饱,别无营求,物质非常简单,精神追求,似乎完全没有,没有智慧,没有创造。当然,这个提问,本就是从文明角度提出来的,也许在老子这里并不合法。老子会反唇相讥:你是在戴着文明的眼镜看文明彼岸的快乐,你与我处于两个世界之中,你自然看不懂,不理解,而觉得此理想世界中的民没有生存的价值。但如果我们以《庄子》为例,《庄子》中的得道者,其物质生活状态与《老子》中是差不多的,甚至要糟糕一些,他们生活贫困,身体残疾,但这些得道者在精神上非常高妙,所谓"与天地精神相往来"(《庄子·天下》),"乘天地之正,而御六气之辩,以游无穷"(《庄子·逍遥游》),他们有着无穷的生命动力和生命的内在质量,代表着中国文化精神中最高妙的那个层次。

《老子》思想中也是有此高妙层次的。老子关于生存意义问题并非没有涉及,只是这种生存意义是为侯王准备的。

已经有学者指出,《老子》思想中道有二端。一种是政治性的谋略之道,另一种是理想人生的"玄奥"之道。①以下是玄奥之道的例子:

(一)视之而弗见,名之曰微。听之而弗闻,名之曰希。抇之而弗得,名之曰夷。三者不可致诘,故混而为一。一者,其上不皦,其下不昧,绳绳不可名也,复归于无物。是谓无状之状,无物之象,是谓惚恍。随而不见其后,迎而不见其首。执今之道,以御今之有,以知古始,是谓道纪。(第14章)

(二)古之善为士者,必微妙玄达,深不可识,是以为之容:豫乎其如冬涉川,犹乎其如畏四邻,严乎其如客,涣乎其如释,混乎其如朴,沌乎其如浊。孰能浊以静者将徐清。孰能安以动者,将徐生。保此道者不欲尚盈。(第15章)②

在笔者看来,这些例子中的夷、希、微、豫、犹、俨、涣、敦、旷、混,古今解释虽多,但恐怕并不完全可解。这种道的玄奥性是在表明着"道不可言"的性质,道是具有超越性的,语言和逻辑、情感和意志,都与这种超越之道绝缘。许抗生已经指出,《老子》这里,对道的认识是非感性非理性、静观的直觉主义认识论,强调自己与对象合二而一,从而领会到真谛。③笔者认为,这个认识应该被学术界接受下来。这一认识方式就是"天人合一"的认识方式。"天人合一"既是认识方式,也是最高的价值与追求——即:体用不二。不过,笔者以为,区分政治谋略之道与理想人生玄奥之道的目的在于凸显《老子》价值观方面的矛盾。并不是说《老子》的政治之道没有玄奥性,也不是说《老子》的政治之道与人生之道是

---

① 颜世安:《论老子道论的政治谋略意义——兼论老子道论两种意义的矛盾》,《南京大学学报》1997年第4期。
② 李零:《郭店楚简校读记》,第5页。
③ 许抗生:《老子与道家》,宗教文化出版社2012年版,第421页。

截然相分离的,相反,两者终究是一个道,将它们分开来,只是说相对而言,各有其特色。并且,人生之道是政治之道的根本,也可以说人生之道比政治之道要高深,这是道家比较一致的特点。如:

"故贵为身于为天下,若可以托天下矣;爱以身为天下,若可以去天下矣。"(第13章,郭店简乙组)①

而更好的例子是:

"治人事天,莫若啬。夫唯啬,是以早服;是谓重积德;重积德则无不克,无不克则莫知其极;莫知其极,可以有国;有国之母,可以长久。是谓深根固柢之法,长生久视之道也。"(第59章)

在此章里,人生论与政治论完全是合在一起的,治身就是治国,能够治身才能治国。而且,"莫知其极""长生久视"这些用语也标志着此章属于谈道的玄奥性的章节。道家与儒家的思想有着反对的关系,但是从思想类型来说,都属于东亚思想类型。老子的治身治国一体的思想与《大学》的修齐治平思想在类型学上是相通的。不过,《老子》更像是《大学》和《中庸》的结合,《老子》既有《大学》式的明晰的政治论,也有《中庸》式的超越性价值论,亦即玄奥之道。《老子》在政治论之道之外,更有人生论之道,而此人生论相对而言是在更高的层次上,老子要求侯王体悟此幽微难言的玄奥之道,成为博大真人,而以其余事治理国家,实现自然无为的理想社会。这与《庄子·逍遥游》中说"尘垢秕糠,将犹陶铸尧舜"是可以联系的。但也有区别。

在《庄子》里,有许由辞让天下而不受的故事,也有汉阴丈人抱瓮灌园谢绝省力机械的故事,一个辞让侯王之职,一个以农夫的身份辞让机械,这在一定程度上代表了《庄子》中的风貌,即无论地位高低,声名高下,他们具有同样的德。人生活在低物质水平中,但与天地精神相往来,成为博大真人,因此个体生命不是满足于甘食美服,而是有着超越性的价值追求。但在《老子》这里,我们认为侯王与百姓有着显著的不同,可能还没有达到《庄子》这样程度,即没有能够无视社会层级,张扬个人主义。

如果我们前面对《老子》思想中的社会层级框架之讨论可以成立的话,那么,这种玄奥性的道正应该是侯王所追寻之物。这最高层次的道,与庄子那里的道是相通的,正是

---

① 此章中"去"读为"寄"。——刘钊:《郭店楚简校释》,福建人民出版社2005年版,第32页。

不可言的"天地之精神"。这种道,需要"涤除玄鉴",需要摆脱日常的对象性思维方式,需要激发灵性,才能够悟得。

而我们看到的是,当学者们谈论"自然"时,实际上是在谈政治论(这是由《老子》文体内容决定的),这个政治论分二方面,一是百姓之自然;二是侯王之无为。"自然"的含义是"让人民自我发展,自我完成"①,刘笑敢则进一步归纳为"自己如此、本来如此、通常如此和势当如此"②。而无为的具体内容则不容易说。但通过对《老子》中"不＋某""无＋某"等词的分析,还是可以得到一个大致概括的。那便是不尚贤、不尚智、不倡仁义、不争、不武、轻税、不居功、不自傲、不自贵、不重奢侈品等。③

这样的处理,并非没有道理。但在这样的处理中,被遮蔽的正是道的玄奥性气质。

《老子》的政治论和人生论本是一体的,这一体的道,既有比较明晰的自然无为之说,但也有玄奥的超越之道。在社会结构上,侯王的地位与百姓不同,在道的层次上,也不同,侯王是要追求玄奥之道,以治身,治天下,而万物和百姓,甘食美服,安于自然便可。所以,也可以简明地说,《老子》的思想是,侯王守护百姓,使百姓得其自然,安于自然,而在此之外,侯王还要追寻超越价值。——这不免让人想到,后世的皇帝,在政治活动之外,从事求仙学道之事。

学者们将《老子》之道理解为"自然",于是百姓、侯王甚至道本身追求"自然",这样处理的好处是,可用"自然"一词将老子思想的各方面、各层次串连起来。但其带来的问题是,模糊了侯王与百姓在道与德方面的不同,这一不同在《老子》中是不难分辨出来的。本节的意思便是,将《老子》之道理解为"自然",张扬了《老子》的自然无为政治论,但同时,《老子》在价值论(人生论)和本体论方面的超越之道不免有所遮蔽④。

五、"自然"在老子思想中的位置

或许,有读者会说,本文是在关公战秦琼,人家重的是"自然",笔者谈的是道。谈自然者,并没有忽视道的意思。非也。我们现在回到《老子》文本中的"自然"上来。

---

① 见陈鼓应:《老子今注今译》,商务印书馆2003年版,第214页。
② 刘笑敢:《老子之自然与无为概念新诠》,《中国社会科学》1996年第6期。
③ 刘笑敢作过这个分析,此处概括刘氏的意思。刘笑敢:《老子之自然与无为概念新诠》,《中国社会科学》1996年第6期。
④ 《老子》这里也有宇宙论,但本文认为,《老子》文本是对宇宙论比较轻视的。所谓"道生一、一生二,二生三,三生万物",与其认为是在表达宇宙生成论,不如说是在戏谑地调侃这个问题。这正如同《老子》说"其鬼不神"一样,其对鬼神不以为然。

前面的分析认为,"自然"这一概念,并非老子的核心概念,并非"终极关切所寄托的最高价值"。因为,在本文的分析中,《老子》思想分两大部分,"自然"是百姓、民的甘食美服生存状态,"自然"从未用于指称、概括侯王的超越性价值追求,即对玄奥之道的追求,而后者是《老子》思想疆域的半壁江山所在——直接与《庄子》之道相通。说到底,"自然"偏于简明,并不指称神秘的、幽微难言的玄奥之道。职是之故,如果将"自然"视为《老子》之道的最高价值,笔者以为,这会造成遮蔽《老子》超越性的人生道论的问题。事实上,无论是在用例上,还是在整个老子思想方面,"自然"一词用得并不算多,远低于"无为"。当然,"自然"要比自化、自宾、自正等使用频率高,显然有其重要性,但并不如刘笑敢、王中江等人认为的那么重要。

刘笑敢从"道法自然"出发,以此为据,论说"自然"在《老子》思想中的核心地位。这一看法,本是从王弼开始的。所谓"自然者,无称之言,穷极之词也。"[①]刘笑敢注解"道法自然"说:"道法自然的道是宇宙万物的总根源和总根据,而这个总根源和总根据又以自然为价值和效法、体现之对象。道是老子的终极关切的象征符号,而自然则是这种终极关切所寄托、向往的最高价值。这种最高价值所指向的是人类社会的总体上或根本上的自然而然的秩序,自然而然的和谐,而这种人类社会的总体和谐与自然宇宙也必然是和谐的,这一点从人法地、法天的陈述中就可以看出来了。"[②]这意思是,道的价值、体现和效法对象是"自然",道也使万物自然。一句话,自然最大,自然最高,自然最好。刘氏甚至认为《老子》这里,"自然"是一个名词,可以成为一个哲学概念,为道所效法。[③]

现在,谈一下本文对"道法自然"的理解。我们重新列一下《老子》文本中的5条"自然"用例:

(一)功成事遂,百姓皆谓:我自然。(第17章)

(二)希言自然。故飘风不终朝,骤雨不终日。孰为此者?天地。(第23章)

(三)人法地,地法天,天法道,道法自然。(第25章)

(四)道之尊,德之贵,夫莫之命而常自然。(第51章)

(五)以辅万物之自然而不敢为。(第64章)

这5例中,(一)(四)(五)都是万物或百姓在道或侯王治理之下得其所,即自然而然。关于"希言自然"一条。蒋锡昌说"希言与不言、贵言同谊,而与多言相反。多言者多声教法

---

① 楼宇烈校释:《王弼集校释》,中华书局1980年版,第65页。
② 刘笑敢:《人文自然对正义原则的兼容与补充》,《开放时代》2005年第3期。
③ 刘笑敢:《老子之自然与无为概念新诠》,《中国社会科学》1996年第6期。

令之治;希言者,少声教法令之治;故一即有为,一即无为也。自然,即自成之谊。希言自然,谓圣人应行无为之治,而任百姓自成也"①。即认为"希言自然"分指侯王与百姓,侯王无为、少为,百姓自由发展。如果相反,有为、多事,则不易长治久安,此即"飘风不终朝,骤雨不终日"的意思,蒋氏之解妥当。这个解释,实际上是将"希言自然"理解成双形容词结构,侯王"希言",则百姓"自然"。这正与本文前面对《老子》自然无为政治论的看法一致。这样,(一)(二)(四)(五)四条中的"自然"皆为我们前面谈的自然无为政治论中的百姓的状态。剩下的只有(三)"道法自然"。

"道法自然"一语究竟当如何理解?此语的分歧与争论极多,本文承认,探讨此语的理解,颇费力。对此语的解释可以归为三大类,一是道效法自己,亦即道"自己如此";二是道的作用是,自然而然;三是道效法自然界。如前所论,第三种解释,已经被淘汰。剩下的便是第一、二,两种解释。这二种解释,其后一种便是我们所说的政治道论。

王中江在其文章《道与事物的自然:老子"道法自然"实义考论》中②,对此问题作了不少研究。对于"道法自然",他分析说,此前的注家,或是说道的本性是自然的,道"自己如此"③或是说道使万物自然④。(即本文的第一种解释和第二种解释)王氏说他自己以前也是持第一种解释者,现在改为持第二种解释者。王中江指出:

> 注释者对《老子》中使用的"自然"缺乏整体性的观察,没有注意到老子说的"自然"(还有一些类似"自然"用法的词汇)是同"万物"和"百姓"密切联系在一起的。因此,就把"自然"看成是道自身的属性,把"道法自然"说成是"道自己如此"。但实际上,"道法自然"的"自然"不是"道"的属性和活动方式,它是"万物"和"百姓"的属性和活动方式。作为结论,"道法自然"的准确意思是:"道遵循万物的自然"。⑤

王氏对"道法自然"的结论尚有可讨论之处,其所持的反驳理由也与本文观点并不相合(说详下)。但其认为《老子》的自然无为政治道论的"自然"是指百姓"自然",并不是《老子》道的属性和活动方式则合于本文。说到底,在这里,王氏与笔者具有同样的感受,即,道的内容、价值不同于"自然"概念,故而,才会反对其他学者将道理解为"自然"。而

---

① 蒋锡昌:《老子校诂》,民国丛书第五编第5册,上海书店1996年版,第156页。
②⑤ 王中江:《道与事物的自然:老子"道法自然"实义考论》,《哲学研究》2010年第8期。
③ 如吴澄说:"道之所以大,以其自然,故曰法自然。非道之外别有自然也。"(《道德真经注》);又如童书业说:"老子书里的所谓自然,就是自然而然的意思,所谓道法自然就是说道的本质是自然的。《先秦七子思想研究》第113页)",见陈鼓应:《老子今注今译》,商务印书馆2003年版,第173页。
④ 比如王弼注解"道法自然"说:"法自然者,在方而法方,在圆而法圆,于自然无所违也。自然者,无称之言,穷极之词也。"见《王弼集校释》,楼宇烈校释,中华书局1980年版,第65页。

几乎同样的思想也见于蒋锡昌对此章的注释中,蒋说"本章言道虽寂寥而不可致诘,然质言之,不过只是一个自然的作用。圣王得道之一体,故其治民,亦当以自然为法,让民自作自息,不必劳一己之私智,而去干涉或代谋一切也。"①即圣王得道,而作用于民,使民自然不干涉。并不是说道就是"自然"。

但是,在王中江这里,道的性质不是"自然",或不止于"自然",那么,道的性质是什么呢?我们先将此问题放一下。关于"道法自然",我们还没有说完,需要加强一下论述。

王氏反驳其他学者的理由,虽合于本文论旨,但其对"道法自然"的理解,有可商量之处。其实,就本文的理解来说,上文所说的第一种理解,亦即传统的"道自己如此""道无所法也"的解释也是说得通的。叙述如下。王氏反对此解释的理由是:(一)"法"字的动词之义没有体现出来②;(二)人们之所以这样理解,是因为观念中认为道是最高概念,不可能去效法其他事物③;(三)即上文所引,人们没有认识到"自然"是与万物、民相关的概念,而将之误归为道的性质。

这里,"法"是否必须释为动词呢?"道法"一词,在《老子》中仅此一例,但在其他先秦典籍中,虽然不多见,但是可以作为名词词组使用,如"庆之于长老,此道法之所从来,是治本也。"(《管子·君臣上》)、"民不道法则不祥,国更立法以典民则祥。"(《管子·任法》)"道法自然"为何不可以是"名词+形容词"结构呢?问题的关键尚不在此,而是王氏的理由有以今律古的问题,即王氏限定了"自然"只能是一个有着特定内涵的哲学概念,这一概念是用来描述万物、民的状态的,绝不可以用以描述道。我们已经谈论过,《老子》这里,侯王"无为",百姓"自然",这是其政治道论,此政治论与人生论、本体论有一些分别,但在根本上,仍然是同一个道,所以,"自然"并非绝不可以用来描述道,我们只是不同意将道界定为只是"自然",或者"自然"在道论中地位最高。比如,在"功成事遂,百姓皆谓:我自然。"这样的章节里,"自然"也未见得是严格的哲学概念,其更近于一个普通的形容词。《老子》毕竟是比较早期的思想著作,而且篇幅短小,辩证和矛盾之处亦多。在笔者看来,王中江的问题出在过于严格界定"自然"为特定的政治哲学词汇,不容其作为普通的词汇使用。在笔者看来,在第25章里,将"道法自然"理解为"道自己如此"有其理由。此章也有郭店简本,我们将其完整地抄写如下:

有状混成,先天地生,寂寥独立不改,可以为天下母,未知其名,字之曰道,吾强为之名曰大。大曰逝,逝曰转,转曰反。天大,地大,道大,王亦大。国中有四大焉,

---

① 蒋锡昌:《老子校诂》,民国丛书第五编第5册,上海书店出版社1996年版,第174页。
②③ 王中江:《道与事物的自然:老子"道法自然"实义考论》,《哲学研究》2010年第8期。

王居一焉。人法地,地法天,天法道,道法自然。(第25章,郭店简甲组)①

此章中,前半部分对道的描述,很模糊费解,属于本文所称的玄奥之道,但后半部分,谈王要法道,此道应仍是玄奥之道。故"道法自然"即"道自己如此",再无更高者可以效法,以显示此玄奥之道的"独立不改"之特点,有何不可呢?而若像王中江那样将"道法自然"理解为"道遵循万物的自然",则是认为此章整章都是在谈论政治之道。或者像前引蒋锡昌那样理解"本章言道虽寂寥而不可致诘,然质言之,不过只是一个自然的作用。"这实际上是认为此章前半是在谈玄奥之道,而后半又转为政治之道了。——当然,此理解也无不可,因两者本来同源,且在此章中并不易区分。

要之,无论是将"道法自然"理解成描述政治道论,还是理解成玄奥道论,无论是理解为"道自己如此",还是"道遵循万物的自然",都难以得出刘笑敢的"自然"是道的价值、体现以及效法对象的结论。刘氏之说,在《老子》文本中缺乏有力根据。其说法是对上述第一、二两种解释的混合,是政治道论吞食、替代了玄奥道论,玄奥之道消隐了。我们不能同意这样的理解。"自然"在《老子》这里是重要概念,主要用于描述政治道论中万物、百姓的生存状态,但并不是最高概念,更不是道的全部。

这样,本文论旨已经大体完备。如此细致的考索,是令人头痛的,但这很重要。下面,我们还要再深入一步。

前文我们遗留了一个问题,即在王中江这里,道的性质不是"自然",那么,道的性质是什么?我们也提到,王中江在倡导《老子》"自然思想"方面,与刘笑敢是非常接近的,所谓:

> 老子在公元前500年前后就发出了不干涉主义、政府要安静、反对控制的强烈呼声,著名的说法有《老子》第六十章的"治大国若烹小鲜"和第五十四章的"清静为天下正"。老子断定社会政治的一系列问题和矛盾都是支配者的干预、控制和占有造成的。贯穿在《老子》五千言中的核心思想不是"小国寡民式"的政治设想,而是教导支配者如何最省心而又最有效地治理一个庞大的国家,那就是支配者的"无为而治"和"百姓"的"自然自治"。这是老子宇宙观在他的政治哲学中的延伸,两者之间具有高度的同构性。②

---

① 李零:《郭店楚简校读记》,第4页。
② 王中江:《道与事物的自然:老子"道法自然"实义考论》,《哲学研究》2010年第8期。此处,王氏所说的"老子宇宙观"大致相当于本文所说的玄奥之道。

王氏说的"两者之间具有高度的同构性",是指圣人"无为而治"与百姓"自然自治"是一体两面,而且这是"老子宇宙观在他的政治哲学中的延伸",是《老子》五千言的核心思想。那么,在王中江这里,他还是走了回来,道的性质虽然不是"自然",但道的最重要的表现是侯王无为,百姓自然。这与刘笑敢的"实有似无"说,并无显著区别。即在关于什么是《老子》最重要的思想方面,刘、王最终并无不同。

如果我们理解不误的话,在王中江这里,道由宇宙论延伸为政治论,王氏的宇宙论相当于我们所谈的玄奥之道,但王氏对此"宇宙论"无多论述,而是标举政治论,此政治论分两个层次,一个是侯王的"无为而治";另一个是百姓的"自然自治",两者高度同构。这样,我们便知道了,王氏虽然也反对刘笑敢那种对于"道法自然"的解释,但其出发点毕竟是与我们不一样的。我们是从玄奥道论与政治道论并列,前者更重于后者的角度以反对夸大"自然"。而王氏的出发点是侯王无为,百姓自然,二者同构,"自然"只是道的一半,以此反对夸大"自然"。

认为"无为而治"与"自然自治"之间完全同构,这并不妥当,本文已经谈过,这一理解,模糊了侯王与百姓的不同层级,忽视了侯王需要负更大责任。其次,在本文看来,刘、王二学者皆对玄奥道论不够重视。这使得王氏实际上对道的性质,没有一个回答——因为这必然涉及对玄奥之道的判定(在王氏这里是"宇宙论"),涉及道的可认识性与不可认识性。下面以王中江为例,来谈一下其论道不够全面的根源。王氏在《老子》"宇宙论"方面不够重视,或者说在王氏的体系里,"宇宙论"和政治论断裂,颇有根源。

王氏早先对道家的形而上学颇有研究,其所著《道家形而上学》对《老子》中的本体论、本体论与语言、本体的认识方式论述颇详,其著作中设有专章讨论"道家形而上学方法",彼时王氏认为"道家的认识方法,更多地体现出直觉的特征。"[①]其论道家的"直觉"式认识方法说:

> 直觉之觉,也就是庄子知鱼之乐之知。庄子所强调的"天人合一"、"万物一体",在认知意义上,也就是从"直觉"上与物相亲相近,与物打成一片,不分彼此。……庄子之游的核心意义,是"心游"和"神游"。……都是超越自身形体上的限制,从直觉上、从无限的心灵上与无限、无穷、道合一。[②]

在这些理解中,是贯彻了《老子》《庄子》玄奥之道思想的。然而,也就在同一著作中,

---

① 王中江:《道家形而上学》,上海文化出版社2001年版,第98页。
② 王中江:《道家形而上学》,上海文化出版社2001年版,第100页。

对于道家的"自然",王氏这样说:

> 老子所提出的"道法自然"的著名命题,就是把"自然"视为"道"的内在法则,根本存在方式,肯定"道"的本性是纯任自然——即自己如此。这也就是他所说的"无为"。老子所强调的是,宇宙和世界是完全按照自然而然的法则、自己如此的方式存在和活动的。老子的这一"自然"观念影响很大,它成为以后道家思想发展的一个通念。①

可见,彼时在王氏的观念里,直觉方法、玄奥之道便是与"自然"断裂的。玄奥之道及其认识方式在道家思想中地位极高,可是,当谈到"道法自然"时,又是"自然"最为重要。道的内在法则就是"自然",那么,直觉所认识的就是自然吗?王氏显然不这样认为。上文所引王氏一段话"贯穿在《老子》五千言中的核心思想……就是支配者的'无为而治'和'百姓'的'自然自治'。"便是极好的例证——这是可以明白说出的,无须求助于直觉。

在本文看来,王中江在解释"道法自然"方面表现出的矛盾性(既感到道的性质不是"自然",但又没有谈道的性质是什么),是由其观念中玄奥之道与"自然"政治道论不协调造成的。当其推崇"自然"道论时,潜在的玄奥之道的观念对其有所掣肘,使得他并不能够将道的原则、内在法则、性质顺畅地理解为"自然"。

仔细地分辨刘、王二人之间的异与同,不免琐碎与纠缠,然而其中的差异,正是本文所重视和强调的。

本小节笔者论述得比较艰难,希望读者能够理解笔者的逻辑与观点。在笔者看来,刘笑敢和王中江都在倡导《老子》中的政治道论,标举其自然无为思想。二人都承认,《老子》的"自然""自治""自由发展",是有条件的,即要以侯王的"无为"为条件。相比之下,刘笑敢更重"自然",而王中江则认为"自然"与"无为"同构。二人皆在承认侯王作用之时,强调《老子》思想中"自由""自治"的一面。然而,我们认为,刘笑敢建构其说的最强论据"道法自然"一语,其解释方面,颇有问题。认为道的性质就是"自然","自然"是道的价值、体现和效法对象,存在着夸大"自然"且不够准确之处。这一点,王中江也是并不同意刘笑敢的。"道法自然"可以理解成王中江式的"道遵循万物的自然",也可以理解成"道自己如此",前者是政治论模式,后者是玄奥道论模式。笔者不同意刘、王二人之处在于,笔者认为二人忽视了玄奥道论,拔高了政治道论。《老子》道论是以玄奥道论为最高,政治道论是玄奥道论的世俗化运用。将"自然""自治"拔高是不符合《老子》道论框架的,不

---

① 王中江:《道家形而上学》,上海文化出版社2001年版,第194页。

免以偏概全,道的其他特性被遮蔽了,道的玄奥难言超越之特性被忽视了。而这是《老子》道论的半壁江山所在。

最后,看一下刘笑敢在阐发《老子》"自然"思想时所写的下面一段话(文中的"人文自然"即《老子》中的"自然"):

> 人文自然要求实现人类社会秩序的自然和谐。这种自然的和谐是指没有压迫、最少控制的和谐,而不是没有人类文明或没有社会管理行为的和谐。这种自然和谐的背后假设每个生存单位的平等的生存权利,要求每个生存个体的自尊以及对他者的尊重。这是文明社会的基本要求。①

按本文的理解,这一对"自然"的阐发,前半部分是符合《老子》文本之义的,但后半部分则缺少根据。首先,《老子》的价值是谦下、柔弱、无欲、不争等,与平等权利、自尊、尊重他者有相当距离。其次,《老子》里侯王与民的地位是不同的,侯王负责民的"自然"。再次,《老子》谈的不是文明社会,不可用文明社会的眼光来审视《老子》思想,《老子》的"自然"是前文明状态的"自治",且限制产生文明。

六、结　　语

《老子》的思想中有谦下柔弱、思辨反省、自然无为、朴厚无欲等说,现代学术将这些说法打碎后划分为政治论、人生论、本体论、宇宙论等。在本文看来,《老子》的思想中,道当然是最核心的概念。而道可分为只能靠灵性把握的玄奥之道,及比较简明的政治之道。前者包括《老子》的人生论、本体论,是《老子》道论中给政治论提供基础和论证的部分,没有本体及修身的玄奥之道,便不会有《老子》的政治道论。《老子》政治论的特点是自然无为。具体而言,是侯王无为,百姓自然。且在《老子》这里侯王与百姓等级严格。《老子》的自然无为,又具有具体的规定性,不是让百姓"自然自治",也不是让百姓"自由发展",相反,是让百姓保持于前文明状态,即富、正、无欲、不为盗、甘食美服安居乐俗,没有智、仁、礼、奢侈品、善恶等。同时,侯王并非高高在上,相反,侯王也必须无知无欲。《老子》的玄奥之道是针对侯王而发的,侯王必须先悟到玄奥之道,修身有德,才能够使百姓及自己保持于前文明"自然"状态中。在政治论上,侯王要负最大的责任,百姓是被管

---

① 刘笑敢:《人文自然对正义原则的兼容与补充》,《开放时代》2005 年第 3 期。

理者,一旦有百姓要产生文明,侯王必须立刻清除此种现象。

目前学术界的倾向是重视《老子》思想中的"自然"。即认为《老子》思想的核心是自然无为政治论。而且,虽然承认自然是有条件的,是在侯王的无为之下的自然,但是此自然是道的价值、体现和效法对象,是道的寄托。于是,实际上侯王的作用被大为缩小。且有将中国思想史上的无为政治论,发展为"自然政治论"的趋势。本文认为,"自然"是《老子》思想中的重要概念,但并不能概括全部的《老子》思想。首先,百姓的"自然"是在侯王的管理下获得的,侯王的作用是第一位的,百姓的"自由"是第二位的;再者,百姓并没有多少"自由发展",《老子》是要求侯王和百姓都保持于前文明状态的;更要紧的是,对《老子》自然无为政治论的提倡和重视,遮蔽了《老子》中更为基础和根本的玄奥之道。

《老子》的玄奥之道,后来被《庄子》继承,并发扬光大,成为"独与天地精神往来"的道家境界论,从而成为道家思想的顶峰。而自然无为政治论则发展为黄老刑名思想,成为很具体的政治技术。此二派可以称之为"心性道家"与"政治道家"。二派皆是道家思想的支柱,不可偏废。

中国思想史上,当社会风气较为开放,个人主义思潮有所涌现时,往往都会流行道家的"自然""无为"之说。如秦汉之际的黄老之学、魏晋之际的玄学。一些学者在现代思潮影响之下,想用《老子》的自然无为政治论来对接现代"自由主义"政治思想,有其合理性,但需要慎重从事。

最后,可能有读者会认为本文代表着"心性道家"对于"政治道家"的批评。非也。在本文作者看来,利用注疏学来发挥注者自己的思想,这属于古典时代的学术传统,此传统在当代无法被复活。在以知识考古学为基本认知框架的现代学术话语背景上,此种传统只能成为古典学的研究对象,而无法继承为当代学术形态。研究《老子》的思想只能从属于思想考古,是不可以进行思想发挥的。注家、解释者如果有意于思想创造的话,应该按照现代哲学写作规范另行著述。本文旨在强调应该对《老子》及道家有一个完整而清晰的认识。因此,想到《庄子·应帝王》中那个著名的故事:"南海之帝为儵北海之帝为忽,中央之帝为浑沌。儵与忽时相与遇于浑沌之地,浑沌待之甚善。儵与忽谋报浑沌之德,曰:'人皆有七窍以视听食息此独无有,尝试凿之。'日凿一窍,七日而浑沌死。"

史学研究

宾道:商周燕飨礼制中君臣关系的新考察

□ 李志刚

摘 要:商周时期,燕飨礼更多围绕着商周王权而举行。诸侯、臣属、戚属、使者等权力的高层人事是燕飨礼中为宾的主要的对象。王室占据着礼仪舞台的核心位置,显示王权具有较高地位。君臣关系在燕飨礼中被主宾关系所代替,频繁地发生在政治、军事、宗教等礼典之中或之后,严敬的君臣礼代之以主宾礼,可见王权尚未完全的定为一尊。宾主分庭抗礼,纳行礼双方于一个相对平等的模式中,相对于严敬的君臣之礼,臣下在宾主礼中获得了更多的自由与尊重。春秋后,礼乐权力逐渐下移,行燕飨礼的权力由天子转移诸侯而卿大夫而士。特别是争霸与统一战争需要大量的人才,尊贤重能决定胜败。战国后,燕飨礼走向衰落,皇权专制加剧,"宾道"式君臣关系逐渐淡出历史舞台。

关键词:宾道;燕飨礼;君臣关系;礼制史;商周史
作者简介:李志刚,历史学博士,泰山学院历史与社会发展学院讲师,271021

自专制主义中央集权在中国建立以来,"三纲五常"不仅是政治制度建设的指导思想,也是社会思想观念运作的核心内容。"君者,出令者也。臣者,行君之令而致之民者也"。①君臣之间,出令与行令职权分析的明白,显示君臣地位的悬殊与臣对君的绝对服从。但是存在二千年之久君君臣臣式的君臣关系,是否就是历史的唯一真相?②

自商周开始,礼乐制度作为政治、文化的核心内容,逐渐渗透到社会的各个方面。从礼乐制度角度重新检视君臣关系,不失为一个选择。笔者曾撰文论述周代燕飨礼中的"尊君"观念到战国时期有个增强过程③,本文再结合传世的礼典文献与出土资料,考察在

---

① 屈守元、常思春:《韩愈全集校注》,四川大学出版社1996年版,第2663页。
② 君臣关系问题相关学术前史,参见拙文《周代礼仪制度中的"宾道"观念》(《泰山学院学报》2013年第2期)。
③ 李志刚:《周代燕飨礼与"尊君"观念的变迁》,《国学研究》第35卷,北京大学出版社2015年版,第119—147页。

"尊君"观念达到顶峰之前,于燕飨礼主宾式的觥筹交错、周旋揖让之际,秦汉之前君臣关系体现出的别样形式即宾道①。

一、商周王室的飨臣以宾礼

《通典·嘉礼》载晋朝君臣讨论策拜诸侯王有无奏乐事,尚书顾和说:"古之燕飨有乐者,以畅宾主之欢耳。"②宋代学者王应麟也说:"君臣之分以严为主,朝廷之礼以敬为主。然一于严敬,则情或不通,无以尽忠告之益,故制为宴飨之礼,以通上下之情,于朝曰君臣焉,于燕曰宾主焉。先王以礼使臣之厚于此见矣。"③以宾主关系代替君臣关系,在较轻松的礼仪中,通上下之情,尽忠告之益,这是燕飨礼重要功能。④商周时期以来,君的燕飨范围内以臣为宾,莫不体现出君臣之间,除了严敬之外尚存另一种关系模式。

(一) 飨诸侯

《仪礼·觐礼》:"飨礼,乃归。"⑤《礼记·郊特牲》:"大飨,君三重席而酢焉。"郑注:"言诸侯相飨,献酢礼敌也。"⑥《周礼·秋官·掌客》提到上公三飨三食三燕,侯伯再飨再食再燕,子男一飨一食一燕。此等所记均为天子飨诸侯之礼,且行礼中双方地位相对均等。飨诸侯之礼,自殷墟甲骨到两周金文均能见到。例如:

卢伯濼其延呼飨。(《合集》28095)

贞,比飨娄。(《合集》31046)

庚午卜,争贞,隹王飨戎。(《合集》5237)

辛未王卜,在召庭,隹执其令飨事。(《合集》37468)

弜执呼归克飨王事,引吉。(《合集》27796)

---

① 笔者曾论述商周时期存在着以神为宾的观念,看来在先秦时期"以……为宾"是一种社会常态,即所谓"宾道"观念存在于社会多个领域。参见李志刚《以神为宾:商周丧祭礼制中人神关系的新考察》,《史学月刊》2014年第4期。
② 杜佑:《通典》卷71《嘉礼·策拜诸王侯》,中华书局1988年版,第1959页。
③ 王应麟:《玉海》卷73,江苏古籍出版社1987年版,第1357页。
④ 李志刚:《周代宴飨礼的功能》,《古代文明》2012年第3期。
⑤ 《仪礼注疏》卷二七,阮元校刻《十三经注疏》本,中华书局1980年版,第1092页中。本文十三经均源自此版本,下不详列。
⑥ 《礼记正义》卷二五,第1446页上。

"卢伯"是与商朝有密切关系卢国的首领,澡为其名,并见于《屯南》667 中。①妇好墓曾出土一枚玉戈,铭曰"卢方皆入戈五",说明武丁时代卢方首领名为皆者曾向商王纳贡。②"娄"为诸侯国之名。"比飨娄"之"比",宋镇豪认为有亲密、亲合、亲附义,说明商与娄"宴以合好"。③《周礼·夏官·形方氏》:"大国比小国。"郑注:"比犹亲也。"④《礼记·射义》:"其容体比于礼。"⑤陆德明《经典释文》:"比,亲合也。"商王正是通过飨娄国之君,以亲睦两国关系。"戎"同为族邦之名。⑥《礼记·郊特牲》载:"大飨尚腶修而已矣。"郑注:"此大飨,飨诸侯也。"⑦那么"飨戎"同样指商王飨来朝之戎。只不过,此"戎"并非具体某一国,应是蛮夷类方国的统称,或多国同时朝觐商王。《左传·昭公四年》载"夏启有均台之享,商汤有景亳之命"⑧,或非臆测。"执",据宋镇豪考证为商臣属诸侯,"佳执其令飨事"意指呼命执出席飨礼仪式。⑨综合而言,殷商时期,商王所飨诸侯不仅包括方国、蛮夷之君,同样包括直属的方内诸侯。

　　到两周时代,金文中天子飨诸侯之礼,更是常见。康王时期《宜侯夨簋》载:

　　　唯四月辰在丁未,[王]省武王、成王伐商图,徣省东国图。王泣于宜,入大飨。王令虔侯矢曰:"迁侯于宜,赐鬯卣一卣、商瓒、彤弓一,……"(《集成》4320)

　　康王查勘王国东部诸侯国地图后,就进入宜侯的封域,并行大飨之礼。宜国很有可能就是"东国"之一。据铭文记载来看,康王在飨礼中,把虔侯迁到宜地为宜侯,并赏赐许多礼物,其中包括鬯、瓒、弓矢等,说明宜侯被赋予祭祀祖先与征伐大权。此大飨之礼,康王自任为主,宜侯为宾。再如穆王时期《长由盉》载:

　　　唯三月初吉丁亥,穆王在下减应。穆王飨醴,即邢伯大祝射。穆王蔑长由以遂即邢伯。邢伯氏弥不奸。……(《集成》9455)

---

① 姚孝遂、肖丁:《小屯南地甲骨考释》,中华书局 1985 年版,第 238 页。
② 中国社会科学院考古研究所:《殷墟妇好墓》,文物出版社 1980 年版,第 131 页。
③ 宋镇豪:《商代社会生活与礼俗》,中国社会科学出版社 2010 年版,第 233 页。
④ 《周礼注疏》卷三三,第 864 页下。
⑤ 《礼记正义》卷六二,第 1687 页中。
⑥ 于省吾:《甲骨文诂林》第 3 册,中华书局 1996 年版,第 2367 页。
⑦ 《礼记正义》卷二五,第 1444 页下。
⑧ 《春秋左传正义》卷四二,第 2035 页上。
⑨ 宋镇豪:《商代社会生活与礼俗》,中国社会科学出版社 2010 年版,第 231 页。

穆王先在下淢行飨礼，后又到邢伯处行射礼，此是先飨后射之礼。长甶因在飨、射中辅助邢伯有功，而受到康王的勉励、赞许。①在殷商时期，甲骨中已有"邢方"出现，说明其时邢已为国名。西周时期的邢国为周公之后。《左传·僖公二十四年》："凡、蒋、邢、胙、祭，周公之胤也。"②邢伯或邢侯，还见于金文《邢侯簋》《麦方盉》《麦方尊》《麦方彝》《麦方鼎》《臣谏簋》等。其中《麦方尊》与《邢侯簋》详细记载了邢国的分封过程。③《长甶盉》所载飨礼，正是飨诸侯的明显例证。金文中类似的例子还见《效卣》《应侯视工簋》《虢季子白盘》等。

（二）飨臣属

殷墟卜辞中，已能见到商王飨臣属之礼。例如：

> 弜不飨，惟多尹飨。
> 归簋，惟多尹飨。大吉。（《合集》27894）
> 戊寅卜，王飨雀。（《合集》20174）

"多尹"于卜辞中常见，陈梦家归之入"史官"类，并认为其职司为作田、作寝、飨等国内之事，同时又可出使于外。④宋镇豪也指出，"多尹"为朝臣，主要服事营筑、农垦、征战。⑤由此看来，上揭"惟多尹飨"即是商王飨臣属之礼。"雀"于卜辞中又有"亚雀""侯雀""雀男"等称号，是武丁朝重要军事将领，有自己独立的封地，曾多次率军参与战争并取得胜利，经常参与王室的内外之祭。⑥"王飨雀"有可能是雀取得军事胜利后，商王飨之以奖赏；也有可能是王室之祭后，雀因辅助有功，商王故飨之。

西周金文中，天子飨臣属亦能见到。例如：

> 唯六月既生霸，穆王在莽京，呼渔于大池。王飨酒，遹御亡遣。穆王亲赐觯。遹拜稽首。（遹簋，《集成》4207）
> 唯正月既生霸丁酉，王在周康寝，飨醴，师遽蔑历侑。王呼宰利锡师遽珊圭一环，璋四，师遽拜稽首，……（师遽方彝，《集成》9897）
> 唯三年九月丁巳，王在郑飨醴，呼虢叔召瘨，赐羔俎。己丑，王在句陵飨逆酒，呼

---

① 晁福林：《金文"蔑历"与西周勉励制度》，《历史研究》2008 年第 1 期。
② 《春秋左传正义》卷一五，第 1817 页中。
③ 庞小霞：《商周时期邢都邢国邢地综合研究》，郑州大学博士论文，2007 年。
④ 陈梦家：《殷墟卜辞综述》，中华书局 1988 年版，第 517 页。
⑤ 宋镇豪：《商代社会生活与礼俗》，中国社会科学出版社 2010 年版，第 230 页。
⑥ 胡厚宣：《殷代封建制度考》，《甲骨学商史论丛初集》，河北教育出版社 2002 年版，第 39—45 页。

师寿召瘭，赐㚔俎。（三年瘭壶，《集成》9726）

唯王初如⚰，廼自商师，复还至于周。王夕飨醴于大室。穆公佑尸。王呼宰利，赐穆公贝廿朋，穆公对扬王休，用作宝皇簋。（穆公簋，《集成》4191）

上揭铭文中，《逦簋》《师遽方彝》《穆公簋》所载为周天子行飨礼，逦、师遽、穆公助礼有功，而受到赏赐，虽非飨臣属的直接证据，但臣属参与天子飨礼，作为有司、或主宾、众宾是有可能的。《三年瘭壶》正好证明了此点。周王两次举行飨礼，均命有司召瘭参与，并有赏赐。清华简《耆夜》篇记载武王八年戡黎后举行饮至礼，且以毕公为宾客，为周初飨臣属，存在以公卿为宾，提供了重要证据：

武王八年，征伐耆，大戡之。还，乃饮至于文太室。毕公高为客，邵公保奭为介，周公叔旦为主，辛公谏甲为位。作册逸为东堂之客，吕尚父命为司正，监饮酒。王举爵酬毕公，作歌一终……①

武王大破耆国后，在祭祀文王的太室行庆功饮至之礼，与《小盂鼎》的记载类似。②行礼各方：毕公高为客，即主宾。《史记·周本纪》："武王即位，太公望为师，周公旦为辅，召公、毕公之徒左右王师，修文王绪业。"③毕公即毕公高。《尚书·康王之诰》："毕公率东方诸侯入应门右。"④毕公为分陕二伯之一，孔颖达认为其职在太师，地位之高可以想见。《史记·魏世家》："魏之先，毕公高之后也。毕公高与周同姓。武王之伐纣，而高封于毕，于是为毕姓。"⑤那么《耆夜》所记毕公即分封于毕的姬周同姓，既为一国诸侯，又常在周王左右任太师，在饮至礼中以之为宾。著名的召公奭只能作为他的辅助者。⑥可见周初以公卿为宾，不会成为问题。

（三）飨戚属

事实上，早在商代，已见飨同宗之人的记载。如：

---

① 陈民镇、颜伟明：《清华简〈耆夜〉集释》，复旦大学出土文献与古文字研究中心网，2011年9月20日。
② 李学勤：《小盂鼎与西周制度》，《历史研究》1987年第5期。
③ 《史记》卷四《周本纪》，第120页。
④ 《尚书正义》卷一九，第243页下。
⑤ 《史记》卷四四《魏世家》，第1835页。
⑥ 至于为什么以毕公为宾，李学勤先生认为毕公与周公一样，是武王之弟，且在伐耆战役中，可能战功最大。（《清华简〈耆夜〉》，《光明日报》2009年8月4日）。但据《小盂鼎》，盂战功卓著，却不为饮酒主宾，可见毕公为宾为客，不一定是因战功。

  贞，叀多子飨于庭。(《合集》27647)

  叀多子飨。(《合集》27648)

  甲寅卜，彭贞，其飨多子。(《合集》27649)

  叀王飨受又，[于]多子飨。(《合集》27644)

  叀多生飨。(《合集》27650)

  "多子"的身份，朱凤瀚认为是"王子"。①刘孟骧认为是"商人的氏族长"，②林沄认为是"和商王同姓的贵族"。③《尚书·洛诰》"予旦以多子越御事"④，顾炎武云："多子，犹《春秋传》之言群子也。唐孔氏以为大夫皆称子，非也。"⑤近人曾运乾云："多子，大小各宗也。"⑥《逸周书·商誓》："尔多子其人自敬，助天永休于我西土。"此"多子"，丁宗洛本作"多士"，唐大沛亦云："多子，犹言多士也，盖谓殷之多子。以其辅助邦君，故论之。"⑦是则以传世文献准之殷墟卜辞，"王子说"不可从。裘锡圭引卜辞"贞，呼黄多子出牛，㞢于黄尹？"(《合集》3255)认为，黄尹即伊尹；武丁时，伊尹已死三百年，黄多子不可能是伊尹之子，而只能是黄族人员。⑧裘还认为，"多子"亦不必为商王之子，而是指与商王有血缘关系的贵族；曾运乾认为是"大小各宗"，应该是可信的。《周礼·春官·大宗伯》："以饮食之礼，亲宗族兄弟。"⑨"多子"作为与商王有血缘关系的大小宗，与商王一起构成殷商的统治阶层，商王以飨礼相待，致力于团结同宗，巩固统治。至于"多生"，陈絜认为即"多甥"，为"姻娅之属"，大致可信。⑩则所谓"飨戚属"，不仅包括同姓之宗人，同样包括异姓姻娅。

  金文中"飨戚属"同样常见，西周晚期的《膳夫克盨》之"献婚媾"、《乖伯簋》之"用好宗庙，享夙夕，好朋友与百诸婚媾"、《九里墩鼓座》之"余以享同姓九祀，以饮大福朋友"等。所谓"婚媾""同姓九祀"，即为亲戚之属。至于传世文献中，《诗经》中的《楚茨》《常棣》等篇，描写宗族内部的燕飨活动甚详。所谓"诸父兄弟，备言燕私"，大宗通过燕飨之礼以亲

---

① 朱凤瀚：《商周家族形态研究》(增订本)，天津古籍出版社2004年版，第51页。
② 刘孟骧："多子"、"多生"与殷商社会结构》，《文史哲》2000年第1期。
③ 林沄：《从子卜辞试论商代家族形态》，《古文字研究》第1辑，中华书局1979年版，第324页。
④ 《尚书正义》卷一五，第216页下。
⑤ 顾炎武原著、黄汝成集释：《日知录集释》，上海古籍出版社2006年版，第234页。
⑥ 曾运乾：《尚书正读》，中华书局1964年版，第210页。
⑦ 黄怀信等：《逸周书汇校集注》，上海古籍出版社2007年版，第459页。
⑧ 裘锡圭：《关于商代宗族组织与贵族和平民两个阶级的初步研究》，《古代文史研究新探》，江苏古籍出版社1992年版，第305—306页。
⑨ 《周礼注疏》卷一八，第760页中。
⑩ 陈絜：《商周姓氏制度研究》，商务印书馆2007年版，第100—102页。

近骨肉,起到收族统宗的效果。①

(四) 飨使者

殷商卜辞中的飨使者,大概可以分作二类。一是商王飨自己派往出使侯国、蛮方的使臣;二是王飨侯国、蛮方出使王室的使臣。前一类如"弜执乎归,克飨王使"(《合集》27796)。虽然商王经常派使出访,②但卜辞中载飨自己使臣并不多见。较为常见的却是第二类,如"……其来,王自飨"(《合集》5240)、"贞乎飨入人"(《合集》376正反)。所谓"其来""入人",均指入商邑朝觐的来宾。

西周时代,除了延续商礼的一般特点外,于金文中最为常见的却是诸侯或臣属制器以飨来访的周王之使。例如:

㠱作宝簋,用飨王逆复事。(㠱簋,《集成》3731)

伯者父作宝簋,用飨王逆复。(伯者父簋,《集成》3748)

仲再作又宝簋,用飨王逆䢛。(仲再簋,《集成》3747)

用飨公逆覆事。(保员簋,《新收》1442)

用飨出入使人。(小子生尊,《集成》6001)

伯㡇父作旅鼎,用飨王逆复事人。(伯㡇父鼎,《集成》2487)

乃用飨王出入使人、众多朋友。(卫鼎,《集成》2733)

其用飨王出内,穆穆事宾。(矩鼎,《新收》1664)

用飨大正、歆王宾,馔具召饮(弭仲簋,《集成》4627)

类似的记载,金文中还能找到许多。所谓"逆覆""逆复""出入使人""出内"等,均指天子派遣出的使者。③《弭仲簋》"歆王宾",与之同义。④《保员鼎》"公逆覆",则还包括诸侯的使者。"飨王使"作为荣耀之事,在西周铭文中大量出现,一方面表明王室与封内外诸侯交往频繁,两者关系处于较为密切阶段;另一方面可见诸侯、臣子对王室的尊重与顺从,天子权威尚未遭削弱。殷周时期的燕飨礼更多集中在高层贵族之间,王权较好地掌握着礼乐的行使权力。

---

① 李志刚:《周代宴飨礼的功能》,《古代文明》2012年第4期。
② 宋镇豪:《商代社会生活与礼俗》,中国社会科学出版社2010年版,第233页。
③ 李学勤:《释"出入"与"逆造"》,《通向文明之路》,商务印书馆2010年版,第180—182页。
④ 杨树达:《弭仲簋再跋》,《积微居金文说》,上海古籍出版社2007年版,第197页。

二、春秋时代的君臣燕飨礼

时至春秋,君飨臣开始表现出新的特点。一是天子飨诸侯之卿大夫,变得较为常见。伴随诸侯力量的增强,诸侯之卿大夫逐渐介入王室之事,天子不得不飨其中有功者。二是诸侯飨臣属开始占据燕飨礼的主流。

(一)天子飨陪臣

《左传·僖公十二年》载管仲因"平戎于王"有功,周襄王设筵飨之。

> 王以上卿之礼飨管仲。管仲辞曰:"臣,贱有司也。有天子之二守国、高在,若节春秋来承王命,何以礼焉?陪臣敢辞。"王曰:"舅氏!余嘉乃勋,应乃懿德,谓督不忘。王践乃职,无逆朕命。"管仲受下卿之礼而还。①

齐国上卿为国、高二氏,管仲不过为齐桓之私臣而已。《礼记·王制》载"次国之上卿,位当大国之中,中当下,下当其上大夫"②,齐虽为大国,但于周而言,管仲的爵位不及卿。以"上卿之礼"待管仲,说明周天子不得不调整固有礼制,以迎合"陪臣"势力上升的新形势。不过,或因天子权威未完全丧失,或因初见天子时心中尚存畏惧谦卑之心,管仲辞去"上卿之礼"而受"下卿之礼"。六十年后,性质类似之事再次发生。晋国之卿士会因调和王室卿士间的矛盾有功,受到了周王的飨礼。《左传·宣公十六年》载:

> 冬,晋侯使士会平王室,定王享之。原襄公相礼。殽烝。武子私问其故。王闻之,召武子曰:"季氏!而弗闻乎?王享有体荐,宴有折俎。公当享,卿当宴。王室之礼也。"武子归而讲求典礼,以修晋国之法。③

《国语·周语中》对此事有更为详细的记载,可参考。如果说管仲"平戎"尚属助王室解决外交难题的话,那么士会被晋侯派去调解王室内卿士间的争斗,已属干涉内政。这说明天子权势已由外至内全面式微。不过,周天子的政治、军事势力虽大受削弱,但在保存周代礼乐制度方面,仍具有先天优势,拥有很强的解释权。故周定王可以熟练地解释"王室之礼",而作为大国之卿的士会,只得"私问其故",表现出明显的"无知"。春秋初中

---

① 《春秋左传正义》卷一三,第1802页下。
② 《礼记正义》卷一一,第1323页上。
③ 《春秋左传正义》卷二四,第1888页下—1889页上。

期,即使同为姬姓的晋国,飨燕知识的储备,仍显贫乏。定王虽熟悉周礼,却言行不一。士会为晋国上卿,于周最高不过中卿,王室之礼"公当享,卿当宴",也就是说士会只当受宴,而无受飨的资格。定王用高规格礼仪飨士会,与襄王飨管仲一样,均有讨好侯国之嫌。历史的兴衰变迁,管仲与士会的态度已有天壤之别。与管仲的"谦卑"不同,士会归国后"讲求典礼,以修晋国之法",欣羡周礼之余,表露出高涨的学习热情。这说明周礼向诸侯国转移的趋势已不可逆转①。定王飨士会故事的重要性,正在于记录了"王室之礼"崩坏与"侯国之礼"兴起中间关键的转折点。

(二) 诸侯飨大夫

因甲、金文记载的简略,诸侯飨臣之礼于殷商及西周早期并不常见。诚然不能据此否认其时全无诸侯飨臣之礼的出现。可是资料上的"厚此薄彼",一定程度上反映出在"大一统"形势下,权力的运作必是以商周王室为中心,而诸侯与其卿大夫只能扮演次要角色。清褚寅亮在分辨食、燕与飨三者之区别后,发出这样的疑问,"诸侯于己臣有燕而无飨食。意者飨食之礼,自待宾客外,惟施之于耆老孤子与?"②褚氏的疑问,若正之殷商、西周时期,应能得到部分印证;但至春秋时代,因天子礼乐权力的下移,这种局面已受到前所未有的冲击。特别是"春秋五霸"之后,诸侯与其卿大夫渐次占据权力中心,诸侯飨其臣属变得更为常见。《左传·成公九年》载:

> 夏,季文子如宋致女,复命,公享之,赋《韩奕》之五章。穆姜出于房,再拜,曰:"大夫勤辱,不忘先君,以及嗣君,施及未亡人,先君犹有望也。敢拜大夫之重勤。"又赋《绿衣》之卒章而入。③

郑玄、贾公彦等把此享(飨)礼归入燕礼,认为属"诸侯无事,若卿大夫有勤劳之功,与群臣燕饮以乐之"之礼。但《左传》所载,有"飨"或"享",有"宴",有享后的"礼终乃宴",并未完全混淆飨燕之间的差异。季文子因送公主出嫁有功,归而受成公的飨礼,于春秋时代并未违礼。这从穆姜夸奖季文子的言语,可略见一斑。《左传·襄公二十年》载,季武子因报向戌之聘出使宋国有功,归后,襄公同样设礼飨之;襄公二十六年,郑简公为赏子

---

① 春秋时代,后进国家到先进国家去"问礼"屡见不鲜。例如,《左传·襄公二十九年》吴公子季札观周乐于鲁,表现出的欣羡之情,一方面反映出鲁作为文明之邦保存礼乐较完备;另一方面反映出吴国的荒蛮及礼乐知识的相对贫乏。再如,《论语·八佾》载"孔子入太庙,每事问",历代学者认为此表现出孔子的好学与谦卑,当然不假。但是从另一角度看,孔子的"每事问"一定程度上体现出"王官之学"到"百家之学"的转变。可见对于经典文献所载的"问礼"现象,不能马虎视之。
② 褚寅亮:《仪礼管见》,《续修四库全书》第88册,上海古籍出版社2002年版,第404页。
③ 《春秋左传正义》卷二六,第1905页下。

展、子产的"入陈之功",设礼享之。正是在这次飨礼中,子产表现出的谦让,让其得到舆论的最大赞许,有人甚至认为"子产将知政矣,让不失礼"。可见郑简公飨其臣属,同样未违春秋之礼。时至春秋时代,诸侯之卿大夫因频繁地介入其时的政治、军事、外交生活屡建功勋,地位得到空前的提升,促使天子及诸侯不得不加以重视。诸侯飨其有功之卿大夫,已是大势所趋。

春秋时代的飨使者,与飨诸侯、臣属一样,已从以天子为中心转移到以诸侯与卿大夫为中心。诸侯相飨、诸侯飨别国之卿大夫、卿大夫相飨是此时的最主要特点。"礼崩乐坏"形式下的诸侯争霸,造成过度的"尊礼"与过度的"违礼"并存;但两者造成共同的结果却是"礼"在春秋时代的实际运用,达到了空前绝后的境地。而"飨使者",可能是"礼"运用的最常见形式。《左传·成公十二年》载:

> 晋郤至如楚聘,且莅盟,楚子享之,子反相,为地室而悬焉。郤至将登,金奏作于下,惊而走出。子反曰:"日云暮矣,寡君须矣,吾子其入也!"宾曰:"君不忘先君之好,施及下臣,贶之以大礼,重之以备乐,如天之福,两君相见,何以代此?下臣不敢!"子反曰:"如天之福,两君相见,无亦唯是一矢以相加遗,焉用乐!寡君须矣,吾子其入也!"宾曰:"若让之以一矢,祸之大者,其何以福之为?世之治也,诸侯闲于天子之事,则相朝也,于是乎有享、宴之礼。享以训恭俭,宴以示慈惠。……今吾子之言,乱之道也,不可以法。然吾子,主也,至敢不从!"遂入卒事。①

楚王以享礼招待晋国使者郤至,子反为相礼者。当郤至将登堂时,突然钟磬之声从地下室内传出,郤至大受惊吓,以致逃出庭外,享礼被迫中断。受到惊吓的郤至,经过子反的两度邀请,才在讥评楚国之为不足法后,入庭完成享礼仪式。楚国此次举行的享礼,虽然有相礼者、有戒等一般飨礼通例,但其违背周礼亦是很明显的②。《左传·成公十四年》载:"古之为享食也,以观威仪、省祸福也。"③飨礼的严肃性,在春秋时代尚存在一定的记忆。

宗周礼乐制度规定行礼双方动作周旋与乐声起止密切配合,与其显现的雍容相比,楚国的这次招待郤至之礼显得有点滑稽。飨礼时,爵盈而不饮,设几而不倚,宾主以庄敬的仪容行礼,不敢有丝毫怠慢,以达到主宾间相互敬重。④燕礼时,饮酒奏乐,主宾和亲,表

---

① 《春秋左传正义》卷二七,第1910页中—1911页上。
② 杨华主编:《楚国礼仪制度研究》,湖北教育出版社2012年版,第368页。
③ 《春秋左传正义》卷二七,第1913页中。
④ 李志刚:《祭飨宾飨异同考——兼及〈飨礼〉存佚问题》,《齐鲁文化研究》第13辑。

达主人的慈惠。郤至谈"享以训恭俭,宴以示慈惠",明显是在批评楚国并没有做到。楚国飨郤至,因上述违礼行为导致正宾逃出门外,无半点"恭俭"可言。子反并不理解郤至被惊吓到的缘由,在郤至以不敢用两君相见之乐为由拒绝入庭的情况下,还认为晋楚两君只在战争中相见,现在用天子、诸侯之乐,乃是"如天之福",邀请郤至再度参加享礼,采取了实用主义的处理方式。

楚国虽然采用某些宗周礼乐中的仪式、礼器,但具体施用时往往有一定随意性,以实用为主,对其中体现的严肃原则不甚了解,也不愿遵循。14年前,士会在周王面前显露出对周礼的无知与欣羡,致使其归国后努力讲求礼典,以修晋国之法;14年后,郤至出使楚国,在楚国君臣面前的表现显然表明他不仅精熟地掌握了礼典知识,而且愿意在实践中遵从与信服。可见士会"修晋国之法"已取得明显的成效。

(三) 君臣私燕

《史记·殷本纪》载纣王:"以酒为池,悬肉为林,使男女倮相逐其间,为长夜之饮。"①《说苑·反质》:"纣为鹿台、糟邱、酒池、肉林,宫墙文画,雕琢刻镂,锦绣被堂,金玉珍玮,妇女优倡,钟鼓管弦,流漫不禁,而天下愈竭,故卒身死国亡,为天下戮。"②上博简《容成氏》批评纣王:"或为酒池,厚乐于酒,溥夜以为淫。"③寥寥数句,纣王已被永久地钉在耻辱柱上。与纣"齐名"的亡国之君,夏桀亦受到类似指责。《大戴礼记·少闲》:"桀不率先王之明德,乃荒耽于酒,淫佚于乐,德昏政乱,作宫室高台。"④《新序·刺奢》:"桀作瑶台,罢民力,殚民财。为酒池糟隄,纵靡靡之乐,一鼓而牛饮者三千人。"⑤桀纣之恶,历史闻名。综合来看,桀、纣均好纵饮,沉溺于酒乐之中。若撇开道德评判,桀纣豪饮,正是古代君臣私宴的最早记录。

殷人好酒以亡国,周承殷鉴,厉行禁酒。⑥西周时代,君臣除在"旅酬""无算爵"等礼中以喝醉为尚外,少见君臣间的私宴私饮,更难见纵酒狂欢的记载。但周室东迁,"礼崩乐坏",礼对人的束缚明显减弱。君臣私宴、私饮便大规模地出现。《左传·文公十七年》:"秋,周甘歜败戎于邥垂,乘其饮酒也。"⑦蛮夷不知礼乐,大敌当前,尚在饮酒。《左传·宣公十年》:"陈灵公与孔宁、仪行父饮酒于夏氏。公谓行父曰:'徵舒似女。'对曰:'亦似

---

① 《史记》卷三《殷本纪》,第105页。
② 向宗鲁:《说苑校证》,中华书局1987年版,第515页。
③ 马承源主编:《上海博物馆藏战国楚竹书(二)》,上海古籍出版社2002年版,第285页。
④ 王聘珍:《大戴礼记解诂》,中华书局1983年版,第218页。
⑤ 石光英:《新序校释》,中华书局2001年版,第789—790页。
⑥ 阮明套:《从〈酒诰〉看周代的饮酒礼——兼论殷周礼制的损益》,《古代文明》2011年第3期。
⑦ 《春秋左传正义》卷二〇,第1860页下。

君。'徵舒病之。公出,自其厩射而杀之。"①徵舒乃夏姬之子。陈灵公君臣三人共淫于夏姬,并饮酒于其家,玩笑嬉戏不辟徵舒。徵舒怒而杀灵公。灵公君臣私宴之荒淫,可比之桀纣,故同遭杀戮命运。《左传·成公十七年》晋厉公田猎时"与妇人先杀而饮酒,后使大夫杀"②,杀指猎射禽兽。妇人无权参与田猎之礼,晋厉公让妇人先射更是违礼至极。厉公欲借此使郤至出错而除之。此"饮酒",同属私宴私饮,而非正规燕飨。《左传·定公二年》:"邾庄公与夷射姑饮酒,私出。"③饮酒之时,可私出小便,似非燕飨所能容,故属私宴。《左传·哀公十四年》:"公与妇人饮酒于檀台。"④此无疑属诸侯私宴。

春秋时代的私宴私饮最能展示人的个性。《说苑·复恩》载楚庄王宴会上"绝缨"故事:

楚庄王赐群臣酒,日暮,酒酣,灯烛灭,乃有人引美人之衣者,美人援绝其冠缨,告王曰:"今者烛灭,有引妾衣者,妾援得其冠缨,持之,趣火来上,视绝缨者。"王曰:"赐人酒,使醉失礼,奈何欲显妇人之节而辱士乎?"乃命左右曰:"今日与寡人饮,不绝缨者不欢。"⑤

楚庄王宴会群臣至日暮酒酣,可知宴饮时间过长。饮酒过程中,有人借灯烛被灭时机,骚扰庄王之妾。庄王以非常聪明的办法解决了危机。通过此次宴会,庄王心胸的宽广及尊贤重才的德行展示无遗。《左传·襄公三十年》载郑国上卿伯有嗜酒的著名事迹,则是反面例证。

郑伯有嗜酒,为窟室,而夜饮酒,击钟焉。朝至,未已。朝者曰:"公焉在?"其人曰:"吾公在壑谷。"皆自朝布路而罢。既而朝,则又将子晳如楚,归而饮酒。庚子,子晳以驷氏之甲伐而焚之。伯有奔雍梁,醒而后知之。遂奔许。⑥

伯有在地下室作长夜之饮,几误朝见国君大事,带着醉意行朝礼,处理政务后,归而继续饮酒。结果有人发动政变,伯有遭到驱逐;在驱逐途中,酒才方醒,遂逃至许国。一

---

① 《春秋左传正义》卷二二,第1875页上。
② 《春秋左传正义》卷二八,第1822页中。
③ 《春秋左传正义》卷五四,第2132页下。
④ 《春秋左传正义》卷五九,第2173页中。
⑤ 向宗鲁:《说苑校证》,中华书局1987年版,第125页。
⑥ 《春秋左传正义》卷四〇,第2012页下。

个"醉鬼"形象,被《左传》描述得栩栩如生。如伯有者,并不少见。《左传·襄公二十八年》:"齐庆封好田嗜酒,与庆舍政。则以其内实迁于卢蒲嫳也。易内而饮酒。"①庆封作为执政大臣好酒忘政,并发展到交换妻妾的地步,荒淫已至极点。《新序·刺奢》"赵襄子饮酒,五日五夜不废酒""齐景公饮酒而乐,释衣冠,自鼓缶"。②前者连饮五日,后者饮酒高兴后,脱衣击缶,全无仪态可言。再如《史记·滑稽列传》载,齐威王"好为淫乐长夜之饮,沉湎不治,委政卿大夫"。③齐威王"长夜之饮"虽被淳于髡进谏而止。但淳于髡本人饮酒,较威王有过之而无不及。他自言饮酒之乐及最后之状,乃是饮酒无算、杯盘狼藉、男女杂坐,最后悟出"酒极生乱,乐极生悲"的大道理。

如果说桀纣之君,巫风弥漫,神灵充斥之际,酒池肉林,作纵欲之态,纯属个人恶德的话,西周禁酒则正是对"恶德"的反动,所谓"殷鉴不远"即如此。周室东迁,"诸侯争霸"而至"七国兼并",伴随的是"礼崩乐坏"。失去礼的约束,人性得到纾解,感官享受再次成为某些人的终极追求。魏文侯听古乐则昏昏欲睡,听郑卫之音则不知疲倦,④道出的事实正是时人面对旧礼与新知,内心无所适从,只有新的刺激才能激发兴趣。表面的感官刺激更能模糊掉"大争之世"造成对人内心的剧烈冲击。陈灵公君臣、伯有、赵襄子、庆封、齐景公、齐威王、淳于髡毫无节制地饮酒作乐,当然与其品德个性有关;但同类之人大量出现,与社会现实必然脱离不了干系。淳于髡所言"酒极生乱,乐极生悲",新发现北大秦简《酒令》载"饮不醉非江汉也,醉不归夜未半也",⑤体现的正是时代冲击下,个人内心的忧戚与哀怨,只能通过求醉得到抚平。

《礼记·曲礼》:"贤者狎而敬之,畏而爱之。"只有贤能的人,才能亲近而敬重不减,心有敬畏而爱意不少。言外之意,一般人若关系过亲密,敬畏之心减少,若敬畏之心重,则难有亲密之情。《左传》昭公二十五年,宋元公招待叔孙昭子,主宾赋诗后,"宋公使昭子右坐,语相泣也"⑥。宾主本当东西向,分庭抗礼以相对,但宋公使昭子坐在自己右边,同在阼阶而西向。杜预以为这是"改礼坐",非礼的通则。但亦从反面说明了,与君亲近者敬或减少。宋李如圭云:"宋公使昭子右坐。右坐者,居公之右,改礼坐也。不哜啐,如卿之礼。苟者,聊且粗略之意。苟敬,犹曰杀敬也。"⑦甚合礼意。

---

① 《春秋左传正义》卷三八,第 2000 页上。
② 石光英:《新序校释》,第 814—815 页。
③ 《史记》卷一二六《滑稽列传》,第 3197 页。
④ 《礼记·乐记》:"魏文侯问于子夏曰:'吾端冕而听古乐,则唯恐卧;听郑卫之音,则不知倦。敢问古乐之如彼,何也?新乐之如此,何也?'"
⑤ 李零:《北大藏秦简〈酒令〉》,《北京大学学报》(哲社版)2015 年第 2 期。
⑥ 《春秋左传正义》卷五一,第 2106 页下—2107 页上。
⑦ 李如圭:《仪礼集释》,文渊阁《四库全书》,台湾"商务印书馆"1980 年版。

君臣私宴有"去仪式化"倾向，一方面为今人了解古人日常娱乐提供了线索；另一方面令今人思考"醉而无礼"背后反映社会转型背景下时人内心的剧烈冲突。历史文献所载，几乎所有求醉狂欢者，或身死国灭族诛，或流亡国外，最后均命运悲惨；只有其中少有的幡然醒悟者如齐景公类，才能侥幸逃过。文献的编撰者，似特意借此类故事训诫时人，以实现道德教化的目的：远离狂饮纵酒，以求得身安国平，甚至是内心的协和。求醉者是否都是"不赦醉鬼"？《论语·子张》载子贡曾言，"纣之不善，不如是之甚也。是以君子恶居下流，天下之恶皆归焉"①。对春秋已降的纵酒之徒，可同作此观。

（四）燕飨权力向下的转移

值得指出的是，当一定时期内诸侯相飨的次数远远超过天子飨诸侯次数时，就可能显示天子正被逐渐剥夺行飨礼的权力。特别是晋、楚、齐等大国诸侯以主人身份，飨弱小诸侯显得更为常见时，天子之权下移至诸侯，就成为必然，而且转移的目的地就是此等大国。"天下一统"到"诸侯争霸"的社会势态，已展露无疑。

《礼记·郊特牲》："为人臣者无外交，不敢二君也。"②此言卿大夫以下者，无君命不得私自面见他国之君臣。这一点到春秋时代，已成虚文。在国内的权力斗争过程中，或借外力以自强，或出奔外国以自保，卿大夫有外交已成常态。在这种情况下，异国之卿大夫相飨，就见怪不怪。《左传·昭公元年》载："令尹享赵孟，赋《大明》之首章。赵孟赋《小宛》之二章。"③此令尹即王子围，后篡位为楚灵王者。礼毕，赵文子问叔向："令尹自以为王矣，何如？"叔向云："王弱，令尹强，其可哉！"王子围所赋《大明》首章的大意是歌颂周文王之光明烛照于下，故能赫赫盛于上。王子围明显以文王自拟，表示欲夺王位。可见楚人的观念中，礼制是以现实的政治目的为依据，甚至会赤裸裸地表露出来，毫不隐晦。作为楚晋两国之卿，王子围设筵飨赵文子，表露出来的政治野心，正是对"为人臣者无外交"礼制的突破。卿大夫在政治地图中，已占据举足轻重的地位。

春秋时代，"礼崩乐坏"的实质是礼乐权力的下移。天子最先失去了礼乐的绝对决定权，再次是诸侯、卿大夫，最后是"陪臣执国命"，下级逐渐蚕食上级的礼乐之权。周定王飨晋国士会，士会归国后讲求周礼为契机，此后王室之礼向侯国之礼转移的潮流已不可逆转。这股潮流是如此强大，不知礼仪的晋国，仅仅在30年后其大夫郤至即可公开斥责不讲礼的楚国，成为礼仪的自觉维护者。之后而楚而吴而越，均一方面是礼乐的破坏者，另一方面是礼乐的维护者。更为重要的是，由周而晋而楚，国力的强盛，与礼乐知识与精神的横向转移与传播，已透露出历史的兴衰轨迹。

---

① 《论语注疏》卷一九，第2532页下。
② 《礼记正义》卷二五，第1447页中。
③ 《春秋左传正义》卷四一，第2021页上—2021页中。

权力的下移一方面导致了表面上的"礼崩乐坏",另一方面造就了内政、外交、军事、宗教、日常生活,全面的礼乐化。换言之,对"礼"的破坏与强调,春秋时均已达到空前境地。在这样的背景下,天子飨诸侯,如《左传》庄公十八年周惠王飨虢公、晋侯,僖公二十五年、二十八年周襄王飨晋侯等,尚见其遗存,但多在春秋早期,且常被讥有非礼之举。更为常见的却是诸侯间的相飨。据周聪俊统计,仅《左传》就有19例。①在如此频繁的诸侯相飨礼中,既有符合礼制之飨,又有借飨以谋弑、谋权、炫耀的非礼行为。例如,《左传·昭公十一年》:"楚子伏甲而飨蔡侯于申,醉而执之。"②飨礼本主敬,燕礼方才以醉为度。楚君飨蔡侯,灌醉后捉拿起来,完全不合礼制。《左传·襄公二十八年》蔡侯自晋国归,经过郑国。郑伯设飨礼以招待之。但蔡侯在飨礼中,表露出"不敬"之情,子产认为蔡侯"受享而惰",在大国之前过于骄傲,必不得善终。据此可以看出,一方面春秋时代行飨而不敬现象已出现,飨的严肃性已遭到一部分人的怀疑;另一方面飨主敬仍然深入人心,故同样有人据之批评非礼者。其时之人,对"礼"的矛盾心态,可见一斑。

新发现的清华简《系年》亦记载了一起诸侯相飨事件。楚声王元年(公元前407年),晋烈公、鲁穆公与越公翳会盟于任地,以谋伐齐。伐齐过程中,齐国被迫请成,结果又导演出另一场越、齐与鲁国的会盟。《系年》载:"越公与齐侯贷、鲁侯衍盟于鲁稷门之外。越公入飨于鲁,鲁侯御,齐侯参乘以入。"③越公进入鲁国接受飨礼,鲁穆公为其驾车,齐康王只能陪乘,可见春秋末年越国势力之强盛,齐、鲁之衰弱。看来礼乐权力的转移表现在两个方面,一是横向的国与国之间的转移,从周转移至晋,再至楚而吴而越;二是纵向的转移,从天子转至诸侯,至卿大夫至陪臣。

三、《仪礼》燕飨礼中的君臣关系

鉴于春秋时代君权旁落,天下纷争,到战国时代"尊君"意识有个高涨阶段,并一直持续到秦汉皇权的建立。《仪礼》关于燕飨礼的记载,最集中于《燕礼》篇,飨礼仅散见于《仪礼》各篇中。现在就利用这些记载,对《仪礼》所见的燕飨礼仪中,君臣角色加以辨析,并利用金文及其他的传世文献,进一步加以验证。当然我们发现,《仪礼》所载燕飨虽然亦能体现出君臣宴乐,但尊君的色彩明显浓于君臣和乐。

---

① 周聪俊:《飨礼考辨》,文史哲出版社2011年版,第43页。
② 《春秋左传正义》卷四五,第2060页上。
③ 李学勤主编:《清华大学藏战国竹简(二)》,中西书局2011年版,第192页。

(一) 尊大夫而远卿

为尊君抑臣,君恒以大夫为宾,卿被排斥在宾之外。《燕礼》载:

> 小臣纳卿大夫,卿大夫皆入门右,北面,东上。士立于西方,东面,北上。祝史立于门东,北面,东上。小臣师一人在东堂下,南面。士旅食者立于门西,东上。公降立于阼阶之东南,南乡,尔卿。卿西面,北上。尔大夫,大夫皆少进。射人请宾。公曰:"命某为宾。"

郑注:"某,大夫也。"①从上述记载看,虽然戒宾时,卿亦在列,但最后命为宾者,仅为大夫。《礼记·燕义》:"不以公卿为宾,而以大夫为宾,为疑也,明嫌之义也。"郑注:"公卿尊矣,复以为宾,则尊与君大近。"孔颖达疏:"公卿,朝臣之尊;宾又敌主之义。若以公卿为宾,疑其敌君之义,为其嫌疑,故所以使大夫为宾,明其远嫌之义也。"②明儒郝敬云:"卿不为宾,嫌逼也。"③历代礼学家众说一词,表明不以卿为宾,实质是为尊君。卿的地位已高,若再升之与君相敌的宾位,则有逼君之嫌;而大夫地位较低,即使提升其地位,亦无妨君之尊。

更有甚者,君欲燕卿,亦得以大夫为宾。《燕礼·记》云:"与卿燕,则大夫为宾,与大夫燕,亦大夫为宾。"郑注:"不以所与燕者为宾者,燕为序欢心,宾主敬也。公父文伯饮南宫敬叔酒,以路堵父为客,此之谓也。君恒以大夫为宾者,大夫卑,虽尊之犹远于君。"④可见这种曲折的安排同样是为了尊君。

那么,卿在燕礼中如何安排呢?一种情况是,作为众宾参与正献后的礼仪活动。据《燕礼》记载,在主宾献酢酬毕后,"宾以旅酬于西阶上。"郑注:"旅,序也,以次序劝卿大夫饮酒。"⑤旅酬为宾、众宾与主人交错劝酒的礼仪,仪节的重要性明显低于正献。又"初燕礼成"后,"主人洗,升实散,献卿于西阶上。司宫兼卷重席,设于宾左,东上。卿升,拜受觚。主人拜送觚。卿辞重席……射人乃升卿。卿皆升,就席。若有诸公,则先卿献之,如献卿之礼。"是则卿所参与之礼,均在主宾行完正礼之后,抑卿之意是非常明显的。同理,地位高于卿的孤,亦在受抑之列。⑥

---

① 《仪礼注疏》卷一四,第1016页上。
② 《礼记正义》卷六二,第1690页中。
③ 郝敬:《仪礼节解》卷六,明九部经解本。
④ 《仪礼注疏》卷一五,第1024页下。
⑤ 《仪礼注疏》卷一四,第1018页中。
⑥ "孤"的所指,郑玄《周礼·掌次》注以为,"王之孤三人,副三公论道者",亦即《大戴礼记·保傅》所言的"三少":少保、少傅、少师,并与六卿合称作"九卿"。但是郑玄这种说法,在清代受到了王引之、孙诒让等人的驳斥,王引之认为"全经言孤者凡二十一,无言三孤者,则孤之数必非三人,未可以《保傅篇》之三少当之",并旁征博引,证明孤实指"六卿中秉国政者",因位独尊故称之为"孤"。孙诒让《周礼正义》亦持此说。参见王引之《经义述闻》卷八,江苏古籍出版社2000年版,第193页;孙诒让《周礼正义》卷一,中华书局2013年版,第17页。

另一种情况是,若燕聘宾,以聘宾之上介为宾,聘宾为苟敬,席于阼阶之西。《燕礼·记》:"若与四方之宾燕,则公迎之于大门内,揖让升。宾为苟敬,席于阼阶之西,北面。有肴,不啐肺,不啐酒。其介为宾。"①《聘礼·记》:"燕则上介为宾,宾为苟敬。"②诸侯燕国外来使者,不以正使,即聘宾为宾,而以副使即介为宾。聘宾身份为卿,介为其副使,身份为大夫。燕聘宾以介为宾,正合"君恒以大夫为宾"的原则。

至于"苟敬"的意思,宋李如圭云:"苟者,聊且粗略之意。苟敬,犹曰杀敬也。"清代王引之亦云:

> 主人于宾惟主恭敬而少欢心。今宾既辞为宾而就诸公之位,则欢心多而敬少,既不可专事恭敬,又不可全不恭敬,故谓之苟敬。……是苟敬有崇恩杀敬之义。若训为诚敬及自急敕而敬宾,则与正宾之全敬者无异,非经旨也。③

王引之认为若对聘宾为诚敬或自急敕而敬,那么与行燕礼的正宾的敬毫无差异,这与经旨不符。燕礼以序欢心为主,当敬者为正宾,那么对待聘宾只能崇恩杀敬,所谓崇恩,即是席于阼阶西,且有俎,即肴;所谓杀敬,就是不以为正宾,而是以臣的身份就诸公之位。

王引之的说法与郑注是相符合的。《燕礼》献卿时,"席于阼阶西,北面,东上,无加席",郑注:"席孤北面,为其大尊,屈之也。亦因阼阶西位近君,近君则屈,亲宠苟敬私昵之坐。"④阼阶西之位,靠近君,郑玄认为是"亲宠苟敬私昵之坐",一是为亲近孤卿,二是屈其尊位。对聘宾的敬只聊且粗略地表示一下,且屈孤卿之尊,相对地提高了君的尊,又以身份较低的上介为宾,尊君抑臣的表现非常明显⑤。

(二) 君不为主,卿不为客

同为尊君的缘故,天子以膳夫为献主,诸侯以宰夫为献主,真正的主人天子、诸侯不亲自参与献礼。《周礼·膳夫》:"王燕饮酒,则为献主。"⑥膳夫掌王的饮食之事,若王有宴饮活动,替王作献主。《仪礼·觐礼》:"飨礼乃归。"郑注:"礼,谓食、燕也。王或不亲以其礼币致之,略言飨礼,互文也。"⑦觐礼乃诸侯朝觐天子之礼,正礼完诸侯回国前,有天子的

---

① 《仪礼注疏》卷一五,第1024页中。
② 《仪礼注疏》卷二四,第1075页中。
③ 王引之:《经义述闻》,第244页。
④ 《仪礼注疏》卷一五,第1020页上。
⑤ 李志刚:《周代燕飨礼与"尊君"观念的变迁》,《国学研究》第35卷。
⑥ 《周礼注疏》卷四,第660页下。
⑦ 《仪礼注疏》卷二七,第1092页中。

设下的宴飨之礼,郑注云天子或不亲自参与,那必有献主替天子行献礼。此为天子级的礼仪;至于诸侯礼,《燕礼》所记最为详细。

《燕礼》"纳宾"仪节云:"射人纳宾,宾入,及庭,公降一等揖之。公升就席。"①射人邀请宾进入庭中时,公从堂上降一级台阶而揖之,接着升堂回到自己的席上。郑玄注:"以其将与主人为礼,不参之也。"宾与"主人"行礼,君并不参与。可见,君燕大夫,而自己不为主人。《礼记·燕义》云:

> 诸侯燕礼之义,君立阼阶之东南,南乡,尔卿大夫,皆少进,定位也。君席阼阶之上,居主位也。君独升,立席上,西面特立,莫敢适之义也。设宾主,饮酒之礼也。宰夫为献主,臣莫敢与君亢礼也。不以公卿为宾而以大夫为宾,为疑也,明嫌之义也。宾入中庭,君降一等而揖之,礼之也。②

从上揭引文可知,第一,君主不参与燕礼,仅有席在阼阶之上,居主位而不行主人之礼。第二,诸侯燕大夫,以宰夫为献主,即《燕礼》所言的"主人",代君行礼。第三,以宰夫为献主的缘由是,臣不敢与君分庭抗礼。据《周礼》,宰夫为大宰之属,身份为下大夫,③其职责是在朝觐、会同、宾客等礼仪活动中,"以牢礼之法,掌其牢礼、委积、膳献、饮食、宾赐之飧牵,与其陈数"。可见宰夫掌宾客饮食之事,诸侯用之为献主代替自己行燕礼,亦合乎情理。问题是,宰夫虽然有主人之名,行主人之事,却无主人之实。《燕礼》:"宾升自西阶。主人亦升自西阶,宾右,北面,至再拜。宾答再拜。"④主人升降阶与宾同自西阶,而非东阶,可见其无主人之实。《礼记·燕义》云:"设宾主,饮酒之礼也,使宰夫为献主,臣莫敢与君亢礼也。……故曰:燕礼者,所以明君臣之义也。"⑤再次,宾酢主人,"主人坐祭,不啐酒,不拜酒,不告旨",郑注:"辟正主也。未荐者,臣也。"宋李如圭云:"凡献则荐。宰夫代君行礼,虽受酢而不荐,至献大夫乃荐于其位。"宰夫行礼避免把自己当作真正的主人,而是以臣自居。"君恒以大夫为宾""以宰夫为献主"两现象,清晰地表明《仪礼》一书,具有强烈的尊君意识。《仪礼·燕礼》体现的这两条礼仪原则,是自西周始就有的,还是在后来的发展过程中加入的,不仅关系到本文的主旨"宾道"讨论,甚至对《仪礼》的成书年代都有一定的参考价值。

《左传》宣公十六年,晋士会调和周王室内部的矛盾后,定王设礼招待他,以原襄公为相礼者从旁协助,并设有肴烝。士会不解为何如此安排,私下向原襄公问缘故,定王听见

---

①④ 《仪礼注疏》卷一四,第 1016 页中。
② 《礼记正义》卷六二,第 1690 页中。
③ 《周礼·天官·大宰》:"大宰,卿一人;小宰,中大夫二人;宰夫,下大夫四人。"贾疏:"宰夫是大宰之考。"
⑤ 《礼记正义》卷六二,第 1690 页中—1690 页下。

后,解释道:"王享有体荐,宴有折俎。公当享,卿当宴。王室之礼也。"①《国语·周语中》对此事的记载更为详细,可参考。②古代祭祀、宴会,杀牲以置于俎上曰烝。置全牲于俎上,且不煮熟,为全烝,但仅用于祭天;置半牲于俎上,曰房烝,亦称作体荐;至于折俎,乃是节解牲体,连肉带骨置于俎上,亦称作肴烝,即此次定王宴士会所设。根据周定王的解释,王招待诸侯用享礼,设体荐;招待卿用宴礼,设折俎,有明确的礼仪规定。招待士会设折俎,所用为待卿的燕礼,说明周王室礼中虽然亦有礼的等级,但天子不另设献主,能亲自宴卿。《左传》的这则材料与《仪礼·燕礼》所记有明显的差异。定王特别强调,此为王室之礼,似可理解为,此礼仪原则是王室自西周以来的传承,以至于士会回到晋国后,讲求典礼,加以借鉴,把王室礼传播到了晋国。

值得注意的是,士会为晋国正卿,据《周礼·典命》所记命数③,大国之上卿三命,于天子只相当于上士,是否有可能定王是以上士之礼燕士会?但是,我们从《左传》,甚至《诗经》中,能发现大量的天子、诸侯燕卿的记载。

《左传》襄公四年,"穆叔如晋,报知武子之聘也。晋侯享之。"④穆叔即叔孙豹,为鲁"三桓"之一,身份为卿。襄公八年,晋范宣子来聘,鲁襄公享之。范宣子为士会之孙,为中军将,职掌国政,身份为卿。襄公十九年,季武子到晋国拜师,晋国享之。昭公六年,季武子又到晋国拜莒田,晋侯享之,且设有加笾。季武子为鲁国正卿。昭公十六年,韩起出使郑国,郑伯飨之。韩起即韩宣子,晋国"六卿"之一。同类例子,在《左传》中不胜枚举。诸侯宴飨别处出使之卿,在春秋时期,应是常见之礼。而诸侯宴饮自己的卿,亦能在《左传》中见到,哀公二十六年,季康子、孟武伯出迎自楚国归国的鲁哀公,哀公即在五梧这个地方,设宴招待季康子一行。学者论道燕礼更多属于社交礼仪与私人领域,但仍然显示出鲜明而强烈的尊君意识。⑤燕礼被认为是私人领域礼仪,属于误解;但已体现出尊君意识,确为的论。

四、"宾谏"与"不纯臣"

殷商时期燕飨礼集中在天子的周围,体现的是天子的权威与近亲大臣的高贵。时到

---

① 《春秋左传正义》卷二四,第1889页上。
② 徐元诰:《国语集解》(修订本),中华书局2002年版,第57—61页。
③ 《周礼·春官·典命》:"公之孤四命,以皮帛视小国之君;其卿三命,其大夫再命,其士一命。其宫室、车旗、衣服、礼仪各视其命之数。侯伯之卿、大夫、士亦如之。子男之卿再命,其大夫一命,其士不命。其宫室、车旗、礼仪各视其命之数。"
④ 《春秋左传正义》卷二九,第1931页下。
⑤ 雷戈:《秦汉之际的政治思想与皇权主义》,上海古籍出版社2006年版,第416页。

春秋时代"礼崩乐坏",天子失去了礼乐的绝对控制权,燕飨礼在更广泛的范围内举行,自诸侯而卿而大夫而士,臣下的权力迅猛提升。拥有"为宾"资格的人越来越多,权力在下移。针对此局面,如《仪礼》类学派逐渐兴起尊君意识,以期挽救王权于既倒,重构社会秩序。"尊君"与"重臣"在历史潮流中此消彼长,但就燕飨礼而言,主宾式的行礼方式只要没有彻底改变,君臣间的严敬就会有所缓和。特别是春秋以后直到战国,士人阶层的觉醒,积极主动参与到政治军事活动之中,以及君主争霸统一战争的人才需要,"主宾"式的礼仪关系在尊贤重才的潮流中,塑造了新式的君臣关系。

(一) 宾谏

《礼记·檀弓下》载晋国知悼子卒而未葬,晋平公即饮酒作乐,杜蒉进谏之事:

> 知悼子卒,未葬。师旷、李调侍,鼓钟。杜蒉自外来,闻钟声,曰:"安在?"曰:"在寝。"杜蒉入寝,历阶而升,酌,曰:"旷饮斯。"又酌,曰:"调饮斯。"又酌,堂上北面坐饮之。降,趋而出。平公呼而进之曰:"蒉,曩者尔心或开予,是以不与尔言。尔饮旷何也?"曰:"子卯不乐,知悼子在堂,斯其为子卯也大矣。旷也大师也,不以诏,是以饮之也。""尔饮调何也?"曰:"调也,君之亵臣也,为一饮一食,亡君之疾,是以饮之也。""尔饮何也?"曰:"蒉也,宰夫也。非刀匕是共,又敢与知防,是以饮之也。"平公曰:"寡人亦有过焉,酌而饮寡人。"杜蒉洗而扬觯。公谓侍者曰:"如我死,则必无废斯爵也。"至于今,既毕献,斯扬觯,谓之杜举。[①]

《左传·昭公九年》对此事亦有详细记载。晋平公有大臣之丧,而与群臣燕饮酒违礼,杜蒉不便直接进谏,而借献酒之机而隐讳谏之。杜蒉献酒有四。第一,酌酒而献师旷;第二,酌酒献李调;第三,酌酒北面而自饮;第四,扬爵献君。此四次酌酒,据杜蒉自己的解释,实乃罚爵。师旷奏乐司聪,君违礼而不谏,故饮酒以罚之;李调主管饮食而贪酒,不谏君非,同样罚之;第三杯,实乃杜蒉的自罚。杜蒉乃宰夫,宰夫在君行燕礼中为献主,代君行献。杜蒉认为自己同样有失职之嫌,故饮酒自罚。晋平公听了杜蒉的解释后,知道自己的过失,故请杜蒉亦罚其饮酒。此则故事有意思之处,乃是杜蒉以罚爵的方式进谏,虽隐讳,却取得了非常好的效果。我们知道,《乡射礼》《大射仪》中有饮比射不胜者之酒,亦称之为"罚爵"。射礼中,宾党与主党构成一耦而比射,双方的身份乃宾主关系,故即使君主不胜同样罚之,与杜蒉罚晋平公饮酒,有异曲同工之妙。实质上,无论是燕礼还是射礼,双方并非是以君臣关系,而是以宾主关系行礼。身份的相对平等,故而使宾或臣

[①] 《礼记正义》卷九,第 1305 页中—1305 页下。

能够借机讽谏,而君主并不以为忤。《左传·隐公元年》载颖叔考借郑庄公与之"食"而谏之,解决了庄公的心病。臣子以宾的身份进谏君主即是"宾谏"。①

同样的例子,还见于晏婴与齐侯的饮酒礼中。《说苑·反质》亦载:

> 晏子饮景公酒,日暮,公呼具火。晏子辞曰:"诗曰'侧弁之俄',言失德也;'屡舞傞傞',言失容也;'既醉以酒,既饱以德,既醉而出,并受其福',宾主之礼也;'醉而不出,是谓伐德',宾主之罪也。婴以卜其日,未卜其夜。"公曰:"善!"举酒而祭之,再拜而出。曰:"岂过我哉!吾托国于晏子也,以其家贫善寡人,不欲其淫佚也,而况与寡人谋国乎。"②

《晏子春秋·内篇谏上》《说苑·反质》尚见几条同类故事。如"景公饮酒酣,愿诸大夫无为礼,晏子谏","景公饮酒酲三日而后法,晏子谏","景公饮酒七日不纳弦章之言,晏子谏","景公饮酒不恤天灾,致能歌者,晏子谏","景公也听新乐而不朝,晏子谏","景公燕赏无功而罪有司,晏子谏",等,均发生在燕饮礼中。晏子直接以"宾主"之礼劝谏齐景公的失礼行为,而景公同样欣然接受。著名的淳于髡借饮酒讽谏齐威王,威王待之为"诸侯主客",与晏子之举如出一辙。《礼记·曲礼下》:"为人臣之礼,不显谏。"郑注:"为夺美也。显,明也。谓明言其君之恶,不几微。"③为臣之礼,要保全君主的尊严,谏君并非无限制。但在饮酒礼中,君为主,臣为宾,尊卑色彩得到一定程度的冲淡,故不必过于拘泥于君臣关系,而能够轻易谏君主之非。《左传·成公三年》载晋景公飨齐顷公礼,韩厥竟然能够在被曾在战场相见的齐顷公认出的情况下,直接登堂举爵献酒,并言"臣之不敢爱死,为两君之在此堂也",坦言自己英勇作战的目的在于两君宴会和好。在此宴会中,韩厥地位明显低于主与宾,只是主人晋侯的臣属,越位而对,并无失礼行为,可见燕飨礼仪虽重大,毕竟不如"祀与戎"庄敬严肃,可以明白讲话。

战国时代,宴饮中臣下甚至可以随时讽谏。《战国策·魏策一》载:

> 魏文侯与田子方饮酒而称乐。文侯曰:"钟声不比乎?左高。"田子方笑。文侯曰:"奚笑?"子方曰:"臣闻之,君明则乐官,不明则乐音。今君审于声,臣恐君之聋于官也。"文侯曰:"善,敬闻命。"

---

① 李志刚:《周代礼仪制度中的"宾道"观念》,《泰山学院学报》2013年第2期。
② 向宗鲁:《说苑校证》,中华书局1987年版,第5275页。
③ 《礼记正义》卷五,第1267页下。

魏文侯与田子方的关系处于师友之间。在此饮酒中,田子方借音乐劝说魏侯,恐其"聋于官",耽于享乐,荒于政事。从杜蒉的暗藏讽谏,变成了直言陈说。

宴饮颂诗,同样有讽谏功能。《左传·襄公十四年》:"史为《书》,瞽为《诗》,工颂,大夫规诲,士传言,庶人谤。"①则《诗经》所载飨燕诗言贵族失礼行为,亦应看作宾谏之举。《楚茨》毛序:"刺幽王也。政烦赋重,田莱多荒,饥馑降丧,民卒流亡,祭祀不飨,故君子思古焉。"②《頍弁》毛序:"诸公刺幽王也。暴戾无亲,不能宴乐同姓,亲睦九族,孤危将亡,故作是诗也。"③《左传·昭公十二年》载:

> 将适费,饮乡人酒。乡人或歌之曰:"我有圃,生之杞乎!从我者子乎,去我者鄙乎,倍其邻者耻乎!已乎已乎!非吾党之士乎!"④

南蒯叛乱后到费地,召集乡人饮酒。乡人借歌讽谏其叛离季氏无耻,已到"肆无忌惮"地步。

"宾谏"同样见于吊唁丧礼中。《礼记·檀弓上》载卫国贵族司寇惠子去世,于家中举行丧礼。按礼,惠子的嗣子虎应为丧主,主持丧礼,但惠子之兄文子自己做起了丧主。孔子弟子子游作为惠子好友,穿重服"麻衰,牡麻绖"去吊丧,暗地讥讽文子的非礼行为。文子不察其意,表示不敢接受重服之吊,请辞。子游答曰"礼也",表示坚持。不仅如此,"子游趋而就诸臣之位",进一步加以讥讽。文子终于察觉出子游的用意,"扶适子南面而立",子游也"趋而就客位"。吊丧者于丧主而言,即为宾。子游就诸臣之位,通过否定自己宾客的身份,间接着否定了丧主的身份,即不承认文子为丧主,从而加以讥讽。文子觉察后,立嗣子虎为丧主;子游乃就客位,亦是通过承认自己宾客的身份,间接承认嗣子虎的丧主身份。这里,从"诸臣之位"到"客位",历代注家解释纷纭,王文锦认为"他(子游)不就西面朝东的客位,而跑到门东面朝北的家臣的位置",较为可信。子游通过其行礼空间的变化,成功劝谏了文子的违礼行为。

通过饮酒礼确定参与各方的身份,以决定继嗣者,实质上是另一种形式的"宾谏"。《左传·襄公二十三年》载:

> 季武子无适子,公弥长,而爱悼子,欲立之……访于臧纥。臧纥曰:"饮我酒,吾

---

① 《春秋左传正义》卷三二,第1958页上—1958页中。
② 《毛诗正义》卷一三,第467页中。
③ 《毛诗正义》卷一四,第481页上。
④ 《春秋左传正义》卷四五,第2063页下。

为子立之。"季氏饮大夫酒,臧纥为客。既献,臧孙命北面重席,新尊洁之。召悼之,降,逆之。大夫皆起。及旅,而召公鉏,使与之齿。季孙失色。①

季武子欲废长立少,臧纥通过"饮酒"之礼,为其解决了问题。饮酒之时,季武子为主人,臧纥为上宾。主宾一献后,对悼子,臧纥设北面重席之位,重洗酒尊,亲自降阶迎之入位;对公鉏,则在旅酬之时,召之使与人齿,位列众人之中。臧纥通过对悼子和公鉏不同礼仪待遇,无形之中已经确定了他们的身份。《仪礼·乡饮酒礼》:"公三重,大夫再重。"②臧纥为悼子设重席,表明悼子身份为大夫。《乡饮酒礼》:"既旅,士不入。"③沈钦韩《春秋左氏传补注》曰:"士入当旅酬节也。旅而召公鉏,以士礼待之,明其不得嗣爵。"臧纥在旅酬时召公鉏入位,并使之与众人齿,表明公鉏身份为士。一为大夫,一为士,谁可嗣季武子之位,昭然若揭。臧纥作为季武子之宾,他不是通过言语劝说,而是通过行礼过程中,具体的礼仪安排,成功地实现了季武子废长立少的目的。通过这个例子,可以确知燕飨活动中的各项礼仪,并非是无意义的繁琐仪节,相反,这些细小的仪节,折射出行礼人身份的贵贱、地位的高低。人的身份的确定与体现,在礼仪实践中,通过向众人展示,具有社会性意义。臧纥正是通晓宴飨礼仪的此种功能,才能成功地解决了季武子的难题。

(二) 不纯臣

《公羊传·隐公元年》何休注曰:"王者据土与诸侯分职,俱南面而治,有不纯臣之义,故异姓谓之伯舅叔舅,同姓谓之伯父叔父。"④何休认为周天子分封诸侯,无论是同姓还是异姓,彼此之间都有血缘或者是姻亲关系,故以伯父叔父或者伯舅叔舅相称,自然待之以不纯臣之礼。《周礼·天官·大宰》载:"以八统诏王驭万民:一曰亲亲,二曰敬故,三曰进贤,四曰使能,五曰保庸,六曰尊贵,七曰达吏,八曰礼宾。"⑤孙诒让曰:"凡诸侯来朝会,王待以不纯臣,故谓之礼宾。"⑥《诗经·周颂·臣工》中"嗟嗟臣工,敬尔在公。王釐尔成,来咨来茹"条下,郑玄注:"诸侯来朝天子,有不纯臣之义。"孔颖达解释道:"天子之于诸侯,谓之为宾。宾者,敌主之辞,是不纯臣之义也。"⑦《通典》详细记载尧舜之子丹朱、商均,被后续君王封有疆土,以奉先祀,待之宾礼,"以客礼,不臣也"⑧。宋同于周亦为客,而非臣。

---

① 《春秋左传正义》卷三五,第 1977 页上—1977 页下。
② 《仪礼注疏》卷一〇,第 989 页下。
③ 《仪礼注疏》卷一〇,第 991 页上。
④ 《春秋公羊传注疏》卷一,第 2199 页中。
⑤ 《周礼注疏》卷二,第 646 页下。
⑥ 孙诒让:《周礼正义》卷二,中华书局 1987 年版,第 78 页。
⑦ 《毛诗正义》卷一九,第 590 页下。
⑧ 杜佑:《通典》卷七四《宾礼·三恪二王后》,第 2025 页。

客礼明显尊于臣礼,寓示平等、尊崇与不屈。①

礼乐传统中的"不纯臣"较普遍。《白虎通》有详细的总结:如天子"二王之后"、妻之父母、夷狄、祭尸、授受之师、将帅用兵、三老、五更不臣或暂时不臣,诸侯也不是天子的纯臣;始封诸侯不臣诸父兄弟。②所谓"普天之下莫非王土,率土之滨莫非王臣",无论在历史还是礼制中,均找不到事实依据。不臣或不纯臣,天子或诸侯如何待之?只能待之以宾客之礼。《白虎通·诸侯不纯臣》曰:

> 凡不臣者,异于众臣也。朝则迎之于著,覜则待之于阼阶,升阶自西阶,为庭燎,设九宾,享礼而后归。③

诸侯之于天子在不纯臣之列,故迎送之礼备至,待之以宾客,受飨而归。不纯臣或不臣者被天子或诸侯待之以宾客之道。"宾者,敌主人之称",天子诸侯以及后来的卿大夫,根据燕飨礼仪的宾主之道而所行之礼,虽未被古代礼制专家列入"不臣"或不"不纯臣"之列,但燕飨宾主关系,必然是"不纯臣"的重要内容。

臣下之所以能够在燕飨礼中,直言或暗言讽谏君上,最主要的原因即此时的行礼双方并非君臣而是宾主。地位的相对平等,给予臣下更多的自由空间。借助于此类礼制资源,一方面在上者的君主能够借助于宾主之道表达其尊贤用能的胸怀;另一方面臣下拥有相对平等的地位,进一步争取与君主分庭抗礼。

《史记》卷74《孟子荀卿列传》载:

> 是以驺子重于齐。适梁,惠王郊迎,执宾主之礼。适赵,平原君侧行撇席。如燕,昭王拥彗先驱,请列弟子之座而受业,筑碣石宫,身亲往师之。④

驺子名动天下,列国诸侯礼敬之至,齐惠王执宾主之礼迎至郊外;平原君"侧行撇席",只能"侧而行,以衣襒席为敬,不敢正坐当宾主之礼也"。

《史记》卷79《范雎蔡泽列传》载范雎受到秦国君王的礼敬:

> 昭王至,闻其与宦者争言,遂延迎,谢曰:"寡人宜以身受命久矣,会义渠之事急,

---

① 徐美莉:《中国古代的客礼》,《孔子研究》2008年第4期。
② 陈立:《白虎通疏证》卷七《王者不臣》,中华书局1994年版,第316—324页。
③ 陈立:《白虎通疏证》,第320—321页。
④ 《史记》卷七四《孟子荀卿列传》,第2345页。

寡人旦暮自请太后;今义渠之事已,寡人乃得受命。窃闵然不敏,敬执宾主之礼。"范雎辞让。是日观范雎之见者,群臣莫不洒然,变色易容者。①

《汉书》卷91《货殖传》载子贡事:

> 子赣既学于仲尼,退而仕卫,发贮鬻财曹、鲁之间。七十子之徒,赐最为饶,……子赣结驷连骑,束帛之币聘享诸侯,所至,国君无不分庭与之抗礼。②

颜师古注"分庭抗礼"即为"为宾主之礼"。同类事情自春秋已下,变得非常常见。诸侯争霸需要大量人才为之服务,而其延纳贤才的重要手段之一即待贤能之以宾主之礼。这成为诸侯们纳才重能的金字招牌。《孟子·万章下》云:"费惠公曰:'吾于子思,则师之矣;吾于颜般,则友之矣;王顺、长息,则事我者也。'"③国君对贤能之士以师友待之,持积极主动姿态。

春秋已降士阶层的觉醒与崛起,开始向君主积极争取自己独立的政治思想地位。他们对"宾主之道"推崇备至,以获得与君主相等,甚至更高的地位,在行动与思想论述中都留下了丰富的记载。为方便论述,先列陈如下:

> 孔子对曰:"君使臣以礼,臣事君以忠。"(《论语·八佾》)
> 所谓大臣者,以道事君,不可则止。(《论语·先进》)
> 臣君者,岂为其口实,社稷是养。故君为社稷死,则死之,为社稷亡,则亡之。若为己死而为己亡,非其私昵,谁敢任之?(《左传·襄公二十五年》)
> 君之视臣如手足,则臣视君如腹心;君之视臣如犬马,则臣视君如国人;君之视臣如土芥,则臣视君如寇仇。(《孟子·离娄下》)
> 以顺为正者,妾妇之道也。(《孟子·滕文公下》)
> 舜见帝。帝馆于贰室。迭为宾主。是天子友匹夫也。(《孟子·万章下》)
> 请问为人君曰,以礼分施,均偏而不偏。(《荀子·君道》)

从上述材料来看,此时的士人已不甘心只充当诸侯的臣子,而追求一种与君主"分庭抗礼"的平等地位。君臣地位的均等,在师友宾主关系内得到体现。《战国策·燕策一》载:

---

① 《史记》卷七九《范雎蔡泽列传》,第2406页。
② 《汉书》卷九一《货殖传》,第3684页。
③ 《孟子注疏》卷一〇上,第2742页下。

> 燕昭王……卑身厚币,以招贤者,欲将以报仇,……郭隗先生对曰:"帝者与师处,王者与友处,霸者与臣处,亡国与役处。"……于是昭王为隗筑宫而师之。①

郭隗以帝、王、霸之道游说燕昭王:若想行帝道,得待自己为师,行王道待自己为友,行霸道则以臣下视之,当然若待贤能如杂役,则与亡国不远了。郭隗站在一个较为主动的位置上,为燕昭王"列清单",而昭王也只能"卑身厚币"以筑黄金台,以师道待之。《史记·乐毅传》:"乐毅为魏昭王使于燕,燕王以客礼待之。毅辞让,遂委质为臣。"②燕王以宾礼表示对乐毅的尊重,乐毅则以臣礼表达忠心。臣礼与客礼存在本质区别。《资治通鉴》卷2"显王三十六年"胡三省注:"秦有客卿之官,以待诸侯来者,其位为卿,而以客礼待之。"战国时期的"宾道",完全是诸侯与士人相互需要合作的结果。《后汉书·陈元传》陈元上疏曰:"臣闻师臣者帝,宾臣者霸。故武王以太公为师,齐桓以夷吾为仲父。"李贤注:"言以臣为师,宾道也。"可见到东汉专制皇权建立已久,尚有此类观念的孑遗。宾道师之,改变了一般意义上的君臣关系。

"不纯臣"局面的形成,有深远的历史根源,即来自殷商时期"宾道"的燕飨礼仪制度中;又有现实的需要,春秋的争霸战争与战国的统一战争使诸侯不得不借重士人阶层的配合。这造成了战国时期,列国诸侯卑身厚币迎纳士人不小的高潮。正在此时,诸子百家兴起,中国文明进入了辉煌时期。后代一些杰出的思想家仍能从古代礼乐中寻找资源,发出了思想自由的幽光。王安石在《虔州学记》说:"道隆而德骏者,……虽天子北面而问焉,而与之迭为宾主。"③士人若是道德高尚之辈,则可与天子"迭为宾主"。同样是以主宾关系代替君臣关系。顾炎武《日知录》卷一《鸿渐于陆》:"古之高士,不臣天子,不友诸侯,而未尝不践其土、不食其毛也。其行高于人君,而其身则与一国之士偕焉而已。"④黄宗羲在《明夷待访录·原君》中亦体现出类似思想。

随着中央王权的强化,"不纯臣"的范围日益缩小。到了西汉时期,见诸《西汉会要》宾礼目下就只剩对于三恪二代之后以及孔子后代行宾礼的内容。随着社会结构与政治制度的演变,"三纲五常""天王圣明,臣罪当诛",则成为政治论述的主流,乾纲独断促使"宾道"更多只能体现在国际交往或天下扰乱之际⑤,或演变为嘉礼的一部分⑥,至于待朝

---

① 范祥雍:《战国策笺证》,上海古籍出版社2006年版,第1684页。
② 《史记》卷八〇《乐毅列传》,第2427页。
③ 王安石:《临川先生文集》,台北华正书局1975年版,第858—860页。
④ 顾炎武原著、黄汝成集释:《日知录集释》,上海古籍出版社,第33页。
⑤ 吴丽娱:《试论晚唐五代的客将、客司与客省》,《中国史研究》2002年第1期;朱溢:《北宋宾礼的建立及其变迁》,《学术月刊》2014年第4期;朱溢:《中古中国宾礼的构造及其演进》,《中华文史论丛》2015年第2期。
⑥ 任爽:《唐代礼制研究》,东北师范大学出版社1999年版,第91—92页。

臣如师如友如宾的情况几成绝响①。

五、结　语

　　商周时期，燕飨礼更多围绕着商周王权而举行。诸侯、臣属、戚属、使者等权力的高层人士是燕飨礼中为宾的主要的对象。礼仪运作的范围集中在王庭内的与王关系最密切的高层小圈子内，天子掌握着主动权。王室占据着礼仪舞台的核心位置。另一方面，君臣关系在燕飨礼中被主宾关系所代替，且同样频繁地发生在政治、军事、宗教等礼典之中或之后，严敬的君臣礼代之以主宾礼，王权也尚未完全定为一尊。

　　殷周鼎革，周室东迁，诸侯争霸，权力结构的破坏与重组，理性意识不断增强。作为最高待宾礼的宾飨之礼，随着社会的变迁也呈现出不同的面貌。《论语·微子》："太师挚适齐，亚饭干适楚，三饭缭适蔡，四饭缺适秦，鼓方叔入于河，播鼗武入于汉，少师阳、击磬襄入于海。"②《论语·季氏》："天下有道，则礼乐征伐自天子出；天下无道，则礼乐征伐自诸侯出。"③殷商、西周之时，行飨以天子、诸侯为中心。天子高高在上，作为主人能飨别人而不能被飨；春秋时代，天子之权首先下移至诸侯，再下移至强宗贵卿，最后至大夫与士。飨礼集中于诸侯与诸侯之间、诸侯与卿大夫之间举行；天子被冷落一旁，且开始出现受辱被飨。这些充分表明春秋时代，权力的运作已由"天子＋诸侯"转变为"诸侯＋卿大夫"与"卿大夫＋卿大夫"模式。诸侯蚕食王室之权，卿大夫蚕食诸侯之权，相递发生。行飨主动权，从天子跌落到诸侯、卿大夫，反映的是逆向的"夺权窃礼"④。与此同时，社会权力结构得到重组。理性在高涨，欲望在膨胀，统治者需要通过礼乐运作以粉饰所得之权，致使行礼虽多却无诚敬之心。这正是春秋时代飨礼最盛最繁，而飨中阴谋又最为常见的根本缘由。两者看似矛盾，却相辅相成。最终破坏超过维护，至战国时代飨礼真正走向衰落⑤。"礼崩乐坏"本质上是"礼乐权力的下移"。

---

① 《铁围山丛谈》载"国朝仪制，天子御前殿，则群臣皆立奏事，虽丞相亦然。后殿曰延和、曰迩英，二小殿乃有赐坐仪。既坐，则宣茶，又赐汤，此客礼也"，尚见部分遗存。蔡絛：《铁围山房丛谈》卷一，中华书局1983年版，第20页。
② 《论语注疏》卷一八，第2530页上。
③ 《论语注疏》卷一六，第2521页中。
④ 《左传·成公二年》引孔子语："唯器与名，不可假人，君之所司也。名以出信，信以守器以藏礼，礼以行义，义以生利，利以利民，政之大节也。若以假人，与人政也。政亡，国家从之，弗可止也已。"
⑤ 顾炎武《日知录·周末风俗》曰："春秋时犹宗周王，而七国则绝不言王矣。春秋时犹严祭祀，重聘享，而七国则无其事矣。春秋时犹论宗姓氏族，而七国则一言及之矣。春秋时犹宴会赋诗，而七国则不闻矣。春秋时犹有赴告策书，而七国则无有矣。邦无定交，士无定主，此皆变于一百三十三年之间。"参见黄汝成集释《日知录集释》（全校本），第749—750页。

春秋已降王权衰落,社会混争,"定于一"的需要逐渐显现。尊王意识的高涨,出现了此时期的各派思想流派中。西周时代,天子并不以宴飨高爵位的公卿为戒,以公卿为宾现象较为明显,但《仪礼》因公卿与君地位接近,为避嫌疑,反而故意远离公卿,而以地位稍低的大夫为宾客。再进一步自己退出"主人"的身份,让卿大夫退出"宾客"身份,分别以代理人的士行燕飨之力。可谓为了"尊君"已无所不用其极。大夫与君中间间隔有公卿存在,虽提升其地位,但仍不会逼迫到君的权威。这种尊君意识,在以后甚至发展避嫌大夫而用士为宾以行礼。这一方面说明,"为宾"之礼确实体现出平等意识,不然君王不会如此在意,另一方面显示君王逐渐远离臣子,向"称孤道寡"方向迅猛冲刺,以致要避嫌大夫。

"尊王"仍然只是春秋至战国时期的一面,"宾道"思想根基,成为"尊贤"礼乐资源。诸侯争霸与统一战争需要大量的人才,尊贤重能决定胜败。士人阶层作为一个逐渐拥有自主意识的团体登上历史舞台,积极参与政治军事活动。诸侯与士人双方的共同需要,促使士人能以宾的身份大胆进谏,奉劝君王;诸侯也以"宾主之礼"延纳贤才。

综上所述,宾主分庭抗礼,纳行礼双方于一个相对平等的模式中,相对于严敬的君臣之礼,臣下在宾主礼中获得了更多的自由与尊重。这种"宾道"的行礼模式更多地存在于专制皇权尚未诞生的先秦时代。燕飨礼仪的演变与衰落深刻地反映了君臣双方的地位。顾炎武言"春秋时犹宴会赋诗,而七国则不闻矣",虽所言绝对,但仍然以敏感的视角,透露出时代发展的消息。

[本文系山东省高校人文社科项目"商周秦汉燕飨礼研究"(J15WA12)阶段性成果。]

"体道行德"与秦帝国政治合法性的形上建构

□ 王　刚

摘　要："体道行德"作为帝国政治中的形上层面，不仅与形下层面的"功德"共同建构了帝国的合法性话语，且帝国最高统治者在这一阐释理路下以"体道""圣人"的身份拥有了掌控天下的政治合法性。在秦国向秦王朝演进及建构帝国合法性的过程中，围绕着"秦代周德"，通过谱系重构和历史改写，由"上帝"的地域化及整合到凸显"周鼎"转移与"天数"背后的五德终始，随着传统"受命"观念的抛弃，帝国意识形态中的"上帝"逐渐隐没，"五德终始"下的"体道行德"成为了核心和枢纽。

关键词："体道行德"；秦帝国；政治；合法性；形上

作者简介：王刚，历史学博士，江西师范大学历史文化与旅游学院副教授，330022

秦始皇二十八年（公元前 219 年），统一天下后的秦帝国在琅琊刻石纪功，在历数始皇帝的丰功伟绩之后作了如下的政治总结：

> 今皇帝并一海内，以为郡县，天下和平。昭明宗庙，体道行德，尊号大成。群臣相与诵皇帝功德，刻于金石，以为表经。[①]

在这段文字中，"体道行德"的意蕴及背后的历史引起了笔者的兴趣。我们认为，作为对帝国合法性的宣示，以"体道行德"为核心的相关论述体现着帝国政治的形上思考。[②]

[①]《史记》卷 6《秦始皇本纪》，中华书局 1959 年版，第 247 页。以下正文中不注明出处者，皆来自《秦始皇本纪》。
[②] 关于"体道行德"问题的研究，主要有熊铁基：《秦代的道家思潮》（秦始皇兵马俑博物馆《论丛》编委会：《秦文化论丛》第三辑，西北大学出版社 1994 年版），但它主要是关于道家思想的阐说。而刘泽华在《中国政治思想史集》第三卷（人民出版社 2008 年版，第 75 页）中，虽将认定为秦帝国政治合理性要素所在，但没有展开具体论说，此外，徐复观在《两汉思想史》第一卷（华东师范大学出版社 2001 年版，第 81 页）中有简略涉论。总的来说，对这一问题展开专题研究，尤其是从帝国合法性的理论建构上加以专门阐释的，以笔者目力所及，尚未见到，在这一研究方向上，尚有较大空间。

一、"功德"与"道德":政治合法性的形下、形上维度

习史者皆知,秦始皇在统一六国后多次巡视天下,并由此留下了大量的刻石文字。王子今认为,这些刻石具有"政治宣言的意义"①。毫无疑问,在这些"宣言"里,对于最为核心的政治合法性问题不可能不加以必要的阐释。可注意的是,在秦帝国的历次刻石里,琅琊刻石文字最长,论理最为全面具体。②那么,围绕着它进行深入研讨,就成为了题中应有之义。由本论题出发,我们发现,在琅琊刻石对帝国政治合法性所进行的阐释中,除了"体道行德"之外,还有一个重要的"功德"概念,它们在意义上互为关联。笔者以为,两者虽都是为秦的政治合法性作辩护,但"功德"所体现的主要是具体的形下思维,它需要"体道行德"这样的"形上之辩"来增添它的理论力度。下面,我们就从"功德"与"道德"的比较视角,来看看秦的政治合法性问题。

(一)"功德"与秦政治合法性的现实层面

对于秦帝国的政治合法性问题,学界有这样的意见:

> 他(秦始皇)没有从理论上为皇权的合法性提供支撑,而是仅抱着打天下者坐天下的思想将皇帝的权威与世俗功业联系在一起,以为无论是谁,只要建立了"五帝所不及"的功业,便可以称"朕"当皇帝。③

笔者以为,这种意见看到的是帝国政治中的"一面之事实",即注意到了秦政治中的世俗功利色彩,并主要落实于"功"及"功德"的范畴之内。

众所周知,战国以来秦以法家思想立国,并由此形成了一整套严密的军国体制,最终凭借着它统一天下。由此,秦制的一个重要特点就是,通过政治手段进行具体的利益分配。概言之,最高统治者管控一切军政资源,臣民们论功行赏、因过受罚,直至完成最后的军政目标。"功"成为了调整、支撑政治社会的最大杠杆。当时盛行的军功爵制,实质上就是在这一意义上加以推进和展开的一种报酬分派。谁的"功"大,谁就可以享受应有的待遇。《史记·商君列传》载:"明尊卑爵秩等级,各以差次名田宅,臣妾衣服以家次。

---

① 王子今:《秦始皇议定"帝号"与执政合法性宣传》,《人文杂志》2016年第2期。
② 严可均在《全上古三代秦汉三国六朝文》中,将此段文字与琅琊台颂秦德的文字分开,认为两者是不相同的刻石文字。但笔者以为,即使它们刻于两处,文不相贯,但由于它们都完成琅琊巡视过程之中,它们必然要被放在一起加以考量,而不是分而论之。严氏所论,可参看《全秦文》(商务印书馆1999年版)第227页。
③ 马怀良:《秦汉之际皇权合法性理论的探寻与建构》,《哲学研究》2012年第1期。

有功者显荣,无功者虽富无所芬华。"可以说,自商鞅变法以来,以"功"之大小来区分人群,日渐成为了秦政治的主色调。在这样的思维和实践下,最高统治者也不例外,他是否具有不世之功就成为了拥有以及坐稳天下的合法性所在。

所以,翻检《史记·秦始皇本纪》,可以看到秦始皇能够做皇帝就在于他的功大,什么功呢?最主要的就是平定天下。所谓"兴义兵,诛残贼,平定天下,海内为郡县,法令由一统,自上古以来未尝有,五帝所不及",这是称号皇帝、君临天下的基本理由。细绎刻石文字,还可以发现它的最后内容是:"尊号大成。群臣相与诵皇帝功德,刻于金石,以为表经。"这里面出现的"功德"概念,紧接着"尊号大成"而来。而秦始皇在谋议帝号之时,则有这样的政治表述:"名号不更,无以称成,传后世。"所谓的"称成",乃是称颂成功之义。《尔雅·释诂下》曰:"功,成也。"从一定意义上来说,倘不"成",则无"功"。也就是说,必须达成目标,才可说有"功",亦即"成功",完成度越好,"功"越大。而当时最大的"成功",毫无疑问,就是前已论及的"五帝所不及"的"海内为郡县,法令由一统"。要之,"功"表现的是军政成效,它必须有现实性和可见性。

不仅如此,由这一思维出发,在政治合法性问题上,有"功"必有"德"。所以,二世在为秦始皇歌功颂德时,是这样表述的:"以章先帝成功盛德";而秦政府的历次刻石,虽无一不是"表功",但由于"功"后有"德",刻石以"颂秦德",就往往作为关键词而反复出现。必须指出的是,这里的"德",主要不是个人品行方面的表现。奉行法家思想的秦政府虽不会拒绝以品德高尚来粉饰自己,但总的来说,他们迷信的是军政实力。《韩非子·五蠹》说:"上古竞于道德,中世逐于智谋,当今争于气力。"正反映着这种取向。田延峰也指出:"秦始皇有功从而有德,这种德与道德修养没有关系,体现的是功利色彩。"[①]具体说来,"功德"之"德",不属于道德品性的指向,而是功利主义的"施恩之德",[②]从这个角度来看,此处之"德"实为"功"的衍生物。论者所谓的"抱着打天下者坐天下的思想将皇帝的权威与世俗功业联系在一起,以为无论是谁,只要建立了'五帝所不及'的功业,便可以称'朕'当皇帝。"由此有了充分的合理性,反映出当时极为重要的政治事实,也可以说,它反映的正是秦政治中崇尚"功德"的一面。简言之,"功"不仅是"功",由"功"而"德",即所谓"功德",成为了秦乃至承秦的汉初皇帝君临天下的核心理由。[③]

(二)从"功德"到"道德"

前已论及,"功德"为秦政治中"一面之事实",但仅以此为出发点,认为秦帝国"没有从理论上为皇权的合法性提供支撑",则未免有失褊狭。事实上,没有任何一个政权会在

---

① 田延峰:《中华帝制的精神源头——秦思想的发展历程》,人民出版社 2011 年版,第 371 页。
② 李开元:《汉帝国的建立与刘邦集团》,生活·读书·新知三联书店 2000 年版,第 139 页。
③ 关于汉初的问题,可参看李开元:《汉帝国的建立与刘邦集团》,第 135—139 页。

理论上放弃合法性的阐说,只是有时清楚严密,有些较为粗糙而已。我们以为,"得天下者坐天下的思想"固然在秦政治思维中存在,但"得天下"只是一种"功业"上的事实,为现象性的一面。要解释秦的成功,除了在面上所呈现的胜利果实,更为重要的另一面是,它根植于何处?如何成长?这些是应该而且必须要面对的。如果说,通过"功德"可以构成对合法性的一种形下支撑,那么,秦帝国需要追寻进一步的原理性阐说,它虽可能抽象甚至玄妙,却是不可或缺的政治依凭。

这种依凭的理论基点,就是所谓的"形上"之思。《周易·系辞上》曰:"形而上者谓之道,形而下者谓之器。"在中国传统思想中,历来注重"道器之辨",万事要追根刨底,问其"道"在何处,秦帝国也不例外。刘泽华指出:"秦始皇继承了春秋战国新文化(相对三代而言)的最高、最核心的成果——'道'。他对自己的胜利讲过这样与那样的原因,如赖宗庙之神等,但核心是如下八个字:'体道行德'、'诛戮无道'。"①要之,"道"支撑了秦帝国合法性的形上解释,并主要以"体道行德"或"道德"理念加以承担。揆之于史,这是理论要求和历史传统共同引致的后果,具体说来:

第一,由"功德"而转向"道德",是秦政治解释系统的必然进路。

前已论及,秦政治极为重视"功德"的成立。但进一步的问题是,新王朝不管如何煊赫,创下多大的"功德",对于为什么是秦,而不是六国得天下,应给出一个必然性的解释,否则不仅会陷入理论苍白的境地,并将因理论上的贫血而影响政治机体的正常运作。

这一问题就理论视角而言,与人们探求第一性有关。亚里士多德在《形而上学》第二卷第二章指出:"这世上显然有第一原理(first principle),在作各种事因的推究时,不可能有无限的系列与类型。"②要之,在解释宇宙和社会问题时,人们内心深处总是希望拨开纷纭的具体之因,得到最后的终极答案。由此,在鼎定天下之后,就普遍的心理来说,人们不禁都要问,究竟是什么根本性的因素引致这一伟大的成功,"人力"之外的因素在哪呢?我们注意到,在改朝换代的大时代里总会产生一些豪气冲天的英雄人物,但没有哪位古代英雄可以自信到掌控天地宇宙的地步,他们能做的,只是巧用时势,将民众的英雄崇拜推高,乃至神化。秦始皇也不例外。他虽自以为"功德"盖天,但并没有张狂到自认无所不能的地步。因为毕竟是凡人,面对着自然规律,内心深处虽希冀征服一切,但更有着无奈与无力,他自称"真人",海外求仙,恶言死亡,无一不在透现着这种内在的矛盾与焦虑。而这一状况体现在政治问题上,则不得不承认,成功并非全部"人力"的后果。有学者指

---

① 刘泽华:《中国政治思想史论集》第二卷,第2页。
② Aristotle, *metaphysics*, trans. by W.D.Ross, Sioux Falls: NuVision Publications LCC, 2009;吴寿彭译:《形而上学》(商务印书馆1995年版,第33页)译为:"显然,世上必有第一原理。而事务既不能有无尽列的原因,原因也不能有无尽数的种类。"

出:"秦始皇相信冥冥之中有某种无形的超自然力量在起作用。但这种力量不是周人敬奉的'天命'。"①秦始皇是否相信"天命",是一个颇为复杂的问题,在后面会逐步展开讨论。但一个不争的事实是,他需要"功德"以上的力量来支撑他的政治,而他找到的就是——"道",一种藏于"功"之后的形上存在。

《汉书·高惠高后文功臣表》曰:"自古帝王之兴,曷尝不建辅弼之臣所与共成天功者乎!"从"功"或"功德"角度来看,始皇所建立的,就是罕有其匹的"天功"。但在秦汉时代的人看起来,"天功"的特点在于,外在成效可见,内在之"形"难窥。《荀子·天论》在论述"列星随旋,日月递炤,四时代御,阴阳大化,风雨博施。万物各得其和以生,各得其养以成"的自然状态时,就得出了这样的结论:"不见其事而见其功,夫是之谓神。皆知其所以成,莫知其无形,夫是之谓'天功'。"按照荀子的意见,"天功"给人们展现的,只有外在的功效,所谓知其然,难知其所以然。要之,"天功"所给的是外在现象,它的真面目深藏于后,故要知其所以然绝非易事。这一点移之于秦政治,出现了如下的问题:造就"天功"的内核何在?如何把控呢?

按照帝国政府所依据的法家思维,要做到这一点,就必须"体道",《韩非子·解老》为此有一段重要的论述:

> 夫能有其国、保其身者,必且体道。体道,则其智深;其智深,则其会远;其会远,众人莫能见其所极。唯夫能令人不见其事极,不见其事极者为保其身、有其国。故曰:"莫知其极。莫知其极,则可以有国。"所谓"有国之母"。母者,道也;道也者,生于所以有国之术;所以有国之术,故谓之"有国之母"。

我们注意到,韩非不仅提出了"体道"的思想,从而为秦所袭用,而且"深""远""众人莫能见其所极"云云,正与"天功"的特性相匹配。而谁可以见"深"、见"远"、见"极"呢?当然是"体道"的"有其国者"。所以,我们还注意到,在《解老》中有这样一类文字:"道有积,而德有功;德者,道之功。""失道而后失德""夫缘道理以从事者,无不能成。无不能成者,大能成天子之势尊,而小易得卿相将军之赏禄。"由韩非之论可以看到,"德"固然与"功"相配,但最终却是受到至高的"道"的管辖,要"能成",就必须遵循着"道"而行事。由前已知,所谓"成",在秦政治中与"功"或"功德"密合无间。由此意义上来看,"体道"即可通往"行德","功德"最终的走向,就是"体道行德"。我们知道,秦帝国以法家思想为指导,尤其是始皇帝倾心韩非之说,由此,由"功德"走向"体道行德",无论是逻辑还是理论准备

---

① 赵潇:《论五德终始说对秦的影响——宗教政治学的一次历史大实践》,《宗教学研究》1994年第1期。

上,都是水到渠成之事。

　　第二,秦政中的"道德"概念,不是秦人自己的一时创造,而是对东周以来政治传统的整合,是历史的产物。具体说来,"体道行德"的概念,其直接源头在战国,并伴随着非伦理型的"道德"出现,最终造就了帝国的政治话语体系。

　　习史者皆知,在秦帝国政治中,就"德"这一概念来说,主要集中于邹衍所创的"五德终始"说。但必须指出的是,"五德"在秦政治中的运用,不是纯粹的阴阳家说,而是结合了帝国固有的法家学说,从而为政策推行找到了"天意"源头。史载:"事皆决于法,刻削毋仁恩和义,然后合五德之数。"然而,考之于史,这一学说的源泉,却与法家无涉,反倒是与儒家理论密切相关,《史记·孟子荀卿列传》载:"驺(邹)衍睹有国者益淫侈,不能尚德,若《大雅》整之于身,施及黎庶矣。乃深观阴阳消息而作怪迂之变。……然要其归,必止乎仁义节俭,君臣上下六亲之施始也滥耳。"饶宗颐指出:"一方面固采邹子五德之数,一方面则去其儒家'止乎仁义'之'尚德'部分,专尚刑法,而非'德法',可谓修正之邹学。"①

　　就本论题来看,"修正之邹学"与原学说相较,关键性的不同乃在于伦理性"道德"的消解。关于这一点,可以通过《史记·范雎蔡泽列传》中的蔡泽之言加以考察,其文曰:

　　　　质仁秉义,行道施德,得志于天下,天下怀乐敬爱而尊慕之,皆愿以为君王,天下继其统,守其业,传之无穷。名实纯粹,泽流千里,世世称之而无绝,与天地终始:岂道德之符而圣人所谓吉祥善事者与?

　　细绎文本,这是一段偏于阴阳家色彩的文字。《史记·封禅书》载:"邹衍以阴阳主运显于诸侯,而燕齐海上之方士传其术。"则邹衍之说曾传于燕。据《史记·范雎蔡泽列传》,蔡泽为燕人,在秦统一之前,还曾"事始皇帝,为秦使于燕。"作为对秦政治有着重大影响力的人物,"五德之说"的具体推行与他应有着密切的关联。而由本论题出发,需加注意的是,这番话出现于昭王时代,此时秦吞并天下的心志与行迹已极为显明,蔡泽此言乃是着眼于未来一统天下的讨论。其中所论及的"行道施德,得志于天下",不仅远早于韩非"体道"之说,且"行道施德"在字义上其实就是"体道行德"的原型所在。尤为重要的是,"继其统,守其业,传之无穷。名实纯粹,泽流千里,世世称之而无绝,与天地终始"云云,与后来秦称帝及刻石中的重要表述几乎一样,帝国一些重要思想无疑就源于此。唯一的不同在于,蔡泽之论中"道"与"德"与"仁义"相配,具有伦理品行的意义,而秦后来所用的"体道行德"则切割了这一气脉。质言之,秦政在对阴阳家"道德"的伦理化意义进行

---

① 饶宗颐:《中国史学上之正统论》,上海远东出版社1996年版,第16页。

消解之后,去其儒家痕迹,而代之于法家风格,"体道行德"由此失去了伦理意义。

揆之于史,在周代政治中"道德"就是伦理概念,无所谓伦理型与非伦理型之别。那时,伦理道德不仅成为政治的核心所在,并与天命及合法性密切相关。《尚书·多士》曰:"天命靡常,惟德是辅。"王国维则在《殷周制度论》中断言:"周之制度、典礼,实皆为道德而设。"①然而,随着历史的演进,这一议题在东周以后出现了重大变化。虽有儒家坚持原有的立场,但"道"或"道德"在政治哲学中越来越失去伦理方向上的意义。张舜徽指出,"道"或"道德"之论与政治相关甚密,日益成为《汉志》中所谓的"君人南面之术","自汉以上学者,悉知'道德'二字为主术,为君道,是以凡习帝王之术者,则谓之修道德(见《史记·老庄申韩列传》);或谓之习道论(见《太史公自序》)。"②要之,战国乃至于秦,"道德"之说,不再限于伦理范围,更出现了政治上的非伦理指向。

秦接续这一传统,"道德"之论遂与伦理相隔,更靠近于哲学性阐说。众所周知,就哲学思辨性而言,"道"或"道德"在战国西汉的道家中着力较多,以至于它们被称为所谓的"道德家",并与修为、德行等划开了界限。有学者就此提出:"体道行德"这思想无疑是属于道家的,道家认为道为体,德为用,德是道的具体表现,德即是讲'功德'。"③但这一说法是值得商榷的。我们以为,"体道行德"这一理论虽与道家有所关联,但由于"道"或"道德"概念决非道家专有,是当时共同的思想知识基础,或者可称之为"公共文化资源",④在这一背景下加以分析,可以发现从大方向来看秦的"体道行德"是当时的思想风潮下的产物,它无法完全归属于道家。而从直接的思想源头来看,则在于法家与阴阳家。由前已知,韩非提出了"体道"概念,毫无疑问,他的思想根基来自道家,任继愈曾指出:"韩非子改造和发挥老子'道'的思想,作《解老》和《喻老》。"⑤但必须清楚的是,韩非终究是法家,而不是道家,不能因其援引道家理论而混淆其学派立场,正如不能因其本师是大儒荀子,而认定他为儒家一样。同样的,在"道德"问题上,秦虽借用阴阳家的思想资源,但这是被修正的阴阳家,或者说法家化的阴阳家。

要之,在秦帝国的话语系统中,"体道行德"或"道德"之论直接源头来自阴阳家,但在嫁接法家思想的同时使其偏离了以儒家为代表的传统伦理性指向,从而与道家的非伦理性"道德"之论息息相通。总的来说,"体道行德"是秦政对东周以来思想资源整合的产物,是一种历史的后果。考察统一后的秦政治话语系统,正是由于它及相关理论的进入,

---

① 王国维:《观堂集林(外二种)》,河北教育出版社2001年版,第301—302页。
② 张舜徽:《周秦道论发微》,华中师范大学出版社2005年版,第31页。
③ 熊铁基:《秦代的道家思潮》,《秦文化论丛》第三辑,第155页。
④ 关于这一点,可参看拙著:《学与政:汉代知识与政治互动关系之考察》,黑龙江人民出版社2012年版,第57页。
⑤ 任继愈主编:《中国哲学发展史(先秦)》,人民出版社1983年版,第743页。

使得仅偏于法家的"功德"之论找到了"道德"依托,在政治思想的改造中,不仅为政治合法性找到了更为宽广的历史传统和其他学派的资源,更使得形下的论说有了形上的支撑,虽然还不够精致,但毕竟为国家意志的正当性解说提供了更进一步的理论基础。

二、"体道"与"作始":"大圣"皇帝的"制天命而用之"

由前已知,"体道"虽然在昭王时代已见雏形,但由于它是服务于"得志于天下"的一种政治设计,所以,只有天下统一后,才有可能真正得以落实。而我们知道,统一之后的秦王朝在政治制度上的最大创举乃是建立了皇帝制度,由它所开创的帝制时代里,各种权力皆围绕着皇帝与皇权加以展开。从一定意义上来说,帝国的合法性,就是皇帝和皇权的合法性。由此,在秦的政治框架中,所谓"体道",必须结合皇帝、皇权问题加以考量。在这样的逻辑理路下,我们发现,帝国合法性中的所谓"体道"与对皇帝的超凡崇拜紧密相联。具体说来,最高统治者作为"大圣"皇帝,通过"体道"实现"制天命而用之",从而开创了一个前所未有的神圣时代。在与旧时代彻底划清界限的同时,新的永恒开端得以横空出世。下面,笔者从两方面来加以具体阐述。

(一)秦皇帝何以超凡?——"大圣""体道"与"制天命而用之"

众所周知,在帝制时代下,皇帝是与众不同的人。他不仅是皇帝,更是"天子",通过所谓上天之子的政治表述,传递出"君权神授"所带来的威权。由此,雷海宗认为,秦汉开始,皇帝制度的一大本质就是神化皇帝。[①]

然而,揆之于秦史,雷氏所论似乎与事实颇有出入,主要表现为,号称"功盖五帝"的始皇与帝国政府对最高统治者与鬼神的联接很是不屑。查考琅琊刻石,在阐释"体道行德"之前,有一段这样的文字:"古之五帝三王,知教不同,法度不明,假威鬼神,以欺远方,实不称名,故不久长。"解读下来,秦皇帝比"五帝三王"高明之处,恰恰在于"不假鬼神"。按照秦的意识形态,"五帝三王"因"假威鬼神"而最终"实不称名,故不久长"。反之,认定自己为始皇帝,"后世以计数,二世三世至于万世,传之无穷"的秦始皇及其集团,当然就无需"假威鬼神"了。由此,徐复观推论道:"在这几句话里,即反映出始皇并无所假借于鬼神","皇帝的地位,并非靠神权建立起来的,而是靠法家的人工的法与术建立起来的。"[②]

---

① 参见雷海宗:《皇帝制度之成立》,《清华学报》第9卷第4期,1936年。
② 徐复观:《两汉思想史》第一卷,华东师范大学出版社2001年版,第81页。

徐氏抉发出"始皇并无所假借于鬼神"的事实,可谓独具慧眼。但能否就由此直接推定"皇帝的地位,并非靠神权建立起来的,而是靠法家的人工的法与术建立起来的"呢?笔者以为,这一结论还过于简单。我们注意到,这一结论的逻辑出发点在于,只要"无所假借于鬼神",就不可能存在"神化皇帝"或者皇帝"神性"的一面,而是必然走向它的反面——"人工",落实于秦政治中,则是所谓"法家的人工的法与术"。毫无疑问,比之于前后各朝强调鬼神庇护、天降大命有所不同,秦王朝在这一问题上的确稍显另类。但在秦政治中,是否就绝对排斥了鬼神及相关问题呢?答案是否定的。翻检《史记·秦始皇本纪》,可以发现鬼神在秦始皇那里是受到重视的,甚至有着"今上祷祠备谨"的事实。以至于有学者说:"他由一个政治家,走向了崇拜神灵和天命的狂热宗教徒。"[①]问题只在于,鬼神甚至天命,已经不是高高在上的东西,秦皇帝可超越甚至把控住它们。简言之,在秦意识形态中,不是不要鬼神,而是不依赖鬼神,皇帝甚至可以与鬼神交战,具有"除""恶神"、"致""善神"的能力。从这个意义上来看,皇帝的禀性早已超越"人工",它与"鬼神"的距离不是远,而是近。如果说,这也算是神化的话,它应该算是一种内生的神化,即:皇帝无需靠外在的"鬼神"来授权,而是具有一种内生的、甚至可以驾驭"鬼神"的力量。

那么,秦的这种自信来自哪里呢?答案是"体道""圣人"。我们注意到,当秦批评"五帝三王"因"假威鬼神"而最终"实不称名,故不久长"时,实质上不过是在为秦政治的正当合法性树立了一个靶子而已。它最终要得出的结论是,与之不同的"秦",将在"鬼神"力量之外另辟蹊径。如何做到这点呢?那就是紧接而来的"体道行德"。由于"体道"为"圣人"之事,由此秦皇帝有了一个更为重要的身份——"大圣",亦即大圣人,有时也直称为"秦圣",这类称谓在秦刻石中反复出现,如"皇帝躬圣,既平天下,不懈于治";"大圣作治,建定法度,显著纲纪";"秦圣临国,始定刑名,显陈旧章",等等。它们不仅成为皇帝超凡的源泉所在,更是帝国合法性的理论内核。

秦为什么在神圣的皇帝称号之外,特别注重圣人这一称谓呢?考察中国思想史,从东周开始,一个很重要的主题就是,中国人相信,社会发展靠的不是神,而是圣人指引未来的方向。其中最重要的,就是那些所谓的"五帝三王"们。战国以来,他们日渐成为统治合法性的标杆和符号。这些圣王们虽然在传说中沾染了若干的神性,但终究是人——圣人;与神不同,圣人靠的不是自己的超自然本领,而是顺应自然,掌控规律,亦即以"道"来体察天地,赢得合法性。如战国楚简中有《唐虞之道》,就反映这一思维。

但秦的政治言说却不是这样的,"五帝三王""假威鬼神",似乎离"道"甚远,但这实质

---

① 张文立:《秦始皇帝崇神论》,《周秦文化研究》编委会:《周秦文化研究》,陕西人民出版社1998年版,第881页。

上是对"道"的话语权争夺而已,实情很是缥缈模糊。奉行高度专制主义的秦,既然已经认定自己"功盖五帝",在形上层面来说,就需独占"道"的话语权,而不可能在"道"的领域,让"五帝"与之相提并论。故而,凸显他们"假威鬼神"的一面,其本质乃是一种政治话语的建构,旨在说明"五帝三王"不足以"体道",秦才是真正的"体道"者。

尤为重要的是,这样的"体道圣人"雄踞天地间,不仅不为鬼神所压迫,甚至可驱使它们的力量。《孟子·尽心上》曰:"大而化之之谓圣,圣而不可知之之谓神。"《大戴礼记·曾子天圆》则云:"圣人为天地主,为山川主,为鬼神主,为宗庙主。"以及《周易》的"乾卦"文言:"夫大人者与天地合其德,与日月合其明,与四时合其序,与鬼神合其吉凶。先天下而天弗违,后天而奉天时。天且弗违,而况于人乎,况于鬼神?"都可反映这一认知。还可注意的是,秦政权合法性的神学或神秘证明,直接承自阴阳家的五德终始。而依照这一理论,控制或深察阴阳五德的恰恰就是"大圣"。《史记·孟荀列传》曰:"(邹衍)深观阴阳消息而作怪迂之变,《终始》《大圣》之篇十余万言。……称引天地剖判以来,五德转移,治各有宜,而符应若兹。"邹衍10余万言的理论阐说,早已亡佚,是《终始》《大圣》,还是《终始大圣》,亦未能最后确定。但可以肯定的是,它们给了秦帝国理论滋养,促使秦统治者对自己的"大圣"身份不仅信之不疑,且以其为维系自己合法性的最高要求。

在这样的背景下检视秦刻石,可以发现秦统治者在反复宣称自己为"大圣"的同时,从不自称"天子",更无一条关于"天命"的讨论。这说明在秦统治者看来,由于身处"大圣"之位,"天命"已在自己的掌握之中。琅琊刻石曰:"皆终其命,莫不得意。应时动事,是维皇帝。"皇帝是制"命"者,而非为"命"所制,这就与《荀子·天论》中提出的"制天命而用之"有了合拍之处。有学者认为,这一思想通过他的学生李斯和韩非影响了秦始皇。[①] 事实是否如此,不在本文论列范围,但必须指出的是,荀子所论是在儒家人文思想基础上所得的推论,而秦则将对"天命"的把控,最终转为了独制天下的法家理论。这正如"修正之邹学"一样,在借用和整合其他思想资源的过程中,建构和维系秦的合法性。而在上述的一系列理论建设中,其指向是十分明确的,那就是由于秦皇帝可以"制天命而用之",从此无需匍匐于鬼神之下,皇帝通过"体道"获得了超凡的能力,不仅成为独制天下的"大圣",而且是前所未有的最大圣王,在超迈"五帝三王"中获得了无可置疑的统治正当性。

(二)"皇帝作始""万物之纪":"道"在秦政治中的呈现与落实

检视琅琊刻石,我们发现在首句中有这样的说法:"维二十八年,皇帝作始。端平法度,万物之纪。"笔者以为,这一论述极为重要。作为与"体道行德,尊号大成"互为呼应的意识形态话语,在本质上,它们是帝国之"道"或"体道行德"的具体呈现与落实。倘要在

---

① 李俊芳:《秦朝最高统治者称号问题试探》,《辽宁师范大学学报》(社科版)2004年第3期。

"体道行德"的理解上不作蹈空之论,全面准确地理解它们的内涵至为关键。

我们先从"皇帝作始"开始,来展开讨论。笔者以为,它出现于首句,绝非泛泛而论,而应有着重要的历史依托。前已论及,秦皇帝有一个重要的身份,那就是:圣人,而且是大圣。所以,在秦的政治话语系统中,"皇帝作始",也就是"大圣作始"。也所以,在芝罘刻石中,我们找到了相类似的句子:"大圣作治,建定法度,显著纲纪。"这证明,"作始"与皇帝的"圣人"面紧密相联。

事实也正是如此。我们注意到,就语义而言,"作"在东周以来往往与圣人有着密切的关联。《礼记·乐记》曰:"作者之谓圣,述者之谓明。明圣者,述作之谓也。"《礼运》篇则说:"后圣有作。"而"作"之所以与圣人关系密切,有一个重要因素在于,它具有创造之义,是一种无中生有的原创。《论语·述而》载:"述而不作",朱熹《集注》曰:"述,传旧而已。作,则创始也。"以此语义为出发点可以看到,就圣人对社会的创造性贡献来说,先秦两汉典籍中常有圣人作器、作物等说法。如《吕氏春秋·审分览·君守》曰:"奚仲作车,苍颉作书,后稷作稼,皋陶作刑,昆吾作陶,夏鲧作城。"《勿躬》篇则有:"大挠作甲子,黔如作虏首,容成作历,羲和作占日,尚仪作占月,后益作占岁,胡曹作衣,夷羿作弓,祝融作市,仪狄作酒,高元作室,虞姁作舟,伯益作井,赤冀作臼,乘雅作驾,寒哀作御,王冰作服牛,史皇作图,巫彭作医,巫咸作筮。"由此,从帝国意识形态出发,可推论而出的是,皇帝既然是远超古圣王的最大圣人,当然更要有所"作",而绝不可能像孔子那样,因谦逊而自称"述而不作"。但他"作"的主要是什么呢?是制度,是前无古人的帝国制度,所谓"大圣作治",就直接指向于此。而且这一制度"自上古以来未尝有,五帝所不及。"简直就是开天辟地式的创举,自然配得上"作始"的资格了。所以,细加考察,可以发现,在秦刻石及帝国各项政策的宣示中,有一条很清楚的逻辑主线,那就是,秦皇帝作为圣人开创并带领天下进入了一个前所未有的全新时代。

由前已知,这一新时代的表征是五德终始,"作始"需与它相配套。史载,始皇得天下后——

> 推终始五德之传,以为周得火德,秦代周德,从所不胜。方今水德之始,改年始,朝贺皆自十月朔,衣服旄旌节旗皆上黑。数以六为纪,符、法冠皆六寸,而舆六尺,六尺为步,乘六马。更名河曰德水,以为水德之始。刚毅戾深,事皆决于法,刻削毋仁恩和义,然后合五德之数。

由此,深入于秦制度之中,各种形式化的符号无一不与五德终始有关,刻石也不例外,程章灿指出:"在刻石颂诗中采用以六这个数字为中心的结构模式,每篇三十六句,以此比附水德及天下三十六郡,很可能即出自齐鲁儒生的建议,这也为齐鲁儒生建议刻石颂秦德提供了一个旁证。"①由此,有学者指出:"(秦始皇)迫不及待地亲自'推终始五德之传',根据五德中水德项应有的模式,制定帝国的一套新制度。"②总之,五德终始无所不在地影响着秦政治制度,它的最后落脚点及指向在于明证秦"德"的合理与合法。简言之,秦的各种制度举措无一不是在阐发着"方今水德之始"的政治声音。它由此承载着形上的正当性,与秦的"体道"自然相通。而在这样的视角下,可以发现,"作始"也好,"作治"也罢,秦统治者既自认为"水德"开端,在政治实践中,所谓"皇帝作始"主要就体现为"水德之始",这是他们"体道"的重要载体。

但问题是,按照"五德终始"理论,"五德"有轮替,正如周德由衰而亡一样,秦也最终会走上这条道路,所谓有始必有终。然而,秦帝国在欢呼"水德之始"的时候,却好像忘了"水德"也有终点。秦始皇不仅觉得自己前无古人,建立了新的历史起点,更相信因其永恒,可传之万代。他说:"朕为始皇帝,后世以计数,二世三世至于万世,传之无穷。"

那么,接下来的问题是,水德何以能有始无终呢?这大概有两个原因,一是邹衍的五德终始说,以"土、木、金、火、水"相次转移,水德居于最后,有学者指出:"说五德循环、终而复始是汉人的发挥。盖汉以前的朝代已将五德用完,汉的'德'必须从五德循环中找。不过秦尚不知有汉,在秦始皇看来,五德转移止于水德,水是最后一轮,天之运再不会转到它德。"③二是周秦以来相信"水"能最大程度表现"道"。我们知道,"道"在当时又可称"太一",所以《文子·下德》引老子之言曰:"帝者体太一。"而郭店楚简则有《太一生水》篇,都能与之相印证。总之,占有"水德"之位,秦自认"前无古人",具有无比的优越性。进一步言之,"水德"不同于它"德"之处在于,不仅是"五德"之一,更是"道"的代表,是真正的创始。

然而,在秦政治中,"水德之始"还不足于承担"道"的全部内容。"作始"之外,还有一个"万物之纪"的问题,它直接相关的是秦法。

众所周知,秦政府以严酷的律法管制天下,要统治稳固,就需要赋予法理论上的力量,而秦法的理论归宿,就是道。《韩非子·主道》曰:"道者,万物之始,是非之纪也。是以明君守始以知万物之源,治纪以知善败之端。"徐复观提出:"明君的'守始'、'治纪',即是明君的体道。道是万物的创造者,是形而上的存在。明君的体道,即是明君超越于万物之上,而成为万物的最初和最后的决定者。"④我们原则上认同徐氏的的观点,韩非在这

---

① 程章灿:《传统、礼仪与文本——秦始皇东巡刻石的文化史意义》,《文学遗产》2014年第2期。
② 赵潇:《论五德终始说对秦的影响——宗教政治学的一次历史大实践》,《宗教学研究》1994年第1期。
③ 赵潇:《论五德终始说在秦的作用和影响》,《齐鲁学刊》1994年第2期。
④ 徐复观:《两汉思想史》第一卷,华东师范大学出版社2001年版,第81页。

里所论及的"道"不是纯理论的阐说,而更多的是一种政治上的落实。所以,徐氏看出了它与"体道"之间的关联。需进一步指出的是,韩非在论述"道"时,在"万物之始"后就是"是非之纪";在刻石中,"皇帝作始"之后则是"端平法度,万物之纪",可见两者之间是多么地密不可分。而所谓的"是非之纪"或"万物之纪",就是所谓的帝国"法度"。由此可以看出,"道"具有"作始"和成为法之最后依据的功能,或者说,就是它们的源头。而这两点落实于史实,就可以发现,秦在"以为水德之始"之后,一个重要的政治走向就是:"刚毅戾深,事皆决于法,刻削毋仁恩和义,然后合五德之数。"帝国政府居然从"水德"中看出了用"酷法"的合理性。此点与"万物之始,是非之纪"正相呼应,表明在秦政治中,水德和秦法表现着"道"的职能。或者也可以说,水德在内,秦法在外,将"道"运之于政治生活,实现了意识形态的任务。

由此我们注意到,在秦汉间的政治中,法家以至于黄老,都特别强调"道生法"的问题,黄老理念不在本文论列范围,仅就法家而言,它的这一观点对秦政治有着重大影响。有学者指出,法家对于"道"、"法"关系高度重视,不管是齐法家的"法出于道",还是晋法家的"因道全法",他们"都认识到法必须合于道,即合于规律。"①《韩非子·外储说右下》则说:"(君)正赏罚而非仁下也,……夫人主者,守法责成以立功者也。"从特定意义上来看,人主不仅要"体道",更要"守法",或者也可以说,"守法"即为"体道"。但必须高度重视的是,这一"守法"绝非是说人主要遵守法纪,而是法纪由其所定,这里所谓的"守法"是守住自己拥有的法,是"大圣作治"的表现。所以,在秦刻石中,除了"端平法度,万物之纪"外,又有"皇帝临位,作制明法""普施明法,经纬天下""秦圣临国,始定刑名"等各种表述。它们虽侧重点各异,但无一不在证明,秦最高统治者拥有对"法"的最高解释权和制定权。

这种结果的出现,无疑是"由道生法"的自然推演。按照秦的意识形态,皇帝高居于众人之上,他的意志就是"法"。但这一事实如要找到它的理论根子,则在于皇帝是圣人,圣人"体道",他的意见就是"道"的落实,而在政治实践中它又必须转而成为法度,坚决执行。邢义田曾注意到一个重要的事实,秦皇帝号称圣人,汉皇帝却不敢称圣。一个重要原因在于,秦汉人认为"能毋过者,其唯圣人。"也就是说,圣人是没有过错的。与秦不同,汉皇帝是常常要反省思过的。那么,"天子不断自责过失,自责有过的君王如何敢以无过的圣人自居呢?"②在这样的理论基础之上,秦皇帝以"道"为最后依凭,以"法"为治理手段,认为自己永远正确,宰割天下,为所欲为,为高度的专制集权找到了合理合法的理论

---

① 杨玲:《中和与绝对的抗衡:先秦法家思想比较研究》,中国社会科学出版社2007年版,第131页。
② 邢义田:《秦汉皇帝与"圣人"》,氏著:《天下一家:皇帝、官僚与社会》,中华书局2011年版,第60页。

基础。所以,在《史记·李斯列传》中,当提出秦皇帝"独制于天下而无所制也"的主张时,我们发现,他的根据主要来自:"夫贤主者,必且能全道而行督责之术者也。"高度专制集权,最后居然是"全道"的需要。

总之,"道"虽看起来虚空,但在讲求功利和实际的秦帝国,①又拥有具体化的特点。主要表现在,以"水德"和"法"为承载物,既在帝国认同上体现出前所未有与传之无穷的特性,又在具体的秩序维护中使得严苛的法令被赋予了"道"的威权。而在这之上,秦皇帝因其"圣人"品质,通过"体道"而把控"天命",为皇权宰割天下,独断专行,找到了至高的理由。

三、"秦代周德"与"昭明宗庙":从"受命"到"行德"

由前已知,秦帝国在合法性问题的论证上强调"秦代周德","以为周得火德",而自己则是替换它的"水德之始。"由此在"体道行德"这一理论系统中,所"行"之"德",主要不是伦理道德,而是"五德"中的"水德"。此外,按照阴阳家的说法,"德"的属性应该是流转不居的,它的常态是移行传递,即所谓"五德转移"。

毫无疑问,作为一种理论阐释,"行""水德"所折射的,本质上是秦得天下及统治天下的政治事实。但由于秦帝国的建立非一朝一夕之功,遂使得这一理论有着较长的准备和演进期。我们注意到,觊觎周室,取而代之,是秦国长期以来的政治追求。历代国君念兹在兹的就是"以秦代周",只是到始皇时代终于完成了这一伟业。从这一意义上来看,秦帝业的建立就不能完全归功于始皇君臣,而必须从列祖列宗们算起,所以,秦始皇在得天下后,不敢完全归功于己,而是特别提出:"赖宗庙,天下初定。"以始皇的性格及自负,这绝非是谦辞,而是铁一般的事实。也所以,贾谊才会在《新书·过秦论》中提出"奋六世余烈"的著名论断。由此,查考琅邪刻石,就可以发现,在"体道行德"之前,特别提到了"昭明宗庙"。它说明在秦政治系统中,有着一个重要的理论事实与认知:秦之"行德",与祖先"宗庙"紧密关联。循此理路,又可注意,秦始皇在论定水德之始时,很是强调渊源有自,将合法性追至祖宗之上。而且这一祖先还不是直接奠定帝业的"余烈""六世",而是秦国的重要开创者——秦文公。《史记·封禅书》载:"今秦变周,水德之时。昔秦文公出猎,获黑龙,此其水德之瑞。"总之,在秦帝国合法性的形上建构中,"秦代周德"为"行德"

---

① 林剑鸣在《从秦人价值观看秦文化的特点》(《历史研究》1987年第3期,第73页)中说:"正是因秦人功利主义的价值观,所以鼓励耕战的政策在这里很易见效,因为它与秦人的文化传统相适应。"

中最核心的一环,而这一环节在理论追溯中,伴随着秦立国的历史,反映着周、秦关系的变化。揆之于史,在"昭明宗庙"的背后,不仅有着"五德终始"得以成立的历史依托,更关键的问题在于,在由秦国向秦王朝演进及建构帝国合法性的过程中,"天命论"有了明显的变化,出现了由"受命"意识向"行德"概念的转化。下面具体论之。

(一) 不一样的秦文公:谱系建构与合法性内涵的变化

由前已知,秦文公"获黑龙",是帝国建构"水德之始"的历史起点。然而,这样一个重要的事件,真实性却颇为可疑。细绎文字,太史公在书写这段历史时,似乎颇有些"春秋笔法"。理由在于,此段文字乃是引述方士之言,文中对其真实性未置可否,但就在《封禅书》中,述及秦文公之事时,司马迁是这样说的:"秦文公东猎汧渭之间,卜居之而吉。文公梦黄蛇自天下属地,其口止于鄜衍。文公问史敦,敦曰:'此上帝之征,君其祠之。'于是作鄜畤,用三牲郊祭白帝焉。"我们注意到,这段文字中所出现的"符应"不是黑龙,而是黄蛇,而且文公时代极为重要的"上帝"或"白帝"的信息也在后来被一一隐去。在同一文本中出现明显抵牾而不加辨析,以司马迁的史才,我们相信,这应该不是疏失,而是故意为之。也就是说,司马迁不相信文公获黑龙,而将其篡改的痕迹呈现于纸面,让读者自己去体会。

但我们的问题是,始皇时代为什么要进行这样的改动呢?答案是,为了适应帝国"天命"及相关信仰的变化而作出的重大调整,因现实的需要,作了历史谱系的新建构。

查考历史,一般来说,古代世界的最高统治者在论证合法性问题时,都会将最后的因素归之于天,或者说"天命",而掌控着"天命"的,当然是天上的神。人间之王在获得神的授权的同时,大多相信这个宇宙中有一个至高神——上帝在管束着一切。于是,天、上帝、天命成为了密不可分的结合体,支撑着政权的合法性诉求。由此,我们注意到,三代以来,统治者得天下的最大理由就在于得"天命"。西周时代虽有"人文精神之跃动","在制度上作了飞跃性的革新,并把他所继承的殷人的宗教,给予本质的转化。"①《诗经·大雅·文王》亦云:"天命靡常",但这些人文因素终究没有最后冲破宗教神学的框架,政治合法性的最终决定权还是交给了掌控"天命"的"帝"或"上帝"。然而,当历史转入东周之后,当年那个掌控"天命"的至高神"帝"在信仰世界中却逐渐被抛弃,代上帝而起,居于意识最高层的,乃是"天"之后的"天道"。

质言之,随着时代演进,"天"的特性发生了革命性的变化。当年"天"与"帝"合二为一,但现在掌控"天"的主宰力量不再是那个具有人格品质的上帝,而是超越一切之上的"道"。《道德经》第四章在论述"道"时,曾有这样的表述:"万物之宗……吾不知其谁之

---

① 徐复观:《中国人性论史》(先秦篇),上海三联书店2001年版,第21页、第21—22页。

子,象帝之先。"刘立夫说,这一阐释方式,"把天由'主宰之天'降格为'自然之天',第一次把上帝由最高的神灵降格为道的'儿子',从而确立道的'母体'地位。"①刘泽华则指出:"春秋战国的思想观念较之以前有一巨变,这一巨变的集中点表现在从崇'天'(上帝)向崇'道'的转变。'天'是神性(也包含一部分理性)的最高体现;'道'是理性(也含有一部分神性)的最高范畴。"②要之,自春秋以来,上帝的至高无上性逐渐被"道"取代,表现在政治生活中,合法性逐渐由依赖上帝掌控的"天命",过渡到人自主地对"天道"进行把握,从这一意义上来看,虽不好说"道"一定优先于"天命",但"天命"必须要向"道"靠拢,而不是与上帝合二为一。这一理论成为了最终的趋势,传统"天命论"动摇了。

在这一趋势之下,我们注意到秦帝国对传统"天命论"的态度是较为激进的。最典型的表现就是,其对"假威鬼神"的"五帝三王"采取蔑视的态度,认为自己"不假鬼神"才是正确的道路。反映于刻石文字,则在鼓吹"体道行德""大圣作始"的同时,对"上帝""天命"等字眼不采一语,甚至连"天子"这样的称谓都没有出现。我们认为,刻石文字是宣示帝国意识形态的最核心材料,这一现象说明秦帝国已抛弃了传统的天命观。由此,造成的直接后果就是,在秦国时代与帝国时代的信仰世界中,最高控制者有了明显的变化。田静、史党社提出:"秦始皇行封禅,祭的就是天。帝与天的观念,代表着秦人至上神发展的两个不同历史时期,帝是统一前东周时期的秦人的至上神,天则是统一后秦人的至上神,二者是一个概念的两种阶段形式。"③笔者认为,两位学者对"两种阶段形式"的论定极为确当,但这种变化是否是"一个概念"下的形式分化,则需要加以更为细致的辨析。在我们看来,帝国时代的"天信仰",与此前侯国及王国时代的"上帝信仰"在神性表达上很有些不一样。概言之,上帝作为最高的神,将"天命"赋予人主;而"天"则是由自然性的"天道"所把控,君王通过"体道行德",可达到与"天"、与"道"合一,而无须祈求神灵的赏赐。所以,我们在前面反复论证的是,秦帝国认为自己可以"制天命而用之",已不相信有一个上帝控制的"天命"在起作用,秦皇帝通过"体道行德"就可以超越甚至把控住"天命"。这一点落实于政治实践中,则是通过对五德终始的改造与运用来替换上帝所把控的"天命"。简言之,在解释合法性甚至最高"天意"时,不再有上帝和鬼神的位置,而是"道"与"德",及展示这一理念的"五德终始"。

关于五德终始问题,在学界已多有讨论。虽仍有各种不同的具体意见,但一般都公认,在统一前后,最早将"五德终始"规划于政治之中的并不是秦始皇,而是吕不韦。饶宗

---

① 刘立夫:《〈老子〉道论的形上学诠释》,《中国哲学史》2004年第3期。
② 刘泽华:《秦始皇神圣至上的皇帝观念:先秦诸子政治文化的集成》,《天津社会科学》1994年第6期。
③ 田静、史党社:《论秦人对天或上帝的崇拜》,《中国史研究》1996年第3期。

颐指出:"《吕览》乃用邹说。"①翻检文本,在《吕氏春秋·有始览·应同》中,吕氏学派承袭邹衍之说,将土、木、金、火、水,与从黄帝到周的帝王相对应,建构了一个五德转移的历史叙事。而"五德"如何具体展现呢?答案是"符应"。例如周为"火德",就表现出"火赤乌衔丹书集于周社"的"祥符",所谓"凡帝王者之将兴也,天必先见祥乎下民。"这样,按照"代火者必将水,天且先见水气胜"的观念,"秦代周德"也应该有相应的"祥符"出现。于是,这就为秦文公"获黑龙"开辟了理论道路。

这样,在秦的信仰世界中就有了两个不一样的秦文公。一个是以得"天命"自任,信仰上帝的秦文公;一个是"制天命而用之"背景下的"水德"代表。这种变化,深刻地反映了在数百年来的合法性建构中秦从"受命"到"行德"的演进轨迹。质言之,不一样的秦文公,来自不一样的合法性与对天意的解释。

(二) 传统天命论的变化与衰微:"以秦代周"下的白帝问题

由东周至秦统一,是一个大变动的时代。但历史的复杂性在于,"变"是历史的面相,"变"后面更有"不变"的历史驱动力。就本论题来看,秦政治中最大的"不变",就是"以秦代周"。揆之于史,无论是强调"天命"还是"行德",最终目的都是取代周王室。从这一意义上来看,论证秦政权的合法性,一个关键点在于阐释它取代周的合理与合法。其中,"受命"与"行德",成为两个发展阶段的不同表现形式。

"受命"主要发生在秦国时代,立国之初已展开了这一历程。当西周覆灭,历史进入东周时,它的出现,实质上是周王室"受命于天"的信仰被动摇之后,诸侯僭越的产物。《史记·六国年表》载:

> 太史公读《秦记》,至犬戎败幽王,周东徙洛邑,秦襄公始封为诸侯,作西畤用事上帝,僭端见矣。《礼》曰:"天子祭天地,诸侯祭其域内名山大川。"今秦杂戎翟之俗,先暴戾,后仁义,位在藩臣而胪于郊祀,君子惧焉。

查考秦史,襄公是文公的父亲,秦的第一代国君。《史记·秦本纪》载:"襄公以兵送周平王,平王封襄公为诸侯,赐之岐以西之地。"由上引材料可以看出,秦一立国,就有取代周王室的野心,其表现就是用天子独享的祭礼去祭拜上帝,希望上帝的"天命"由周至秦。由于当时还是沿袭着西周以来所流行的"天命"论,所以我们看到的模式是,"上帝"控制"天命",国君通过上帝授权获得"天命",从而成为新的"接班人"。

然而,秦在对传统"天命论"的沿袭中,一些耐人寻味的改变正在悄然发生。其中最

---

① 饶宗颐:《中国史学上之正统论》,上海远东出版社1996年版,第18页。

重要的就是上帝的地域化,及与之相伴随的五色、五位相配等问题,具体到秦政治,就是"白帝"问题,这些成为了日后替换传统"天命"论、接受"五德终始"的潜在因素。

什么叫上帝的地域化?简言之,就是原先整体为一的上帝分裂为东、西、南、北、中五方之帝。值得一提的是,由于东周以来五方与五色相配日渐成为潮流,①于是有了东方青帝、西方白帝、南方赤帝、北方黑帝、中部黄帝的说法。它们也可以称之为上帝,至少在秦,他们就是上帝。我们注意到,秦襄公的故事在《史记·封禅书》中,是这样表述的:"周东徙洛邑,秦襄公攻戎救周,始列为诸侯。秦襄公既侯,居西垂,自以为主少皞之神,作西畤,祠白帝,其牲用骝驹黄牛羝羊各一云。"《六国年表》中的"上帝",在此成为了"白帝"。此外,细绎秦文公梦黄蛇的故事,也可以发现,在所谓的"上帝之征,君其祠之"后,产生了"用三牲郊祭白帝"的结果。"上帝"与"白帝"之间可语词互换,它说明"白帝"就是上帝。当然,有"白帝",就会有其他的"色帝",所以,秦的早期国都雍地,后来又有了"青帝""黄帝"和"炎帝",五色帝中,除"黑帝"外,与"白帝"一起配成了所谓的"四色帝"。《史记·秦本纪》载,昭襄王五十四年,"王郊见上帝于雍。"这里面的"上帝"应该就是雍地中的各"色帝"。这是文献中所见秦最高统治者最后一次郊祭上帝,此时已临近战国晚期,不久吕不韦进入秦政治舞台,随后有了始皇的横空出世。此后,在论证秦合法性问题时,没有了上帝的位置,"不假鬼神"的"五德终始"成为了主旋律。

限于论题和篇幅,关于秦信仰和祭祀系统中的上帝嬗变问题在此不作具体展开。仅就论题所及,特别提出,由于秦处西方,五行属金,在崇尚"水德"之前,西方"白帝"在秦政治信仰上有着异乎寻常的意义。除了襄、文两代"作西畤,祠白帝"外,《史记·封禅书》亦载:"栎阳金雨,秦献公自以为得金瑞,故作畦畤栎阳而祀白帝。"毫无疑问,秦对白帝的祭祀,是对自己西方身份的一种呼应。需要注意的是,《礼记·曲礼下》载:"天子祭天地,祭四方,祭山川,祭五祀,岁遍;诸侯方祀,祭山川,祭五祀,岁遍。"按照这一说法,秦祭祀自己所在的西方之帝,似乎也算不得僭越。为此,清儒秦蕙田提出,秦祭白帝是"诸侯方祀"的表现,杨英接续秦说:"因为白帝对应西方,而秦起自西方。秦祀白帝跟《礼记·祭法》'诸侯方祀'正好对应。"②但问题是,如果是这样,太史公所谓的"君子惧焉"岂不是多此一举吗?笔者以为,秦之僭越实为不争的事实。因为秦当时所用的是"郊祀"之礼为天子所独享,诸侯本是没有份的。至于祭祀"白帝",不过是在掩人耳目之下打的一个擦边球,它一方面是对自己西方身份的呼应;另一方面,是"上帝为天下裂"的一种反映。

我们看到,在西周政治中,"帝"或"上帝"是充满神性的唯一至高神,那时还不存在着

---

① 如《墨子·贵义》曰:"青龙位于东方""赤龙位于南方""白龙位于西方""黑龙位于北方"。
② 杨英:《汉初祀畤考》,《世界宗教研究》2003年第2期。

所谓分裂问题。就正统性来说,存在唯一的至高神,反映的其实就是天下归一的政治事实。但当历史进入东周之后,分裂的事实不仅体现在具体的军政层面,也渗入了意识形态。日本学者平势隆郎指出,在春秋战国以来,随着周天子的衰微,各国都在争取自己的正统地位,反映在各国的史籍记载中,有所谓的"复数的正统",它们与周、汉"唯一的正统"很不一样。①也就是说,各国在承认分裂事实的前提下,日渐各行其是,各神其神,东、西、南、北、中"五帝"各管一方,整体变成了各方,"上帝"也就变成复数的了。《庄子·天下》曰:"道术将为天下裂",秦之"西帝"反映的,则是"上帝为天下裂"了。从一定意义上来说,当"白帝"取代唯一的"上帝"进行"郊祀"大礼之时,在思想深处所反映的绝不是简单的中央与地方关系问题。白帝作为一方之帝,居然可以在西方拥有当年上帝所独有的权项,在排除和否定唯一"上帝"的同时,实质上就是对周政权领导地位的区域性否决。

总之,秦自立国以来,以西方为根基,不仅在军政方面扩充实力,更在意识形态上以"白帝"自居。统一整体的单个上帝,在"复数化"之后,分裂为区域性的"色帝","上帝为天下裂"所折射的,实质上是天下日渐分裂的政治现实。而秦从诸侯国开始,不仅是这一趋势的主要推动力量,更在"以秦代周"的政治追求中,因这种意识形态的微妙变化,使得传统天命论逐渐走向崩解,为政治合法性中的"受命"转入"行德"打下了历史基础。

(三) 周鼎与"天数":"秦代周德"的历史叙述

前已论及,在"以秦代周"的历史进程中,秦一度将"白帝"作为意识形态资源,以呼应自己的西方霸主地位。然而,秦又从来不是一个甘居西方,只做一方霸主的国家。前已言及,历代国君念念不忘的就是"秦代周德",由此出发,两大问题值得我们关注,一是周鼎与五行问题;二是"天数"问题。在帝国时代,它们被有意识地与秦历史整合在一起,既突出了五德之"符应"的"真实性",更反映出秦得天下的渊源有自。在历史为现实服务的基础上,通过"昭明宗庙"使得古今衔接。各种相关的现实行为,在成为传统延续和历史必然的支点上由此获得了理论力量。

习文史者皆知,周鼎是周王室权力的象征。在春秋时代还有着楚王"问鼎"的故事。虽当时被周王室以"天命未改"驳回,②但随着时间的推移,问鼎者越来越多,鼎之迁徙已是早晚之事。我们注意到,由于鼎属金的特点,随着五行思想的深入,问鼎得天下与获得金德日渐联系了起来,并被秦所利用。《汉书·五行志中之上》载:

> 《史记》周威烈王二十三年,九鼎震。是岁晋三卿韩、魏、赵篡晋君而分其地,威

---

① [日]平势隆郎:《中国古代正统的系谱》,日本中国史学会编:《中国の历史世界——统合のシステムと多元的发展》,东京都立大学出版会2002年版。
② 《左传》宣公元年载:"周德虽衰,天命未改,鼎之轻重,未可问也。"

烈王命以为诸侯。天子不恤同姓,而爵其贼臣,天下不附矣。后三世,周致德祚于秦。其后秦遂灭周,而取九鼎。九鼎之震,木沴金,失众甚。

师古注曰:"金震,木动之也。是时周室衰微,刑重而虐,号令不从,以乱金气。鼎者,宗庙之宝器也。宗庙将废,宝鼎将迁,故震动也。"鼎之震动与获取,居然与金德的得失扯上了关系。毋庸说,这是地道的政治附会和后见之明。而且,所谓秦得周鼎也是一种模糊的事实,甚至可能也是附会。因为据《史记·秦始皇本纪》,天下统一后,始皇曾劳师动众地在泗水捞鼎。总之,这些事实有着各种矛盾与抵牾,但它却明白无误地反映了一个重要的思想走向,那就是,获取金德喻示"代周"。由此,我们就进一步明白了白帝对于秦的意义。简言之,秦利用自己居于西方的有利条件,以金德自居,实质上隐含着"代周"的野心和问鼎的意图。

但问题是,周是天下之主,要代周,可以起于西方,却不能局限于西方。当年周由西而东、而南,并营造天下之中的雒邑,从而构成了对天下的控制。同样居于西方的秦欲代周而起,自然要仿效这一进程。再进一步言之,周鼎之震,固然"预示"着西方之秦将获得当年周的地位,但周之所以为周,发迹于西方只是起点,最终向东、向南获得天下,才是终点和目标。是故,"代周"必以天下为图,起于西方,但更要走出西方。所以,可注意的是,秦不仅有白帝,此后还有青帝、黄帝与炎帝之祭,它们都建于雍地,与秦逐渐吞并天下的野心和进程相合拍。而它们的直接起点,可聚焦到秦德公都雍之时。《史记·封禅书》载:"秦德公既立,卜居雍,'后子孙饮马于河',遂都雍。雍之诸祠自此兴。"细绎这段文字,"后子孙饮马于河",反映的实质上就是不甘居西,意欲东向,取代周王室的意图。

当然,这里面有一个重大疑问,那就是为什么没有北方"黑帝"之祭呢?以笔者的揣测,这大概与此后进军方向的次序有关。由于北方处在秦军事进攻的最后阶段,当接近统一之时,恰恰是秦抛弃上帝信仰之时。比较而言,"四帝"的祭祀是沿袭先祖的传统,而"黑帝"的缺失,恰与秦崇"水德""不假鬼神"相契合,此时在国家祭典层面,应该已完全放弃了天帝信仰,四帝承自祖先,不好完全废止,但不设黑帝,则表明了当局的政治和信仰态度。总之,当秦人以"金德""西帝"来改造"上帝"信仰时,传统"天命论"已被埋下了阴阳五行的种子,它们与"周鼎"的喻示相结合,在"后子孙饮马于河"的政治梦想中一步步实现"秦代周德"的愿景规划。无论是四帝的设置还是不设黑帝,说起来,应该都是这种趋势的产物,是秦政治梦想之下的果实。

但是,在建构帝国意识形态的过程中实现这种梦想的依凭何在呢?在抛弃了"上帝"的预定安排之后,战国以来的阴阳家们找到了一条可替换"天命"的指标——"天数",并为秦政所采纳。诚如有研究者所指出的,"阴阳家不信天命而尚'天数'。"并以沿用邹学

的《吕氏春秋》为例,进一步提出:

> 《吕氏春秋》反对天命论,《应同》篇说:"祸福之所自来,众人以为命,安知其所。"言祸福之来各有其故,而众人昧然不知,以为有命,此正纠驳天命之说。但吕氏多次谈到天数,如《应同》言"数备",即指天数具备。又如《序意》说"行(其)数,循其理,平其私。"数指事物发展的趋势或规律,天命是人力无能为力的,但天数则是人力可以抓住的。秦始皇深得其中旨趣。①

我们基本同意这一观点,但需要进一步说明的是,所谓"数指事物发展的趋势或规律"并不是一个虚空的理论阐说,而必须量化为某个具体的数字指标。在这一系统内,在某个时间点(数)上,必然会发生历史的大转化。它之所以有这么大的威力,不在于至高神定下了某种规则,而是天地阴阳大化的结果,它是自然的必然,神或者人都无法阻挡,必须服从。当然,神或人也可以通过对"天数"的了解,在顺应中采取必要的行动,但没有任何力量可以对其作出取消或改变,连"上帝"也不可以。也正是因为这一特性,"上帝"再也不是无所不能的,它不能取消"天数",自己反倒因它的扩张而遭到排挤甚至是取消,由此,听命于上帝的"天命"连带遇到了危机。

必须指出的是,这样的一种理论不是战国阴阳家的发明与专利,只不过阴阳家们利用和整合它成为较严密的理论体系而已。查考现有文献,至少西周以来,上帝或神力之外,"数"或者"纪"与国之兴衰就有了密切的联系。《国语·周语上》曰:"今周德若二代之季矣,……若国亡不过十年,数之纪也。夫天之所弃,不过其纪。"《国语·晋语四》引《瞽史之纪》曰:"唐叔之世,将如商数。"

这些神秘的数字,主宰着未来的方向,其中最为重要的是"五百年而必有王者兴"。在传世文献中,它最早见于《孟子·公孙丑下》,其文为:"彼一时,此一时也。五百年必有王者兴,其间必有名世者。由周而来,七百有余岁矣。以其数则过矣;以其时考之,则可矣。"由此,庞朴进一步认为:"思孟学派提出了'时'、'数'的观念。"②是否如此,不在本文论列范围,但我们注意到,当孟子提出"五百年而必有王者兴"的时候,时间已到了七百年,是过"五百"大限的。然而,他相信虽"数"已过,但依旧处在那一"时代"范畴之内。看起来,五百年不是孟子自己生造出来的数字,否则他何必五百、七百不统一,自找麻烦呢。但有孟子之例,可见当时五百年之数影响之大。尤为重要的是,五百年之数的针对面乃

---

① 赵潇:《论五德终始说对秦的影响——宗教政治学的一次历史大实践》,《宗教学研究》1994年第1期。
② 庞朴:《先秦五行说之嬗变》,《庞朴文集》第一卷,山东大学出版社2005年版,第263页。

是周,也就是说,五百年后的王者就是接续周的最高统治者。在"秦代周德"的政治背景下,当然不会对这一"天数"视而不见,故而我们注意到,《史记·封禅书》中载有周太史儋见秦献公的一段话:"秦始与周合,合而离,五百岁当复合。"它与"栎阳雨金,秦献公自以为得金瑞"的记载连为一体。证明这是秦颇为在意的一个"天数",赵潇说:"史儋这一离合说与孟子的五百年必有圣人出说以及邹子的终始说极近似,都将人类社会与天数结合起来,史儋可谓为秦始皇接受五德终始说作了铺垫。"①而倘将这一层意思与秦文公"获黑龙"结合起来,我们发现,它距离始皇时代恰好是500年左右。从一定意义上来看,与其说是秦文公为后世提供了资源,莫若说是秦帝国为符合"天数",而找到和改造了秦文公故事。不仅如此,此后,始皇"改正朔""数用六",以及讲求"河神授图",几乎都与"天数"有着密切关联。

总之,在帝国意识形态中,所谓的"行德"主要表现在"五德终始"系统中如何实现"秦代周德"。这一解说可追溯到秦立国之初,并经历了历史的演进,而为了达成现实目标,在帝国意识形态话语中进行了谱系的改造,从尊崇"白帝"到讲求周鼎与"天数",从而完成了传统天命论向"行德"的转化。在"昭明宗庙"的过程中,现实政权获得了历史的支撑。

四、结论与思考

本文以秦帝国琅邪刻石中的"体道行德"为切入口,对这一意识形态的形上思考及所涉及的政治合法性问题进行了历史考察。

"体道行德"作为帝国政治中的形上层面,不仅与形下层面的"功德"共同建构了帝国的合法性话语,它本身也是"功德"的最后归宿及依托。由"功德"而"道德",既是秦政治解释系统的必然进路,也是对东周以来政治传统的整合,是历史的产物。在这一阐释理路下,帝国最高统治者以"体道""圣人"的身份既拥有了掌控天下的政治合法性,更开创了一个前所未有的神圣时代。在这一永恒开端中,皇帝通过实现"制天命而用之",以"水德"和"法"为承载物,既在帝国认同上体现出前所未有与传之无穷的特性,又在具体的秩序维护中,使得严苛的法令被赋予了"道"的威权。由此,在秦国向秦王朝的演进及建构帝国合法性的过程中,围绕着"秦代周德",通过谱系重构和历史改写,由"上帝"的地域化及整合,到凸显"周鼎"转移与"天数"背后的五德终始,随着传统"受命"观念的抛弃,在帝

---

① 赵潇:《论五德终始说在秦的作用和影响》,《齐鲁学刊》1994年第2期。

国意识形态中,"上帝"逐渐隐没,"五德终始"下的"体道行德"成为了核心和枢纽。

长期以来,在古史研究中,秦帝国的军政及制度问题一直受到学界的高度关注,但一般来说,多为具体、有形的研究,对于秦意识形态的形上层面,关注度还稍显薄弱。本文的研究,意在对这一方向有所推进。但与此同时,笔者并不满足于仅就秦而论秦。出于课题研究方向的限制及论证的需要,毫无疑问,本文主要是一篇"以小见大"之作,是聚焦于某一专题之上的讨论。但就问题意识而言,如果着眼于东周至秦汉的社会大转型来看待本论题,需提请注意的是,秦对"体道行德"的重视,与抛弃"上帝"甚至"天命"思想同步,这与其他时段"天赋君权"的主基调相较,似乎很有些异类。然而,这又恰恰是历史发展的必然结果。秦帝国在强调自己以"圣人"身份"制天命而用之",强调"五德"和"天数"的过程中,体现的是东周以来人文张扬、神本隐退的事实。但在这一向前踏步的进程中,颇有些理性有余,信仰不足的问题。我们注意到,汉以来,因秦的插入,虽"上帝"或"天"再也没有西周以前那样的威权,但它们却有着一定程度的神性回归,并慢慢整合到了"阴阳五行"与"天数"的范畴之内。最典型的表现就是,至高无上的"上帝"虽在隐没,但"君权神授""奉天承运"的信念却从此确立,"天人感应"和"阴阳谶纬"成为主旋律,为此后独具特色的政治及神学解释打下了新的基础。从特定意义上来说,汉的调整,实质上是在秦大踏步之后的小步后撤,秦成为了衔接先秦与秦汉社会政治合法性形上思考的必经桥梁。

宋元时期上海地区的节令风俗变迁

□陈 磊

摘 要：节令风俗是农业社会中人们对天象、气候、耕作、生活及其彼此关系的综合认知，也是传统环境下天人关系的表达。节令风俗也有一个与时变化的过程，从最初的兼有畏惧避凶和欢庆祈福的习俗朝着更加世俗化的方向发展，宋元时期上海地区的风俗正是这一过程的典型例证。

关键词：华亭县；上海地区；节令

作者简介：陈磊，历史学博士，历史学博士后，上海社会科学院历史所副研究员，200235

糅合了二十四节气、节日、农时各种因素的节令风俗是了解古代社会的重要途径，不仅是社会生活的表现形式，也是农业社会中人们对天象、气候、耕作、生活及其彼此关系的综合认知，是传统环境下天人关系的表达。自然节令风俗也有一个与时变化的过程，从最初的兼有畏惧避凶和欢庆祈福的习俗朝着更加世俗化的方向发展，唐天宝后上海地区的风俗正是这一过程的典型例证。本文研究的时间段大致从天宝十载（公元751年），割昆山县南境、嘉兴县东境和海盐县北境设华亭县到元世祖至元二十八年（1291年）设立上海县之间的时间段为限，主要集中在宋元时期。地域以唐后期五代两宋和元初的华亭县为主，也兼及嘉定地区。传统社会的时间基本以农历年为单位周而复始，节令和纪念庆祝活动也标记了每一年清晰的时间节点，节令风俗也反映出其时的人们对于时间的认知。

一、元 旦

元旦作为岁首，在节令中自然非常重要。唐代沿袭前朝的风俗，发展出两种具有明显差异的庆祝方式。首先，元旦要服用屠苏酒，进五辛盘。按孙思邈《备急千金要方》的记载，屠苏酒要用大黄、白术、橘梗、蜀椒、桂心、乌头、菝葜、防风等盛于袋中，提前悬垂于井里,元旦当天取出,置酒中煎沸饮用。唐宋人以之辟疫气,预防温病和伤寒。人们饮用时要遵循自少至长的顺序,还要捧杯祝念:"一人饮之,一家无疾;一家饮之,一里无病。"① 喝完还要将渣滓悬挂门上,三天后还置井中。更早些还有椒花酒、柏叶酒,功效也大致类似,到此时渐渐被屠苏酒所取代。

五辛盘晋代就颇盛行,所谓五辛,即大蒜、小蒜、韭菜、芸薹和胡荽。孙思邈提出,五辛可以避疫气,"食之令人开五脏"②。唐末韩鄂的《四时纂要》里提到,当天要服用"赤小豆二七粒,面东以齑汁下,即一年不疾病。阖家悉令服之。又岁旦投麻子二七粒、小豆二七粒于井中,辟瘟。"③ 或者元旦当天在大门口焚烧避瘟丹,以及在庭院中放爆竹等。

宋人也在除夕或者元旦引用这种屠苏酒,当作一年一次的大事。范成大诗"荆钗劝酒仍祝愿,但愿尊前且强健。君看今岁旧交亲,大有人无此杯分。老翁饮罢笑捻须,明朝重来醉屠苏。"这种历史悠久的药酒既祈祝健康长寿,也是阖家欢聚的象征。宋以后,早期那种小心戒惧的气氛已经不再存在,元旦的屠苏酒充满了欢快的气氛,人们借酒助兴,民俗意义逐渐取代了最初的祭祀意义。

另一方面,《荆楚岁时记》记载,南方元旦要吃胶牙饧,即传统麦芽制成的饴糖。唐代则无论南北都流行这一风俗,比如白居易屡屡提及的新年仪式:

> 岁盏后推蓝尾酒,春盘先劝胶牙饧。④
> 三杯蓝尾酒,一碟胶牙饧。⑤

可见蓝尾酒和胶牙饧都是送岁迎新不可缺少的食物。宋代吴地则发展出了更加丰富的内容,上海地区一带的风俗基本和吴地全同,华亭建县以前,当地风俗自然很少记载,唐后期直到明代,无论华亭一带是属于苏州或者两浙,节庆习俗都和吴地大致相当。⑥ 自然也有一些自己的特点。宋代当地"岁首即会于佛寺,谓岁忏。士女填咽,殆无行路。亲友

---

①② 《岁时广记》卷五,丛书集成初编本,商务印书馆1939年版,第53页。
③ 缪启愉:《四时纂要校释》,农业出版社1981年版,第10—11页。
④ 白居易:《岁日家宴戏示弟侄等,兼呈张侍御二十八丈、殷判官二十三兄》,《全唐诗》卷四四七,中华书局1999年版,第5026页。
⑤ 白居易:《七年元日对酒五首·之三》,《全唐诗》卷四五四,第5133页。
⑥ 华亭县在宋初隶秀州,即原来唐代苏州的嘉兴县,《太平寰宇记》记载其风俗、人物、土产一同苏州。见《太平寰宇记》卷之九十五,中华书局2007年版,第1914页。到了明代,仍是"四时节物,略与吴门同。"见聂豹:《正德华亭县志》卷三,《上海府县旧志丛书·松江县卷》,上册,第113页。

有经岁不相面者,多于此时相见,或庆或吊,纷然。议姻亲,觇婿妇,亦多决于此时。"①元代以后则"岁首邻里交贺,骑服华焕,杂迅街市,三四日乃已。"②嘉定宋代属平江府,立县后在元明代时也同样于元旦清晨"谒祠堂、贺尊长毕,姻邻朋旧往来交贺。家无贵贱,门垂(帘)箔,三日乃已。"③宋元以后,元旦的庆祝和亲友往来道贺成为主要风俗。

很明显,宋以前的元旦风俗更多表现为辟邪、避疫、驱鬼、祭祀,元旦的活动主要集中在对瘟疫疾病的恐惧上,宋以后则增加了更多的祈福、会亲以及民俗活动,世俗化的色彩浓厚。

二、立 春

农耕社会自然重视立春节气,很早各地就有鞭春牛祈望丰收的习俗。东晋以来就有立春日食用春饼、生菜的习俗,称为春盘。④唐代无论南北都颇为盛行,生菜以萝卜、芹芽为主,号称"芦菔白玉缕,生菜青丝盘"。上海地区也同样如此,这一风气一直沿袭至明清,《正德华亭县志》仍旧有立春日观土牛,吃春饼,以生菜做春盘的记载。

春盘的习俗和元旦的五辛盘有相似处,大约和古人的养生观念有关。

三、人 日

《北史·魏收传》魏收引晋董勋问答礼俗的说法:正月一日为鸡,二日为狗,三日为羊,四日为猪,五日为牛,六日为马,七日为人。《荆楚岁时记》记载此日要"以七种菜为羹,翦彩为人,或镂金箔为人,以贴屏风,亦戴之以头鬓,亦造华胜以相遗。登高赋诗。"⑤宋代仍重视这个节日,明代以后渐渐不大被提及,上海地区一带流行正月的七、八、九三天到龙华寺拜佛。

---

① 范成大:《吴郡志》卷二,江苏古籍出版社1999年版,第14页。
② 聂豹:《正德华亭县志》卷三,《上海府县旧志丛书·松江县卷》,上册,第112—113页。
③ 陈渊:《练川图记》卷上,第15页。
④ 《岁时广记》卷八,丛书集成初编本,商务印书馆1939年版,第83页。
⑤ 《荆楚岁时记》卷一,第15页。

四、上　元

正月十五日张灯源自西汉宫廷，隋唐以后渐渐成为民间的重要节日。同时也是新年庆典的终结。宋代的灯节比前朝更盛，南宋吴郡"上元影灯巧丽，它郡莫及。有万眼罗及琉璃球者，尤妙天下。以糖团、春茧为节食。爆糯谷于釜中，名孛娄，亦曰米花。每人自爆，以卜一岁之休咎。"①范成大有首诗描述灯节，②吴地腊月即开始，街市的灯以连枝竹扎成月洞门，多达数十重。有各种形状的灯，比如取动物造型的犬灯、鹿灯，模拟植物的莲花灯、栀子灯、葡萄灯，描写史册故事的大方灯、圆形的大小球灯以及骑马灯等等，他最为叹赏的是万眼灯和琉璃球灯，功夫细密，为他郡所不及。元明以后重视灯节的习惯也并没有改变，各种灯制作更为精美，甚至还有烟火。

人们食用各种粉团和宝糖馉以庆贺佳节。当地女子将鹅毛剪成雪花形状，和大白蛾花一起佩戴以迎春。较有特色的风俗是把锅烧热，然后将糯米投入其中，以爆开的声音和形状来占卜自己新的一年的运气。这一风俗似乎广为流传，称为孛娄或米花。上海地区一直保留着这一风俗，明代的《正德华亭县志》称为卜流花，改在十三日进行，握一秫谷投焦釜，以爆开的形状是否好看来定一年的吉凶。

这些节令食物和爆孛娄的习惯一直延续到近代以后，始终没有太大的变化。

五、寒食与清明

寒食在汉唐时期是颇为重要的节日，宋代上海地区的人在这一天拜扫坟墓，在墓边插竹悬纸钱，称为标墓。清明则折柳枝插在屋檐，同时踏青。元代女子在这一天有秋千戏，颇有特色，到明代以后渐渐消失。如果寒食当天没能扫墓的，会在清明补上。或者像嘉定一样，寒食祭扫新葬者的坟墓，清明则祭祖墓。当地大多水乡，坐船扫墓很常见，而且此时已是江南春日，气候宜人，宋代华亭人也多用红幕青盖的六柱船载箫鼓出游。很多诗文中都描写了扫墓的船上载着踏青带来的野花。这一时期，寒食的重要渐渐为清明所替代，两个节日也在明代以后合二为一，成为兼具了慎终追远的祭祀和踏青游玩意味的重要的节令。宋人也经常在寒食或者清明的时候举行竞渡。

---

① 范成大：《吴郡志》，卷二，第14页。
② 范成大：《范石湖集》卷二十三，中华书局1958年版，第325—326页。

六、四月八日

上海地区受佛教影响深远,宋时已经很重视浴佛节,几乎是家家户户都要参与的节日。元、明时期也基本沿袭,还有迎华光会。不过这一风气在嘉定似乎不如华亭盛行。

七、重五节

也称端阳,宋代上海一带的人们彼此赠送角黍、水团、彩索、艾花、画扇,这些物品中角黍、水团是节令食物,其余的都是具有祈福辟邪意味的用品。宋代还有重五当天"军校褶柳于教"的习惯。据《东京梦华录》记载,是插柳枝于地,"数骑以划子箭或弓或弩,振策驰而射之,谓之褶柳枝"[1]。这一风气影响各地,上海地区直到明代仍然保有此风。元代以后,上海地区在端阳节的正午时分贴门符,将艾草插于门上,人们在手臂上系百索,吃角黍,饮雄黄菖蒲酒。嘉定人除了上述风俗外,小儿还用彩绒制作小符,和艾一起簪于头上。[2]

八、立夏和夏至

宋代似乎还不太重视立夏,元以后,嘉定在立夏日有求邻家麦做成饭,认为吃了可以不疰夏的风气。

夏至则不同,由于江南在这个时候天气渐热,上海地区夏至日要制作角黍祭祀,同时以束粽之草系在手足上祈祝,称为"健粽",认为这样可以令人健壮。另外,还制作小袋子盛放李核并随身佩戴,认为可以"疗饐",也就是防止食物腐败。宋诗中咏夏至,"李核垂腰祝饐,粽丝系臂扶羸"[3]。元代以后,除了制作角黍,也用新麦、特牲在正寝祭祀祖先,并在本月启醮以求避疫。从各种记载看,似乎嘉定重视立夏而华亭重视夏至,不过习俗中最根本的内容都是如何应对即将到来的夏季,保佑健康,祈祷可以安然度夏。嘉定似乎还有六月六日吃馄饨的习惯,应该也和夏天初起时祈望饮食平安有关。

---

[1] 聂豹:《正德华亭县志》卷三,《上海府县旧志丛书·松江县卷》,上册,第112—113页。
[2] 陈渊:《练川图记》卷上,第15页。
[3] 《范石湖集》,《夏至二首》。

九、七　　夕

唐宋时期上海地区和吴地的七夕一样,都有乞巧会,和唐代更注重女子向上天乞巧有所不同,宋人的乞巧会是儿女辈都要参与的,称为"小儿节",似乎是宋代的儿童节。元代以后,上海地区的七夕乞巧会更以菱藕等时令食品陈列于庭中,男女罗拜月下。

十、中　元　节

七月十五日,唐宋时称为鬼节,元代以后称盂兰盆会,祭祀祖先,在僧舍设素斋,追荐亡魂。这一风俗不止华亭、嘉定,是各地都有的节日风俗。

十一、中秋和八月节

中秋在唐代似乎并不很盛行,宋人沿袭,节庆活动并不多见,北宋华亭朱之纯有《三山亭》诗咏中秋夜,"坐看双鹤落云间",注解说当地每到中秋夜就有仙鹤出现。可见中秋还是有的,不过活动较少,不过是登楼赏月观鹤而已。嘉定也比较接近。直到明中期,华亭和嘉定等地的中秋仍然很低调。

不过八月依然有其他意义。华亭在八月要祭祀先农,大家凑钱成会,称青苗社或者谢天会。嘉定则在八月初一,取露水和墨,点在小孩子的额间,祈求驱除百病,称为"天灸"。

十二、重　　九

重阳节自汉唐以来就有很多节令风俗,诸如登高怀远、插茱萸等。宋代上海地区在这一天赏菊花、茱萸,由于当地习惯在九月初新酒上市,所以重九日也要试新酒,食用栗子、粽子和花糕。花糕也称重阳糕,就是《武林旧事》中提到的菊糕,用黏高粱米和糖、肉一起杂揉成糕,上面镶嵌肉丝鸭饼,以石榴子点缀,并且插上彩旗。[①]同样也要先将花糕祭

---

① 《武林旧事》,第50页。

祀祖先,之后才能一边赏花,一边饮酒吃糕。嘉定风俗也大致相同。

十三、十月初一

宋代华亭嘉定一带在这一天要再次祭扫祖先墓地,宋代这一天还是开炉日,无论天气冷暖,都要开炉烧炭。这似乎是沿袭北宋开封的旧俗,表示迎接冬日。元代以后,开炉的实际意义渐渐淡去,这一天上海地区要以面裹菠菜制成饼,进献祠堂。这样,最初作为分隔秋冬之际的十月朔日开炉就转变成为祭祖扫墓以及更具有象征意义的开炉制饼了。这种变化也许和上海一带在十月初仍然处于比较温暖的气候有关。嘉定则更为简单,只要扫墓祭祖就可以了。

十四、冬　　至

吴地和传统农业社会很多地方一样,重视冬至的程度甚至超过了新年。范成大的记载说冬至吴人要"力春一岁粮,藏之土瓦瓮中,经岁不蛀坏,谓之冬春米。"①元明时期,上海一带还要准备花糕、猪羊祭祀祖先,甚至生意人会罢市三天互相庆贺,"吹鼓喧阗,号豁蟋,更互结宴,名分冬酒。"②由于重冬至而轻新年,民间俗谚有"肥冬瘦年"的说法。嘉定也大致相当,冬至庆贺一如新年,互相馈送糕果食物,彼此宴请道贺,和元旦一样要门垂帘箔。

十五、腊月十六日

妇女祭厕姑,男子不得参与。"酒果召厕姑卜事,略如扶箕之状"。③只是华亭嘉定一带明代以后改到正月十日左右或者元宵夜半。祭祀厕姑,卜问吉凶。这一风俗在吴地一直延续到20世纪40年代,今天在浙江有的地区还保留着问箕姑的习惯。

---

① 范成大《吴郡志》卷二,第14页。
② 聂豹:《正德华亭县志》卷三,《上海府县旧志丛书·松江县卷》,上册,第113页。
③ 陈渊:《练川图记》卷上,第15页。

十六、腊　　日

原本是非常重要的祭日。汉代在农历十二月举行腊祭,选择冬至后第三个戌日用捕获的野兽祭祀。其后魏用辰日,晋用丑日,唐代开元礼定为辰日,宋代则仍用戌日。这一天唐代君主会赐口脂、面药给臣下,民间也逐渐流行互赠面油。同时这一天也是传统祭灶和扫除的日子。但是随着腊祭的日趋式微,来源于佛教的腊月初八沐浴习俗慢慢地流传开来。宋代开封的僧人在初八煮七宝五味粥分发,进而影响了开封俗家也跟随煮杂料粥。入元以后腊祭基本消失,有佛教背景的腊八和腊八粥取代了腊日,而其中关于祭灶神和扫除的部分则归到了腊月二十四日。从南宋《吴郡志》看,腊八粥似乎还没有在吴地取得重要地位。直到明正德年间,腊八粥也并未在新修志书中被提及,直到清代才有详细记述,如果从这个角度来讲,腊八在上海或者吴地的盛行,应该是比较晚近的现象。

《四民月令》记载,十月着手酿冬酒以供应腊日祭祀。风气所趋,影响到明代以后苏州、上海一带酿冬酒的习俗。

十七、腊月二十四日

祭灶日,女子不得参与。《荆楚岁时记》记载了阴子方腊日祭灶,因此阴氏一家世蒙其福,为世人竞相效仿,先是荆楚地区,后来渐渐流行到各地。腊日祭灶就此成为习俗。范成大有《祭灶词行》几乎就是对这一风俗的白描:

> 古传腊月二十四,灶君朝天欲言事。云车风马小留连,家有杯盘丰典祀。猪头烂热双鱼鲜,豆沙甘松粉饵团。男儿酌献女儿避,酹酒烧钱灶君喜。婢子斗争君莫闻,猫犬角秽君莫嗔;送君醉饱登天门,杓长杓短勿复云,乞取利市归来分。

对后世影响很大,不过明人特别提到,苏州祭灶要在二十七日,而华亭县则在二十四日晚间。可见华亭和吴地也有差别。由于传说中灶神是玉皇大帝派到人间监察善恶的,掌握着一家的祸福。而这一天灶神要上天向玉皇大帝禀报。如果言人过失,这一家就会受到惩罚。因此供奉灶神需要用粉团、糖饼等甜软的食物,取糖粘牙的意思。同时也是扫除灰尘的时机,后人称为"除残"①,嘉定人称为"打尘"。

十八、腊月二十五日

吃口数粥。宋代吴地流行吃赤豆粥,据说可以辟瘟。必须全家同食,长幼都要准备,包括婢仆甚至家里养的猫狗都有,如果有家人外出,也要专门留出他的一份,因此称为"口数粥"。南宋范成大有专咏此事的诗:

家家腊月二十五,浙米如珠和豆煮。大构镣铛分口数,疫鬼闻香走无处。镂姜屑桂浇蔗糖,滑甘无比胜黄粱。全家团圆罢晚饭,在远行人亦留份。褓中孩子强教尝,余波遍沾获与臧。新元协气调玉烛,天行已过来万福。物无疵疠年谷熟,长向腊中分豆粥(《口数粥行》)

周密的《武林旧事》中也有类似记述,称为糖豆粥,可见是吴地以及浙江一带广为流传的风俗。一直到明中期,仍然风气不替,还以粥馈赠遇到丧事的亲戚。②嘉定在这一天也要吃赤豆饭以避瘟。

同时,这一天还有傩。上海一带的乞丐会"鬼神傩于街市"。③晚间人们会"爆竹及傩田间燃高炬,名照田蚕。"④照田蚕在华亭一带很受重视,按照《田家五行》的记载,火的颜色和程度可以占卜来年,白主水,红主旱,火焰猛烈主丰收,衰弱主歉收。元代以后,照田蚕也改到除夕举行。

范成大曾指出其他地区都在除夕放爆竹,只有吴中会在二十五日夜间燃放。和爆竹一起出现的还有在家门口烧火盆,其中堆满了薪柴,称为"相暖热"。乡间会用竹枝秃帚点燃火炬,绑在长竹竿的顶端将田地照亮,这也是一种傩,目的是为了祈求来年丝谷丰收。

十九、除　　夕

除夕的一个重要风俗是作傩以驱除疫鬼。宋代仍沿袭此风,另外也在当夜祭祀祖

---

① ② 聂豹:《正德华亭县志》卷三,第113页。
③ 聂豹:《正德华亭县志》卷三,第112—113页。
④ 范成大:《吴郡志》卷二,第14页。

先,祭完之后放爆竹,焚烧苍术及辟瘟丹。之后全家聚集在一起饮酒,称为分岁。如南宋《分岁词》:

> 礼成废彻夜未艾,饮福之余即分岁。地炉火软苍术香,钉盘果饵如蜂房。就中脆饧专节物,四座齿颊锵冰霜。小儿但喜新年至,头角长成添意气。老翁把杯心茫然,增年翻是减吾年。荆钗劝酒仍祝愿,但愿尊前且强健。……老翁饮罢笑撚须,明朝重来醉屠苏。

诗中提到的"钉盘果饵""脆饧"正是除夕的当令食品——食物有胶牙饧、守岁盘。到中夜时分,举家祭瘟神,更换门神和桃符,祈求来年的健康平安。按照《荆楚岁时记》的记载,最初南方的门神大多为传说中的神荼、郁垒,唐玄宗以后开始转变为能够捉鬼的钟馗,唐后期也出现了在门上画虎头等仪式,都是用来避鬼避疫的。

等到天色将明,"则持杖击灰积,有祝词,谓之打灰堆。盖彭蠡庙中如愿故事,吴中独传此。"①如愿故事出自梁朝《荆楚岁时记》,带有神话色彩,是关于商人区明自得到婢女如愿后,凡有所请都能如愿终于大富的故事。后来如愿钻入粪扫中消失。其后南北都颇盛行新年前后敲打粪堆祈愿。到了南宋,范成大说只有吴地还保留这一风俗,人们以此祈求财富,如他的《打灰堆词》:

> 除夜将阑晓星烂,粪扫堆头打如愿;杖敲灰起飞扑篱,不嫌灰涴新节衣。老媪当前再三祝,只要我家长富足:轻舟作商重船归,大牸引犊鸡哺儿;野茧可缲麦两岐,短褐换著长衫衣。当年婢子挽不住,有耳犹能闻我语;但如我愿不汝呼,一任汝归彭蠡湖。

这是吴地特有的风俗,华亭县在习俗方面大多和吴地相同,因此上述节令的记述大致和上海地区的风俗相去不远。明代以后,打灰堆的习俗渐渐消失。

另外,由于腊八粥逐渐取代了腊月二十五的口数粥,原本在二十五日举行的烧火盆、照田蚕等活动也都改到除夕,"田蚕照罢围炉坐,儿女同酬守岁杯。"②和宋元时期有了明显的区别,爆竹也从二十五改到了除夕,夜分还增加了祭祀祖先和家神、参拜祠堂等节令活动,一直持续到天明,一家大小共同饮用屠苏酒之后出门访友贺岁,才算是过完除夕,

---

① 范成大:《吴郡志》卷二,第113页。
② 吕克孝:《田家月令》。

进入新正。

　　嘉定在除夕当夜要先祭灶,焚烧苍术和辟瘟丹,更换门神、桃符以及新的春贴,夜里燃烧火盆、放爆竹,似乎当地没有像华亭一样比较复杂的作傩,只是"画灰于道,象弓矢以射祟"。①这种仪式虽然简单,也同样是出于祛邪祟的目的。同时这一天要全家聚饮,称为守岁酒。

二十、结　　语

　　综合上述,华亭嘉定的节令风俗,可以看出正月和腊月的节日特别多而且重要,这自然符合农耕社会的特点,年尾年头是相对比较空闲的时间,可以说古代的节令风俗几乎是完全符合农时安排的,在这一点上,很难看出古代社会的城乡差别。其中与农耕直接相关的也有很多,比如立春鞭春牛、八月的祭祀先农以及腊月的照田蚕等。

　　当然,腊月的每一个节日以及元旦,主要内容都集中于祭祀、避瘟疫、祛邪祟、祈福等内容,在宋元人心目中有着特别重要的地位。其余如重五、夏至、八月节也都不同程度地有驱邪祈福的作用。

　　另一方面,很多节日由继承前朝而来,在流传过程中也逐渐增添了新的意义,或者开始发生一些变化,比如早期比较重要的寒食节开始和清明有合二为一的倾向,如照田蚕、卜流花、祭厕姑等活动的时间开始有了更符合人们生活的改变,如十月初一的开炉日渐渐失去了实际意义,等等。这是古代节令风俗中饶有趣味的转变,其背后是社会的变迁。

　　自然,毋庸讳言,上海地区在宋元时期并没有太多自身的特色,节令风俗大多处于吴地文化的笼罩影响之下。但在这一地区内部,华亭和嘉定之间也开始出现一些各自的特点和庆祝方式的差异,其实这也从一个侧面表现出上海地区在当时的迅速发展。

　　总的说来,唐代以前,华亭一带的除夕和元旦祭神、避疫的色彩浓厚,无论是饮食还是节令活动,大多以祛病辟邪为主;宋元以后,华亭一带人们的新年活动开始更多关注世俗生活,庆典和欢乐的成分日益加重。这也是古代上海地区的节令风俗中非常值得关注的变化。另一个值得注意的问题是,随着节令风俗的发展和更新,渐渐形成了一整套节令饮食,并且在这一时期已经看出其中明显的地域色彩,类似春饼、五辛盘、角黍、花糕、冬酒等都对后世产生了深远的影响。

---

①　陈渊:《练川图记》卷上,第15页。

明代保甲法的成效与弊端探析

□薛理禹

摘　要：明代保甲法对打击盗匪、维护治安乃至防灾救灾方面均具有一定功效,但在其立法、执法及守法各环节也存在诸多弊端,在基层的实施效果往往因官吏的敷衍营私、保甲头目选任不当和民众的消极抵制而深受影响,有名无实,甚至沦为扰民恶法。

关键词：立法；执法；守法；法律实施；社会阶层

作者简介：薛理禹,历史学博士,上海师范大学人文与传播学院副教授,200234

保甲法是明清时期实施于基层的重要法律制度,对于户口管理和治安维护意义重大。中国保甲制的施行,甚至给当时来华的西方人留下深刻的印象。1793年,英国派出以马戛尔尼勋爵为首的使团出访中国,随团画师威廉·亚历山大在其绘制画作《更夫》的说明中写道:"由每十户人家组成'保甲',以对良好的行为或九个邻居负责,这种制度是很罕见的。"随团秘书斯当东亦对保甲制有记述:"北京人口虽有三百万人之多,但秩序良好,犯法事件很少。同英国古代十家联保制度差不多,在北京每十家中有一家必须对其余九家的行为负责,实际上也就是九家归一家管。城内打更守夜制度严格执行,人们住在里面享受安全,但也受一点限制。"[①]保甲制滥觞于上古,成名于宋代,发展完善于明代,而在清代成为全国统一推行的制度。本文笔者主要探讨明代保甲法实施的利弊得失,重点研究官府与不同社会阶层民众对于保甲法不同的价值取向,以及保甲法在立法、执法、守法等法律实施的不同层面面临的问题。[②]

---

① 刘潞、吴芳思编译：《帝国掠影——英国访华使团画笔下的清代中国》,中国人民大学出版社2006年版,第71页。
② 明代保甲法的利弊问题以往研究涉及的并不多。关于保甲法的成效,由于史料相对零散,鲜有确实案例加以证明。陈宝良的《明代的保甲与火甲》(《明史研究》第3辑,黄山书社1993年版,第59—66页)对于保甲法实施的弊端作了一定的探讨,但迄今罕有论著从不同社会阶层的视角以及立法、执法、守法等法律实施的不同层面研究保甲法的利弊问题。

一、保甲法施行的功效

> 昨夜东邻惊放火,今夕西邻又盗牛。只缘邻里不相救,使我良民夜夜愁。
> 保甲之法自昔贤,十家十里相钩连。一家有警百家救,藩篱不许外人穿。
> 吊死扶伤要和睦,同宗一姓尤宜笃。莫教奸宄窜其中,非我族内便驱逐。
> 戍夜时闻梆与锣,防身亦带弓与箭。不烦官长相督责,保尔身家为最便。
> 此法不愁盗与窝,夜户不闭乐如何。今日中原渐多事,劝君听我保甲歌。①

这首崇祯年间秦镛所作的保甲歌以脍炙人口的语句道出了保甲法的好处。毋庸置疑,保甲法对于防御盗匪、维护基层治安发挥了巨大的功效。下文万历初年的一件案例,足以反映保甲制防御盗匪的实效:

案件发生于万历五年,江西百姓艾锦三、朱子明、王春元等数十人原"各以打造首饰、木、铁、泥水等匠生理"。当年"往来庐溪县致仕乡宦副使杨储家佣工,透知本家门路及积有金银首饰、酒器、银两,要得伙劫,窥伺日久。因守巡道转奉抚按衙门按验申饬保甲严谨,未敢举发"②。

"至八月不等日,朱子明对众说称,本宦(笔者注:即杨储)家居离府九十余里,幽僻易为聚劫,就为首纠合(艾)锦三、杨庆八、王春元"等"共六十二人,约于闰八月初一日到地名桐江松山偏僻处所会集,砍竹为枪。彼因一时乌合,人心不齐,延至五更时分方到杨乡宦门首,撞开大门,明火放铳,呐喊入屋,惊散男妇,搜劫财物,将箱笼抬桌等件用刀砍碎,及将本宦不在官男、监生杨应禄文引扯碎,丢弃在地。"

"当有已被杀死义男奉奇喊叫,惊醒四邻,该都保甲鸣锣,顷刻遂集乡兵罗兴龙、钦龙、曹荣、罗家隆……及奉奇等三千余人,各执器械围住房屋,奉奇奋勇当先,执抢突入与贼对敌。彼(艾)锦三与杨庆八、王春元"等"将奉奇用竹枪戳死,砍头悬挂牌坊上,随将劫得金银首饰、银两分收藏系腰间,溃围突出。"

"罗兴龙、钦龙、曹荣等奋勇将贼首朱子明及伙贼共三十六名俱杀死,又沿途赶杀一十名,并生擒杨庆八一名,乡兵曹荣、罗家隆、周受岳、郭文清亦被各贼枪伤手额等处。彼(艾)锦三与王春元、艾燕一、陈聪二、张忠三、陈学用等俱各弃赃逃走,乡兵当拾得各贼丢弃劫分金银首饰、盘盏、银钱、器皿、缎匹等件共值银三百余两,并前扯碎文引俱付本宦收

---

① 崇祯《清江县志》卷八《艺文志》。
② 潘季驯:《潘司空奏疏》卷六《乡兵擒斩劫贼功次兼请申严保甲疏》。本案例相关引文均出于此。

回讫。又拾得遗下见获雨伞十六把、布袋八条,有今不在官里长杨灿、杨应初同庐陵县捕兵人等将杨庆八及众贼遗下见获腰刀一把、竹抢一根、为旗红布被一床、小布袋一件俱解赴本县巡捕主簿唐继元,揭报本府巡捕通判张明化,随报分巡道副使吴从宪,著令各官差兵缉捕。"经过多方追缉,最终捉获盗匪王春元、艾锦三等多人。

经府、道各官员逐级审讯明白后,巡抚潘季驯会同巡按上疏朝廷,除提请奖赏有功乡兵、严惩艾锦三等在押盗匪并严行通缉在逃盗匪外,指出"贼徒四集,劫杀横行,虽系庸作窥伺之人,实有伙党深入之患,地方诸臣难逭罪谴,但乡兵厚集一呼而至者三千余人,临敌争先,一斗而毙者五十余众,若非平时拣阅,岂能仓猝应援?所据各官功罪相应分别议处。"在此他强调保甲法的实施对防御盗匪发挥的重要功效。

同时,潘季驯在奏疏中提议在全国各地强化推广保甲法,并嘉奖推行保甲得力的守巡湖西道右参政陶幼学、副使吴从宪等官员:"再照弭盗之法莫如保甲,臣等节经申饬,每以此事稽各属之贤否,有司奉行者固有,而玩愒者尚多,如蒙天语一字叮咛,则群情自当万分加谨。伏乞敕下该部再加查议,如果臣等所言不谬,将陶幼学、吴从宪照例纪录,张振之等功过相准。其保甲之法俯从陈乞,再赐申谕,则地方可保无虞,而臣等亦藉以逭过矣。"

此案上奏朝廷后,经兵部核审,除依照"强盗杀伤人枭首示众事例"将盗匪"艾锦三等即便会官审决枭示"外,对潘季驯推广强化保甲法实施的提议深为赞许:"为照弭盗之法莫善于保甲,节经建议久已通行,所在地方官司自当奉行惟谨。间有狃于因循不加整顿,司捕者既不能缉获以除奸,司察者又不能穷诘以止暴,致寇之端未必非此况。据江西前事,保甲之验又足征矣。今该科臣论列无非先事慎防,时加警策之意,相应申饬合无备行省直抚按衙门,行令各属地方等官,务将保甲之法严行修举,如一家被盗,众则救之,一人行盗,众则攻之。比间族党之中,寓伍两族旅之意。苟有吴越不关,守望不助,遇寇而闭户不闻,知寇而不行觉发,各坐应得罪名。至于巡捕巡检等官务要各专捕察,不许营干差委,避事畏难。江山险僻之处多为盗薮,务要严为防范;任侠浪闲之辈多起盗心,务要严为禁戢。其有循良之吏能化强梗者,抚按官特加优荐,悉如所议。"①可见,推行保甲法对于抵御盗匪、查举犯罪行为的成效,是朝廷和地方官员所有目共睹的。

保甲法除抵御盗匪、查举不法外,在防灾救灾中亦可发挥功效。如嘉靖后期的《吴城保甲条议》中,将防火与御盗并重,规定各户置备"麻搭一根、火钩一把、水斗一面"等防火器材,"或偶失火,即摆鼓为号,保长、总甲、小甲督率各甲人户,齐力急救,勿致延烧为上。有功者,次日报官,宜重加犒赏,仍令被害之人出财给谢。其若坐视不救,以致失事延烧

---

① 项笃寿:《小司马奏草》卷二《题为恭际明时罄陈愚悃以仰裨圣治事》。

者,除从重问罪外,仍量罚银米,给恤被害之家"①。除了火灾,保甲法对于饥荒的防备与赈济亦有效用,因篇幅所限,笔者将另文撰述。

二、保甲法实施的弊端

不可否认,保甲法的实施中存在着诸多弊端,严重影响其实施成效,进而使之渐成空文,甚至带来扰民害民的恶果,"保甲之法今有司固有行之者矣,然卒虚文鲜实。又其行者去而继者未必行也,之其效罕睹焉"②,"今保甲之令岁岁下矣,保甲之册邑邑具矣,乃奸盗如故,讥察鲜效"③。当时不少人已关注保甲制实施的利弊问题,并作了针对性的分析,如葛曦不仅明确分析了保甲制的利弊,也具体指出了克服弊端的对策,较他人更为深刻:

今令十家为甲,甲有首;各乡为保,保有正,丁籍分明,器械有饬,大小相维,统属联络如臂使指,如常山率然首尾相应,寇至一家,环数十家共扑之,与一身一家自与敌角,强弱倍蓰,不将闻风远遁,裹足而弗入乎?利一;夫盗不自盗,必有为之乡导招延者,大抵有所容则潜城匿市得以藏奸,无所稽则蚁聚乌合任其伺隙。今令丁男有数,术业有考,出入远近有期,招揭门墙互相觉察,其有游惰作奸者何以自掩,而商贾行旅纠结物色,或有容奸治以连坐,即巨猾巧探安所驻足?利二;外患不入,内奸不出,男耕女织力其本业,患难相恤,出入相维,讵惟百室充盈,妇子宁止,而衣食多赖,风教可兴,亦足为化民成俗之助,利三。盖平居则习成周之党正而率众相与读法,值警则出师徒一比闾而容民即以畜众。上无征调之繁,下无迁徙之苦,民无科派之扰,官无供亿之烦,保甲可行,兹非彰明较著者哉!第其法久弊生,渐失初意,催科政急,移保甲之税以充课;徭役繁夥,搜保甲之丁以为徭,而保正朘削,吏胥需索,哗嚣臕突,民始告病。以民之病也,遂曰法病,不知非法之病,乃有司之病法耳。

今之议者曰宜稽察户牒、清理甲榜、编审丁壮、更置首领。愚则以为保甲相守本为民计,非若均徭编派为国计也。故民自事,其事则见其省便;官为之事,其事则见其烦扰。为今之计在有司得人,尤在听民自便。所谓人者非欲其见事风生,喜纷更苛察以为能也。贤在安静不为烦扰,但慎保甲之举,重渔猎之罚,务使穷民经年不见

---

① 郑若曾:《筹海图编》卷十二下《吴城保甲条议附录》。
② 许国:《条上弭盗方略》,《明经世文编》卷三九二。
③ 郭子章:《保甲·东越保甲》,陈子龙:《明经世文编》卷四百二十。

吏,然后可以乐业。所请清稽编审不必官为之,以滋吏胥之奸也。所谓便者非欲其伸缩自由,若不为刑罚所加也,毋调以他役,毋扰以他需,籍在各保而不在官,官治以法而不与其事。彼人自保其家,鲜有不力者。①

笔者以为,要分析保甲制的利弊,须从法制史视角探悉中国古代法律的实效问题。某些法律缺乏实效,是中国古代法律史的一个重要现象。瞿同祖指出:"研究法律自离不开条文的分析,这是研究的根据。但仅仅研究条文是不够的,我们也应注意法律的实效问题。条文的规定是一回事,法律的实施又是一回事。某一法律不一定能执行,成为具文。社会现实与法律条文之间,往往存在着一定的差距。如果只注重条文,而不注意实施情况,只能说是条文的,形式的,表面的研究,而不是活动的、功能的研究。我们应该知道法律在社会上的实施情况,是否有效,推行的程度如何,对人民的生活有什么影响等等。"②

法规得到有效的实施,需要国家权威的立法、各级行政机关的执法与民众的守法三个环节构成一个有机的整体,缺一不可。"法律常常是无能为力的,法在制定之初就注定不会起作用,因为立法者对法律作用寄予过高的希望,而保证有效施行法律的必要条件,如适当的初步调查、宣传、接受及执行机构的不足,则注定了法的命运。"③由于明代的保甲制并未成为国家统一制定、全面实施的法律规范,而完全由地方官府根据辖区的形势特点设计实施,保甲法的立法者是各级地方官府,执法者包括相关的地方官吏与保甲组织头目,而守法者则是各阶层的民众。立法、执法、守法过程中的各种弊病,使保甲法成为具文,甚至扰民恶法的原因。笔者总结归纳,保甲制的弊端主要存在于以下方面:

(一) 保甲制立法中存在的弊病

1. 保甲法规的时效性和划一性

保甲制在明代并未形成长期有效、划一实施的法规,而是由地方官各行其是,带有极强的应时性,因而具有实效短、实施不稳定、条规多变的特征。以福建为例,万历年间保甲法在该省多番推行,前任官员与后任官员颁行的保甲规程往往差异较大,不能有效承接。此外,即便一省之内,各府州县保甲法施行力度各异,保甲条规互不相同,势必给相邻地域的协作造成困难,影响保甲法的实施效果。

2. 保甲法规的可操作性

假如法律条文缺少现实社会中的可操作性,那么只能形容为一纸空文。保甲规条的

---

① 葛曦:《葛太史公集》卷二《保甲议》。
② 瞿同祖:《中国法律与中国社会》,中华书局1981年版,导论第2页。
③ [英]罗杰·科特威尔:《法律社会学导论》,潘大松等译,华夏出版社1989年版,第58页。

制定并非易事,在内容上要力求周全具体,令民众遵照实施,同时必须立足于当地社会的实际情况,而不应过分影响民众正常的生产生活。明代中后期南方许多地域商品经济繁荣,工商业日渐发达,民众迁移流动频繁,例如闽浙沿海百姓长期有出洋贸易谋生的传统,如果在推行保甲制时片面强调户口管控,对正常的商贸往来加以阻挠限制,当地大批民众的生计势必大受其害,保甲法自然不会受到欢迎,即便大力强制推行,也会在基层广受敷衍抵制。此外,保甲武装的日常操练如果过于频繁、保甲条规如果过于苛细繁琐,影响农时,妨碍生活,日常可操作性较差的话,其实际效力同样将大打折扣,无法持续长久。

笔者在研究中发现明代保甲制立法存在的另一重要弊端,就是缺少对于经费的规范。明代保甲制的产生,固然很大程度出于国家财政紧张,无力培植大规模的正规武装和侦缉人员,因而广泛地采用民间动员方式。然而,编造保甲户口册籍所需纸笔和器械的配置、防御工事的营建和修缮、保甲头目的工食开支、有功人员的奖赏等,无一不需经费投入。然而笔者所见的保甲条规中,除个别条规对涉及经费来源外,多数对此均无任何规定。①诚然,即便将保甲制实施的经费视为"取之于民,用之于民",那也应当明确其来源(摊派方式)和数额,规范其使用方式,否则难免给官吏、里甲头目借机需索、中饱私囊埋下隐患。此外,缺少物质奖励的"轻赏重罚"模式也难以激励民众检举不法行为、抵御盗匪的积极性。

(二) 保甲执法中存在的弊病

1. 官吏的不作为与乱作为

执行保甲法的地方官员,有忠于职守者,也有玩忽职守、不作为或乱作为者。官吏在保甲制实施中的不作为,主要体现在认为保甲法是并无实际必要的扰民之举,故消极应对上司颁行的保甲条规、在实施过程中虚应故事、对日常实施情况不加监督、对实施不力者不加追责的行为。"夫城市之内,甲册具矣,而稽察不时,则奸细藏伏而莫知;乡落之远,甲册亦具矣,而点视不亲,则恶人挂漏而无统。"②

官吏在保甲法实施中的乱作为,表现为两种形式:一是保甲法实施中的贪功冒进、滥施威逼,如耿定向"七弊"所谓"既编之后,有司烦苛者令之朔望点查,不恤其奔走之苦","逋负滞狱,有司力不能致,则又督之拘捕,或重其违慢之罚,或起其仇怨之讼","平时编审未详,号令未申,觉察不预,一旦有虞,则比屋执而筆楚之,幽求之,且罪罚之曰,此近奉

---

① 即便有所规定,也相当简略,如《隋言》中规定:"器械责成于殷实之家,惟所用器而坏者责成修葺,至于保安田里所贵恬如无事,巾袍等项悉如常服,不许效兵士装饰,纸墨等费则于每亩二文钱内支销,凡演艺之日,保长、正自备桌椅,并不许以顾觇为名及搭盖棚厂等项致有科派。"(徐日久:《隋言》卷六《有司·保甲》)

② 陈邦彦:《严保甲》,《陈严野先生全集·保民篇第三》。

连坐法也,舍奸仇,害无辜,商君之法亦不如是矣"①。又如明末杨嗣昌指出:"练乡兵必始于行保甲,而有司不知其意,故不善于行……说保甲便去比较,有比衣帽者,有比器械者,有比甘结者,种种不可枚举,日日惟见扰民。"②如此,官吏对无辜民众的伤害更甚于盗贼,"乡鄙之地,庐烟星落,守望甚难,中盗失救,吏奉三尺随之",滥施威逼导致的结果是,"再后有失,民相沈匿不敢告矣,是本禁盗而反藉盗资也"③。二是借实施保甲法之机勒索地方,加捐派役,如耿定向"七弊"所谓"佐贰首领取其见面纸赎,不恤其诛求之苦",又如"调保丁以为役,科丁赋以充需,胥徒踵至,鸡犬不宁,是本强兵而反缘兵扰也"④,"法久害生,丞尉四乡编造保甲册,官有供给之费、有夫马折程之费,从役有酒食赍发之费,衙胥责之保长,保长责之编户,居民营免不得,相率而逃,昔之良法,今之弊政"⑤。这两种乱作为,都难免引发民众对保甲制的反感和抵触。

无论是不作为还是乱作为,都妨害保甲法的实施效果,使百姓难受其益,唯受其害。如郭子章指出:"媕吏慢若刍狗,视为文具者,固不足诛,良吏行无左验,辄倦而弃去,而上之人不假之岁月,不宽之文法,故亦卒罔成功,而保甲之说穷矣。"他进而强调地方官员在保甲法实施中主观能动的领导职责:"今之行法,其未严者,事忌动众,民难虑始,则骚扰之谤宜禁也;贼已就捕,纷员保结,则党恶之条宜绳也;匿奸不举,罪止议杖,则连坐之法宜峭也;寇至荼毒,连罚众保,则坐视之律宜深也;郡邑选愞,不行其野,则降罚之格宜申也。夫法不备,即必行之威,无以收苟且之效,行法不严,即已备之法,无以胜姑息之弊。"⑥

2. 保甲头目的选任问题

保甲组织的头目(甲长、保长、保副等)是基层的执法者。其选任方式各异,从各种保甲规程来看,大体有以下三种:(1)由保甲内人户轮流负责,典型者如王守仁的"十家牌法",又如朱纨、谭纶规定"每一牌年轮一名为甲长,管领九家;每十牌年轮一名为保长,管领百家"⑦;(2)在民众推选的基础上由官府任命,如万历年间山西吕坤推行的保甲法规定:"十家内选九家所推者一人为甲长"⑧。又如郭应聘的乡约保甲法规定:"约长、约副不问乡官举贡生员,凡有恒产而行义,为一乡信服者皆可推举,县官以礼而敦请之……一甲

---

① 耿定向:《耿天台先生文集》卷十八《杂著》二《牧事末议·保甲》。
② 杨嗣昌:《杨文弱先生集》卷二十二《南方盗贼渐起疏》。
③④ 叶向高:《苍霞草》卷二《保甲议》。
⑤ 《霍山县志》卷十四。
⑥ 郭子章:《保甲·东越保甲》,陈子龙:《明经世文编》卷四百二十。
⑦ 郑若曾:《筹海图编》卷十二下。
⑧ 吕坤:《实政录》卷五《钦差提督雁门等关兼巡抚山西地方、都察院右佥都御史为申明乡约保甲以善风俗、以防奸盗事》。

又推有身家者一人为甲长"①；(3)由官吏直接拣选委任，如《宁波府通判谕保甲条约》规定"保长、保副、甲长、甲副皆经慎选有行止、为人信服者充之"，又如隆庆《永州府志》中保甲法规定"一甲之中就其十家择稍有行止才力者为甲长，大率十甲为一保，就在各甲又择行止才力之优者一人为保长"。

保甲头目作为官府统治力在民间的延伸，承上启下，是保甲法最为重要的执行者。故此选任保甲头目的条件，总的看来，无外乎"众所推服""殷实有力""行止端正"等。也就是说一方面需要有良好的品行，为官府所信任；另一方面需要相当的乡里威望，为民众所拥护，有能力领导乡邻防御盗匪，打击不法行为。众多保甲条规中都强调防止地痞无赖充当保甲头目，如张时彻提出："乡总、乡副、保长仍要将平素身家无过者遴选充当，不许听令积年狡猾棍徒营充，只为民害。"②又如石茂华在陕西行都司推行的保甲法规定："保正、副量免杂泛差役，勿听无赖之徒营充以为罔利之媒。"③对于保甲头目的职责，保甲条规往往也限定为稽查防御，严禁插手词讼，"武断乡曲"和借机"科索财物"。地方官吏明白，保甲头目胜任与否是保甲法在基层能否有效执行的一大要件。

上述地方官员在保甲头目的选任机制设计上可谓煞费苦心，但常常事与愿违，在基层充当保甲头目者，实际上仍旧多为缺才寡德的地痞无赖之辈。"夫今乡聚亦有保甲等号矣，然皆照里图名色苟且塞责，其人行能类皆猥劣，而事权又不相统，民之多盗，政为多此等有名无实之辈也。"④保甲头目不得其人，原因有几个方面：

一则保甲头目职责重大，事务繁杂，风险较高。保甲头目平时担负保甲内的日常户口稽查和查举不法行为的职责，事无巨细均要留心过问，此外还要负责保甲壮丁的日常训练，一旦发现盗匪侵扰，就要率领众人抵御捉拿，无疑这是一项苦差和险差，也非普通的平民百姓所能胜任。

次则保甲头目缺少合法收入，官府对其"轻赏重罚"。充当保甲头目没有工食银，纯属无偿劳动，官府至多对其"量免杂泛差役"。多数保甲条规并未规定奖励措施，或者虽规定对执行得力者给与嘉奖，但条件严苛，待遇微薄。然而，一旦出现过失，没有察觉举发保甲内部的不法行为，或是有其他执法不力的情形，就要承担连带法律责任，受到官府惩处，如无一定的身家财力亦难以承当，普通人家一旦承当往往即有破产之虞。

再则保甲头目社会地位普遍低下。在明代，保甲头目并非官吏，与固有的里长类似，更近乎一种职役。尽管不少官员在推行保甲法时均提出优待保长，但在众多官员和士绅

---

① 郭应聘：《郭襄靖公遗集》卷十二《乡约保甲议》。
② 张时彻：《芝园集·别集·公移》卷五《弭盗贼以安地方案》。
③ 《五凉考治六德集全志》第一卷《智集·武威县志》。
④ 吴应箕：《楼山堂集》卷十二《江南弭盗贼议》。

眼中,保甲头目与衙门中的皂隶、禁卒一样,是地位低下的供人驱使者。"今有司视保长至贱,麾斥谴诃,曾不比于人类,是故中人皆耻为之。其应役者,大率桀黠无赖之辈,德不足以服人,言不足以征信,籍伍虽具,而其实与无保甲同。"① 保甲头目受到士绅乃至官员轻视,无力对士绅阶层开展管控监督,如果因履行职责触犯官绅权威,往往遭到后者打击报复,这一点从下述轶闻中可以充分体现:

> 先生(笔者注:指万历时人屠羲英)按湖时,群小望风搜诸生过失。一生宿娼家,保甲爽昧两擒,抵署门,无敢解者。门开,携以入,保甲大呼言状,先生佯为不见,闻者理文书自如。保甲膝行渐前,离两廛可数丈。先生瞬门役,判其臂曰:放秀才去。门役潜趋下引出,保甲不知也。既出,先生昂首曰:"秀才安在?"保甲回顾失之,大惊不能言,与大杖三十,荷校并娼逐出。保甲仓皇语人曰:"向殆执鬼。"诸生咸唾之,而感先生曲全一酒色士也。士亦自惩,卒以贡为教官。②

从多处保甲规条来看,娼妓乐户是保甲稽查的重点,而生员嫖宿乐户之家,既悖于礼教,又触犯法律,应受到惩处。逸闻中的保甲头目将生员押解官署,恰为履行职责之举。但主管官员非但未对生员依法惩治,暗中将其私行释放,反而在戏弄保甲头目之余,"与大杖三十,荷校并娼逐出",还被"诸生咸唾之"。由此可见保甲头目在部分官员与士绅阶层心目中地位之低下,因此为众多在乡里有能力、有威望者避之不及。

综合上述几点,保甲头目为一般平民百姓理所当然视为畏途。士绅视其为俗务贱业,凭借优免特权,通常更不会出任保甲头目,则保甲头目之职最终只会落到地痞无赖之手,企图凭借执法权力谋取私利,欺下媚上,正如耿定向所言"彼善良富厚者率不愿为长正,乃故持之,责以贿免,而素行无赖思藉名号以武断乡曲者,则又往往匿赂举报,此辈既以豪举倚法作奸,我民多为鱼肉矣"③。地痞无赖充当保甲头目,横行不法,使得"保长之弊不可胜举,有偷安坐视漫不事事者,有武断横行莫可谁何者,有躬为逋主,乡人明知而莫敢言者。一遇失事,或惧罪不举,或受贿纵容,甚至发觉擒获之后,反与盗贼、民捕表里作奸,恐吓失主,需索甲夫,诬害平民"④。如此,保甲制在基层自然沦为扰民恶法。即便部分保甲头目并非恶人,但受到保甲内士绅大族与不法势力的制约、威胁,难以依法履行职责,只能敷衍应对,"不求有功,但求无过",如叶春及所说"竟(境)中盗贼闾里轻侠,恶

---

① 陈邦彦:《严保甲》,载《陈严野先生全集·保民篇第三》。
② 朱国祯:《涌幢小品》卷十一《秦屠出入》。
③ 耿定向:《耿天台先生文集》卷十八《杂著》二《牧事末议·保甲》。
④ 黄承玄:《盟鸥堂集》卷二十九《公移·约保事宜》。

保长等发其根株窟穴,每以报复虚喝。豪杰大姓据执自尊,与愚民不用命者,亦各挟持长短谤议蜂起。故保长等以家为念,畏缩不事,阻堕公法"①,或是如明末侯岐曾所谓"甲长、约长之名,纷然所给版册,输半日暇,记名姓而已,过则怀而卷之,户口勿及稽也,藏匿勿连坐也,匝月勿上报也,出入勿相知也"②,保甲法在基层亦难以有效实施。

(三) 民众守法中存在的弊病

1. 士绅阶层的干扰与抵制

士绅在明代基层社会中发挥着重要作用。明代的各级地方官府是小政府,官员数量、行政能力都相当有限,诸如地方基础设施建设与赈灾应急事务等都有赖于地方士绅的支持。如果没有士绅大族协助,地方官可谓寸步难行。士绅在民间,尤其是乡村地区,往往垄断话语权,具有极高的权威。

地方官员推行保甲制的过程中,不可避免地侵犯到当地士绅大族的某些权威或权益。例如,因保甲制需要建立严密、实态的户籍登记体系,那么士绅的家庭户口情况就必须和其他平民百姓一样,一体登记造册,并接受保甲头目的日常稽查管理。又如,保甲制与武装动员密切结合,即便士绅本人凭借优免特权豁免武装训练、抵御盗匪的责任,士绅的家属、仆役仍须依法承担相应的义务。除此之外,一些大族富户,如耿定向在"三疑"中指出的,"自恃垣墉不虞寇患,则曰此特为下户谋也,而不知恤其邻之小",或"疑有司执籍以料民增徭,则隐其丁口不以报",担心官府于户口登记时掌握其隐匿户口、逃避赋役的行为,对保甲法的实施采取消极敷衍的态度。

更有甚者,东南沿海地区的不少士绅望族参与海外贸易,在朝廷实施海禁仍然私下参与走私活动。保甲制的推行,不仅影响其在乡间的权威,更严重损害其经济利益,因此士绅敌视保甲法,积极抵制保甲法的实施,甚至隐匿包庇不法分子。而基层里甲的头目,或由士绅亲族充任,或完全依附于士绅,根本无力与之抗衡,"间右之豪奔走下民如驱役隶,又其人即正与长也,即有所藏匿,民惧见蜇,敢谁何乎?是本弭奸而反为奸薮也"③。"夫江南诸郡民多乡居,大姓至于万人,小者亦有百家,而盗贼多出于大姓,盖负其族众而庇厚,又势要藏匿之者多也"④。又如黄承玄所说:

> 宦家右族或有成心而硁硁于体面之说,稽察及其子孙,则以为坏其家之体面;稽察及其姻邻,则以为坏其乡之体面;稽察及其佣奴,则以为坏其主之体面,保甲将安

---

① 叶春及:《石洞集》卷七《保甲篇》。
② 侯岐曾:《保甲条议序》。
③ 叶向高:《苍霞草》卷二《保甲议》。
④ 吴应箕:《楼山堂集》卷十二《江南弭盗贼议》。

施哉？况外盗无因不能径入，必有奸细为之勾引，戈矛戎敌伏在左右而主者竟不之疑，或多方挪揄以缓我之捕，或漏泄机关以隐彼之藏，盗之不得多坐此弊。①

鉴于士绅大族在基层社会的影响力，他们对保甲法积极抵制或消极敷衍的态度，使保甲法在基层的推行阻力重重，功效难以有效发挥。

2. 平民百姓对保甲法的抵制

平民百姓对保甲法的抵制，缘由较多。保甲制度的建立，究其实质，乃是国家政权鉴于行政能力有限，为维护统治，把原本由自身掌握的查举、打击犯罪活动的职责，强制转嫁给民间、乡邻。专制制度下，民众无权参与保甲法的立法环节，合理表达其诉求，而单单作为国家强制力下的义务接受者。广大民众在遭受盗匪烧杀掳掠时，为保障生命财产安全，固然愿意联合奋起反抗，保守桑梓，而当违法犯罪行为并非针对自身身家时，则或徇于私情，或唯恐生事，往往不愿主动干涉。

此外，当保甲法规对百姓身家利益带来负面影响时，即会引起百姓的疑虑、顾忌和不满，叶春及曾说："职到任即甲其民，民皆寒而难之，谓黄册造将籍而役我，一旦有警，将驱我于戎行。"②实行严密、时态的户口登记，百姓唯恐暴露其隐匿户口、逃避赋役的行为，受到官府追究；监督邻里、查举犯罪，百姓顾忌得罪恶人，招来报复；武装动员，百姓惧怕抵御盗匪遭受伤亡，顾虑参与武装训练影响生计，"其不报者非真顽不率，不援者非真悍不顾也，守望无虞，填入户口，邻围有警，动辄征发。民即有死不尽报，阖门下楗，罪止入锾，午夜出斗，生死呼吸，民岂肯以死博金哉？故罪之益严，而匿之益深，治之愈急，而援之愈缓，其势然也"③。尽管官府以连坐法或其他法律手段强化保甲法的实施效果，但百姓出于对自身身家利益的维护，权衡之下，往往对保甲法持敷衍的态度，在尚未遭受盗匪直接威胁时尤为如此。

在专制制度下，保甲法在立法、执法环节有重重弊端，广大民众既无立法参与权力，又无执法监督权力，部分官吏假借推行保甲制谋取私利，鱼肉百姓，或是在推行过程中方式失当，滥施威逼，这势必大大增加保甲法的负面因素，加剧百姓对保甲法的厌恶不满。那么保甲法的日渐具文化，就不足为怪了。

[本文为上海市社科规划一般课题"清代东南沿海地区的户口管理和基层控制"（2016BLS007），上海市高峰高原学科建设上海师范大学中国史项目研究成果，并得到上海师范大学都市文化研究中心支持。]

---

① 黄承玄：《盟鸥堂集》卷二十九《公移·约保事宜》。
② 叶春及：《石洞集》卷十《保甲不属巡司》。
③ 郭子章：《保甲·东越保甲》，载陈子龙《明经世文编》卷四百二十。

清代武场防弊与舞弊问题述论

□李 林

摘 要:清代武科考试之防弊,从场前回避、保结、审音,到场内约束考官、点名搜检、记录成绩、印面印臂、验对笔迹、弥封试卷、统一笔色,再到场后磨勘文字、复试考生,从制度设计层面而言,可谓严格完备。历朝对武场纪律屡申禁令,违反者待以峻法严刑。然而,防弊方法越精密,禁令申饬越频繁,正好反映出作弊手段越高明,舞弊情形越严重。同时,舞弊手段越进步,防弊方法也随之越精密,两者互相敌对却又相互促进,武场积弊陈陈相因。武科"致公之难"的困境,也直指传统政治体制的结构性问题。看似完备的制度设计,却难敌体制内外徇私钻营者的联合夹击,以致不少规条形同具文。防弊制度设计与其运作实况之间,往往存在误差与分殊;也正是此种误差的存在,不断推动制度建设随时应势改进。

关键词:清代武科;防弊;舞弊;制度设计;实际运作

作者简介:李林,历史学博士,华东师范大学教育学系讲师,200241

中国古代育才造士,文武并重,选士制度亦有文武两途。武科自武周长安二年(公元702年)创置,历代大致相沿,不断完善体制。直至光绪二十七年(1901年),才因旧式武科不敷时用,正式停废。清代文、武科考,定例皆为三年一试,均分为县试、乡试、会试—殿试三级,合格者各得授予文武生员、举人、进士荣衔,可谓两条"平行路径"(parallel tracks)。[1]清代武科各级考试,均分为外场、内场。外场试武艺,又分两场,头场试马箭,二场试步箭,以及开弓、舞刀、掇石三项技勇。内场试文艺,起初考策、论,主要以《武经七书》为准(康雍乾三朝曾短暂考过《四书》),主要关涉行军选将之道。后因武科士子文艺日益不堪,嘉庆朝内场改为默写《武经》100余字。[2]有清一代,虽然武科总体影响不及文科,但两者均为科考入仕正途,国家均视为抡才大典。为了重名器而别流品,防场弊以杜幸进,立法备极细密严格。但所谓道高一尺、魔高一丈,其实际执行中,舞弊情形却层出不穷。有关文科考

---

[1] Benjamin Elman, *Civil Examinations and Meritocracy in Late Imperial China*, Cambridge: Harvard University Press, 2013, Conventions, p.x.
[2] 武科制度简史及清代武科考试内容,参许友根:《武举制度史略》,苏州大学出版社1997年版。

试,前贤研究已汗牛充栋,学术经典亦复不少,但武科研究则相对沉寂,更鲜见专研武科防弊、舞弊与惩处的论著。①笔者尝试连缀参撷各类档案与史料,对此稍作梳理论析。

一、场前之防弊与舞弊

场前防弊之要点,在于确认考生之身份与应试资格,并预防考官与考生之间因为亲缘、地缘等关系而通同舞弊。至其具体办法,除有主要针对考官之各项回避规定,更有针对考生之各项保结制度及过堂规定。为防止考生冒籍应试,武场亦与文场一样,引入审音制度,略述如下。

(一) 回避制度

科场订立回避章程,在于预防考生与考官、场官相熟,甚或有血缘、姻亲关系,而致瞻徇舞弊。故科场定例,首于亲属回避制度,规定綦严。武场亲属回避之范围,以《武场条例》所载,涵盖父族、母族及妻族,并与服制及籍贯结合。其原则如下:

> 入场官员之子弟及同族,除支分派远散居各省各府、籍贯迥异者,毋庸回避外,其余虽分居外省外府,在五服以内,及服制虽远,聚族而处之各本族,并外祖父、翁婿、甥舅、妻之祖、妻之嫡兄弟、妻嫡姊妹之夫、妻之胞侄、嫡姊妹之夫、嫡姑之夫、嫡姑之子、舅之子、母姨之子、女之子、孙女之夫、本身儿女姻亲,概令照例回避,不准入场。②

---

① 管见所及,前贤公刊著述涉及武场防弊者,武科通论类如 Etienne Zi, *Pratique des Examens Militaires en Chine*, Chang—hai: Imprimerie de la Mission Catholique, 1896.许友根:《武举制度史略》,苏州大学出版社 1997 年版;赵冬梅:《武道彷徨:中国古代的武举与武学》,解放军出版社 2000 年版。此类著述多在叙述考试规程时略及防弊问题,未及展开详论。清代文武科举规制颇有共通之处,因此专注文科考试的研究著作中,有时对武科防弊问题也连带述及,或其所述文科规制可为武科对应参考。此类著述之代表者,如刘希伟:《清代科举冒籍研究》,华中师范大学出版社 2012 年版;胡平:《清代科举考试的考务管理制度研究》,社会科学文献出版社 2012 年版;李世愉、胡平:《中国科举制度通史(清代卷)》,上海人民出版社 2015 年版。此外,王晓勇博士尝有一文,侧重从武场考官防弊的角度,就考官回避、考官约束、考场环境及取士过程几个方面进行探讨;此为目下仅见与该主题最为关切的论文,着力较深,值得参阅。详参王晓勇:《清代武科举考官防弊探析》,《教育与考试》2014 年第 2 期。前贤研究可加拓展与推进者,尚有如下几端,小文拟稍致力。其一,武科内外场防弊措施既相互关联,又各有不同,尚需更为清晰、翔实、系统的梳理;其二,制度条文梳理之外,制度的运作实况及其与条文之间的互动影响,亦应纳入讨论;其三,宏观制度观照之外,武科考试组织者及参与者舞弊营私的典型手段、案例,也尚待挖掘实证;其四,武科防弊条例的实践效果与困境,以及武场"致公之难"所揭示的根本体制问题,均可再加发覆。
② 景清等:《钦定武场条例》卷 5《武乡会试通例三》,北京出版社 2000 年影印本,第 378 页上。

亲属回避之外,考官尚有籍贯回避。雍正十二年(1734年)定例,武科县试,武生童试外场骑射,地方督抚、提镇不得委派本籍武职会考。若同城武职皆系本籍,则于附近别府调委。然此时之籍贯回避范围,仅以500里为限,本省别府之武职仍可会考。乾隆三年(1738年),以本省武职较射,难免请托之弊,令嗣后武童试外场较射,均委调别省籍贯之武官。外场考官之籍贯回避范围,由同省异府扩大至异省籍贯。①武科乡试内场,例以督抚为主考官,其同考官之籍贯回避变化,恰与外场相反。清初各省武乡试,内场同考官必须由邻省调取。直至乾隆元年(1736年)贵州武乡试,仍由邻省调取科甲出身之进士、举人6名,校阅内场策、论。②然远省交通不便,跋涉不易,且同考官调自外省,徒增科场经费开支,故奏请嗣后内场同考官一律自本省调取。

考官回避之外,对部分身份特殊之考生,亦有籍贯回避规定。乾隆三十六年(1771年)准两江总督高晋奏,外省官员子弟不准在现任本省应试,亦不准入伍食粮,以兵丁身份冒试。本省官员子孙,亦不准于现在任所地方应试,须各归原籍本县考试。③以上诸制,均为防止因人情之私而害选举之典。

(二) 保结制度

武科亦称抡才大典,为体现重名器而别流品,要求自进身之初武童应试,以至此后各级考试,必须声明身家清白,而且应试时无刑犯、匿丧、冒籍、顶替等违碍。为确查应试者之资格与身份,又定有责任连带之保结制度。武童应县试之先,必须取具邻里甘结,应试武童五人连名互保,并须同籍廪生一人作保,始准应试。清代严惩匿丧,武生童应试,须取具甘结,声明并无隐匿亲丧。如遇本生父母丧期,武童、武生俱不准应试。若蒙混冒进,应试者严行查究,扶同冒结之人亦一体坐罪。④

武场廪生保结制度,始于雍正末年。武生无廪生、增生、附生之分,雍正十三年(1735年)议准,武童应考武生,需本籍文廪生一人保结,于点名散卷时识认。若有顶名冒替,将该廪保黜革治罪。然规定廪生保结,又启弊窦。廪生遂视此为利薮,乘机勒索武童。故又有上谕申饬,廪生若认识应保之童生,应为保结,并不许勒索规礼。⑤

武童取进后,若武乡试合式,作为武举赴京会试时,亦须取具文结。文结之内,须如实填注该武举年貌、籍贯、科分、名次、三代等信息,并声明在原籍并无事故违碍之处,兵部方能收考。依武举籍贯及身份不同,应试文结分以下四种情形办理。

---

① 景清等:《钦定武场条例》卷10《武生童考试一》,第478页上。
② 方显:《奏请武闱帘官干于本省调取》(乾隆元年二月十九日),台北"中研院"历史语言研究所藏明清内阁大库档案,档号:024683—001。
③ 景清等:《钦定武场条例》卷10《武生童考试一》,第484页下。
④ 景清等:《钦定武场条例》卷10《武生童考试一》,第485页。
⑤ 素尔纳等:《钦定学政全书》卷22《童试事例》,台北文海出版社1968年影印本,第376—378页。

第一，京师八旗武举会试，由各旗出具文结，并造履历清册咨送顺天府，再由顺天府备文送兵部，入册考试，文结内应声明满洲、蒙古、汉军并包衣满洲、蒙古、汉军字样，分别填注；第二，各省驻防武举赴京会试，由将军、都统等衙门咨送，并由各京旗造具年貌、三代、科分、名次清册及到京日期，报兵部入册，兵部先期行文值年旗，转行各旗内务府办理；第三，各省民籍武举会试，由原籍地方官具结申送布政司，再由布政司转详督抚，发给应试文结，同时亦须造具武举履历清册，报兵部查核；第四，武举投效军营已准留营差遣者，由各营给咨应试，仍造具年貌、籍贯、三代、履历清册，报兵部查核。①

各省武举得发咨文，赴京会试，须于限期内赴兵部投文。再由兵部订明日期，集齐武举，按省份、名次依序经过兵部大堂，南入北出，验明身份，并取具同省同考五人互为保结，称作"过堂"。若文结或手续未齐备，不准会试。②

武举应试文结，亦有特别规定。若旧科武举会试未中，留京练习弓马，未及回籍起文，准其取具同乡京官印结呈递，参与会试。惟顺天府大兴、宛平两县因路途较近，自嘉庆二十三年(1818年)始，规定两县武举必须由顺天府给文，不准仿外省武举取具同乡京官印结会试。③

(三) 冒籍、审音与混考

科场应试举子或为贪求较高取中机会，或为隐匿于己不利之真实籍贯与行迹，假冒籍贯应试者，在在有之，文武科皆然。④关于冒籍认定与查处，清初已有明文。顺治二年(1645年)定，"生童有籍贯假冒者，尽行褫革，仍将禀保惩黜。如祖、父入籍在二十年以上，坟墓、田宅俱有的据，方准应试。"⑤康熙、雍正、乾隆间屡申此令，并令地方官彻底清查。武童应试者必须为本地土著，或已有田产、入籍者，取具邻里甘结，武童互结，方准赴考。若违规冒籍应试，将地方官议处，武童照冒籍例治罪。已经冒籍者限期自首，勒令改归原籍考试，否则斥革治罪。⑥定例虽严，然冒籍之弊，屡禁不止。冒籍问题，童试一级尤为严重。因应试人数众多，彻查不易，且部分地方官吏渎职瞻徇，隐匿乃至伙同舞弊。

除严令彻查童生籍贯，为防冒籍，另有"审音"制度。即应试之先，经过互保、派保(文科)之后，再进行口音核对，以判断应试童生是否确为本州本县人，或是否已入籍达20年。⑦"审音"之制，起初主要针对顺天府宛平、大兴两县童生。然清代科场冒籍严重，全国

---

① 景清等：《钦定武场条例》卷6《武会试一》，第402—404页。
② 景清等：《钦定武场条例》卷6《武会试一》，第401页下。
③ 景清等：《钦定武场条例》卷6《武会试一》，第400页上。
④ 清代文科举冒籍问题，详参刘希伟：《清代科举冒籍研究》，华中师范大学出版社2012年版。
⑤ 昆冈等：《钦定大清会典事例》卷391《礼部·学校》，中华书局1991年影印本，第5册，第347页下。
⑥ 素尔纳等：《钦定学政全书》卷30《清厘籍贯》，第552—583页。
⑦ 参李世愉：《童生试中的审音制度》，李世愉《清代科举制度考辨》，中央广播电视大学出版社1999年版，第16页。

皆然。乾隆十八年(1753年),礼部奏请严查冒籍,即称"冒籍之盛,不独大、宛两县。凡顺天府属,在在有之,次则天津一府。……每科中式,顺天、天津两府合计,几及解额之半,其土著者才什之二、三而已。外府士子因上进途艰,往往中年废业。"①

地方生童名籍既难彻查尽核,遂滋重名冒考及杂流混考之弊。嘉庆二十二年(1817年),湖南学政谢阶树奏称,考试武童时查出重名不到者,宝庆府属共有1396名,永州府属有1563名,桂阳、郴州、衡州所属各县,重名冒考者亦多至百数十名不等。此外,除事先查明阻止应试者,县试时查出不符资格或不应与考者,亦有匿丧者26名,皂役11名,演傀儡戏者1名,闹事光棍1名,顶替1名,僧人1名,宰牛屠户1名,挑盐脚夫2名。②此奏上达,上谕申饬地方官员失职,令严加查办,实力整顿,可见此时武童重名冒考及杂流混考积弊之深。

二、外场之防弊与舞弊

清代武科各级考试,均分为外场、内场。外场试武艺,又分两场,头场试马箭,二场试步箭,以及开弓、舞刀、掇石三项技勇。武科抡才,甚重武艺,故外场防弊尤为重要。其防弊之要点,除了防止考官徇私,更在确查、记录考生各项技艺考试的等级与成绩,同时确保外场合式者依照规定进入内场,今述其法如下。

(一) 约束考官

清初武科内场关防甚严,一如文科,然外场关防则不甚严密。以武会试为例,外闱考官经硃笔圈定、听宣谢恩后,仍各自回家,次日始赴武场典试,且武考期间亦须画题衙门案稿。又武闱开考后,外场监射大臣白日监射,夜晚仍归私宅,易生弊端。乾隆七年(1742年)议准,外场考官钦定宣旨后,暂停一切稿案画题。③乾隆四十八年(1783年),又议准御史李廷钦条奏,武会试及顺天武乡试外闱监射大臣、较射大臣、监试御史听宣后,既不准归私宅,亦不准在外闱邻近武举之处居住,以防探听消息。此类考官俱于城内距外闱稍远之处住宿,以远嫌疑。顺天武乡试外闱考官,应赴德胜门内附近庙宇住宿。此外,外闱考试大臣不准随带官员,随带跟役亦不得多于四名。兵部所派供役人员,由提调

---

① 《礼部为严查冒籍事》(乾隆十八年五月八日),台北"中研院"历史语言研究所藏明清内阁大库档案,档号:192700—001。
② 谢阶树:《奏为力陈武童重名冒考等弊由》,台北"故宫博物院"藏清代军机处档案,档号:故机053026。
③ 《清高宗实录》卷179,中华书局1985年影印本第11册,第313页。

官严加管束。若考官及执事员役违例,由监试御史指名参奏,并交吏部议处。①

各省武生童考试,亦规定委选会同学政考试外场之武职,自奉文之日至考试完毕,须加紧关防、封门回避。考试期间,不得与本地人士私相往来,其家人、兵丁亦不得私自出入。并由提调官留心访察,纠劾举报。②

(二) 骑射技勇考试之防弊与舞弊

清代武科重外场,尤重骑射,故关涉箭枝之制备、管理与记录,规制亦严。外场用箭,乃统一制备。道光二十一年(1841年)题准,武会试及顺天武乡试考生领箭后,须先在箭上自书姓名,射毕由步军统领衙门派员收箭,送往收箭棚内核实,考生射毕再赴收箭棚报名领取,凭以登记中箭枝数。外场考试时,亦派营员严加巡查,若有闲杂人等在落箭处及收箭棚附近窥伺,希图打箭,立即锁拿,枷号示众。③

外场各项成绩,皆即场详细记录,统名"记箭册"。④且乾隆间已议准,武会试及顺天武乡试外场记箭,考试官与兵部堂官、监试御史各执一本记注。各闱箭册每晚须入箱封锁,交提调官收掌,钥匙则由监试御史保管,次日再公同取出校阅。外场试毕,依士子成绩分别双好、单好字号,再将箭册封固入箱,由顺天府派员送入贡院,钥匙亦由监试御史携入内闱。到时一并取出,三册互对。⑤

外场考试马、步箭,虽然监督甚严,亦时有虚报用弓力数,或串通执事兵弁虚报中箭枝数等弊情。如乾隆四十五年(1780年)武闱乡试,太原营鼓手与武生通贿舞弊,捏报中箭。高宗令彻查严处涉事人员,并谓"朕知武闱外场,虚擡捏报乃向有之事。因传谕该抚严切审究,始讯得贿嘱确情,自应照例治罪,以示惩儆。"⑥至于外场开弓与掇石,亦有舞弊之法。齐如山先生述武童此项舞弊与防弊细节,颇为生动:

> 用两根绳彼一端各系于足上,这一头则各系一个铁钩,暗握两手中。绳由衣内隐藏,拉弓时以钩钩于弓弦,借着腿的力量,可以多开半个劲,提石更能借力,因为有这些情形,所以后场就被轻视了多少年。后因有不肯作弊之人反对,上呈子告状,主张挽弓提石时,都脱了衣服,这个办法自然可以杜绝弊病,但官场以为,国家考试大典,士子都要穿官衣,何等郑重,脱去衣服,未免有失官体,不果行,后来斟酌至再,乃

---

① 景清等:《钦定武场条例》卷3《武乡会试通例一》,第354—355页;卷8《武乡试一》,第454页上。
② 景清等:《钦定武场条例》卷10《武生童考试一》,第478页上。
③ 景清等:《钦定武场条例》卷4《武乡会试通例二》,第361页下。
④ 记箭册样式见 Etienne Zi, *Pratique des Examens Militaires en Chine*, p.59.
⑤ 《清高宗实录》卷179,第11册,第313页;景清等:《钦定武场条例》卷4《武乡会试通例二》,第368页上。
⑥ 《清高宗实录》卷1119,第22册,第948页。

令都袒右臂,则钩子不能隐藏,此弊才能杜绝。①

(三) 印面、印臂与"指纹识别"

武科应试者,多长于外场武艺而内场不能为文,遂致内场冒名代考日多。为防此弊,康熙四十一年(1702年)定,武科乡、会试头场马射合式者,于两颊印记,并令武生、武举亲填姓名、年貌、籍贯,以便核对入内场。②然面上印记之法,未能有效防弊。乾隆二十一年(1756年)一月,贵州巡抚定长奏称,面上印记易于模仿,且印记受汗渍后,模糊难辨。而箭册所记士子身材、面貌,不过身高身中、有髭无髭之类,不甚准确,易于蒙混。因此,定长提出"指纹识别"之法:

>惟手上十指,罗纹为箕、为斗,人人互异。若据箕、斗识认,实杜顶冒之弊。臣请嗣后各武闱,凡武生应试者责令教官,兵丁应试者责令该管营员,各验明生、兵两手箕、斗,于□送文册内所开年貌之下,切实注明。③

斗纹亦称螺纹,为指肚之涡形圆纹;箕纹为外围不封闭之流纹,因状如簸箕而名。指纹乃个体特有身份标识,几无两相重合之可能,故至今亦为身份识别之重要依凭。定长远在乾隆间已晓此理,并拟用于科场防弊,可谓创新先见。以定长之议,武科外场应在二场考试马、步箭及技勇,以及三场点名搜检之时,皆逐一以粉涂指,验明箕斗,方许入场。指纹识别之法,的确远较面上印记精准。若能严格执行此法,于防范冒名枪替大有裨益。然乾隆皇帝所虑并不在此,硃批:"此事太琐,成何政体"!此议遂寝。

然面上印记,确非良法。同年十二月,安徽巡抚高晋奏称,"头场印面后,计至三场点名时,将及经旬。非惟保护维艰,亦且观瞻不雅,应请改印于左、右两小臂。"④高晋此项奏议,乾隆皇帝甚以为然,批曰:"武闱印颊之例,原以防弊。但国家设立武科,将以备干城之选,而印记两颊,殊非待士之体。"⑤遂令兵部议覆,从高晋之请,改为印臂,且相沿至清末废科。

---

① 齐如山:《中国的科名》,杨家骆主编:《古今图书集成续编初集》,台北鼎文书局1977年影印本第25册,第1096页。
② 景清等:《钦定武场条例》卷4《武乡会试通例二》,第361页上。
③ 定长:《奏请杜武场枪冒之弊事》,中国第一历史档案馆藏军机处录副档案,档号:03—1167—091。
④ 《清高宗实录》卷529,第15册,第660页上。
⑤ 《兵部为武闱印面之例酌请印臂事》,台北"中研院"历史语言研究所藏明清内阁大库档案,档号:169135—001。

三、内场之防弊与舞弊

武科内场考试文艺,起初考策、论,主要以《武经七书》为准,出题主要关涉行军选将之道。后因武科士子文艺日益不堪,嘉庆朝以降改为默写《武经》100余字。武科内场防弊之要点,在于确保进入内场者与外场应试者身份一致,且其内场文字为入闱期间独立完成。同时,也要防范考生信息过早公开而影响阅卷公正,并明确各考官阅卷流程与职责,以防弊情,其规制大要如下。

(一) 验对亲供

验对亲供,其意亦在预防枪替。其法,士子考试外场骑射时,每人发给一纸,令亲填籍贯、三代信息(姓名、存殁、仕否)及本人年貌,称作"亲供单"。[①]取进时,再令复填亲供信息,验对笔迹。[②]武场验对亲供之制,至迟于康熙间已行之,然难断内场代考之弊。雍正九年(1731年),湖南学政习寯疏言,"武童之外场好者,或策、论不通,或请枪手代考。或点名入号时,调换试卷。又合式武童自揣技勇不及,惯为倩代,以致作奸犯科,种种情弊。"为此,习寯奏请严格验对亲供,以绝内外场调换之弊。并于内场考试时,将外场"好字号"武童与"合式"武童坐号隔别,以防临时代倩。[③]

然制度之定立,往往与其实际执行有所偏差,乃至相去甚远。清季武童填写亲供情形,齐如山先生记其亲身经历云:

> 我实实在在看见过绝对不能识字之人,绝对不能识字,而又想混个功名顶立门户,则只好考武了,于是乎就闹的笑话百出。因为要考,不能不练练写字,至微自己的名字总要写的上来,所以仅能够写自己名姓之人,总有百分之九十,能写自己三代者不过百分之十,能默写武经者,则或有百分之一,所谓默写者不过照钞而已。所谓能写三代之名者,固然甚少,能知者亦不多,我就替武童生写过,问他三代都叫何名,大概都知道自己父亲之名,但有许多只知道乳名,一次我问一人,汝父何名?他说叫狗儿,问他大名或学名,他都不知,他说只听得他祖母永远管他父亲叫狗儿。再问他上两代,知道祖父名的还有,知道曾祖名的就很少很少了。你再问他怎么办,他脑思倒是很活动,说你找吉利字随便写上几个就是了。[④]

---

① 亲供单样式见 Etienne Zi, *Pratique des Examens Militaires en Chine*, p.26、p.32。
② 景清等:《钦定武场条例》卷10《武生童考试一》,第486页下。
③ 《清世宗实录》卷110,中华书局1985年影印本第8册,第463—464页。
④ 齐如山:《中国的科名》,第1058页。

武乡试取中后，照例顺天中式武生须于复试以前，取具五人连名互结，亲赴兵部填写亲供。各省武乡试毕，应晓谕诸生等候发榜。再由监临、督抚、提调、监试各官点齐中式武举，赴贡院填写亲供。并将亲供单与考卷一并解交兵部，磨对笔迹。如中式武生抗违不到，或笔迹不符，即题参讯究。①而且章程亦有明定，若逾限不填亲供，不准应会试。严令之下，亦有抗违不遵者。乾隆间浙江学政李因培奏称，部分武举中式后屡经催促，不赴学政衙门填写亲供，甚至不应武科会试。②此类乡居武举，大多不图上进，反而成为地方社会乱源。

（二）内场点名搜检与严密关防

武科内场进场之点名、搜检，以及严密关防之法，大致同于文科。如武会试及顺天武乡试内场，兵部先期行文步军统领，委派巡捕营官2员，各带兵20名，于贡院东、西砖门外，照册点名搜检，③再放入砖门。大兴、宛平两县官员在大门两旁照牌点入，大门内再令千总搜检，监试御史才按名给卷。场外墙垣亦须昼夜巡查，由兵部先期行文步军统领及都察院，派拨五营、五城弁兵员役执行。除了搜检应试举子，内场入闱官员之跟役及执事人等，亦一律严加搜检。倘若发现串通士子，代为怀挟舞弊，跟役从重治罪，本官照失察家人犯赃例议处。④

考生进入内场后，更需严密关防，以防传递、代写。乾隆七年（1742年），御史薛澄条奏武闱事宜，称号舍院墙低矮，易于超越，应将邻号院墙增高数尺，并照外围墙一律加以荆棘，确保锁院深严。又谓贡院四角各建一楼，设员瞭望，本为防止士子越墙出舍。然近年停设此官，只存空楼，请嗣后每楼仍派佐贰首领官一员，带役数名瞭望稽察。若该员役徇纵舞弊，由知贡举、监试官参究处治。⑤兵部议覆，均从所请。

乾隆四十七年（1782年），山东道监察御史杨九思亦奏，提调武会试时见试卷中往往有文理清通、字画端楷者。然经查访，发现武场内不无传递之弊，甚至将试卷传出代作代写，请严防范之法。旋经兵部议准，嗣后顺天武乡试及武会试内场出题之日，令监试御史督率委官，挨号查验试卷，如有传递，即行严究。内场供事之水火夫役白昼差使完竣，即扃闭空房，不许擅自出入。且考场围墙之外，令巡捕营多派兵弁昼夜巡查，以肃场规，严防传递代倩之弊。⑥

---

① 景清等：《钦定武场条例》卷9《武乡试二》，第464页。
② 李因培：《奏为特参余姚县武举陈大伦等拒不填写亲供请旨饬部议处事》（乾隆二十六年九月三日），中国第一历史档案馆藏清代宫中朱批奏折，档号：04—01—38—004—0945。
③ 点名册样式见 Etienne Zi, *Pratique des Examens Militaires en Chine*, p.59.
④ 景清等：《钦定武场条例》卷5《武乡会试通例三》，第378—379页。
⑤ 《清高宗实录》卷179，第11册，第313页。
⑥ 《山东道监察御史为请杜武场传递之弊由》，台北"中研院"历史语言研究所藏明清内阁大库档案，档号：024005—001。

其实立法越密,恰好说明弊情越深。京师武场尚且如此,各地童试情形万殊,难以画一彻查,问题更多。①早在康熙三十九年(1700年),湖广总督郭琇上《肃清学政疏》,已直指学政考选生童多受贿舞弊,谓明伦堂乃"钱神交易之地"。对武童考试时地方官吏通同舞弊之情形及后果,指陈尤切:

> 更可骇者,尤莫若考入武庠之一途也。文童之真者,尚间有一二;至若武童,无论州县大小,概以贿进。只缘此途不行磨勘,无关声价,尽以此项充之囊橐。且自行贿卖之外,复有各处进士、举人之常例,教官、巡捕等职之恩典。或二人一名、一人一名,俱以武生应之。至中有通线索、连首尾者,包去三、五人不等。甚至书吏、皂快、水夫、火夫之类,亦皆合班成群,指武生为讨赏之具。而缘入武庠者,俱系无赖棍徒,不习弓马,不谙韬略,假阿堵为护身之符。一旦衣顶到身,抗粮把持,唆讼武断,率由此辈。凡此诸弊,孰非学臣之贪滥所致?而学臣之贪滥,又孰非督抚之护纵所使也?②

郭琇此奏,硃批谓"这本说的是,九卿、詹事、科道会议具奏"。然地方官吏积弊陈习既深,利益关系亦盘根错节。故武场积弊依旧,朝廷亦不断申饬。雍正十一年(1733年),又有上谕:

> 各省学臣考试,闻有弓马平庸、文理龎通之人混入内场,越号换卷,传递代笔,贿嘱倩代。揆厥所由,总由府州县考试时,每以广收博取,市宽大之名,无论骑射优劣,悉行录送。遂令技艺不堪、汉仗猥琐之辈,混入内场,种种作弊。嗣后府州县官考试武童,倘不悉心校阅、滥行录送者,着该学政题参议处。其学政校阅外场,尤当加意选择,若将平常懦弱之人滥列好字号,入场取中,亦着督抚查参。③

彻查严处,绝非圣旨一下就能达成。偶尔究办一二典型案例,亦难儆效尤。因此,虽然朝廷屡颁严令,地方官民舞弊撞骗,千方百计。道光十一年(1831年),御史达镛亦谓武场附近多有银号、布铺之人,扮作摆摊、卖药等探听风声,随机撞骗。旋发上谕,责成监试

---

① 艾尔曼教授亦谓地方府州县考试,远离朝廷之直接控制,舞弊尽人皆知,十八九世纪之八旗武科亦然。Benjamin Elman, *Civil Examinations and Meritocracy in Late Imperial China*, pp.84—85, p.233.
② 郭琇:《华野疏稿》卷3《肃清学政疏》,影印文渊阁四库本第430册,上海古籍出版社1986年版,第782—783页。
③ 景清等:《钦定武场条例》卷10《武生童考试一》,第488页下。

御史及步军统领衙门、顺天府认真访查惩办,以杜弊端。①仅看制度条规,可见内场关防甚严,但实际运作中却防不胜防,场规渐坏。

(三) 内场试卷弥封与用笔规定

清代武科内场不似文科之有誊录与对读,防止考生信息泄漏之法,仅有弥封。武科内场弥封清初已有,乾隆三十六年(1771年),顺天武乡试考官博通阿等奏称,武乡、会试卷面弥封甚薄,定嗣后将卷面折迭,外用厚纸两层封固。②嗣后此法相沿,弥封不断加厚,并照文场例办理。光绪九年(1883年)又议准,武闱内场试卷弥封白纸再行加厚,并仿文科礼部弥封之式,将考生姓名、籍贯严密封固,再钤盖关防,以昭慎重。③

武科内场阅卷用笔初未划一,乾隆三十五年(1770年)准广西巡抚奏,武场士子答卷用墨笔,嗣后各房考官阅卷用紫笔,主试抚臣用蓝笔。如有添改,照文闱例按笔色查议。次年兵部奏称,蓝色易于洗改,故嗣后主考官改用赭黄笔,印卷戳记及一切原用蓝色之处,俱照文场之例改用紫色。④

清代武科本不重内场,改写《武经》后更形同虚设。其弥封糊名、阅卷用笔之法,不过因循故事,渐失本意。清季武童试内场情形之败坏,由此可见一斑:

> 其实这般考武之人,大多数都不识字,多是雇人代写。每逢考这场时,总有人顶名混入,自己带着一部孙武子,代别人照钞,办理考试。管点名之人,一定是礼房之书吏,他一定有亲戚朋友混入,挣这些个钱,所以永远不会破案;而且考官们也都知道这种情形,绝对不会认真。于是这种默写武经之卷子,交了卷就捆起来,绝不会有人看的,不过是国家的功令,不能不照办就是了。⑤

四、场后之防弊与舞弊

武科场后之防弊制度,主要有磨勘与复试两项,意在重新核对士子笔迹,复查其内场答卷,并重新考验其外场技勇,最终确认考生信息与成绩真实有效。以下所论,乃清代武

---

① 《清宣宗实录》卷199,第35册,第1135页上。
② 《清高宗实录》卷895,第19册,第1022页下。昆冈等:《钦定大清会典事例》卷716《兵部·武科》,第8册,第901页上。
③ 《清实录·德宗实录》卷174,中华书局1985年影印本第54册,第432页。
④ 《清实录·高宗实录》卷874,第19册,第722页上;卷881,第19册,第798页上。景清等:《钦定武场条例》卷5《武乡会试通例三》,第387页上。
⑤ 齐如山:《中国的科名》,第1057页。

乡试之磨勘与复试规制。武会试后之磨勘与复试,其法大致相类,此处不赘。

(一) 场后磨勘

清初武科乡试无磨勘之例,康熙十七年(1678年)题准,直省中式武举试卷、亲供限出榜后十日内,解送兵部磨勘。① 康熙二十六年(1687年),停武举试卷解部磨勘。② 此后各省取录武举,外场技勇每多虚报不实。清初部分省份刊刻武乡试录,已注明新中武举外场成绩,然未悬为定制通行。

嘉庆六年(1801年),令仿文闱磨勘之例,嗣后各省刊刻武乡试题名录,须一律注明各中式武生马、步箭及弓、刀、石各项成绩。俟各省题名录进呈齐备,发交兵部逐一核对。嘉庆九年(1804年)正式推行此制,并订立磨勘条例。马、步箭必须各中五枝及以上,方为合式。弓、刀、石三项技勇均列头号为最优,一、二项列头号者为合式。若有两项列二号,罚停会试一科;一项二号、一项三号者,罚停会试两科;两项三号者,罚停会试三科。若马、步箭仅中五枝,又有两项技勇皆列三号,将本生所中武举斥革,考试官分别议处。顺天武举乡试,本由兵部侍郎会同顺天府官员较射,不宜再以兵部磨勘自查。嘉庆九年亦议准,顺天武乡试竣,从内阁,及吏、户、吏、刑、工五部,以及都察院、通政使司、大理寺职员内,钦点二、三名磨勘。③

(二) 场后复试

武乡试初亦无复试之例,清季始行。《清史稿·选举志》载:

> 复试始乾隆时。初制从严,仅会闱行之。不符者罚停科,考官议处。三次复试不合式,除名。道光十五年,始复试顺天武举如会试例。咸丰七年,复试各省武举如顺天例,然稍从宽典矣。④

《宣宗实录》亦载,道光十五年(1835年)上谕内阁:"本年顺天武闱乡试取中武举,着兵部即仿照武会试复试例,具奏办理。着为例。"⑤ 武科乡试复试,即自此始。

顺天武乡试复试,于出榜揭晓、磨勘之后,由顺天府按乡试原册,将新中式武举成绩造册送兵部。经兵部题请,由亲王、郡王及六部满、汉堂官内钦点二、三员,传集武举复试。若新中式武举复试成绩参差不符,罚停会试一科,原闱监射、较射大臣交部议处。该

---

① 昆冈等:《钦定大清会典事例》卷716《兵部·武科》,第8册,第898页下。
② 昆冈等:《钦定大清会典事例》卷716《兵部·武科》,第8册,第899页上。
③ 赵尔巽等:《清史稿》卷108《选举三》,中华书局1977年点校本,第3173页。景清等:《钦定武场条例》卷9《武乡试二》,第461—463页。
④ 赵尔巽等:《清史稿》卷108《选举三》,第3173页。
⑤ 《清宣宗实录》卷273,第37册,第204页上。

武举若欲再应会试,须与下届新中武举一体复试,初次因何项技勇不符,即复试何项。积至三次复试不能合式,即将其合式字样注销,仍准以武生、兵生再应乡试或入营食粮。三科无故不复试者,注销中式字样。①

各省武举由督抚考取,若再令督抚复试自查,不免形同具文。故各省新中式武举之复试,须赴京进行。其法,各省乡试武举中式后,限令于次年武会试前八月初一至十五日,赴兵部投文到齐。兵部核计中式人数,奏请钦派王大臣分闱复试。其复试办法及罚黜则例,与顺天复试同。三科无故不复试者,亦注销中式字样。②

磨勘与复试已为防弊措施,为了防止该防弊措施执行中又有舞弊,武乡试磨勘、复试又有回避规制。因顺天武乡试本由兵部侍郎会同顺天府官员较射,不宜再以兵部磨勘自查。嘉庆九年(1804年)议准,顺天武乡试毕,从内阁及吏、户、礼、刑、工五部,以及都察院、通政使司、大理寺职员内,钦点二、三名磨勘。③同理,各省武举由督抚考取,不宜再令督抚复试自查,故各省新中式武举,须赴京由兵部奏请,钦派王大臣复试。④为防弊而立制,复另立制而防此制之弊,足见其设计之缜密;同时,也可见建制之繁复,条文之冗杂。

五、余 论

清代武科考试之防弊,其根本宗旨在于致公、抡才。其制度之关涉对象,则遍及考生、考官、场官、兵丁、杂役,乃至考生家族邻里、一切有关此项考试之人。其制度规范之流程,则包括自报名至取中过程中的每一环节。具体而言,从场前回避、保结、审音制度,到场内约束考官、点名搜检、记录成绩、印面印臂、验对笔迹、弥封试卷、统一笔色,再到场后磨勘文字、复试考生,从制度设计层面而言,可谓严格完备。而且对武场纪律屡申禁令,违反者待以严刑峻法。即便今日各项考试管理制度和防弊措施,在技术水平和实施手法上或许有所不同,但细加考究,则不难发现背后的基本理念和方法原则仍然大同小异,颇多互通之处。其实,只要以大规模竞争性考试作为选拔人才的机制,就必须严肃考虑和对待考场防弊和舞弊问题。如何最大限度确保考试的公平和公正,维护多数考生的权益,乃古今考试组织者、管理者和实施者都需要直面的难题。

换个角度来看,防弊方法越精密,禁令申饬越频繁,正好反映出作弊手段越高明,舞弊情形越严重。邓之诚先生序《中国考试制度史》,谓"科举历时独久,弊亦最著。防弊之

---

① ② ④ 景清等:《钦定武场条例》卷9《武乡试二》,第466—467页。
③ 赵尔巽等:《清史稿》卷108《选举三》,第3173页。景清等:《钦定武场条例》卷9《武乡试二》,第461—463页。

法,监守巡察糊名誊录磨勘回避,且严刑峻法以临之,不可谓疏,而弊则益随之滋长。"①同时,舞弊手段越高明,亦导致防弊方法越益精密。清季报刊谓"一法立,一弊生,凡事皆然,而科场尤甚,亦在乎防之而已。更恐防弊之法立,而作弊之端,即由此而生,则防之可不加严乎?"②考试防弊与舞弊之博弈,犹如警察与盗贼、猫与鼠、医术与病菌,相互敌对而又互相促进,彼此皆在互博中提升手段与水平。因此,清代武场规程详备,然其弊情却甚为严重。而且越至中后期,弊情越益凸显。③结果,武科所选之人武艺或有可取,然大多文墨不通,这也是武科遭人诟病、难以有效拔擢真才的原因之一。武科应试者大多长于武艺,短于文艺。考试内场时,只能凭借作弊手段,希图进身。而监试人员亦知此乃彼辈惯习,一旦严行禁绝,将致终场所取不敷中额,于是明知而故为宽纵。④更有甚者,收受陋规,内外串通作弊,共坏场规。

武科考试"致公之难"的困境,也直指传统政治体制的根本症结。究极而言,考选制度仅为政治体制的一环,⑤如果整体政治体制存在"结构性问题",其运作缺少有效的外部监督与内部制衡,就很难企望考试制度能出污不染。此种大势之下,再完备的制度设计,也难敌体制内外徇私钻营者的联合夹击,以致不少规条形同具文。明白此理,便不难理解清代武科为何防弊措施严密至极,瞻徇舞弊却层出不穷。中国以考试抡才,历史既久,考法详备。防弊之法,亦备极严密。若论考试防弊设计之严密,举世之中恐无出中国之右者;而考察舞弊手段之"高明",寰宇之内亦恐难有能望中国之项背者,甚为吊诡。最后也需要指明的是,此篇讨论之依归,并非要否认考场防弊制度建设之无益。相反,恰是因为在传统政治场域中,人事之灵活往往挑战制度之规定,就更需要建立明确而可靠的制度,以为施行之依据。同时,又需在施行过程中根据所遭遇的问题,因应情势之需求作出修正。制度设计与其运作实况之间,往往存在此种误差与分殊;也正是此种误差的存在,才不断推动制度建设随时应势而作改进,不断臻于完善。

---

① 邓嗣禹:《中国考试制度史》,台北学生书局1977年版,第2页。
② 《武闱关防》,《申报》1897年11月10日。
③ 此种趋势,也与清代对武科晋身之始的武生的管课与训练有关,并涉及清代武科出身者地位与影响的变化。有关前一问题的研究,详参李林:《清代武生的管理、训练与考课》,《史学月刊》2015年第12期。后一问题则另俟专文探讨。
④ 《礼部为请严武场法制事》(乾隆二十四年十一月),台北"中研院"历史语言研究所藏明清内阁大库档案,档号:147655—001。
⑤ 现行图书分类法也能反映此种归趣,研讨科举考试等中国古代选举制度之书,在《中国图书馆分类法》中被归入D(政治、法律)大类,在《美国国会图书馆分类法》中被归入J(政治学)大类。

文献考证

李承箕《大厓李先生诗文集》与庄昶《定山集》关系考

□朱志先

摘　要：李承箕与庄昶均为明代中叶的理学名士，但李承箕《大厓李先生诗文集》与庄昶《定山集》中有 70 余篇诗文的内容是相同的。两人有共同的交友圈子，仅凭诗文篇名，难以断定这些相同诗文为何人所作。通过梳理辨析两书相同部分之归属，并探析其原因，有益于学界对李承箕、庄昶学术思想之进一步探究。

关键词：李承箕；庄昶；《大厓李先生诗文集》；《定山集》；异同考

作者简介：朱志先，历史学博士，历史学博士后，湖北科技学院人文与传媒学院副教授，437005

一、缘　起

李承箕（1452—1505），字世卿，号大厓先生，湖北嘉鱼人。李承箕之著述由其友人吴廷举搜集整理，有诗集十二卷，文集八卷，附录一卷，名为《大厓李先生诗文集》，刻于正德五年（1510 年）。李承箕诗文集的传世本子名称各异，有《李大厓集》《李大崖诗集》《李大厓诗文集》《大崖李先生集》等。李承箕师从陈献章，系陈献章的得意门生，以理学著称于世，《大厓李先生诗文集》是学界研究其生平及其思想的重要史料。

与李承箕同时代的庄昶（1437—1499），字孔旸，号定山先生，江浦（今属江苏南京）人，成化进士，官南京礼部郎中。庄昶与陈献章过往较多，备受陈献章称赞，著有《定山集》十卷，最初由其同乡弓元刻于 1507 年。因庄昶学问影响较大，后世刊刻其诗文较多，目前传于世的《定山集》有嘉靖十四年本、康熙四十一年庄清佐刻本、乾隆五年本、四库全书本（以康熙四十一年本为底本）、1914—1916 年上元蒋氏慎修书屋铅印本（金陵丛书本）、丛书集成续编本及《盛明百家诗》之节选本等。学界研究庄昶相关问题大多依据四库全书本《定山集》而论①。

学界无论是研究李承箕及其著述,或是庄昶及其著述,多是直接予以征引、论析,就史料而论问题,但两者著作中却有许多雷同之处,雷同部分多为诗文,仅从诗文篇名很难断定这些诗文到底是因何人、何事而写,这就需要从史源学、编纂学的角度考察两人著述之关联。为使学界了解此问题,笔者悉列其相同之文如下,能断定其著者则予以断定,无法断定者则存疑,进而分析两本书出现雷同之原因。

二、《大厓李先生诗文集》与《定山集》相同部分关系辨析

李承箕《大厓李先生诗文集》和庄昶《定山集》皆有诗、文构成,但在这两部著作中有近80个条目存在雷同,为更好了解这一情况,逐条兹录如下。

1.《定山集》卷二《石翁见寄次韵》②,与《大厓李先生诗文集》卷八《石翁见寄次韵》后两首完全相同③。

按:《石翁见寄次韵》之文为:

> 逍遥游侣却来寻,万仞烟霞一片心。难向眼前人说得,眼前人只解乡音。
>
> 山盟投老会相寻,无复人间不了心。铁笛试吹峰顶月,山灵依旧是知音。

据陈献章《寄李世卿》"衡岳千寻云万寻,丹青难写梦中心。人间铁笛无吹处,又向秋风寄此音。"④

李承箕言是次韵陈献章之文,即押"寻""心""音"韵,故此两首应为李承箕所作。

---

① 辛德勇《海内孤本嘉靖刻〈定山先生文集〉残帙》(《中国典籍与文化》2001年第2期),贾宗普《论陈献章、庄昶的人生态度与思想倾向》(《河北经贸大学》2006年第4期),何芳《浅谈庄昶的创作》(《淮阴师范学院教育学报》2007年第2期),邵金金《庄昶的诗学观念及其理学诗初探》(《湖北大学学报》2010年第5期),任熹《明成弘年间士人的出处考虑——以庄昶为中心的讨论》(《中山大学研究生学刊》2011年第3期)。上述文章对庄昶《定山集》的研究,均没有从史源学的角度考虑《定山集》与《大厓李先生诗文集》之间的关系。
② 庄昶:《定山集》卷二《石翁见寄次韵》,文渊阁四库全书影印本第1254册,上海古籍出版社1987年版,第160页。按:以下源自是书者仅注卷数及页码。
③ 李承箕:《大厓李先生诗文集》卷八,四库全书存目丛书补编集部第40册,齐鲁书社2001年版,第540页。按:文中所引《大厓李先生诗文集》均为四库全书存目丛书补编集部第40册,齐鲁书社2001年版。是本是影印湖北省图书馆所藏明正德五年吴廷举刻本。
④ 陈献章:《陈献章集》卷六《寄李世卿》,中华书局2008年版,第631页。按:以下源自是书者仅注卷数及页码。

2.《定山集》卷二《春日郊行》①,与《大厓李先生诗文集》卷八《春日郊行》完全相同②。著者待定。

3.《定山集》卷二《入洪山》③,与《大厓李先生诗文集》卷八《入洪山》④完全相同。

按:《定山集》卷二有《上洪山顶》《入洪山》《宿洪山寺》。但李承箕诗文中论及洪山一事仅此一首。庄昶对洪山一事描述更为详尽,此首可能为庄昶所作。

4.《定山集》卷二《登山》⑤,与《大厓李先生诗文集》卷八《登山》仅一字之差⑥,"千里禾麻压亩低",《定山集》"禾"作"桑"。著者待定。

5.《定山集》卷二《刘媪送酒》⑦,与《大厓李先生诗文集》卷八《刘媪送酒三绝》仅个别字差异⑧,"美醖三升殊可恋",《定山集》"三"作"二";"十五桥边觅酒垆",《定山集》"觅"作"卖"。但《大厓李先生诗文集》中《刘媪送酒三绝》为三首诗,而《定山集》中《刘媪送酒》仅为一首。著者待定。

6.《定山集》卷二《承嘉弟遣弟承规挈舟送客武昌,舟还金矶,适族弟承敬会矶下许相挽而上。舟覆,规与敬得拯,规遂舍舟而归,承嘉欲令规求舟,止以诗》⑨,与《大厓李先生诗文集》卷八《承嘉弟遣弟承规挈舟送客武昌,舟还金矶,适族弟承敬会矶下许相挽而上。舟覆,规与敬得拯,规遂舍舟而归,承嘉欲令规求前舟,止以诗》仅个别字差异⑩。

按:李承箕文为"两弟矶头真陆沉,茫茫不记此来心。扁舟直得曾多少,天与平安抵万金。"庄昶文为"尔弟矶头真陆沉,茫茫不记此来心。扁舟值得曾多少,天与平安抵万金。"李承嘉、李承规均为李承箕大伯父李官之子,李承敬系其同门族弟。因此,庄昶在书写时,不应该称李承敬为族弟,"两弟"与"尔弟"相较,"两弟"更符合实情,故此首诗应为李承箕所作。

7.《定山集》卷二《寄严先生罢任》⑪,与《大厓李先生诗文集》卷九《寄严先生罢任》完全相同⑫。著者待定。

8.《定山集》卷二《和沈大有国宾韵二首》⑬,与《大厓李先生诗文集》卷九《和沈大有国宾韵》相同⑭。见下面第10条,可知此诗为李承箕所作。

9.《定山集》卷二《次韵升卿弟》⑮,与《大厓李先生诗文集》卷九《次韵升卿弟四首》完全相同⑯,仅个别字差异。"长路自来还自去",《定山集》"长"作"弋";"天损分明不受

---

①③ 庄昶:《定山集》卷二,第183页。
②④⑥⑧⑩ 李承箕:《大厓李先生诗文集》卷八,第541页。
⑤⑦⑨ 庄昶:《定山集》卷二,第184页。
⑪⑬ 庄昶:《定山集》卷二,第185页。
⑫⑭⑯ 李承箕:《大厓李先生诗文集》卷八,第542页。
⑮ 庄昶:《定山集》卷二,第185—186页。

多",《定山集》"受"作"爱";"午牎忽起初晴日",《定山集》"起"作"启"。

按:李承阶,字升卿,系李承箕叔父李田之子。《大厓李先生诗文集》中还有李承箕与李承阶往来的诗文,如《和升卿》①,而《送升卿弟赴太学》一文,则论及道对李承阶的期望,"骎骎令弟文章进,楚楚贤关步履趋"②。此诗应为李承箕所作。

10.《定山集》卷二《寄沈大有》③,与《大厓李先生诗文集》卷九《寄沈大有二首》完全相同④。

按:据"鄂城今夜思千里,一首书残一炷香。"鄂城即指湖北。另,"祝融风满游人袖,一片崖兰万斛香",李承箕曾游过祝融峰。此诗应为李承箕所作。

11.《定山集》卷二《次韵喻祁阳子乾见赠六首》⑤,与《大厓李先生诗文集》卷九《次韵喻子乾见赠六首》仅个别字差异⑥。

按:《大厓李先生诗文集》卷二十《答喻析阳子乾惠鲁公石刻并九疑茶》中有"面隔来去,几柱书问。箕山林放诞,明公何取于斯","小诗闲令吏人隔墙歌之,而明公和焉",说明李承箕与喻子乾之间有诗文往来⑦。但《定山集》中《次韵喻祁阳子乾见赠六首》前一条是《寄喻祁阳子乾》,而《大厓李先生诗文集》中无此条。著者待定。

12.《定山集》卷二《宜章再寄高挥使》⑧,与《大厓李先生诗文集》卷九《再寄高挥使》仅一字之差⑨,"云为车盖树为幢",《定山集》"车"作"伞"。著者待定。

13.《定山集》卷二《题楳》⑩,与《大厓李先生诗文集》卷八《题梅》完全相同⑪。著者待定。

14.《定山集》卷三《病暑》⑫,与《大厓李先生诗文集》卷九《病暑》仅一字之差⑬,"金茎恐乏斟",《定山集》"茎"作"卮"。著者待定。

15.《定山集》卷三《用韵寄李公冶》⑭,与《大厓李先生诗文集》卷九《用韵答李公冶》仅一字之差⑮,"夏酒两回斟",《定山集》"夏"作"交"。著者待定。

---

① 李承箕:《大厓李先生诗文集》卷九,第543页。
② 李承箕:《大厓李先生诗文集》卷十二,第556—557页。
③ 庄昶:《定山集》卷二,第186页。
④ 李承箕:《大厓李先生诗文集》卷八,第544页。
⑤⑧⑩ 庄昶:《定山集》卷二,第187页。
⑥ 李承箕:《大厓李先生诗文集》卷八,第545页。
⑦ 李承箕:《大厓李先生诗文集》卷二十,第616页。
⑨ 李承箕:《大厓李先生诗文集》卷八,第547页。
⑪ 李承箕:《大厓李先生诗文集》卷八,第539—540页。
⑫⑭ 庄昶:《定山集》卷三,第199页。
⑬⑮ 李承箕:《大厓李先生诗文集》卷八,第543页。

16.《定山集》卷三《和周宪长时可留别》①,与《大厓李先生诗文集》卷八《和周宪长时可留别》仅有两字之差②,"容容涵宇宙",《定山集》作"看看"。

按:其中"楚江黄鹤唳,清梦亦高楼""长醉兼长舞",由"楚江"及"长醉",可知此诗系李承箕所作。

17.《定山集》卷三《和广西吴宪副》③,与《大厓李先生诗文集》卷八《和广西吴宪副》仅有个别字的差异④。

按:据《大厓李先生诗文集》卷五《次韵呈定山》有"聊寄楚狂吟"⑤、卷五《楚云台》"平生楚狂意"⑥,可知"我本楚狂人"系李承箕所作。

18.《定山集》卷五《石翁见寄次韵》⑦,与《大厓李先生诗文集》卷八《石翁见寄次韵》,仅一字之差⑧,"瓢挂林梢风浙沥",《定山集》"林"作"树"。

按:此诗文为:

花下一杯还一歌,梅云细路隐垂萝。春来红紫花无数,此外东西路更多。影子青天从放诞,头颅明镜咲蹉跎。悠扬乘兴前溪曲,戏拨流澌漱碧波。

万里长风击楫歌,了无此梦挂烟萝。溪山到脚长嫌少,车马临门不爱多。瓢挂林梢风浙沥,鹤巢松盖梦蹉跎。一声引起渔家傲,两两三三唱隔波。

而陈献章《陈献章集》卷五《寄李世卿》:

再过湘江踏浪过,一帆西去傍烟萝。家临汉水心无住,人到衡山兴亦多。岂是兵戈愁阻绝,不因婚嫁笑蹉跎。白鸥肯信闲于我,也解忘机浴远波。

湖北竹枝高自歌,钓丝千丈引垂萝。烟霞脚底真曾到,岁月人间颇厌多。云水与君终浩荡,题缄寄我莫蹉跎。秋风税驾衡山下,共泛清湘明月波。⑨

李承箕言是次韵陈献章之文,即押"萝""多""跎""波"韵,故此两首应为李承箕所作。

---

① ③ 庄昶:《定山集》卷三,第199页。
② ④ 李承箕:《大厓李先生诗文集》卷八,第539页。
⑤ 李承箕:《大厓李先生诗文集》卷五,第524页。
⑥ 李承箕:《大厓李先生诗文集》卷五,第525页。
⑦ 庄昶:《定山集》卷五,第251—252页。
⑧ 李承箕:《大厓李先生诗文集》卷八,第540页。
⑨ 陈献章:《陈献章集》卷五《寄李世卿》,第483页。

· 176 ·

19.《定山集》卷五《沈公见寄次韵奉答》①,与《大厓李先生诗文集》卷八《沈公见寄次韵奉答》完全相同②。著者待定。

20.《定山集》卷五《衡州邓贰守示寄石翁诗次韵奉答三首》③,与《大厓李先生诗文集》卷八《衡州邓贰守示寄石翁诗次韵奉答三首》相同④。

按:《定山集》"衡岳主人开洞府,湘江烟月狎凫翁。宪台东老书频到,鸿鹄遥怜万里风"。没有自注"沈都宪也"。另据《大厓李先生诗文集》卷二十《沈都宪》⑤,可知沈都宪和李承箕一起游览衡山。故此诗应为李承箕所作。

21.《定山集》卷五《随州守士修见寄作次韵》⑥,《大厓李先生诗文集》卷八《随守李士修见寄次韵》仅一字之差⑦,"握肝无地托交深",《定山集》"肝"作"犴"。按:《大厓李先生诗文集》卷七《岳州逢李别驾士修》⑧,说明李承箕与李士修是有交往,而《定山集》中仅有《随州守士修见寄作次韵》。著者待定。

22.《定山集》卷五《奉沈都宪和韵》⑨,与《大厓李先生诗文集》卷八《沈都宪诗来次韵奉答二首》仅有个别字的差异⑩。"地炉拨火常煨芋,岩谷锄云自种松"。《定山集》"芋"作"栗","自"作"只"。

按:由"卑贱不知谁是我,谦光自信福膺神",及"两脚东南万万峰,悠然云水一行踪"。因李承箕属于平民百姓,而沈都宪与其游览衡山,故有"卑贱""两脚东南万万峰"之说。此首应为李承箕所作。

23.《定山集》卷五《黄公山钓台浸水答陈二教先生》⑪,与《大厓李先生诗文集》卷八《黄公山钓台浸水答陈二教先生二首》仅一字之差⑫,"相看影子还相戏",《定山集》"影"作"歌"。

按:李承箕归山林后,曾在老家黄公山筑钓台,与兄长李承芳互相酬唱不已。《大厓李先生诗文集》卷十六《送柯容甫还莆田序》载"吾闻其乡先生吾嘉贰教陈君景重",可知陈先生即嘉鱼之贰教陈景重。另据卷十二《送程乡令陈景重》⑬、卷二十《与陈景重》⑭,可知此诗系李承箕所作。

---

① 庄昶:《定山集》卷五,第252—253页。
②⑩ 李承箕:《大厓李先生诗文集》卷八,第540页。
③⑥ 庄昶:《定山集》卷五,第253页。
④⑦ 李承箕:《大厓李先生诗文集》卷八,第541页。
⑤ 李承箕:《大厓李先生诗文集》卷二十,第616页。
⑧ 李承箕:《大厓李先生诗文集》卷七,第533页。
⑨ 庄昶:《定山集》卷五,第253—254页。
⑪ 庄昶:《定山集》卷五,第254页。
⑫ 李承箕:《大厓李先生诗文集》卷八,第541—542页。
⑬ 李承箕:《大厓李先生诗文集》卷十二,第557—558页。
⑭ 李承箕:《大厓李先生诗文集》卷二十,第619页。

24.《定山集》卷五《送友卿还上虞》①,与《大厓李先生诗文集》卷八《送许夏卿还上虞》仅一字之差②,"此身天地本无外",《定山集》"身"作"功"。

按:由《送许夏卿还上虞》"冷暖一年蔬饭里,往来千变不言中"。说明许夏卿是住了一年才离开,据《大厓李先生诗文集》卷十六《送许生还上虞序》③,许生是弘治戊午(1498年)正月来,弘治己未(1499年)春正月离开,正好一年。许生即许璋。此诗应为李承箕所作。

25.《定山集》卷五《谢天与改官汴臬幕东峤兄有诗次韵并寄》④,与《大厓李先生诗文集》卷八《谢天与改官汴臬幕东峤兄有诗次韵并寄》仅有个别字的差异⑤。"梁国何曾还吓我""鬓拥山花御野风""活动天几切太空",《定山集》"吓"作"哧","鬓"作"髻","几"作"机"。

按:"梁国何曾还吓我","吓我"应属湖北方言,此诗可能为李承箕所作。

26.《定山集》卷五《太守马公墓志成诗寄其子侍御》⑥,与《大厓李先生诗文集》卷九《太守马公墓志成诗寄其子侍御》完全相同⑦。

按:见第65条,可知首诗为李承箕所作。

27.《定山集》卷五《寄雷敏》⑧,与《大厓李先生诗文集》卷九《与雷敏》仅有个别字的差异⑨。《定山集》"旧雨亦留今亦留","亦"作"雨";"兄辈还君与道谋","兄"作"儿";"经笥破胸开万卷","开"作"书"。著者待定。

28.《定山集》卷五《下庄栽禾呈诸兄弟》⑩,与《大厓李先生诗文集》卷九《下庄栽禾呈诸兄弟三首》完全相同⑪。

按:庄昶是弘治八年三月升南京吏部验封司郎中,八月到任,十二月中风⑫。弘治九年八月二十日致仕,告归定山⑬。庄昶死于弘治十二年九月二十九日(1499年)⑭。《明儒学案》卷四十五《郎中庄定山先生昶》亦载庄昶卒于1499年,九月二十九日⑮。庄昶致仕

---

① 庄昶:《定山集》卷五,第254页。
②⑤ 李承箕:《大厓李先生诗文集》卷八,第542页。
③ 李承箕:《大厓李先生诗文集》卷十六,第590—591页。
④ 庄昶:《定山集》卷五,第254—255页。
⑥⑧⑩ 庄昶:《定山集》卷五,第255页。
⑦ 李承箕:《大厓李先生诗文集》卷九,第542页。
⑨ 李承箕:《大厓李先生诗文集》卷九,第542—543页。
⑪ 李承箕:《大厓李先生诗文集》卷九,第543页。
⑫ 陈献章:《陈献章集》附录二,第852页。
⑬ 陈献章:《陈献章集》附录二,第854页。
⑭ 袁锦贵:《古谈只随真本色——明代名臣庄昶》,沈新林主编:《明代南京学术人物传》,南京大学出版社2004年版,第173页。
⑮ 黄宗羲:《明儒学案》卷四十五,中华书局2008年版,第1078页。

归时已中风,因此不会有"下庄栽禾"之举,故此诗应为李承箕所作。

29.《定山集》卷五《任仲禄仲谋万钧诸弟载酒访田所》①,与《大厓李先生诗文集》卷九《任仲禄仲谋万钧诸弟载酒访田所用韵》仅一字之差②。"缔交曾许鹤先知",《定山集》"鹤"作"鹳"。著者待定。

30.《定山集》卷五《和升卿弟》③,与《大厓李先生诗文集》卷九《和升卿》完全相同④。

按:据上文第9条,此诗系李承箕所作。

31.《定山集》卷五《寄答会卿弟示诗》⑤,与《大厓李先生诗文集》卷九《寄答会卿弟示诗》完全相同⑥。

按:会卿,即李承嘉,与李承箕有多篇诗文交流。此诗应为李承箕所作。

32.《定山集》卷五《林待用擢方伯不赴》⑦,与《大厓李先生诗文集》卷九《闻林待用擢方伯不赴》完全相同⑧。

按:《大厓李先生诗文集》卷一《读林公待用奏疏》、卷十一《寄都间王公杨守俙》、卷十三《两先生赠麦秀夫诗跋》对林待用均有介绍,而《定山集》中仅有《林待用擢方伯不赴》。此诗应为李承箕所作。

33.《定山集》卷五《寄雷震东读书熟湖并寄震阳诸昆弟用三首》⑨,与《大厓李先生诗文集》卷九《寄雷震东读书熟湖并寄震阳诸昆弟用前韵三首》相比缺少李承箕的自注"立卿弟弱冠以儒士得第"⑩。

按:《定山集》"儒生回首吾家季,弱冠当年应鹄头",无自注"立卿弟弱冠以儒士得第"。立卿,即李承勋,是以儒士中举人。此诗应为李承箕所作。

34.《定山集》卷五《赠吴别驾献臣复之成都》⑪,与《大厓李先生诗文集》卷九《赠吴别驾献臣复之成都》完全相同⑫。

按:由《大厓李先生诗文集》卷十六《赠吴君献臣赴成都序》⑬,可知此诗系李承箕所作。

35.《定山集》卷五《岳阳楼》⑭,与《大厓李先生诗文集》卷九《岳阳楼》完全相同⑮。

按:由第36、66条,可知此为李承箕所作。

36.《定山集》卷五《岳阳楼留别张公》⑯,与《大厓李先生诗文集》卷九《岳阳楼留别张

---

① ③ ⑤ ⑦ ⑨ 庄昶:《定山集》卷五,第256页。
② ④ ⑥ ⑧ ⑩ ⑫ 李承箕:《大厓李先生诗文集》卷九,第543页。
⑪ 庄昶:《定山集》卷五,第256—257页。
⑬ 李承箕:《大厓李先生诗文集》卷十六,第590页。
⑭ ⑯ 庄昶:《定山集》卷五,第257页。
⑮ 李承箕:《大厓李先生诗文集》卷九,第544页。

孟贤太守》完全相同①。

按：由《大厓李先生诗文集》卷二十《复张岳州孟贤》②，可知此诗系李承箕所作。

37.《定山集》卷五《石翁又有书至诗寄兄东峤》③，与《大厓李先生诗文集》卷九《途次得石翁书寄东峤兄》完全相同④。著者待定。

38.《定山集》卷五《邑二教陈先生以诗赠行用韵奉答》⑤，与《大厓李先生诗文集》卷六《邑贰教陈先生以诗赠行用韵奉答》完全相同⑥。

按：据上文第23条，可知此诗系李承箕所作。

39.《定山集》卷五《用前韵寄东峤兄》⑦，与《大厓李先生诗文集》卷九《用前韵寄东峤兄二首》仅个别字的差异⑧，亦是《定山集》之误。另外，庄氏的第二首是《大厓李先生诗文集》卷九《偶成》（上接《大厓李先生诗文集》卷九《用前韵寄东峤兄》），但是《偶成》与《用前韵寄东峤兄》是不对韵的，可见《定山集》之文应属拼凑李承箕之文而成。

40.《定山集》卷五《书东山草堂扁》（东山，谓华容刘户部，时雍也）第一首⑨，与《大厓李先生诗文集》卷九《书东山草堂扁》完全相同⑩，但李承箕之文无自注。著者待定。

按：《定山集》卷五《书东山草堂扁》是两首，其第二首"黄落空山满地知，江湖残线一襟诗。是天荣瘁元无意，犯手输赢不会棋。沙苑草非骐骥秣，潇湘竹是凤凰枝。紫虚有约千回醉，笑指僧趺亦坐驰"。且和第一首是押韵，而李承箕之文是一首。另，《定山集》卷五有《闻华容刘东山先生致仕》。故此诗当为庄昶所作。

41.《定山集》卷五《喜诸生夜读》⑪，与《大厓李先生诗文集》卷九《舟中喜诸生夜读三首》仅个别字不同⑫。著者待定。

42.《定山集》卷五《叠前韵》⑬，与《大厓李先生诗文集》卷九《叠前韵四首》仅个别字不同⑭。但庄昶此诗一首有自注，而李氏没有。

按：《大厓李先生诗文集》卷九《叠前韵四首》与之前《偶成》所押韵同。又见第39条，可知此诗系李承箕所作。

43.《定山集》卷五《次韵王良卿》⑮，与《大厓李先生诗文集》卷九《次韵王良卿一首》完

---

① ④ ⑧ ⑩ ⑫　李承箕：《大厓李先生诗文集》卷九，第544页。
②　李承箕：《大厓李先生诗文集》卷二十，第616—617页。
③ ⑤ ⑦　庄昶：《定山集》卷五，第257页。
⑥　李承箕：《大厓李先生诗文集》卷六，第532页。
⑨ ⑪　庄昶：《定山集》卷五，第258页。
⑬　庄昶：《定山集》卷五，第258—259页。
⑭　李承箕：《大厓李先生诗文集》卷九，第545页。
⑮　庄昶：《定山集》卷五，第259页。

全相同①。

按:《次韵王良卿一首》有"七十二峰云雾里,不知玄豹在何峰"。据《大厓李先生诗文集》卷二十《与曾复初》,"今以衡阳余君廷玉、王君良卿、常君邦靖为媒,策马入山访邺侯之烟霞,寻率牛之紫虚,求致堂五峰之故迹。"②可知,此诗系李承箕所作。

44.《定山集》卷五《次韵余秀才》③,与《大厓李先生诗文集》卷九《次韵余秀才二首》完全相同④。著者待定。

45.《定山集》卷五《寄汝贤乃兄》⑤,与《大厓李先生诗文集》卷九《寄欧阳汝贤一首》有个别字差异⑥。"路从经处不能忘",《定山集》"经"作"径";"木叶为衣不种桑",《定山集》"衣"作"名"。著者待定。

46.《定山集》卷五《耒阳吊工部祠墓》⑦,与《大厓李先生诗文集》卷九《耒阳吊工部祠墓二首》一字之差⑧,"倮葬不葬等是休",《定山集》"倮"作"应"。著者待定。

47.《定山集》卷五《次韵郴州博韩先生》⑨,与《大厓李先生诗文集》卷九《次韵郴州博韩先生》相比,缺少李承箕的自注"君二亲迎就养"⑩。但是庄昶此卷还有《用前韵再寄韩州博》,和《次韵郴州博韩先生》同韵。著者待定。

48.《定山集》卷五《用韵简孔贡士》⑪,与《大厓李先生诗文集》卷九《用韵简孔贡士一首》完全相同⑫。著者待定。

49.《定山集》卷五《郴州留别高挥使》⑬,与《大厓李先生诗文集》卷九《郴州留别高挥使一首》仅一字之差⑭,"蛮村几试巡游马",《定山集》"村"作"烟"。著者待定。

50.《定山集》卷五《与致政孔千兵》⑮,与《大厓李先生诗文集》卷九《与致政孔千兵一首》仅一字之差⑯,"便是昭文不鼓琴",《定山集》"便"作"须"。著者待定。

51.《定山集》卷五《答王朝仪贡士》⑰,与《大厓李先生诗文集》卷九《答王朝仪贡士一首》仅一字之差⑱,"珊瑚石上看余柯",《定山集》"石"作"枝"。著者待定。

52.《定山集》卷五《郴州葛别驾两过寓舍见访》⑲,与《大厓李先生诗文集》卷九《郴州葛别驾两访寓舍诗以复之一首》仅一字之差⑳,"楚国郴山厌上流",《定山集》"厌"作"压",缺少"姜侯未到先声喜"的自注"太守姜公尚未到"。

按:据李承箕的自注,此诗应为李承箕所作。

---

①④⑥⑧ 李承箕:《大厓李先生诗文集》卷九,第545页。
② 李承箕:《大厓李先生诗文集》卷二十,第615页。
③⑤ 庄昶:《定山集》卷五,第259页。
⑦⑨⑪⑬⑮⑰ 庄昶:《定山集》卷五,第260页。
⑩⑫⑭⑯⑱⑳ 李承箕:《大厓李先生诗文集》卷九,第546页。
⑲ 庄昶:《定山集》卷五,第261页。

53.《定山集》卷五《木昌道中》①，与《大厓李先生诗文集》卷九《乐昌道中二首》相比仅标题不同②。

按:《大厓李先生诗文集》卷二十《与王岭南》载"先生与处皆天下士,而以求感文,委诸里巷人。长者之爱固多,而小子无乃谬承当此笔耶。连日患疟于乐昌,且住数日,方神健好,过山小诗寄意,承箕顿首十月朔在韶阳舟中启"③。李承箕提到"连日患疟于乐昌",说明他是经过乐昌,故此诗系李承箕所作。

54.《定山集》卷五《五羊寄邓先生俊》④，与《大厓李先生诗文集》卷九《五羊寄邓先生俊圭二首》有个别差异⑤。《定山集》标题"邓先生俊"为误,应是邓俊圭。"追随独愧共此门",《定山集》"此"作"江";"七年三遍度泷人",《定山集》"泷"作"陇"。

按:《大厓李先生诗文集》卷九《五羊寄邓先生俊圭二首》有"七年三遍度泷人","好山我有朱陵洞",即指李承箕数度江门及游览朱陵洞之事,故此诗当为李承箕所作。

55.《定山集》卷五《寄答广州黄别驾》⑥，与《大厓李先生诗文集》卷九《答广州黄别驾黄华容人一首》有多个字差异⑦。

按:据《答广州黄别驾黄华容人一首》"半亩楚云台主我,独来弄月又残更",楚云台系陈献章为李承箕所建,故此诗系李承箕之作。

56.《定山集》卷五《寄答朱推府》⑧，与《大厓李先生诗文集》卷九《答朱节推伯骥一首》仅个别字差异⑨。

按:《答朱节推伯骥一首》中"高才雅足当府政,余子自知无宦情",从"余子自知无宦情"一句,可知此诗系李承箕所作。

57.《定山集》卷五《次韵沈都宪》⑩，与《大厓李先生诗文集》卷八《次韵沈都宪时易》有个别字差异。还缺少《次韵沈都宪时易》的背景介绍"箕无似,比者一拜执事祝融之下,不惟信其言于俄顷之间,而尤加之意于既别之后。王公大人崇奖山野,此风断绝久矣。伏承即日书并仪来,曷胜荣感。诸诗奚容赘美,奉和二章,前以寄意执事,后以寄意石翁。意陋词荒,不胜悚息"⑪。

按:由李承箕诗文的背景介绍,可知此诗系李承箕所作。

58.《定山集》卷七《送许生还上虞序》⑫，《大厓李先生诗文集》卷十六《送许生还上虞

---

① ④ ⑥ ⑧ 庄昶:《定山集》卷五,第261页。
② ⑤ ⑦ 李承箕:《大厓李先生诗文集》卷九,第546页。
③ 李承箕:《大厓李先生诗文集》卷二十,第618页。
⑨ 李承箕:《大厓李先生诗文集》卷九,第546—547页。
⑩ 庄昶:《定山集》卷五,第261—262页。
⑪ 李承箕:《大厓李先生诗文集》卷八,第540页。
⑫ 庄昶:《定山集》卷七,第301页。

序》仅个别字差异①。《大厓李先生诗文集》中有落款"时弘治己未春正月序",而《定山集》中未有。

按:据《大厓李先生诗文集》卷十六《送许生还上虞序》中"予坐之大崖山中""予赠诗二章,予兄大理复和之"等语。另据上述第24条,可知此序确为李承箕所作。

59.《定山集》卷八《东洲记》②,与《大厓李先生诗文集》卷十五《东洲记》仅个别字的差异③。

按:《大厓李先生文集》中"石翁陈先生约箕将于此焉居之""箕虽未登东洲而观其胜""翁与箕迹不载吏籍",《定山集》均把李承箕的"箕"改为"某"。此文应为李承箕所作。

60.《定山集》卷八《云卧轩记》④,与《大厓李先生文集》卷十四《云卧轩记》仅个别字的差异⑤。

按:据《大厓李先生诗文集》卷二《寿陈静轩》"云卧轩中一老翁,翩然绿发更方瞳。君王欲尽幽栖处,紫水东头又向东。"⑥陈献章《陈献章集》卷六《寿陈静轩七十,次世卿韵》"甲子如何管得翁,全无白发有青瞳。赤泥更是游仙枕,兄卧西头弟卧东。"⑦可知,此诗系李承箕所作。

61.《定山集》卷八《游衡山记》⑧,《大厓李先生文集》卷十四《游衡山记》仅是部分字有差异⑨。

按:《大厓李先生文集》中《游衡山记》"石翁以老病卒不来,今庚申十一月,予还自白沙,至临蒸",据《大厓李先生诗文集》卷十八《石翁陈先生墓志铭》,可知陈献章卒于弘治庚申二月(1500年),"今庚申十一月"当是1500年11月,而庄昶是卒于1499年,不可能于1500年游衡山。另外,《游衡山记》中有"而箕颖混岩廊之风乎"⑩,可知此乃李承箕之作。⑪

62.《定山集》卷八《南楚贞游记》⑫,《大厓李先生文集》卷十四《南楚真游记》仅是部分

---

① 李承箕:《大厓李先生诗文集》卷十六,第590—591页。
② 庄昶:《定山集》卷八,第315页。
③ 李承箕:《大厓李先生诗文集》卷十五,第581—582页。
④ 庄昶:《定山集》卷八,第315—316页。
⑤ 李承箕:《大厓李先生诗文集》卷十四,第575页。
⑥ 李承箕:《大厓李先生诗文集》卷二,第514页。
⑦ 陈献章:《陈献章集》卷六《寿陈静轩七十,次世卿韵》,第652页。
⑧ 庄昶:《定山集》卷八,第316—317页。
⑨ 李承箕:《大厓李先生诗文集》卷十四,第571—572页。
⑩ 李承箕:《大厓李先生诗文集》卷十四,第571页。
⑪ 章继光《陈白沙诗学论稿》中言此为庄昶之文(岳麓书社1999年版,第174页)。应为误。
⑫ 庄昶:《定山集》卷八,第317—318页。

字有差异①。

按:《大厓李先生文集》中《南楚真游记》"明日两公笑曰:'赤壁近矣。昔东坡以黄州赤鼻为赤壁而赋之赤壁故垒与乌林相望,登危抚景,赋其时乎?'舟师又以水涸不可即舟告。遂乘风东下,抵鱼山,两公谓必访草茅山中。明日,冻雨半雪,优游而来,殊不作意。拜家慈于堂上。始两公来也,兄茂卿迎之中途。及归也,予中途送止,而兄送江浒焉。"据其游览路线,及"拜家慈于堂上""兄茂卿迎之中途",可知此文系李承箕所作②。

另,四库本《定山集》卷八《东洲记》《云卧轩记》《游衡山记》《南楚贞游记》是连续编排,且均系李承箕所作。

63.《定山集》卷九《宁波太守马公墓志铭》③,与《大厓李先生诗文集》卷十八《宁波太守马公墓志铭》仅是部分字不同④。

按:虽然《定山集》卷五中有庄昶《寄马侍御思进》的诗文,说明两者有联系。但据《大厓李先生诗文集》卷十七《具庆诗序》载"予邑长辛丑进士内江马君思进,厥翁以丙戌进士为宁波太守"⑤,可知马思进曾为嘉鱼县令,其父曾为宁波太守。《大厓李先生诗文集》卷十八《宁波太守马公墓志铭》载"御史尝为吾邑大夫,超拜御史,御史既除丧,过予曰'先公事行吾必托子'"。可知,此文系李承箕所作。

64.《定山集》卷十《祭程阿婆文》(代兄作)⑥,与《大厓李先生文集》卷十九《同兄祭程母文》仅个别字的差异⑦。

按:由"孺人孙,吾弟之儿,夫先其归十有余祀",可知用"同兄祭程母文"更为妥帖,故此文系李承箕所作。

65.《定山集》卷十《祭马御史思进书》⑧,与《大厓李先生诗文集》卷二十《与马公思进书》中第三书几乎相同⑨。

按:《定山集》把"况贫窘而拙于生理者如箕者"中"箕"改为"某",文末没有"弘治己未秋,九月朔。嘉鱼李承箕顿首。"此文为李承箕所作。

66.《定山集》卷十《复张岳州书》⑩,与《大厓李先生诗文集》卷二十《复张岳州孟贤》仅

---

① 李承箕:《大厓李先生诗文集》卷十四,第572—573页。
② 章继光《陈白沙诗学论稿》中言此为庄昶之文(岳麓书社1999年版,第174页)。应为误。
③ 庄昶:《定山集》卷九,第335—336页。
④ 李承箕:《大厓李先生诗文集》卷十八,第606页。
⑤ 李承箕:《大厓李先生诗文集》卷十七,第597页。
⑥⑧ 庄昶:《定山集》卷十,第347页。
⑦ 李承箕:《大厓李先生诗文集》卷十九,第610页。
⑨ 李承箕:《大厓李先生诗文集》卷二十,第614页。
⑩ 庄昶:《定山集》卷十,第347—348页。

是个别字的差异①。

按:《复张岳州孟贤》"箕无似迂疏尺寸之资",《定山集》无"箕"字,句末"箕再拜",即删掉了李承箕书写的痕迹。此文为李承箕所作。

67.《定山集》卷十《吴孺人真赞》②,与李承箕《大厓李先生诗文集》卷十三《吴孺人真赞》完全相同③。著者待定。

68.《定山集》卷十《奉启沈都宪书》④,与李承箕《大厓李先生诗文集》卷二十《答沈都宪》相同⑤。

按:据《答沈都宪》中"衡名山,贵贱相遇",即李承箕曾与沈都宪一起游览衡山,另外,有"以箕之不肖,心迹益孤,事信有不可固必者,而执事先生久要之情,于是为笃"。《定山集》把"以箕之不肖心迹"的"箕"改为"某"。可知,此文系李承箕所作。

69.《定山集》卷十《寄鲁成都书》⑥,与《大厓李先生诗文集》卷二十《寄鲁成都》完全相同⑦。

按:"蜀波澄澈,东注于楚。其源长,其来易。故其所推无间远迩。家慈去岁得足疾,伏承远致杉枋,默契阴处,非但怜予贫,实公遵义者。未尝瞻拜辉光,而乃致书,岂野人宜荣感之余"中,由"东注于楚""怜予贫""野人",此文系李承箕所作。

70.《定山集》卷十《寄孔荩臣书》⑧,与《大厓李先生诗文集》卷二十《与孔荩臣》完全相同⑨。著者待定。

71.《定山集》卷十《与孙生训书》⑩,与李承箕《大厓李先生诗文集》卷二十《与孙生训》完全相同⑪。著者待定。

72.《定山集》卷十《喻祁阳子乾寄鲁公石刻并九疑茶答书》⑫,与《大厓李先生诗文集》卷二十《答喻析阳子乾惠鲁公石刻并九疑茶》⑬。

按:据"箕山林放诞,明公何取于斯,顾其提挈大务,综理密细,卜其政矣"。《定山集》把"箕"改为"某"。此文系李承箕所作。

---

① 李承箕:《大厓李先生诗文集》卷二十,第616—617页。
② 庄昶:《定山集》卷十,第348页。
③ 李承箕:《大厓李先生诗文集》卷十三,第563页。
④ 庄昶:《定山集》卷十《奉启沈都宪书》,丛书集成续编第113册集部,上海书店出版社1994年版,第612页。按:如下内容不见于四库全书本《定山集》,但见于丛书集成续编本《定山集》,源自丛书集成续编本均予以标示。丛书集成续编本《定山集》是以金陵丛书本为底本刊印。
⑤⑦⑨⑪⑬ 李承箕:《大厓李先生诗文集》卷二十,第616页。
⑥ 庄昶:《定山集》卷十《寄鲁成都书》,丛书集成续编第113册集部,第612页。
⑧ 庄昶:《定山集》卷十《寄孔荩臣书》,丛书集成续编第113册集部,第612页。
⑩ 庄昶:《定山集》卷十《与孙生训书》,丛书集成续编第113册集部,第612页。
⑫ 庄昶:《定山集》卷十《喻祁阳子乾寄鲁公石刻并九疑茶答书》,丛书集成续编第113册集部,第612页。

73.《定山集》卷十《与曾复初书》①,与《大厓李先生诗文集》卷二十《与曾复初》完全相同②。

按:据"箕因石翁欲卜居衡山,以经始为托",《定山集》把"箕"改为"某",此文系李承箕所作。

74.《定山集》卷十《答石翁书》③,与《大厓李先生诗文集》卷二十《答石翁》完全相同④。

按:《定山集》中仅把"翁示书巡抚,方知箕所言不谬,百凡有足信者,非一端也"中"箕"改为"某",此文系李承箕所作。

75.《定山集》卷十《与容一之书》⑤,与《大厓李先生诗文集》卷二十《与容一之》完全相同⑥。

按:"衡山风景,已备翁书。渠侬堕地,自有衣食分,古人名言,阁下能不孤负此兴否"。此内容是与容一之商议和陈献章游衡山之事。由《大厓李先生诗文集》卷十四《游衡山记》,可知此文为李承箕之作⑦。

76.《定山集》卷十《与邱侍御书》⑧,与《大厓李先生诗文集》卷二十《与丘侍御》完全相同⑨。

按:《定山集》仅把其"箕启草茅贱士"中"箕"改为"某"。故此文应为李承箕所作。

77.《定山集》卷十《寄沈都宪书》⑩,与《大厓李先生诗文集》卷八《次韵沈都宪时易》第一首几乎完全相同⑪。

按:《定山集》仅把句首"箕无似比者"中"箕"改为"某"。故此文应为李承箕所作。

上述表格是以《定山集》中的篇目为序予以对照,从内容的分布上,《定山集》中除了卷一、卷六外,其余各卷均有与《大厓李先生诗文集》相同之内容,少则1个篇目,多则40个篇目,涉及《大厓李先生诗文集》则有10卷。从内容的排序上,《定山集》与《大厓李先生诗文集》相同部分的篇目都是排在该卷的最后部分,除卷二《石翁再寄次韵》。尤其是《定山集》卷五共119个篇目,与《大厓李先生诗文集》相同部分有40个篇目,占总数的30%,且这40个篇目是集中于该卷的后半部分。

---

① 庄昶:《定山集》卷十《与曾复初书》,丛书集成续编第113册集部,第613页。
②④⑥⑨ 李承箕:《大厓李先生诗文集》卷二十,第615页。
③ 庄昶:《定山集》卷十《答石翁书》,丛书集成续编第113册集部,第613页。
⑤ 庄昶:《定山集》卷十《与容一之书》,丛书集成续编第113册集部,第613页。
⑦ 李承箕:《大厓李先生诗文集》卷十四,第571—572页。
⑧ 庄昶:《定山集》卷十《与邱侍御书》,丛书集成续编第113册集部,第613页。
⑩ 庄昶:《定山集》卷十《寄沈都宪书》,丛书集成续编第113册集部,第613页。
⑪ 李承箕:《大厓李先生诗文集》卷八,第540页。

《定山集》与《大厓李先生诗文集》相同部分对照表

《定山集》		《大厓李先生诗文集》		
卷数	篇目数	卷数	篇目数	备注
卷二	13	卷六	1	《定山集》卷二、三、五中共有57条与《大厓李先生诗文集》相同,尤其集中在《定山集》卷五及《大厓李先生诗文集》卷九。《定山集》卷三中的四条是该卷卷末,且是连着排序
卷三	4	卷八	19	
卷五	40	卷九	38	
卷七	1	卷十六	1	该篇目是《定山集》卷七最后一条
卷八	4	卷十五	1	《定山集》卷八中的4条相同内容分布在《大厓李先生诗文集》卷十四、十五。且这4条是《定山集》卷八的最后4条
		卷十四	3	
卷九	1	卷十八	1	该篇目是《定山集》卷九最后一条
卷十	14	卷十九	1	《定山集》卷十中的14条相同内容分布在《大厓李先生诗文集》卷十三、十九、二十,尤其卷二十占其中11条
		卷十三	1	
		卷二十	11	
合计	77		77	

三、《大厓李先生诗文集》与《定山集》相同部分原因辨析

庄昶《定山集》中有77个条目和李承箕《大厓李先生诗文集》中内容是相同的,其中有50余条应该属于李承箕所作,有3条应该属于庄昶所作。四库本《定山集》卷五中大部分内容和《大厓李先生诗文集》卷八、卷九中之内容相同,两书相同部分在《定山集》中编排的顺序也多是连着的。作为同时代的两位著者,难道他们在著述中抄录了另一位吗?还是由其他原因造成了两书有这么多相同部分?

庄昶《定山集》最初为弓元编刻,刊于正德二年(1507年)。因弓元所刊本很快便流失了,嘉靖十四年(1535年)定山书院再次刊印此书①。但杨慎曾言"庄定山早有诗名,诗集

---

① 傅璇琮等主编《中国诗学大辞典》言"当时南京户部主事云南陈常道、户部主事四川周满等人编校,应天府江浦知县刘缙刊刻。版藏定山书院。此集分体编排:五言古体、七言古体一卷,录诗四十一首;五言、七言绝句共一卷,录诗二百一十二首;五言律诗一卷,录诗一百零九首;七言律诗二卷,录诗五百零九首。此版多次刷印,故传世颇多。但后世刷印,在第一、二页有所剜改,增添了题衔人,将后来主其事者之名亦窜入校阅人中。三刻于萧惟馨,四刻于其裔孙庄清佐。定山书院版无补遗,清佐刻本有补遗一卷,其中所收皆与庄昶有关之生平资料。《四库全书》所收即清佐刻本。"(浙江教育出版社1999年版,第922—923页)

刻于生前,浅学者相与效其'太极圈儿大,先生帽子高'以为奇绝"①。陈献章有《读定山集》②《题庄定山诗集》③《听秀夫诵定山先生之作》④。说明在《定山集》被系统刊刻前,庄昶的诗集已经刊出,李承箕应该有机会看到庄昶的诗集。另外,储罐《题庄定山贻秦用中诗卷》言"余闻之定山诗初就少陵,既而读刘静修诗酷爱之。近得其数十篇,横逸益不可当,遂与二公相忘矣。文章要为儒者余事,古今人善鸣者未有不自闻道始。观定山诗者,当以此意求之。此卷乃中岁所作,贻其友无锡秦用中,用中与定山相得,其亦以予言为然乎。"⑤由储罐所言可知庄昶中年的诗作,已通过诗友之间的交流传于世。陈献章有《临安守钟羡宣同姓将赴任,过白沙言别,出示庄定山所赠诗,次韵》,陈献章之语亦可证明朋友之间相互传阅诗文亦是著作流传的一种方式。

李承箕死于1505年,《定山集》初刻于1507年,李承箕是没有机会看到此系统初刻本。同样,庄昶死于1499年,《大厓李先生诗文集》由吴廷举初刻于正德五年(1510年),庄昶亦无机会看到此本。但李承箕之著述在其生前已有传于师友间者,如陈献章《世卿寄示经飞来寺和予壬寅秋旧律诗复用韵答之》⑥《读世卿莼卿挽五羊钟狂客卷,次韵》⑦《与廷实看李世卿题竹》⑧《得世卿诗》(二首)⑨、《得世卿、子长近诗,赏之》(三首)⑩。

李承箕、庄昶于生前均没有机会看到对方诗文集之最终刊印本,然而两者生前是有交流的。其由有二:

(一)李承箕系陈献章之爱徒,庄昶为陈献章之挚友。陈献章经常会把李承箕介绍给自己的学生及熟识的朋友⑪,依陈献章与庄昶的交情,他应该会把高徒介绍给庄昶。还有,李承箕与庄昶在治学方面均强调自得之学,由老师的牵线及治学趣向的相近,使两者有交际的可能。

(二)李承箕的书中有多篇写给庄昶的诗文。如《大厓李先生诗文集》卷二《用茂卿兄韵呈定山先生》、卷五《次韵呈定山》、卷十二《定山先生挽词》。虽然,在庄昶的著述中尚未发现他写给李承箕的诗文,但从李承箕的著述中应该可以看到两者是有交往的。最能

---

① 杨慎:《升庵集》卷五十五《庄定山诗》,文渊阁四库全书本。
② 陈献章:《陈献章集》卷六《读定山集》,第577页。
③ 陈献章:《陈献章集》卷五《题庄定山诗集》,第406页。
④ 陈献章:《陈献章集》卷七《听秀夫诵定山先生之作》,第500页。
⑤ 储罐:《柴墟文集》卷十一,明嘉靖四年刻本。
⑥ 陈献章:《陈献章集》卷五《世卿寄示经飞来寺和予壬寅秋旧律诗复用韵答之》,第446页。
⑦ 陈献章:《陈献章集》卷五《读世卿莼卿挽五羊钟狂客卷,次韵》,第470页。
⑧ 陈献章:《陈献章集》卷六《与廷实看李世卿题竹》,第594页。
⑨ 陈献章:《陈献章集》卷六《得世卿诗》(二首),第680页。
⑩ 陈献章:《陈献章集》卷六《得世卿、子长近诗,赏之》(三首),第684页。
⑪ 参见朱志先、张霞:《君子以道交——李承箕与陈献章交往述论》,《东方论坛》2015年第4期。

体现李承箕对庄昶学问看法的是《大厓李先生诗文集》卷十七《定山先生诗集序》,其文为:

> 箕闻定山先生之于诗,尝求之往古,以三代之余波,流至于纤秾偶丽,而穆穆熙熙之风衰矣。近体莫盛于唐,而唐莫盛于天宝,于是求之少陵,以其大而肆、忧愁而流离,自以为未足,于是又求之宋、元之间,破简斋的契刘因三昧,余则决其藩垣,启其扃钥,亲见其人而下上一堂之上,风踔乎宇宙,电跳乎岩谷,涛舂乎高天,冰僵乎厚地,乘之以盛气,将一扫而空之。夫以惊风震雷一鼓而雨,物固有生者矣。苟不伺夫三日之甘,而欲求速化之术,未见其能济也。孟子曰:"君子深造之以道,欲其自得之也,自得之则居之安,居之安则资之深,资之深则取之左右逢其原,故君子欲其自得之也。"盖有不援天道而忽人事之切当,不涉虚诡而娱性情之自然,不言鸢飞鱼跃,不必随柳傍花,天机默契乎无声,真乐何关于外物,是故定山之诗非魏晋诗、非唐、非宋、非元诸名家诗,定山之诗也。定山之诗,四方学者争读之,每以不得其全为恨,献臣卖马镂板行之,俾予系一言于首。

从李承箕所作序,我们可以获得如下信息:(一)在《定山集》刊刻以前,庄昶的诗集已由吴廷举刊印传于世,深得学界好评①;(二)李承箕看过庄昶的诗集,且认为庄昶之诗独具个性。

李承箕既然看过庄昶的诗集,会不会将庄昶的作品纳为己有呢?首先,这不符合李承箕的个性,李承箕是主张学问出己手,且反对粗制滥造之文。其次,吴廷举曾刊印过庄昶的诗集,他对其中的内容是非常熟悉的。同样,1510年,吴廷举又刊印李承箕的诗文集。如果李承箕的诗集中有许多内容和庄昶的诗集相同,吴廷举肯定会发现的,但在吴廷举的著述中未有此类说法。这说明1510年吴廷举刊印李承箕的诗文集中没有庄昶诗集中的内容。吴廷举既然曾刊刻过庄昶的诗篇,他对1507年弓元所刻《定山集》应该会有所关注,如果弓元所刻《定山集》中有大量李承箕的诗文,他在刊印李承箕诗文集时会有所发现,吴廷举亦然没有指出。这可能存在两种情况,其一,吴廷举没有看过弓元所刻《定山集》;其二,弓元所刻《定山集》中没有和李承箕诗文相同的内容。那么,四库本及金陵丛书本《定山集》中为何会有如此多李承箕的诗文呢,难道是庄昶抄袭李承箕之文?为

---

① 陈献章有《题庄定山集》"春风一曲有霓裳,不落人间小锦囊。今代名家谁李杜,先生高枕自羲皇。乾坤兀兀中流柱,风月恢恢大雅堂。莫道白沙无眼孔,濯缨千顷破沧浪。"(《陈献章集》卷五《题庄定山集》,第406页)《读定山集》"千首莺花万蠹鱼,眼昏心乱意何如?白头许我编摩不,活水源头洗砚书。"(《陈献章集》卷六《读定山集》,第577页)

更好解决这一问题,先了解庄昶之为人,下面简单考察下明清学人对庄昶的评价。

陈献章《白沙先生至言》卷十有文:

> 一诗可送方童子,千炼不如庄定山。注:先生每以锻炼推定山。①

正德二年(1507年),弓元《书定山先生集后》言"先生之学之诗之文,高古渊粹,机轴自成一家,不肯寄人篱下,作活计天下,后世尚有能评之者。……"②

嘉靖十四年(1535年),闻人铨《读定山先生集》"真所谓当时之豪杰也……访其存稿而尽读之,乃知其造诣渊泓,植本深固,故言出道存,虽居常讽咏,亦不徒溪禽野卉之娱,上极廊庙之宏谟,下尽民俗之庸行,随事精察,无不可师,恨不得同游狮子峰,亲与上下,其论议以破胸臆之迷藏也。"③

过庭训《本朝分省人物考》卷十二《庄昶》载:

> 尝曰:天生圣贤,为世道计也。孔子六经诸子传注,唤醒聋瞶,所以引其不及者至矣。今世降风移,学者泥于闻见,至沦胥以溺,非制其过可乎?故进而当行道也,吾义所安,不违道以干誉;退而当明道也,吾志所存,不立异以求名。所著有《定山集》,雅好为诗,趣多自得,不独踵唐人风格。诗之变,自昶始。④

项笃寿《今献备遗》卷二十六中言:

> 世称庄定山豪迈,胸中多奇,早以直谏著声,可谓伟矣。老而赴召,偃蹇以去。信哉!出处之际人所难言也。⑤

李东阳《怀麓堂诗话》中称:

> 庄定山孔旸未第时已有诗名,苦思精炼,累日不成一章,如《江稳》"得秋天露冕,春停江上树。"往往为人传诵,晚年益豪纵,出入规格,如"开辟以来元有此,蓬莱之外

---

① 陈献章:《白沙先生至言》卷十,嘉靖二十六年刻本。
② 庄昶:《定山集》补遗之《书定山先生集后》,文渊阁四库全书本。
③ 庄昶:《定山集》补遗之《读定山先生集》,文渊阁四库全书本。
④ 过庭训:《本朝分省人物考》卷十二《庄昶》,明天启刻本。
⑤ 项笃寿:《今献备遗》卷二十六,文渊阁四库全书本。

更无山"之类。陈公甫有曰:百炼不如庄定山,有以也。①

张廷玉《明史》卷一百七十九列传第六十七《庄昶传》载:

豪迈不群,嗜古博学……昶生平不尚著述,有自得,辄见之于诗。

陈献章称庄昶做学问讲求锤炼,弓元称其诗"自成一家,不肯寄人篱下",闻人铨言其文"造诣渊馥,植本深固",湛若水言其"为人潇然洒落,望之知为德人,其学大要以默志忘言为宗"②,言其为文与陈献章"金辉玉映,并妙偕佳"③,过庭训称其"趣多自得",李东阳赞誉庄昶"苦思精炼,累日不成一章"。这些评论确实体现了庄昶所言"不违道以干誉""不立异以求名",追求自得,自成一家之言。由此看来,庄昶亦不会对李承箕的诗文采取拿来主义。

另外,陈献章作为李承箕的老师及庄昶的挚友,非常熟识两人的作品。陈献章还有《读定山集》《题庄定山诗集》,倘若此时的《定山集》《庄定山诗集》中有大量和李承箕诗文相同的内容,陈献章应该会有所发现的。吴廷举和李承箕、庄昶均有交往,曾先后刊印过庄昶、李承箕的著作,应该说比较了解两人的作品。但陈献章、吴廷举均没有言及两部著作中出现相同内容的现象。还有,李承箕还专门为吴廷举刻印的《定山先生诗集》作过序,且对庄昶的诗篇评价很高。试想,如果《定山先生诗集》中有这么多李承箕的诗文,李承箕能不予以直陈吗? 由此,我们可以推定《大厓李先生诗文集》与《定山集》中相同部分之内容,与两部著作的作者无涉,均是后人整理刊印时所致。

庄昶《定山集》在版本系统方面有正德二年刻本、嘉靖十四年刻本、嘉靖末萧惟馨刻本(系嘉靖十四年刻本的剜改印本)④、康熙四十一年庄清佐刻本、乾隆五年本、四库全书本等,是在哪一个版本中出现了问题?

其实,对于《定山集》中的问题,明人陈全之已有所发现,其文为:

庄定山早有诗名,诗集刻于生前,浅学者相与效。……《木昌道中》云"行客自知无岁暮,宾鸿不记有家归。"《寄邓五羊》云"后时自许甘丘壑,前席将无问鬼神。浮世虚名非得已,出山小草却悲人。别时笑语风吹断,会处迷离梦写真。四十余年一回首,乾旋坤转有冬春。"此数首若隐其姓名以示人,观者决不谓定山作也。⑤

---

① 李东阳:《怀麓堂诗话》,知不足斋丛书本。
② 沈佳:《明儒言行录》卷五《庄昶定山先生》,文渊阁四库全书本。
③ 湛若水:《湛甘泉先生文集》卷十七《重刻定山先生诗文集序》,清康熙二十黄楷刻本。
④ 辛德勇:《海内孤本嘉靖刻〈定山先生文集〉残帙》,《中国典籍与文化》2001年第2期。
⑤ 陈全之:《蓬窗日录》卷八诗谈二,上海书店出版社1985年影印嘉靖四十四年刻本。

陈全之所论极是,其发现的《木昌道中》《寄邓五羊》等,"若隐其姓名以示人,观者决不谓定山作也",这些作品的确不是庄昶的诗作,系李承箕之论,说明陈全之所看《定山集》中已有与李承箕诗文集相同之处。陈全之(1512—1580年)《蓬窗日录》成书时间为1540—1551年①,由于弓元1507年所刻《定山集》很快就失传,陈全之所阅《定山集》很可能为嘉靖十四年(1535年)定山书院刻本。

另外,明代江苏人俞宪编著的《盛明百家诗》,选录明代初叶至隆庆间相关文人的诗篇,每个文人的诗文单独为卷,成于嘉靖隆庆间,刻于隆庆五年(1571年)②,而选录庄昶的诗文中就有《刘媪送酒》《入洪山二首》《次韵升卿弟》《沈公见寄次韵奉答》《寄答会卿弟示诗》《寄雷震东读书熟湖并寄震阳诸昆弟用三首》《岳阳楼》《用前韵寄峤兄》《书东山草堂扁》《喜诸生夜读》等十一篇③,这些内容又见于李承箕《大厓李先生诗文集》。由俞宪辑录庄昶的诗歌的情况看,鉴于弓元刻本流传较少,而嘉靖十四年刻本流传较广,可以推断最迟嘉靖十四年刻本《定山集》中已经出现李承箕的诗文。

笔者认为李承箕与庄昶著述中出现相同内容,与著者无涉,从作伪动机而言,亦不存在后人故意作伪,应属后人整理误录所致。李承箕与庄昶之间进行相关著述交流,即相互给对方传阅自己的作品,或者是从他人处得到对方的作品。如陈献章《与张廷实主事》言"见子长寄定山先生诗,可是率尔,定山岂可辄寄以诗耶? 后生且存取谦退,此进学之地也。仁夫会间多为申覆。见示诸作,实有意思,更不奉字。章白廷实从者"④。李承箕和庄昶在阅读对方诗文时,认为比较感兴趣之处,可能会亲自予以誊录,在誊录中自然会把相关诗文的自注删掉。从编纂及刻印的角度出发,后人在整理编纂其著述时,鉴于笔迹相同,很容易把誊录他人之作误为作者本人之作⑤。如《定山集》中相同内容的排序是在该卷的最后部分,且多是篇目相连的。再者,《定山集》中有8处把李承箕的"箕"改为"某",有两处删掉了李承箕的"箕",当是后人在刻印庄昶诗文时,由于不知道这些诗文系

---

① 陈全之:《蓬窗日录》之《蓬窗日录后语》,上海书店出版社1985年影印嘉靖四十四年刻本。
② 俞宪:《盛明百家诗》之《庄定山集》,四库全书存目丛书集部第304册,齐鲁书社1997年版,第402页。
③ 俞宪:《盛明百家诗》之《庄定山集》,四库全书存目丛书集部第304册,齐鲁书社1997年版,第692—701页。
④ 陈献章:《陈献章集》卷二《与张廷实主事》,第172页。
⑤ 古人在诗文交往过程中,有抄录对方之文的习惯,如钱谦益《陈孟孺先生集叙》中言"里中陈孟孺先生,于先宫保位辈行,晚而与余为文字交,相得极欢。每得余文一篇,手自缮写,抉摘解驳,亏示于人"(钱谦益《牧斋杂著》之《牧斋有学集文钞补遗》,上海古籍出版社2009年版,第433页);再如,钱大昕《十驾斋养新录》卷十六《顾宁人》载"《顾宁人文集》初印本有《读隋书》一篇,本马贵与之说,载在《文献通考》。宁人手抄之,意欲采入《日知录》。潘次耕误认为顾作,乃以《读隋书》为题收入集中。今本无此篇,以它文易之,则次耕已觉其谬矣"。紧接着该卷《开化寺碑》载"朱锡鬯《开化寺碑》,一刻于《竹垞文类》,再刻于《曝书亭集》;而陆清献《三鱼堂集》亦载此文。盖清献爱其文,钞置箧笥。其后门下士汇次文集,误认为清献作"(江苏古籍出版社2000年版,第361—362页)。钱氏所举两例即为后人误录所致的错误。

李承箕的作品,感觉"箕"放在此处难以读通,就直接删掉"箕",或改"箕"为"某","箕"与"某"在字形上也的确相似,把"箕"改为"某"也就顺理成章了。

  行文至此,笔者对于两书内容存在相同之处的原因,仍存疑问。即除却两人把喜爱之文进行誊录,后人据笔迹误录的可能性外,还有如第 61 条《游衡山记》、第 62 条《南楚真游记》、第 68 条《答沈都宪》、第 75 条《与容一之》等篇章属于李承箕之文,均作于庄昶去世之后。这几篇文章应该不会存在庄昶誊录,而后人根据笔迹而误录。况且李承箕曾作有《定山先生挽词》,说明他是知道庄昶去世一事,当然不会在庄昶去世后还把自己的诗文寄往庄昶处。但这些内容却出现在《定山集》中,其因何在?笔者识陋,尚不能找出答案。

  [国家社会科学基金重大项目"《荆楚全书》编纂"(10&ZD093)阶段性成果。2012 年度教育部人文社会科学研究青年基金项目"明代史学批评研究"(12YJC770079)阶段性成果。]

周亮工《书影》与顾炎武《日知录》关系考

□王献松

摘　要：顾炎武《日知录》是清代学术著作的典范之作，其考据成就为历代学者称颂，但其中也有因袭他人考据成果之处。本文通过文本对照的方式，分析了顾炎武《日知录》对周亮工《书影》的因袭情况，认为文中所举23条例证是顾炎武因袭周亮工《书影》而来。《日知录》相对于《书影》虽然在考据上"后出转精"，但也不排除掠人之美的嫌疑。

关键词：《书影》；《日知录》；周亮工；顾炎武；辨伪

作者简介：王献松，历史学博士，安徽大学徽学研究中心研究人员，230039

一、问题的提出

周亮工（1612—1672年），字元亮，号减斋、栎园，江西金溪人，崇祯十三年（1640年）进士，明亡后降清，官至福建布政使、户部侍郎。《书影》，又称《因树屋书影》，是周亮工"官户部侍郎缘事逮系时，追忆平生见闻而作"，书名取"老人读书，只存影子"之语，书中"大抵记述典籍，议论平允，遗闻旧事，颇足以为文献之征"。[①]《书影》于康熙六年（1667年）初刻于金陵，今《续修四库全书》中所收即据此初刻本影印。顾炎武（1613—1682年），字宁人，号亭林，江苏昆山人，明亡以后矢志反清，后北游山东、北京、山西等地，以著述为志。《日知录》是其代表作，该书初刻本八卷，刻于康熙九年（1670年），顾炎武卒后，其弟子潘耒据其稿本于康熙三十四年（1695年）刻成《日知录》三十二卷。

笔者在阅读周亮工《书影》时，发现该书卷一、卷八、卷九中20余条均见于顾炎武《日知录》，而详略稍有不同。那么，两书是不谋而合呢？还是有因袭关系呢？其关系到底如何？

---

① 永瑢等：《四库全书总目》附录《书影》提要，中华书局1965年版，第1842—1843页。

二、文本比对

今以周亮工《书影》中条目为序（据《续修四库全书》影印初刻本），以按语形式列顾炎武《日知录》相关内容于下，对两者文本进行比对，其中《日知录》与《书影》相同部分以下划线表示，逐一对比如下，以便分析两者之关系。

1.《书影》卷一：

《易》有七、八、九、六，而爻但系九、六者，举隅之义也。故发其例于《乾》、《坤》二卦，曰"用九"、"用六"，用其变也。亦有用其不变者，《春秋传》穆姜"遇《艮》之八"是也。今即以《艮》言之，二爻独变，则名之"六"；余爻皆变而二爻独不变，则名之"八"，是知《乾》、《坤》亦有"用七"、"用八"时也。《乾》爻皆变，而初独不变，曰"初七，潜龙勿用"可也。《坤》爻皆变，而初独不变，曰"初八，履霜坚冰至"可也。占变者其常也，占不变者其反也。故圣人系之九、六，如近日占家之有重交单拆，不可以定名也。举重交以包单拆，此临文之不得不然，读者固不可以执一也。○《国语》："晋公子筮，得贞《屯》悔《豫》，皆八。"注："《震》下《坎》上《屯》，《坤》下《震》上《豫》，得此两卦，《震》在《屯》为贞，在《豫》为悔，八谓《震》，两阴爻在贞在悔皆不动，故曰皆八。"又：董因对公曰："臣筮之，得《泰》之八。"注："《乾》下《坤》上《泰》，阴爻不动，其数皆八。"①

按：《日知录》卷一"七八九六"条曰：

《易》有七、八、九、六，而爻但系九、六者，举隅之义也。故发其例于《乾》、《坤》二卦，曰"用九"、"用六"，用其变也。亦有用其不变者，《春秋传》穆姜"遇《艮》之八"，《晋语》董因"得《泰》之八"，是也。（杜元凯注谓"杂用《连山》《归藏》，二《易》皆以七、八为占，故言遇《艮》之八"者，非。《晋语》："公子筮，得贞《屯》悔《豫》，皆八。"本卦为贞，之卦为悔。沙随程氏曰："初与四、五凡三爻变，其不变者二、三、上，在《屯》为八，在《豫》亦八。"）今即以《艮》言之，二爻独变，则名之六；余爻皆变，而二爻独不变，则名之八，是知《乾》、《坤》亦有"用七"、"用八"时也。《乾》爻皆变而初独不变，曰"初七，潜龙勿用"可也。《坤》爻皆变而初独不变，曰"初八，履霜坚冰至"可也。占变者，其常也，占不变者，其反也。故圣人系之九、六。欧阳永叔曰："《易》道占其变，故以

---

① 周亮工：《因树屋书影》，《续修四库全书》1134册，上海古籍出版社2002年版，第303页。

其所占者名爻,不谓六爻皆九、六也。"得之矣。①

2.《书影》卷八:

> 礼称曾祖之父为高祖。《左传·昭公十七年》:郯子来朝曰:"我高祖少皞挚之立也。"则以始祖为高祖。《昭公十五年》:王谓籍谈曰:"昔而高祖孙伯黡司晋之典籍。"则谓其九世祖为高祖。②

今按:《日知录》卷二十四"高祖"条曰:

> <u>汉儒以曾祖之父为高祖</u>。考之于传,高祖者,远祖之名尔。<u>《左传·昭公十七年》:郯子来朝曰:"我高祖少皞挚之立也。"则以始祖为高祖</u>。《书·盘庚》:"肆上帝将复我高祖之德,乱越我家。"《康王之诰》:"张皇六师,无怀我高祖寡命。"则以受命之君为高祖。(文、武至康仅四世。)<u>《左传·昭公十五年》:王谓籍谈曰:"昔而高祖孙伯黡司晋之典籍。"则谓其九世祖为高祖</u>。(十二年,楚灵王谓右尹子革曰:"昔我皇祖伯父昆吾。"亦谓其始祖之昆弟。)③

又《日知录》初刻八卷本卷七亦有"高祖"条,较此简略。

3.《书影》卷八:

> 《书》:"归格于艺祖。"注以艺祖为文祖,不详其义。人知宋人称太祖为艺祖,不知唐、金二代,亦皆称其太祖为艺祖。唐明皇开元十三年,封泰山,其序曰:"惟我艺祖文考,精爽在天。"金世宗大定二十五年,封混同江神,册文曰:"仰艺祖之开基,佳江神之效灵。"然则,是历代太祖之通称也。④

今按:《日知录》卷二十四"艺祖"条曰:

> <u>《书》:"归格于艺祖。"注以艺祖为文祖,不详其义。人知宋人称太祖为艺祖,不</u>

---

① 顾炎武原著、黄汝成集释:《日知录集释》,浙江古籍出版社 2013 年版,第 53—54 页。
② 周亮工:《因树屋书影》,《续修四库全书》1134 册,第 427—428 页。
③ 顾炎武原著、黄汝成集释:《日知录集释》,第 1371 页。
④ 周亮工:《因树屋书影》,《续修四库全书》1134 册,第 428 页。

<u>知前代亦皆称其太祖为艺祖。唐玄宗开元十一年,幸并州,作起义堂,颂曰:"东西南北,无思不服。山川鬼神,亦莫不宁。实惟艺祖,储福之所致。"十三年,封泰山,其序曰:"惟我艺祖文考,精爽在天。"</u>此谓唐高祖。张说作《享太庙乐章》曰:"肃肃艺祖,滔滔濬源,有雄武剑,作镇金门,玄王贻绪,后稷谋孙。"此谓高祖之高祖,讳熙,追尊宣皇帝者也。后汉高祖乾祐元年改元制曰:"昔我艺祖神宗,开基抚运,以武功平祸乱,以文德致升平。"此谓前汉高祖。<u>金世宗大定二十五年,封混同江神,册文曰:"仰艺祖之开基,佳江神之效灵。"</u>此谓金太祖。<u>然则,是历代太祖之通称也。</u>①

又《日知录》初刻八卷本卷七亦有"艺祖"条,较此简略。

4. <u>前代拜相者必封公,故称之曰相公。若封王,则称相王。(晋简文帝称相王,武帝在魏时亦称相王。)自洪武中革去丞相之号,则有公而无相矣。即初年之制,亦不全沿唐宋:有相而不公者,胡惟庸是也;有公而不相者,常遇春之伦是也。封公拜相,惟李善长、徐达,三百年来,只二位相公耳。魏王粲《从军行》:"相公征关右,赫怒震天威。"《羽猎赋》:"相公乃乘轻轩,驾四骆。""相公"二字,似始见此。</u>②

今按:《日知录》二十四"相公"条曰:

<u>前代拜相者必封公,故称之曰相公。若封王,则称相王。(司马文王进爵为王,荀恺曰"相王尊重"是也。晋简文帝及会稽王道子亦称相王。)自洪武中革去丞相之号,则有公而无相矣。即初年之制,亦不尽沿唐宋:有相而不公者,胡惟庸是也;有公而不相者,常遇春之伦是也。封公拜相,惟李善长、徐达,三百年来,有此二相公耳。魏王粲《从军行》:"相公征关右,赫怒震天威。"《羽猎赋》:"相公乃乘轻轩,驾四骆。""相公"二字,似始见此。</u>③

5. 古人二名,止用一字。晋侯重耳之名见于经,而践土之盟,载书止曰"晋重",岂古人二名亦有可但称一字者与?潘岳《西征赋》:"重戮带以定襄,弘大顺以霸世。"文公名止用一字,本于践土载书,却非剪截古人名字之比。其《关中诗》云:"纷纭齐万,亦孔之丑。"则不通矣。岂有以齐万年为"齐万"者邪?《吕氏春秋》:"干木光乎德。"去"段"字;《惜誓》:"来革顺志而用国。"去"恶"字。此为剪截名字之祖。文中并称两人,而一氏一名,尤为变体。杞殖、华还,二人也,而《淮南子》称为"殖、华";贾谊《新书》:"使曹、勃不能制。"

---

① 顾炎武原著、黄汝成集释:《日知录集释》,第1372页。
② 周亮工:《因树屋书影》,《续修四库全书》1134册,第428页。
③ 顾炎武原著、黄汝成集释:《日知录集释》,第1398页。

曹,曹参;勃,周勃也。汉《厅彰长碑》云:"丧父事母,有柴、颖之行。"柴,高柴;颖,颖考叔也。郤正《释讥》:"褊彝、叔之高怼。"陶潜诗:"积善云有报,彝、叔在西山。"语亦类此。①

今按:《日知录》卷二十三"古人二名止用一字"条曰:

> 晋侯重耳之名见于经,而定四年祝佗述践土之盟,其载书止曰"晋重",岂古人二名可但称其一欤?昭二年,莒展舆出奔吴,《传》曰:"莒展之不立。"《晋语》:曹僖负羁,称叔振铎为"先君叔振",亦二名而称其一也。昭二十一年,蔡侯朱出奔楚,《谷梁传》作"蔡侯东出奔楚",乃为之说曰:"东者,东国也。(东国,隐太子之子,平侯庐之弟,朱叔父也。)何为谓之东也?王父诱而杀焉,父执而用焉,奔而又奔之。曰东,恶之而贬之也。"然则以削其一名为贬也。(定六年:"季孙斯、仲孙忌帅师围郓。"杜氏注:"何忌不言何,阙文。")王莽孙宗,得罪自杀,复其本名会宗,贬厥爵,改厥号,是又以增其一名为贬也。班固《幽通赋》:"发还师以成命兮,重醉行而自耦。"潘岳《西征赋》:"重戮带以定襄,弘大顺以霸世。"文公名止用一字,本于践土载书,却非翦截古人名字之比。至岳为《关中诗》云:"纷纭齐万,亦孔之丑。"《马汧督诔》云:"齐万哮阚,震惊台司。"则不通矣。岂有以齐万年为"齐万"者邪?若梁王肜为征西大将军,而诗云"桓桓梁征",尤不成语。班固《幽通赋》:"巨滔天而泯夏。"王莽字巨君,止用一"巨"字。王逸《九思》:"菅束缚兮桎梏,百贸易兮传卖(音鬻),遭桓缪兮识举,才德用兮列施。"百里奚止用一"百"字,此体后汉人已开之矣。《吕氏春秋》:"干木光乎德。"去"段"字。(今本《吕氏春秋》有"段"字。)《惜誓》:"来革顺志而用国。"去"恶"字。此为翦截名字之祖。文中并称两人,而一氏一名,尤为变体。杞植、华还,二人也,而《淮南子》称为"殖、华";贾谊《新书》:"使曹、勃不能制。"曹,曹参;勃,周勃也。《史记·孟子荀卿传》:"管、婴不及。"管,管仲;婴,晏婴也。司马迁《报任安书》:"周、魏见辜。"周,周勃;魏,魏其侯窦婴也。扬雄《长杨赋》:"乃命骠、卫。"骠,骠骑将军霍去病;卫,大将军卫青也。《杜钦传》:"览宗、宣之飨国。"韦昭曰:"宗,殷高宗也;宣,周宣王也。"《徐乐传》:"名何必夏、子,俗何必成、康?"服虔曰:"夏,禹也;子,汤也,汤子姓。"班固《幽通赋》:"周、贾荡而贡愤。"周,庄周;贾,贾谊也。汉《厅彰长碑》云:"丧父事母,有柴、颖之行。"柴,高柴;颖,颖考叔也。夏侯湛《张平子碑》云:"同贯宰、贡。"宰,宰我;贡,子贡也。《风俗通》:"清拟夷、叔。"郤正《释讥》:"褊夷、叔之高怼。"《傅子》:"夷、叔迁武王以成名。"杜预《遗令》:"南观伊、洛,北望夷、叔。"陶潜诗:"积善云有报,夷、叔在西山。"皆谓伯夷、叔齐。汉《广汉属国侯李翊碑》:"夷、史之高。"

---

① 周亮工:《因树屋书影》,《续修四库全书》1134册,第428页。

《巴郡太守樊敏碑》:"有夷、史之直。"皆谓伯夷、史鱼。陶潜《读史述九章》"程、杵"是程婴、公孙杵臼。《新唐书·尉迟敬德传》"隐、巢"是隐太子、巢刺王,一谥一爵。①

6. 古人谥有二字、三字,而后人相沿止称一字者。卫之睿圣武公止称"武公",贞惠文子止称"公叔文子",楚顷襄王止称"襄王",秦昭襄王止称"昭王",汉诸葛忠武侯止称"武侯"。②

今按:《日知录》卷二十三"古人谥止称一字"条曰:

<u>古人谥有二字、三字,而后人相沿止称一字者。卫之睿圣武公止称"武公",贞惠文子止称"公叔文子"</u>,晋赵献文子止称"文子",(《檀弓》:"晋献文子成室。"注谓:"晋君献之。"庐陵胡氏曰:"或赵武谥献文尔。")魏惠成王止称"惠王",<u>楚顷襄王止称"襄王"</u>,秦惠文王止称"惠王",悼武王止称"武王",<u>昭襄王止称"昭王"</u>,庄襄王止称"庄王",韩昭厘侯止称"昭侯",宣惠王止称"宣王",赵悼襄王止称"襄王",<u>汉诸葛忠武侯止称"武侯"</u>。③

7. 子孙得称祖、父之字。子称父字,屈原之云"朕皇考曰伯庸"是也;孙称祖字,子思子云"仲尼祖述尧舜"是也。《颜氏家训》:"古者名以正体,字以表德。名终则讳之,字乃可以为孙氏。孔子弟子记事者,皆称仲尼。吕后微时,尝字高祖为季。汉袁种字其叔曰丝;王丹与侯霸子语,字霸为君房,江南至今不讳字也。河北士人全不辨之,名亦呼为字,字固因呼为字。王元之兄弟皆号名人,其父名云,字罗汉,一皆讳之,其余不足怪也。"④

今按:《日知录》卷二十三"子孙称祖父字"条曰:

<u>子孙得称祖、父之字。子称父字,屈原之言"朕皇考曰伯庸"是也;孙称祖字,子思之言"仲尼祖述尧舜"是也。</u>(朱子曰:"古人未尝讳字。程先生云:'予年十四五从周茂叔。'本朝先辈尚如此,伊川亦尝呼明道字。")《仪礼》筮宅之辞曰:"哀子某为其父某甫筮宅。"又曰:"哀子某来日某卜葬其父某甫。"字父也。虞祭之祝曰:"适尔皇祖某甫。"卒哭之祝曰:"哀子某来日某隮祔尔于尔皇祖某甫。"字祖也。祔祭之祝曰:"适尔皇祖某甫,以隮祔尔孙某甫。"两字之也。字为臣子所得而称,故周公追王其祖曰王季,王而兼字。⑤

---

① 顾炎武原著、黄汝成集释:《日知录集释》,第1333—1336页。
② 周亮工:《因树屋书影》,《续修四库全书》1134册,第428页。
③ 顾炎武原著、黄汝成集释:《日知录集释》,第1336页。
④ 周亮工:《因树屋书影》,《续修四库全书》1134册,第428—429页。
⑤ 顾炎武原著、黄汝成集释:《日知录集释》,第1337—1338页。

又《日知录》卷二十三"以字为讳"条曰:

> 古人敬其名,则无有不称字者。《颜氏家训》曰:"古者名以正体,字以表德。名终则讳之,字乃可以为孙氏。孔子弟子记事者,皆称仲尼。(子贡曰:"仲尼,日月也。"魏鹤山云:"《仪礼》,子孙于祖祢皆称字。")吕后微时,尝字高祖为季。汉袁种字其叔父盎曰丝。王丹与侯霸子语,字霸为君房。江南至今不讳字也,河北士人全不辨之。"故有讳其名,而并讳其字者。①

8. 古人有名父、名君、名祖。《金縢》周公之祝辞曰:"惟尔元孙某。"名君也。《左传》楚子围宋,申犀对王称"无畏",知罃对楚王称"外臣首";鄢陵之战,栾针曰"书退"。名父也。栾盈辞于周行人曰"陪臣书"、曰"其子黡"。名祖若父也。②

今按:《日知录》卷二十三"名父名君名祖"条曰:

> 《金縢》周公之祝辞曰:"惟尔元孙某。"《左传》荀偃济河而祷,称"曾臣彪"。名君也。(《淮南子》曰:"祀则名君。")《左传》楚子围宋,申犀见王称"无畏",知罃对楚王称"外臣首";鄢陵之战,栾针曰"书退"。名父也。华耦来盟,称"君之先臣督";栾盈辞于周行人曰"陪臣书"、曰"其子黡"。名祖若父也。③

9. 古人生不讳名,同辈皆面称其名。《书》周公若曰"君奭",《礼记·曾子问》篇老聃曰"丘",《檀弓》篇曾子曰"商",《论语》微生亩谓孔子曰"丘",是也。④

今按:《日知录》卷二十三"同辈称名"条曰:

> 古人生不讳名,同辈皆面称其名。《书》周公若曰"君奭",《礼记·曾子问》篇老聃曰"丘",《檀弓》篇曾子曰"商",《论语》微生亩谓孔子曰"丘",是也。⑤

10. 古人敬其名,则无有不称字者。陆务观曰:"字所以表其人之德。故儒者谓夫子曰仲尼,非慢也。"后世不唯讳其名,而并讳其字。《晋书·儒林·刘兆传》:"尝有人着靴骑驴,至兆门外曰:'吾欲见刘延世。'兆儒德道素,青州无称其字者,门人大怒。兆曰:'听

---

① 顾炎武原著、黄汝成集释:《日知录集释》,第1352—1353页。
②④ 周亮工:《因树屋书影》,《续修四库全书》1134册,第429页。
③ 顾炎武原著、黄汝成集释:《日知录集释》,第1351—1352页。
⑤ 顾炎武原著、黄汝成集释:《日知录集释》,第1352页。

前。'"又:"常林年七岁,有父党造门,问林:'伯先在否?'林不答。客云:'何不拜?'林曰:'虽当下拜,临子字父,何拜之有?'"①

今按:《日知录》卷二十三"以字为讳"条曰:

<u>古人敬其名,则无有不称字者。</u>《颜氏家训》曰:"古者名以正体,字以表德。……"<u>故有讳其名,而并讳其字者。</u>《三国志·司马朗传》:"年九岁,人有道其父字者,朗曰:慢人亲者,不敬其亲者也。客谢之。"《常林传》:"年七岁,有父党造门,问林:'伯先在否?'林不答。客曰:'何不拜?'林曰:'虽当下拜,临子字父,何拜之有?'"《晋书·儒林·刘兆传》:"尝有人着靴骑驴,至兆门外曰:'吾欲见刘延世。'兆儒德道素,<u>青州无称其字者,</u>门人大怒。兆曰:'听前。'"《旧唐书·韩愈传》:"拜中书舍人。有不悦愈者,言愈前左降为江陵掾曹,荆南节度使裴均馆之颇厚,近者均子锷还省父,愈为序饯锷,仍呼其字。此论喧于朝列,坐是改太子右庶子。"至于山阳公《载记》言:"马超降蜀,尝呼先主字,关羽怒,请杀之。"此则面呼人主之字,又不可以常侪论矣。②

11. 古人有以父名子者:《左传·成十六年》:"潘尫之党。"潘尫之子名党也。《襄二十三年》:"申鲜虞之傅挚。"申鲜虞之子名傅挚也。意必当时有同名者,故特举其父以别之。③

今按:《日知录》卷二十三"以父名子"条曰:

<u>《左传·成十六年》:"潘尫之党。"潘尫之子名党也。《襄二十三年》:"申鲜虞之傅挚。"申鲜虞之子名傅挚也。</u>按《仪礼·特牲馈食礼》:"筮某之某为尸。"注曰:"某之某者,字尸父而名尸也。"亦此类也。④

12. 名以同事而晦者:《淮南子》言:"秦穆公使孟明举兵袭郑,过周以东,郑之贾人弦高、蹇他相与谋,矫郑伯之命,以十二牛劳师。"是蹇他为弦高之友,而《左氏传》不载。又言:"荆轲西刺秦王,高渐离、宋意为击筑而歌于易水之上。"宋玉《笛赋》亦以荆卿、宋意并称。是宋意为高渐离之侣,而《战国策》、《史记》不载。《战国策》:"东孟之会,聂政、阳坚,刺相兼君。"注云:"坚,政之副。"按聂政告严仲子曰:"其势不可以多人。"未必有副。⑤

---

① ③ 周亮工:《因树屋书影》,《续修四库全书》1134册,第429页。
② 顾炎武原著、黄汝成集释:《日知录集释》,第1352—1353页。
④ 顾炎武原著、黄汝成集释:《日知录集释》,第1360页。
⑤ 周亮工:《因树屋书影》,《续修四库全书》1134册,第429—430页。

今按:《日知录》卷二十五"名以同事而晦"条曰:

> 《吕氏春秋》言:"秦穆公兴师以袭郑,过周而东。郑贾人弦高、奚施将西市于周,遽使奚施归告,乃矫郑伯之命,以十二牛劳师。"是奚施为弦高之友,(《淮南子》作蹇他。)而《左氏传》不载。《淮南子》言:"荆轲西刺秦王,高渐离、宋意为击筑而歌于易水之上。"宋玉《笛赋》亦以荆卿、宋意并称。是宋意为高渐离之侣,而《战国策》、《史记》不载。《战国策》:"东孟之会,聂政、阳坚,刺相兼君。"注云:"坚,政之副,犹秦武阳。"按聂政告严仲子曰:"其势不可以多人。"未必有副。《淮南子》注:"秦皇帝二十六年,初兼天下,有长人见于临洮,其高五丈,足迹六尺。放写其形,铸金人以象之。翁仲、君何是也。"今人但言翁仲,不言君何。①

13. 名以同事而章者:《孟子》:"禹、稷当平世,三过其门而不入。"考之《书》曰:"启呱呱而泣,予弗子。"此禹事也,而稷亦因之以受名。华周、杞梁之妻,善哭其夫,而变国俗。考之《列女传》曰:"哭于城下,七日而城为之崩。"此杞梁妻事也,而华周妻亦因之以受名。②

今按:《日知录》卷二十五"名以同事而章"条曰:

> 《孟子》:"禹、稷当平世,三过其门而不入。"考之《书》曰:"启呱呱而泣,予弗子。"此禹事也,而稷亦因之以受名。华周、杞梁之妻,善哭其夫,而变国俗。考之《列女传》曰:"哭于城下,七日而城为之崩。"此杞梁妻事也。而华周妻亦因之以受名。(《左传》但言获杞梁,不言获华周。)③

14. 人以相类而误者:《墨子》:"文王举闳夭、泰颠于罝网之中,授之政,而西土服。"于传未有此事,必太公之误也。《吕氏春秋》:"箕子穷于商,范蠡流乎江。"范蠡未尝流江,必伍员之误也。《淮南子》:"吴起、张仪,车裂支解。"张仪未尝车裂,必苏秦之误也。《易林》:"贞良得愿,微子解囚。"微子未尝囚,必箕子之误也。《晋书·夏统传》:"子路见夏南,愤恚而忼忾。"子路未尝见夏南,盖卫南子之误。④

今按:《日知录》卷二十五"人以相类而误"条曰:

---

① 顾炎武原著、黄汝成集释:《日知录集释》,第1454—1455页。
②④ 周亮工:《因树屋书影》,《续修四库全书》1134册,第430页。
③ 顾炎武原著、黄汝成集释:《日知录集释》,第1455页。

> 《墨子》:"文王举闳夭、泰颠于罝网之中,授之政,而西土服。"于传未有此事,必太公之误也。《吕氏春秋》:"箕子穷于商,范蠡穷乎江。"范蠡未尝流江,必伍员之误也。《史记》:"孙叔敖三得相而不喜,三去相而不悔。"孙叔敖未闻去相,必令尹子文之误也。《淮南子》:"吴起、张仪,车裂支解。"张仪未尝车裂,必苏秦之误也。《易林》:"贞良得愿,微子解囚。"微子未尝被囚,必箕子之误也。晋潘岳《太宰鲁武公诔》:"秦亡蹇叔,春者不相。"蹇叔之亡,不见于书,必百里奚之误也。(《吕氏春秋》:"蹇叔有子曰申与视。"注:"申,白乙丙也;视,孟明视也,皆蹇叔子也。"按:孟明视,百里奚之子。)后魏穆子容《太公吕望碑文》:"大魏东苞碣石,西跨流沙,南极班超之柱,北穷窦宪之志。"班超未尝南征,必马援之误也。后周庾信《拟咏怀诗》:"麟穷季氏罝,虎振周王圈。"季氏未尝获麟,必叔孙之误也。《晋书·夏统传》:"子路见夏南,愤恚而忼忾。"子路未尝见夏南,盖卫南子之误。①

15.《史记·万石君传》:"长子建,次子甲,次子乙,次子庆。"甲、乙非名也,失其名而假以名之也。《张汤传》:"长安富贾田甲。"《韩安国传》:"狱卒田甲。"疑亦同此。《汉书·魏相传》:"中谒者赵尧举春,李舜举夏,兒汤举秋,贡禹举冬。"不应一时四人,同以尧、舜、禹、汤为名,若有意撰而名之者。及读《急就章》有云:"祖尧、舜,乐禹、汤。"乃悟,若此类,皆古人所假以名之也。或曰:高帝时,实有赵尧,然非谒者。梁范缜《神灭论》,有张甲、王乙、李丙、赵丁。后人假设之辞,以此为祖。②

今按:《日知录》卷二十三"假名甲乙"条曰:

> 《史记·万石君传》:"长子建,次子甲,次子乙,次子庆。"甲、乙非名也,失其名而假以名之也。《韩安国传》:"蒙狱吏田甲。"《张汤传》:"汤之客田甲。"《汉书·高五王传》:"齐宦者徐甲。"《严助传》:"闽越王弟甲。"疑亦同此。(《孟尝君传》:"田甲劫愍王。"当是其名。)《任安传》:"某子甲何为不来乎?"《三国志注》:"许攸呼魏太祖小字曰:某甲,卿不得我,不得冀州也。"《左传·文十四年》:"齐公子元,不顺懿公之为政也,终不曰'公',曰'夫己氏'。"注:"犹言某甲。"(《文选·为齐明帝让宣城郡公表》:"谨附某官某甲,奉表以闻。"《宣德皇后令》:"命遣某位某甲等。")《汉书·魏相传》:"中谒者赵尧举春,李舜举夏,兒汤举秋,贡禹举冬。"不应一时四人,同以尧、舜、禹、汤为名,若有意撰而名之者。及读《急就章》有云:"祖尧、舜,乐禹、汤。"乃悟,若此

---

① 顾炎武原著、黄汝成集释:《日知录集释》,第1456—1457页。
② 周亮工:《因树屋书影》,《续修四库全书》1134册,第430页。

类,皆古人所假以名之也。或曰:高帝时,实有赵尧,然非谒者。蜀汉费祎作《甲乙论》,设为二人之辞。(《世说》云:"黄初中有《甲乙疑论》。")晋人文字,每多祖此,虚设甲乙。中书令张华造甲乙之问云:"甲娶乙为妻,后人娶丙。"博士弟子徐叔中《服议》,以母为甲,先夫为乙,后夫为丙,先子为丁,继子为戊。梁范缜《神灭论》,有张甲、王乙、李丙、赵丁。而《关尹子》云:"甲言利,乙言害,丙言或利或害,丁言俱利俱害。"《关尹子》,亦魏晋间人所造之书也。先秦以上,即有以甲乙为彼此之辞者,《韩非子》:"罪生甲,祸归乙,伏怨乃结。"①

16.《汉书·张敖传》:"吕后数言张王以鲁元故,不宜有此。"刘攽曰:"史家记事,或有如此追言谥者。"《史记》:贯高与张敖言,谓帝为高祖。《公羊传》:公子翚与桓公言:"吾为子白隐矣。"皆此类。今按传记中此例尚多。如《左氏传》:石碏曰:"陈桓公方有宠于王。"《国语》:鲍国谓子叔声伯曰:"子何辞苦成叔之邑?"《淮南子》:先轸曰:"昔吾先君与穆公交。"《吴越春秋》:子胥曰:"报汝平王。"《说苑》:景公曰:"善为我浮桓子也。"屈宜咎曰:"昭侯尝利矣,不作高门。"并是生时,不合称谥,乃后人追为之辞也。《史记·田敬仲世家》:"齐人歌之曰:'妪乎采芑,归乎田成子。'"《史通》曰:"田常见存,而遽呼以谥。"苏氏曰:"田常之时,安知其为成子而称之?"②

今按:《日知录》卷二十三"生称谥"条曰:

> 《汉书·张敖传》:"吕后数言张王以鲁元故,不宜有此。"刘攽曰:"史家记事,或有如此追言谥者。"《史记》:贯高与张敖言,谓帝为高祖。《公羊传》:公子翚与桓公言:"吾为子口隐矣。"皆此类。(《公羊传》注:"谥者传家所加。")今按传记中此例尚多。如《左氏传》:石碏曰:"陈桓公方有宠于王。"《国语》:鲍国谓子叔声伯曰:"子何辞苦成叔之邑?"《战国策》:智过曰:"魏桓子之谋臣曰赵葭,韩康子之谋臣曰段规。"《史记·秦本纪》:晋文公夫人请曰:"缪公怨此三人,入于骨髓。"《鲁世家》:周公戒伯禽曰:"我文王之子,武王之弟,成王之叔。"《宋世家》:华督使人宣言国中曰:"殇公即位十年耳,而十一战。"《楚世家》:国人每夜惊曰:"灵王入矣。"随人谢吴王曰:"昭王亡,不在随。"齐湣王遗楚王书曰:"今秦惠王死,武王立。"《郑世家》:庄公曰:"武姜欲之楚。"共王曰:"郑成公,孤有德焉。"《赵世家》:吴延陵季子使于晋曰:"晋国之政,卒归于赵武子、(赵文子名武。)韩宣子、魏献子之后矣。"《韩世家》:屈宜白曰:"昭侯不

---

① 顾炎武原著、黄汝成集释:《日知录集释》,第1358—1359页。
② 周亮工:《因树屋书影》,《续修四库全书》1134册,第430—431页。

出此门。"《吴起传》：公叔之仆曰："君因先与武侯言。"《仲尼弟子传》：子羔曰："出公去矣，而门已闭。"《鲁仲连传》：新垣衍谓赵王曰："赵诚发使尊秦昭王为帝。"褚先生补《梁孝王世家》：窦太后谓景帝曰："安车大驾，用梁孝王为寄。"《三王世家》：公户满意谓燕王曰："今昭帝始立。"《荀子》：周公谓伯禽之傅曰："成王之为叔父。"《吕氏春秋》：豫让欲杀赵襄子，其友谓之曰："以子之才，而索事襄子。"《淮南子》：先轸曰："昔吾先君与缪公交。"诸御鞅复于简公曰："陈成常、宰予二子者甚相憎也。"《吴越春秋》：子胥曰："报汝平王。"《说苑》：景公曰："善为我浮桓子也。"卫叔文子曰："今我未以往，而简子先以来。"并是生时，不合称谥。又如《礼记·曾子问》：孔子曰："季桓子之丧，卫君请吊。哀公辞不得命。公为主，客入吊，康子立于门右。"孔子没时，哀公、康子俱存，此皆后人追为之辞也。自东京以下，即无此语。文益谨而格益卑矣。《史记·田敬仲世家》："齐人歌之曰：'妪乎采芑，归乎田成子。'"《史通》曰："田常见存，而遽呼以谥。"苏氏曰："田常之时，安知其为成子而称之？"①

17. 称晋文公为文君，《楚辞·惜往日》："介子忠而立枯兮，文君寤而追求。"称楚庄王为庄君，《荀子》："庄君之智。"称鲁昭公为昭君，《焦氏易林》："乾侯野井，昭君丧居。"②

今按：《日知录》卷二十三"称王公为君"条曰：

称周文王为文君，《焦氏易林》："文君燎猎，吕尚获福，号称太师，封建齐国。"汉张衡《思玄赋》："文君为我端蓍兮，利飞遁以保名。"称晋文公为文君，《楚辞·惜往日》："介子忠而立枯兮，文君寤而追求。"《淮南子》："晋文君大布之衣，牂羊之裘。"又云："介子歌龙蛇，而文君垂泣。"称宋文公为文君，《墨子》："昔者宋文君鲍之时。"称楚庄王为庄君，《荀子》："庄君之智。"称齐庄公为庄君，《墨子》："昔者齐庄君之时。"称鲁昭公为昭君，《焦氏易林》："乾侯野井，昭君丧居。"称齐景公为景君，宋何承天《上陵篇》："指营丘，感牛山，爽鸠既没景君叹。"称宋襄公为襄君，周庾信《入彭城馆诗》："襄君初建国。"称宋元公为元君，《庄子》："宋元君夜半而梦。"③

18.《管子》称"三晋之君"，其时未有三晋；《轻重篇》称"鲁梁"，其时未有梁；《国语》句践之伯，陈蔡服从，其时有蔡无陈。《说苑》句践聘魏，其时未有魏；又言"仲尼见梁君"，"孟简子相梁"，其时未有梁，鲁亦无孟简子。《吕氏春秋》："晋文公师咎犯、随会。"随会不

---

① 顾炎武原著、黄汝成集释：《日知录集释》，第1366—1369页。
② 周亮工：《因树屋书影》，《续修四库全书》1134册，第431页。
③ 顾炎武原著、黄汝成集释：《日知录集释》，第1369页。

与文公、咎犯同时。《史记·扁鹊传》"虢太子",其时虢亡已久;《龟策传》"宋元王",宋无此君。《越绝书》"晋、郑王",晋、郑未尝称王。《列子》:"晏平仲问养生于管彝吾。"平仲去管子百余年。《韩诗外传》:"孟尝君请学于闵子。"闵子、孟尝君相去几二百岁。①

今按:《日知录》卷二十五"传记不考世代"条曰:

> 张衡言:"《春秋元命苞》有公输班与墨翟,事见战国,非春秋时。又言别有益州,益州之置在于汉世。"以证图谶为后人伪作。今按传记之文,若此者甚多。《管子》称"三晋之君",其时未有三晋;《轻重篇》称"鲁梁"、"秦赵",其时未有梁、赵;称"代王",其时未有代王。《国语》句践之伯,"陈蔡之君,皆入朝",其时有蔡无陈。《说苑》句践聘魏,其时未有魏;又言"仲尼见梁君"、"孟简子相梁",其时未有梁,鲁亦无孟简子;又言韩武子出田,栾怀子止之,韩氏无武子;又言楚庄王以椒举为上客,椒举事灵王,非庄王。《吕氏春秋》:"晋文公师咎犯、随会。"随会不与文公、咎犯同时;赵襄子攻翟,一朝而两城下,有忧色,孔子贤之,赵襄子为晋卿时,孔子已卒;颜阖见鲁庄公,颜阖,穆公时人,去庄公十一世。《史记·孔子世家》:"使从者为宁武子臣于卫。"孔子时宁氏已灭;《扁鹊传》虢君"出见扁鹊于中阙",其时虢亡已久;《龟策传》"宋元王",宋有元公无元王。"庄子见鲁哀公",而其书有魏惠王、赵文王,鲁哀公去赵文王一百七十岁。《韩非子》:"扁鹊见蔡桓侯。"桓侯与鲁桓公同时,相去几二百岁。《越绝书》"晋、郑王",晋、郑未尝称王;又言孔子奉雅琴见越王,越灭吴,孔子已卒。《列子》:"晏平仲问养生于管夷吾。"《盐铁论》:"季桓子听政,柳下惠忽然不见。"又言:"臧文仲治鲁,胜其盗而自矜,子贡非之。"平仲去管子,季桓子去柳下惠,子贡去臧文仲,各百余岁。《韩诗外传》:"孟尝君请学于闵子。"闵子、孟尝君相去几二百岁;冉有对鲁哀公言:"姚贾,监门子。"姚贾,秦始皇时人,相去二百余岁。②

19.《集古录》有五代时帝王将相等署字一卷。所谓署字者,皆草书其名,今俗谓之画押,不知始于何代。《桯史》谓晋已有之,然不可考。《南史》:齐高帝"在领军府,令纪僧真学手迹下名,报答书疏,皆付僧真。上观之,笑曰:'我亦不复能别。'"何敬容"署名,'敬'字则大作'苟',小为'文','容'字大为'父'。陆倕戏曰:'公家苟既奇大,父亦不小。'"《北史》:"斛律金不识文字,初名敦,苦其难署,改名为金,从其便易,犹以为难,神武乃指屋角令识之。"《北齐书》:"库狄干不知书,署名乃干字,逆上画之,时人谓之穿椎。又有武将王

---

① 周亮工:《因树屋书影》,《续修四库全书》1134册,第431页。
② 顾炎武原著、黄汝成集释:《日知录集释》,第1457—1458页。

周,署名先为吉,而后成其外。"《世说》:萧引书法遒逸,陈宣帝尝指其署名,语诸人曰:"此字笔势翩翩,似鸟之欲飞。"《唐书》:董昌僭位,"下制诏,皆自署名。或曰:'帝王无押诏。'昌曰:'不亲署,何由知我为天子?'"今人亦谓之花字。《北齐书·后主纪》:"领军一时二十,连判文书,各作花字,不具姓名,莫知谁也。"○《东观余论》云:"唐人及国初前辈与人书牍,或只用押字,与名用之无异,上表章亦或尔。近世遂施押字于檄移。或不书己名字,而别作形模,非也。"①

今按:《日知录》卷二十八"押字"条曰:

《集古录》有五代时帝王将相等署字一卷。所谓署字者,皆草书其名,今俗谓之画押,不知始于何代。岳珂《古冢盆杅记》言:"得晋永宁元年甓,有匠者姓名,下有文如押字。"则晋已有之,然不可考。《南齐书》:"太祖在领军府,令纪僧真学上手迹下名,报答书疏,皆付僧真。上观之,笑曰:'我亦不复能别也。'"何敬容署名,"敬"字则大作"苟",小为"文","容"字大为"父"。陆倕戏曰:"公家苟既奇,大父亦不小。"《魏书》:崔玄伯尤善行押之书,"特尽精巧,而不见遗迹"。《北史》:"斛律金不识文字,初名敦,苦其难署,改名为金,从其便易,犹以为难,神武乃指屋角令识之。"《北齐书》:"厍狄干不知书,署名为'干'字,逆上画之,时人谓之穿锥。又有武将王周,署名先为吉,而后成其外。"《陈书》:萧引善隶书,"高宗尝披奏事,指引署名曰:此字笔势翩翩,似鸟之欲飞"。《唐书》:董昌僭位,"下制诏,皆自署名。或曰:'帝王无押诏。'昌曰:'不亲署,何由知我为天子?'"今人亦谓之花字。《北齐·后主纪》:"开府千余,仪同无数,领军一时二十,连判文书,各作花字,(《北史》"各作依字"。)不具姓名,莫知谁也。"黄伯思谓:"魏晋以来法书,梁御府所藏,皆是朱异、唐怀充、沈炽文、姚怀珍等题名于首尾纸缝间,故或谓之押缝,或谓之押尾。后人花押,盖沿于此。"又云:"唐人及国初前辈与人书牍,或只用押字,与名用之无异,上表章亦或尔。近世遂施押字于檄移。"(《癸辛杂识》:"古人押字谓之花押印,是用名字稍花之,如韦陟五云体是也。")不知南北诸史,言押字者如此之多,而《韩非子》言:"田婴令官具押券斗石参升之计。"则战国时已有之,又不始于后世也。《三国志·少帝纪》注:"《世说》及《魏氏春秋》并云:'姜维寇陇右,时安东将军司马文王镇许昌,征还击维。至京师,帝御平乐观以临军,过中领军许允与左右小臣谋,因文王辞杀之,勒其众以退。大将军已书诏于前,文王入,帝方食栗,优人云午等唱曰:青头鸡,青头鸡。青头鸡者,鸭也。帝惧不敢发。'"按鸭者,劝帝押诏书耳。是则以亲署为押,已见于三国时矣。(南北朝谓

---

① 周亮工:《因树屋书影》,《续修四库全书》1134册,第431—432页。

之画敕。)①

20.《宋史·刘奉世传》:"先是,进奏院每五日具定本报状,上枢密院,然后传之四方。而邸吏辄先期报下,或矫为家书,以入邮置。奉世乞革定本,去实封,但以通函腾报。从之。"《吕溱传》:"侬智高寇岭南,诏奏邸毋得辄报。溱言一方有警,使诸道闻之,共得为备,今欲人不知,此何意也?"《曹辅传》:"政和后,帝多微行。始民间犹未知,及蔡京谢表,有'轻车小辇,七赐临幸',自是邸报闻四方。""邸报"字见于史书始此。②

今按:《日知录》卷二十八"邸报"条曰:

<u>《宋史·刘奉世传》:"先是,进奏院每五日具定本报状,上枢密院,然后传之四方。而邸吏辄先期报下,或矫为家书,以入邮置。奉世乞革定本,去实封,但以通函腾报。从之。"《吕溱传》:"侬智高寇岭南,诏奏邸毋得辄报。溱言一方有警,使诸道闻之,共得为备,今欲人不知,此何意也?"《曹辅传》:"政和后,帝多微行。始民间犹未知,及蔡京谢表,有'轻车小辇,七赐临幸',自是邸报闻四方。""邸报"字见于史书,盖始于此时。</u>然唐孙樵集中有《读开元杂报》一篇,则唐时已有之矣。③

21.《书影》卷九:

江西之名,殆不可晓。全司之地,并在江南,不得言西。考之六朝以前,其称江西者,并在秦郡(今六合)、历阳(今和州)之境。盖大江自历阳斜北下京口,故有东西之名。《史记·项羽本纪》:"江西皆反。"扬子《法言》:"楚分江西。"《三国志·蒋济传》:"民转相惊,自庐江、九江、蕲春、广陵,户十余万,皆东渡江,江西遂虚。"《晋书·武帝本纪》:"安东将军王浑出江西。"《穆帝本纪》:"江西乞活郭敞等,执陈留内史刘仕而叛。"(时分北谯置陈留郡。)《顾荣传》:"使江西诸军函首送洛。"则兼指今江北、淮南等处。至宋以后,始以九江、豫章、庐陵为江西,不得其解。考之《唐书》,贞观十年,分天下为十道,其八曰江南道;开元二十一年,又分天下为十五道,而江南为东西二道,江南东道理苏州,江南西道理洪州。后人省文,直称江东、江西,此江西二字之所本也。今之作文者,乃曰大江以西,可发一笑。④

---

① 顾炎武原著、黄汝成集释:《日知录集释》,第1646—1648页。
② 周亮工:《因树屋书影》,《续修四库全书》1134册,第432页。
③ 顾炎武原著、黄汝成集释:《日知录集释》,第1650页。
④ 周亮工:《因树屋书影》,《续修四库全书》1134册,第452—453页。

今按:《日知录》卷三十一"江西广东广西"条曰:

江西之名,殆不可晓。全司之地,并在江南,不得言西。考之六朝以前,其称江西者,并在秦郡(今六合)、历阳(今和州)、庐江(今庐州府)之境。盖大江自历阳斜北下京口,故有东西之名。(胡三省《通鉴注》:"大江东北流,故自历阳至濡须口,皆谓之江西,而建业谓之江东。")《史记·项羽本纪》:"江西皆反。"扬子《法言》:"楚分江西。"《三国志·魏武帝纪》:"进军屯江西郝溪。"《吴主传》:"民转相惊,自庐江、九江(今寿州)、蕲春、广陵,户十余万,皆东渡江,江西遂虚,合肥以南,惟有皖城。"《孙瑜传》:"宾客诸将,多江西人。"《晋书·武帝纪》:"安东将军王浑出江西。"《穆帝纪》:"江西乞活郭敞等,执陈留内史刘仕而叛。"(时分北谯置陈留郡。)《郗鉴传》:"拜安西将军、兖州刺史,都督扬州江西诸军事,镇合肥。"《桓伊传》:"进督豫州之十二郡,扬州之江西五郡军事。"今之所谓江北,昔之所谓江西也。故晋《地理志》以庐江九江,自合肥以北至寿春,皆谓之江西。(《南齐书·州郡志》:"左仆射王俭启,江西连接汝颍。")今人以江、饶、洪、吉诸州为江西,是因唐贞观十年,分天下为十道,其八曰江南道;开元二十一年,又分天下为十五道,而江南为东西二道,江南东道理苏州,江南西道理洪州。后人省文,但称江东、江西尔。(始见于《旧唐书·李峘传》:"乾元初,兼御史大夫,持节都统淮南江东江西节度宣慰观察处置等使。"《德宗纪》:"建中三年十月辛亥,以嗣曹王皋为洪州刺史、江西节度使。"刘禹锡《和吴方之》诗:"今岁洛中无雨雪,眼前风景是江西。"亦是中唐以后始有此称。)今之作文者,乃曰大江以西,谬矣。今之广东、广西,亦广南东路、广南西路之省文也。《文献通考》:太宗"至道三年,分天下为十五路,其后又增三路",其十七曰广南东路,其十八曰广南西路。①

又按:《日知录》初刻八卷本亦有"江西广东广西"条,较此简略。

22. 江汉石使君座上询予前代用银之始。予按:唐宋以前,上下通行之货,一皆以钱而已,未尝用银。《汉书·食货志》言:"秦并天下,币为二等,而珠玉、龟贝、银锡之属,为器饰宝藏,不为币。"孝武始造白金三品,寻废不行。《旧唐书》:宪宗元和三年六月,诏曰:"天下有银之山,必有铜矿。铜者,可资于鼓铸;银者,无益于生人。其天下自五岭以北,见采银坑,并宜禁断。"至韩愈奏状,始言"五岭买卖一以银"。《宋史·仁宗纪》:景祐二年,"诏诸路岁输缗钱,福建、二广易以银,江东以帛"。《金史·食货志》:"旧例:银每铤五十两,其直百贯。民间或有截凿之者,其价亦随低昂,遂改铸银,名承安宝货,一两至十

---

① 顾炎武原著、黄汝成集释:《日知录集释》,第1783—1785页。

两,分五等,每两折钱二贯,公私同见钱用。"又云:"更造兴定宝泉,每贯当通宝五十。又以绫印制元光珍货,同银钞及余行之。行之未久,银价日贵,宝泉日贱,民但以银论价,至元光二年,宝泉几于不用。哀宗正大间,民间但以银市易。"此今日上下用银之始。今民间输官之物皆用银,而犹谓之钱粮,盖承宋代之名,当时上下皆用钱也。①

今按:《日知录》卷十一"银"条曰:

> 唐宋以前,上下通行之货,一皆以钱而已,未尝用银。《汉书·食货志》言:"秦并天下,币为二等,而珠玉、龟贝、银锡之属,为器饰宝藏,不为币。"孝武始造白金三品,寻废不行。(谢肇淛曰:"汉银八两,直钱一千,当时银贱而钱贵。今银一两,即直千钱矣。")《旧唐书》,宪宗元和三年六月,诏曰:"天下有银之山,必有铜矿。铜者,可资于鼓铸;银者,无益于生人。其天下自五岭以北,见采银坑,并宜禁断。"(李德裕为浙西观察使,奏云:"去二月中,奉宣令进盝子,计用银九千四百余两,其时贮备,都无二三百两。")然考之《通典》,谓:"梁初唯京师及三吴、荆、郢、江、湘、梁、益用钱,其余州郡,则杂以谷帛交易。交广之域,则全以金银为货。"而唐韩愈奏状,亦言"五岭买卖一以银"。元稹奏状言:"自岭已南,以金银为货币。自巴已外,以盐帛为交易。黔巫溪峡,用水银朱砂、缯彩巾帽,以相市。"(杜氏《通典》载:"唐度支岁计之数,粟则二千五百余万石,布绢绵则二千七百余万端、屯、疋,钱则二百余万贯。"未尝有银。其土贡则贵州贡银百两,鄂、新、党三州各贡银五十两,贺州贡银三十两,邵、端、昭、潘、辨、高、龚、浔、严、封、春、罗、牢、窦、横、象、泷、藤、平、琴、廉、义、柳、勒、康、恩、崖、万安二十七州,各贡银二十两。是唐人以银为贡,而不以为赋也。张籍诗:"海国战骑象,蛮州市用银。")《宋史·仁宗纪》:景祐二年,"诏诸路岁输缗钱,福建、二广易以银,江东以帛。"于是有以银当缗钱者矣。《金史·食货志》:"旧例,银每铤五十两,其直百贯。(《旧唐书·哀帝纪》:"内库出方圆银二千一百七十二两,充见任文武常参官救接。"是知前代银,皆是铸成。)民间或有截凿之者,其价亦随低昂,遂改铸银,名承安宝货,一两至十两,分五等,每两折钱二贯,公私同见钱用。"又云:"更造兴定宝泉,每贯当通宝五十。又以绫印制元光珍货,同银钞及余钞行之。行之未久,银价日贵,宝泉日贱,民但以银论价。至元光二年,宝泉几于不用。哀宗正大间,民间但以银市易。"此今日上下用银之始。今民间输官之物皆用银,而犹谓之钱粮,盖承宋代之名,当时上下皆用钱也。②

---

① 周亮工:《因树屋书影》,《续修四库全书》1134册,第453页。
② 顾炎武原著、黄汝成集释:《日知录集释》,第652—654页。

又《日知录》初刻八卷本卷四亦有"银"条,较此简略。

23.《孟子》:"望道而未之见。"《集注》:"而,读为如,古字通用。"朱子答门人,引《诗》"垂带而厉"、《春秋》"星陨如雨"为证。今考之,又得数事。《左传·隐七年》:"歃如忘。"服虔曰:"而也。"《昭四年》:"牛谓叔孙,见仲而何?"注:"而何,如何。"《战国策》:"威王不应,而此者三。"《吕氏春秋》:"静郭君泫而曰不可。"《荀子》:"黭然而雷击之,如墙厌之。"《说苑》:越诸发曰:"意而安之,愿假冠以见;意如不安,愿无变国俗。"《新序》引《邹阳书》:"白头而新,倾盖而故。"皆当作"如"。《战国策》:"昭奚恤曰:非故如何也?绨疵曰:是非反如何也。"《大戴礼》:"不赏不罚,如民咸尽力。"《春秋繁露》:"施其时而成之,法其命如循之。"《淮南子》:"尝一哈水,如甘苦知矣。"汉乐府《艾如张》,后汉《郭辅碑》:"其少也孝友而悦学,其长也宽舒如好施。"皆当作"而"。《汉书·地理志》"辽西郡肥如",莽曰"肥而"。唐人诗多用"而今",亦作"如今",今余乡人言"如何"亦曰"而何"。《周礼·旅师》:"而用之以质剂。"注:"而读为若,声之误也。"陆德明《音义》云:"而音若。"《仪礼·乡饮酒礼》:"公如大夫入。"注:"如读为若。"①

今按:《日知录》卷三十二"而"条曰:

《孟子》:"望道而未之见。"《集注》:"而,读为如,古字通用。"朱子答门人,引《诗》"垂带而厉"、《春秋》"星陨如雨"为证。(《诗》:"垂带而厉。"笺云:"而,亦如也。"《春秋·庄七年》:"夜中星陨如雨。"注:"如,而也。")今考之,又得二十余事。《易》:"君子以莅众,用晦而明。"虞翻解:"而,如也。"《书·顾命》:"其能而乱四方。"《传》释为"如"。《孟子》:"九一而助。"赵岐解:"而,如也。"(夫然后之中国,践天子位焉。而居尧之宫,逼尧之子,是篡也。刘郯曰:"而,当读作如。"今按:"而主痈疽与侍人瘠环,是无义无命也。""而"字亦当读"如"。)《左传·隐七年》:"歃如忘。"服虔曰:"如,而也。"《僖二十六年》:"室如悬磬。"注:"如,而也。"《昭四年》:"牛谓叔孙,见仲而何?"注:"而何,如何。"《史记·贾生传》:"化变而嬗。"韦昭曰:"而,如也,如蝉之蜕化也。"《战国策》:"威王不应,而此者三。"《韩非子》:"嗣公知之,故而驾鹿。"《吕氏春秋》:"静郭君泫而曰不可。"(近本为不通者添作"泫泣而曰"。)又曰:"而固贤者也,用之未晚也。"《荀子》:"黭然而雷击之,如墙厌之。"《说苑》:越诸发曰:"意而安之,愿假冠以见;意如不安,愿无变国俗。"又曰:"而有用我者,吾其为东周乎?"《新序》引《邹阳书》:"白头而新,倾盖而故。"后汉《督邮斑碑》:"柔远而迩。"皆当作"如"。《战国策》:昭奚恤曰:"请而不得,有说色,非故如何也?"绨疵曰:"是非反如何也。"《大戴礼》:

---

① 周亮工:《因树屋书影》,《续修四库全书》1134册,第453—454页。

"使有司日省如时考之。"又曰:"然如曰礼云礼云。"又曰:"安如易,乐而湛。"又曰:"不赏不罚,如民咸尽力。"又曰:"知一如不可以解也。"《春秋繁露》:"施其时而成之,法其命如循之。"《淮南子》:"尝一哈水,如甘苦知矣。"汉乐府《艾如张》,后汉《济阴太守孟郁修尧庙碑》:"无为如治,高如不危,满如不溢。"《太尉刘宽碑》:"去鞭拊如获其情,弗用刑如弭其奸。"《郭辅碑》:"其少也,孝友而悦学;其长也,宽舒如好施。"《易》王弼注:"革而大亨以正,非当如何?"皆当作"而"。《汉书·地理志》辽西郡肥如,"莽曰肥而"。《左传·襄十二年》:"夫妇所生若而人。"注云:"若如人。"《说文》:"需,从雨,而声。"盖即读"而"为"如"也。唐人诗多用"而今",亦作"如今"。今江西人言"如何"亦曰"而何"。(《左传·襄三年》,齐侯与士匄盟于耏外。《水经注》云:"即《地理志》之如水矣。耏、如声相似。"古"而"字即读为"如"。故"奭"字,《说文》曰:"从大,而声。")《周礼·旅师》:"而用之以质剂。"注:"而读为若,声之误也。"陆德明《音义》云:"而音若。"《仪礼·乡饮酒礼》:"公如大夫入。"注:"如读为若。"①

三、分析与结论

(一) 顾炎武《日知录》袭自周亮工《书影》

从《书影》与《日知录》雷同部分的行文看,两者基本一致,只是在个别字词上,由于行文而稍作修改。可以看出,两者之间必有因袭的关系,绝非"不谋而合"。笔者认为,两者的因袭关系是:顾炎武《日知录》袭自周亮工《书影》。理由如下:

1. 从两书的刊刻时间来看,《书影》初刻于康熙六年(1667年),而《日知录》八卷本初刻于康熙九年(1670年),三十二卷本刻于康熙三十四年(1695年),《书影》较《日知录》刊刻时间早。并且在《日知录》初刻八卷本中,已有"高祖""艺祖""江西广东广西""银"四条。所以,《日知录》应该是因袭周亮工《书影》而来。

2. 从两书内容相似条目的内容繁简来看,明显是《书影》简而《日知录》繁,且这些条目都是考证性文字,也符合考据学"后出转精"的特点。所以,《日知录》应该是在因袭《书影》的基础上增加考证证据而成。

3. 从某些细节也可以看出《日知录》对《书影》的因袭痕迹。如第20条,《日知录》相较《书影》仅多末尾"然唐孙樵集中有《读开元杂报》一篇,则唐时已有之矣"一句,而前面文字完全相同,这完全可以看作顾炎武在引用《书影》观点之后,进而提出新的证据,对周

---

① 顾炎武原著、黄汝成集释:《日知录集释》,第1857—1860页。

氏观点进行修正,只是未能直接说明所修正的为周亮工《书影》中的观点而已。否则,顾炎武也不必在论证自己的观点之后再进行自我否定。又如第22条,周亮工在叙述用银的历史前,称:"江汉石使君座上询予前代用银之始。"可见此条是周亮工为解答石使君而作,而顾炎武则将此叙述原委的句子删去。又如第23条,周亮工称:"今余乡人言'如何'亦曰'而何'。"而顾炎武则改为"今江西人言'如何'亦曰'而何'",周亮工为江西金溪人,其观点是根据自己的方言而来,而顾炎武一生未曾游历江西,其观点应该是从周亮工而来,而改周亮工的"余乡人"为"江西人"。

4. 郑方坤(1693—?)《经稗》是一部荟萃诸家笔记中说经内容的著作,其中对顾炎武《日知录》和周亮工《书影》都有引及。而在引《书影》的内容中,就包括上文中的第2、5、9、13等四条的内容,而所引《日知录》未见有与上文《日知录》中条目相同的。《经稗》在涉及以上条目时,引《书影》而不引《日知录》,可以作为旁证,证明顾炎武《日知录》确实是因袭周亮工《书影》的。

(二) 顾炎武《日知录》考证优于周亮工《书影》

虽然顾炎武《日知录》的这些条目都是因袭周亮工《书影》而来,有明显地掠人之美的嫌疑,但顾炎武《日知录》的考证明显优于周亮工《书影》,这些条目可以看作是对周亮工《书影》考证成果的后出转精。这主要表现在:

1. 大量地增加支撑论点的证据。在以上23条中,顾炎武未在《书影》基础上增加证据的只有第4条、第9条、第13条,其他大都增加证据,使周亮工提出的观点得到进一步证明。

2. 修正周亮工《书影》的观点。顾炎武在对周亮工的观点进一步证明的同时,也对其观点进行了修正。如第15条,周亮工引《史记》《汉书》《神灭论》等书,认为汉代以来才有以"甲、乙、丙、丁"等为假设之辞。而顾炎武则在依据周氏所引并增加证据的基础上,进一步提出:"先秦以上,即有以甲乙为彼此之辞者。"并引《韩非子》中"罪生甲,祸归乙,伏怨乃结"一句为证。这就修正了周氏的观点,将这一现象向前推到战国时期。

3. 进一步阐发周亮工《书影》的观点。如第2条,周亮工举出以"始祖为高祖""九世祖为高祖"的例证,作为"称曾祖之父为高祖"的反例,而顾炎武则在此基础上,进一步举出"以受命之君为高祖"的例证,进而提出"高祖者,远祖之名"的观点。又如第17条,周亮工只是列举了文献中称晋文公为文君,称楚庄王为庄君,称鲁昭公为昭君这三种现象,而顾炎武则不仅为周氏增加了证据,而且进一步列举文献中称周文王为文君、称宋文公为文君、称齐庄公为庄君、称齐景公为景君、称宋襄公为襄君、称宋元公为元君等现象,进而归纳出古代有"称王公为君"的习惯。又如第21条,顾炎武在因袭"江西"是对"江南西道"简称的观点上,进一步指出:"今之广东、广西,亦广南东路、广南西路之省文也。"并引

《文献通考》为证。

4. 订正周亮工的引文。周亮工《书影》是他在狱中所作,在引文中难免有张冠李戴的现象。如第10条,周亮工引《晋书》中常林之事,其实《晋书》中本无《常林传》,《常林传》在《三国志》,而周氏误记,所以顾炎武《日知录》引《常林传》时,列在《三国志·司马朗传》之后,《晋书·儒林·刘兆传》之前。又如第19条,周亮工引《世说新语》中关于萧引书法的记载,其实《世说新语》中本无此材料,顾炎武改为最早记录此事的《陈书》。此外,顾炎武在引用文献时,非常注重对文献时代的考察,引用最早的文献,所以顾炎武对周亮工引文出处也有修改。如第12条,周亮工引《淮南子》中秦穆公袭郑之事,而顾炎武则据《吕氏春秋》引此事,并在小注中注明《吕氏春秋》与《淮南子》之异文。又如第19条,周亮工引用的是唐代编纂的《南史》,而顾炎武改为南朝梁代所编《南齐书》中的相同材料。

此外,顾炎武还删去了周亮工的某些推测之词,说明他并不认同周氏的推测,如第11条,论古代人以父名子的现象,周亮工认为:"意必当时有同名者,故特举其父以别之。"

《日知录》一书体大思精,考据精确,从以上几种情况来看,顾炎武的相关考证确实较周亮工更加翔实、精准,远出《书影》之上。但顾炎武袭用周亮工《书影》20余处,而无一字提及周氏,掠人之美,不免白璧微瑕之憾。

清戏曲家顾麟瑞略考

□ 钱 成

摘 要：顾麟瑞是清代乾嘉时期文人，为扬州学派重要成员顾九苞之子、著名诗人黄景仁之婿。邓长风等对其人曾作深入考证，但未能确定其生卒年等关键信息。依据新发现的《芸香诗钞》、兴化《顾氏族谱》等材料，可推断顾瑞麟生于清乾隆三十二年（1767年），卒于嘉庆十三年（1808年），并对其生平、家世、交游和著述作了深入考证。

关键词：顾麟瑞；戏曲；考证

作者简介：钱成，福建师范大学戏剧与影视学专业在读博士生，泰州学院副教授，泰州历史文化研究所研究员，350007

1985年，张增元从民国《续修兴化县志》卷十四《文苑》发现："《乐府定霸记》、《蛾眉砚传奇》，清顾麟瑞撰"[①]。1993年，邓长风首次对顾麟瑞进行了考证，确定顾麟瑞为清扬州学派代表人物兴化顾九苞次子，著名诗人常州黄景仁之婿。并从《新安二江先生集》中发现清嘉庆九年（1804年）顾麟瑞所作《玉华诗钞序》。[②]1995年，他在《关于〈明清戏曲家考略〉及其〈续编〉的若干补正》[③]一文中，再次对顾麟瑞的家世及交游进行了考证，但对顾麟瑞的生卒年等关键问题，仍未有明确结论。

近日，笔者在江苏省泰州市图书馆古籍部，发现该馆所藏清嘉庆己巳（1809年）秋刻本《芸香诗钞》[④]，内收有顾麟瑞佚诗两首和其人简介。又从兴化顾麟瑞后裔处，得见清同治十三年（1874年）顾惠主修兴化《顾氏族谱》（抄本）[⑤]，结合咸丰《兴化县志》《续纂扬州府志》和民国《兴化县续志》等资料，对顾麟瑞生平、家世、交游与著述等作进一步考订，并对其现存诗文进行了辑录。

---

① 张增元：《方志著录明清罕见戏曲存目七十七种》，《人大复印资料（中国古代近代文学研究）》1986年第7期，第237—251页。
② 邓长风：《明清戏曲家考略续编》，上海古籍出版社1997年版，第260—262页。
③ 邓长风：《明清戏曲家考略三编》，上海古籍出版社1999年版，第289—291页。
④ 叶兆兰，邹熊等辑：《芸香诗钞（卷二）停云集》，清嘉庆四年刻本，泰州图书馆藏。
⑤ 顾惠主修：（兴化）《顾氏族谱》，清同治十三年钞本。

一、顾麟瑞生平考

因邓文已全文收录了清咸丰《兴化县志》卷八《文苑》中《顾麟瑞小传》①。故笔者简引如下:"顾麟瑞,字仲嘉,一字芝衫,进士顾九苞次子。嘉庆六年拔贡。天才颖异,十岁即知吟咏。长,肆力于诗。初学齐梁,继乃宗法盛唐。淮海间骚坛推重之。……填词亦精,小赋酷肖开府。著《筼筜馆诗集》,甫刊一册,未校正即殇。其词集、诗赋、杂文集,皆未授梓。"由该《小传》,可知顾麟瑞基本信息。此后,关于顾麟瑞的介绍,大多不出邓长风所论。如《江苏艺文志·扬州卷》:"顾麟瑞(生卒年不详),字仲嘉,一字芝衫。清兴化人。顾九苞次子,顾凤毛弟。嘉庆六年(1801)拔贡生。十岁即知吟咏,以诗名淮海间,填词亦精。著有《筼筜馆诗钞》《无声馆词集》《蛾眉妍传奇》《乐府定霸记》等。"②《清民两代金石书画史》:"顾麟瑞,字号不详。兴化拔贡生。工隶书,得汉意。又善诗词,淮海间骚坛咸推重之。"③

关于其人生卒年,因未见兴化《顾氏族谱》等资料,邓长风根据其父顾九苞和兄顾凤毛的生卒年,初步推断"其人约生于1770年前后,卒于嘉庆中,年或未及四十"。后来,又认为顾麟瑞当生在1768—1770年间,嘉庆庚午(1810年)前后或仍在世,可能活了40多岁。④

笔者发现,兴化《顾氏族谱》(以下所引《顾氏族谱》同,不再赘注)卷十二"寅伯公世系"载:"麟瑞,字仲嘉,号芝衫。嘉庆辛酉拔贡,例授征仕郎,候选直隶州州判。娶黄氏,孺人,生三子。第三子承继凤毛。"又,卷十七《列传》云:"芝衫公讳麟瑞,字仲嘉,苟南公次子。幼颖悟,丰仪俊伟,目烂(疑误)如电。八九龄,侍祖母任孺人寝,口授《文选》《诗三百首》,悉能背诵,间有拟作,卓然不群。既长,益肆力于诗,初学齐、梁,继乃宗法盛唐,才思足亚前明七子,淮海间骚坛推重之。性豪迈,与名流酬唱无虚日。填词,亦精小赋,酷肖开府,隶书得汉人意。幼孝于母,事寡嫂有礼,克绍孝友家风焉。嘉庆六年辛酉拔贡,朝考报罢,遂绝意仕进。年四十二卒。著《筼筜馆诗初集》《二集》,《筼筜馆杂俎》《外集》,《无声诗馆词集》,《乐府定霸记》、《蛾眉研传奇》二种。《县志》有传。"

此外,泰州市图书馆所藏《芸香诗钞》卷二《先露集》中收有江藩、季耀南、陈宗选、毕

---

① 邓长风:《明清戏曲家考略全编(上)》,上海古籍出版社2009年版,第900—902页。
② 赵国璋主编:《江苏艺文志·扬州卷》(下册),江苏人民出版社1995年版,第869页。
③ 张剑、徐雁平、彭国忠主编:《清民两代金石书画史》,江苏凤凰出版社2014年版,第447页。
④ 邓长风:《明清戏曲家考略三编》,上海古籍出版社1999年版,第289—291页。

谔、任大樟、周煦、顾麟瑞、阮亨等24人诗作(注:《芸香诗钞》,《历代地方诗文总集汇编》未收录,以下所引同,不再赘注)。据编者邹熊所作《芸香诗钞序》:"自壬子春,宫霜桥前辈暨吴椒堂、夏春舟、叶古轩诸吟人憩游其地,芸香社遂为城北吟坛。……今春差健,归自娄江。古轩亦从焦山返里。爰搜罗芸香诸稿,共得古今体诗若干首,亟较定付梓,以过客、亡友,分《停云》《先露》两集……共得十有二卷,统名《芸香诗钞》。正不忘初地之意耳。嘉庆己巳秋吴陵耳山邹熊识于群玉山馆并书。"由此可知,清嘉庆己巳(1809)秋《芸香诗钞》编刻时,顾麟瑞已卒。

邓长风先生曾从兴化李福祚辑《昭阳述旧编》卷一《桑梓述》(卷末附录),发现顾麟瑞为亡妻黄仲仙所作《黄孺人传》。"黄孺人,先舅氏顾公芝衫之配也。芝衫公撰《黄孺人传》曰:'孺人姓黄氏,名仲仙,常州武进人。考讳景仁,以诗名当世,世称仲则先生。……孺人生二十一年来归,归十九年而卒。……孺人性嗜读书,寒暑无少间。虽不甚记诵,而大义辄了了,论次之,以示后世子孙之不好读书者。'"①

据洪亮吉《卷施阁文甲集》卷十《候选县丞附监生黄君行状》:"仲则殁时,长女十六岁。"②由此推断,黄景仁(仲则)长女黄仲仙,生于清乾隆三十三年(1768年)。乾隆三十六年(1771年)春,黄景仁受聘至安徽太平知府沈业富幕中,与汪中、顾九苞、洪亮吉、章学诚等共事。经洪亮吉作伐,为顾麟瑞与黄仲仙订下婚约。黄仲仙年二十一(1788年)时,经由新疆归来的洪亮吉资助,二人方成婚。所以,洪亮吉《刘刺史大观为亡友黄二景仁刊(悔存轩集)八卷,工竣感赋一首,即柬刺史》诗"向平婚嫁为君毕"句自注:"君一子一女,皆君殁后为之婚嫁"。黄仲仙嫁至兴化后十九年去世,享年四十。兴化《顾氏族谱》卷十八载:黄仲仙殁于清嘉庆十二年(1807年)冬。顾麟瑞于黄仲仙去世后为妻作传,又于清嘉庆十四年(1809年)春《芸香诗钞》编成前已去世。依照《族谱》所云其人享年四十二,笔者推断顾瑞麟生于清乾隆三十二年(1767年),卒于嘉庆十三年(1808年)。

关于其人的字号,咸丰《兴化县志》云"字仲嘉,一字芝衫"。③清郭麐《灵芬馆诗话》云"顾麟瑞,号芷山"。④而兴化《顾氏族谱》则云"字仲嘉,号芝衫",《芸香诗钞》云"顾麟瑞,号芝衫,兴化人,辛酉拔贡"。2016年3月25日,北京百衲国际艺术品拍卖有限公司拍卖了顾麟瑞所书的隶书七言诗,为镜心水墨纸本。题识:"题奉友堂先生雅正。芝衫弟顾麟瑞。"所以,笔者认为,顾麟瑞(1767—1808年),字仲嘉,号芝衫(一作芝山)。咸丰《重修兴化县志》云其"字仲嘉,一字芝衫",则是混淆了其人的字与号,且这一错误,长期为后世误引。

---

① 李福祚:《昭阳述旧编·桑梓述》,清同治刻本,兴化市图书馆藏。
② 洪亮吉:《卷施阁文甲集》,中华书局《四库备要》排印本。
③ 赵彦俞等纂:(咸丰)《重修兴化志》,清咸丰二年刊本,兴化市图书馆藏。
④ 郭麐:《灵芬馆诗话》,清嘉庆十二年刻本。

需要指出的是,《江苏戏曲志·扬州卷》云:"顾麟瑞(生卒年不详),戏曲作家。字仲嘉,兴化人。一字兰衫。明代嘉靖六年(1527年)拔贡。十岁即知吟咏,长肆于诗,填词亦精。幼孤奉母孝。戏曲方面著有《峨嵋妍传奇》和《乐府定坝记》。"①林鑫等沿袭此说,除抄错其字号外,还将其当作明嘉靖人,并进而大大提高了顾麟瑞及其剧作在昆曲创作传播史上的地位。②

二、顾麟瑞家世考

据兴化《顾氏族谱》,顾氏迁兴化始祖为南宋顾六三。其后世人才辈出,渐成望族,为宋元明时期兴化"顾陆时陈"四大家族之首。

顾麟瑞为兴化顾氏第十八世。其曾祖顾符真于明亡后,隐逸故里,专攻绘画。王士禛《池北偶谈》赞其"兴化顾生工此技,妙入毫发"。③祖顾锡爵,著有《青棠轩诗钞》。父顾九苞(1738—1781年),字文子,一字芍南,为"扬州学派"早期代表人物之一。乾隆四十五年(1780年)庚子恩科进士。后邑人在兴化四牌楼为其立"学冠东南"匾。兄顾凤毛(1762—1788年),字超宗。乾隆五十三年(1788年),副榜贡生。著有《毛诗韵考》《楚辞韵考》《入声韵考》等,后又撰《毛诗集解》《董子求雨考》《三代田制考》,未成而卒,年二十七。其人去世后,赖同学与至交焦循帮助料理后事。后来,焦循还曾作《招亡友赋》哭之。

顾麟瑞之堂兄顾仙根,与其并称"江东二顾"。咸丰《兴化志》云:"书法晋唐""于诗尤邃,冲淡古朴"。④

据《顾氏族谱》,顾麟瑞之长子继春、次子继华、三子继荣。《续纂扬州府志》载:"顾麟瑞,字仲嘉,九苞次子,嘉庆六年拔贡。天才颖异。性豪迈,耻治生产,善辞赋,工隶书。著《筼筜馆诗钞》。子继春,字石安,诸生。幼承父教,喜为诗,不屑攻帖括。邑多水灾,每当湖溢堤溃,老屋浸水中欲圮,而拈题分咏,豪气不衰。著《小筼筜馆诗钞》《征云馆词钞》。子继华,字子清。性狷介不偶俗,日与兄弟辈闭门唱和,或默坐一室而已。著《拳鹭轩诗赋钞》。子继荣,字君彦。廪生。性沉默,所为诗文,品格清隽。著《观奕山房诗赋钞》。孙骍,字唐坡。道光二十四年举人。性疏旷,有才辩。家吴儋石储,洒如也。嗜学,

---

① 《江苏戏曲志》编辑委员会:《江苏戏曲志·扬州卷》,江苏文艺出版社1997年版,第423、460页。
② 林鑫:《康乾盛世的扬州昆曲》,见高福民、周秦主编:《中国昆曲论坛2005》,苏州大学出版社2006年版,第60页。
③ 王士禛:《池北偶谈》,清康熙四十年刻本。
④ 赵彦俞等纂:(咸丰)《重修兴化志》,清咸丰二年刊本。

工诗,尤精小学。著《说文证义》《楚辞正韵》《剑花馆诗钞》。"赞曰:"顾氏世以诗鸣,几比之王氏过江,人人有集云。"①此所以,从顾瑞麟祖顾锡爵起,该家族也被公认为清代的经学世家,扬州学派代表性家族之一。②自顾符真始,该家族迁居兴化城内,并建龙津草堂,直至2002年方在旧城改造中拆除。

《顾氏族谱》还载,顾继春次子顾騄,曾以举人大挑一等,任陕西白河、凤翔县知县,著有《顾凤翔遗集》。顾騄长子顾硕(1859—1925年),字石孙,曾任河南兰封(今兰考)知县,因辛亥革命爆发而弃官归里。民国《续修兴化县志》评价其"善诗赋。"

值得注意的还有兴化顾氏家族绵延数代的女性文人。《顾氏族谱》单独列有《列女传》,其中云顾麟瑞曾与其父顾九苞、兄顾凤毛共同受教于祖母任氏。据《顾氏族谱》:任氏,字澹客,系"扬州学派"代表人物任大椿祖姑,著有《澹客诗文钞》。潘纯钰《哀诗》称任氏"早通经义析群疑……四德能全孝与慈"。顾麟瑞妻黄仲仙有《仲仙诗钞》传世,《昭阳述归编》录其诗五首、词五阕。《顾氏族谱》卷十八《列女传》:"黄孺人字仲仙,拔贡生芝衫公讳麟瑞配,毗陵诗人黄仲则先生女。幼秉父教,能诗词,气宇清雅似儒者。于归后,躬操井臼,孝养媚姑,深自韬晦。耻以才智显,昼理家事,夜览《通鉴纪事本末》,与夫子剪灯唱和,每作必焚草。殁后,芝衫公忆其遗诗数十首,录之藏于家。"顾凤毛之妻徐氏,为《爨余诗钞》作者徐步云之女,《族谱》云其"亦能诗"。

三、顾麟瑞交游考

众所周知,乾嘉学派重要特色之一,就是形成了同一地域蔚为大观的的学术世家。主要以学友与姻亲为联系纽带,其间的关系也更交错复杂。③

由于姻亲关系,清代中期兴化地区的顾九苞家族、任大椿家族作为扬州学派的经学世家,成员之间关系密切。如顾麟瑞与任大椿、任大樟兄弟为密友;顾麟瑞与姻亲徐鸣珂,曾同游于扬州曾燠门下;他与任大樟、徐鸣珂则同为泰州芸香诗社骨干成员。

因为同学关系,顾麟瑞与焦循交往始自乾隆丁未(1787年),延续达数十年。焦循《红薇翠竹词·秋夜月》:"乾隆丁未,余与顾小谢同馆于郡城,小谢令其弟仲嘉读书羊胡巷僧寺。"《雕菰集》卷二十一《亡友汪晋蕃传》亦记述说:"乾隆丁未、戊申间,余馆于寿氏,与汪

---

① 方濬颐等纂:《续纂扬州府志》,清同治十三年刻本。
② 刘建臻:《清代扬州学派家学述论》,《扬州大学学报》(人文社会科学版)2008年第2期。
③ 兰秋阳,高会霞,陈金泉:《清代经学世家及其家学考略》,《河北北方学院学报》(社科版)2009年第6期,第45页。

氏兄弟交,时兴化'二顾'超宗、仲嘉亦读书郡城中,往来谭艺,契若金石。"①

从《芸香诗钞》,我们可考顾麟瑞之芸香社社友,至少有黄文旸、王豫、江藩、毕谔、周煦、仲振奎、仲振履、叶兆兰等60多人。

此外,《昭阳述旧篇》卷三收录有史炳、王芑孙、葛潆、何道生、叶兆兰等同里或曾在兴化任职文人提及顾麟瑞的诗文。王芑孙《渊雅堂全集》尚存有为顾麟瑞《筼筜馆诗钞》作《筼筜馆诗叙》。②

据邓长风考证,顾麟瑞曾与扬州盐商江春、江振鹭等有密切交往,后还被江春嗣子江振鸿聘至其家主馆。江振鹭,字芑堂,号玉华,江春之侄、阮元表叔,"幼读书工诗善楷法。惠定宇(栋)、厉樊谢(鹗)、沈学子诸先生皆曾馆于家"。③由此看来,顾麟瑞的才学,在嘉庆初年的扬州曾得到广泛认可,乃至与惠栋、厉鹗等著名学者同列。

顾麟瑞还曾入两淮都转盐运使曾燠幕府。据郭麐《灵芬馆诗话》卷六:"嘉庆乙丑(1805年)十一月,重游维扬,与吴锡麒、乐钧、刘嗣绾、彭兆荪、金学莲、顾麟瑞、江藩、蒋知节、储润书等作销寒社。……不得已,于冬暮重游维扬,乞食曾燠门下,与题襟馆诸宾从唱和。"④郭麐还曾为顾麟瑞《无声诗馆词》作序。

乾嘉时期,以"风雅"著称的曾燠,在两淮盐商的大力资助下,以其幕府为中心,汇集了黄文旸、凌廷堪、蒋知让、仲振奎一大批优秀的戏剧家。他们公事余暇或唱酬宴饮中,经常举办戏曲活动。李之鼎《赏雨茅屋集·跋》"惟当日任盐政时,投辖题襟宾从极一时之选,海内人士交推为艺林坛坫,与卢雅雨后先辉映邗上,风流余韵尚令人景慕。"⑤据杨飞统计,曾燠幕府中,从事戏曲创作或有品评戏曲经历的至少十八人之多,如黄文旸、吴锡麒、郭麐、蒋知让、詹肇堂、陈燮、张彭年、郭堃等,占幕宾总数将近一半。所以,杨飞认为,就目前资料而言,乾嘉时期扬州曾燠幕府的戏曲活动,就是扬州剧坛最直接的代表。⑥

此外,清代乾嘉时期的扬州,由于两淮盐业的兴起和高宗南巡的需要,扬州承苏州之后成为南方乃至全国戏曲中心。在当时的扬州,戏曲班社林立,昆乱艺人蜂拥,众多的戏剧家荟萃。甚至其下辖的泰州、高邮和兴化等地戏曲之风也极为盛行。⑦不可否认,长期寓居扬州的顾麟瑞,除与乾嘉时期经学大家如惠栋、阮元、江藩、任大椿等相交外,还与焦循、李斗、黄文旸、凌廷堪等剧作家或剧评家的交往并深受影响。曾燠幕府中浓厚的戏曲

---

① 刘建臻:《焦循学术论略》,社会科学文献出版社2012年版,第64页。
② 王芑孙:《渊雅堂全集》,清嘉庆三年华亭学署自编本。
③ 姚莹:《上陆制府建瀛》,见王定安编撰《两淮盐法志》卷一百,福建师范大学图书馆藏。
④ 郭麐:《灵芬馆诗话》。
⑤ 李之鼎:《赏雨茅屋集》,续修四库全书本。
⑥ 杨飞:《曾燠扬州幕府戏曲活动叙论》,《求是学刊》2011年第6期,第104页。
⑦ 孙建国,钱成:《泰州戏曲》,江苏文艺出版社2007年版,第73页。

创作与品评之风,当时扬州剧坛繁荣气息的熏陶,必然引导其关注和参与到戏曲创作中去。所以,出生于经学世家的顾麟瑞,创作戏曲的缘由可能也正根植于此。

四、顾麟瑞著作考

顾麟瑞的著作,据《顾氏族谱》和咸丰《兴化县志》之《小传》,有《筼筜馆诗集》《无声诗馆词集》,但今均已不存。笔者经多方搜寻,发现除邓长风所见的《新安二江先生集》中收有其为江振鹭《玉华诗钞》所作序外,尚存部分佚诗。

如《芸香诗钞》尚载其佚诗两首,分别为:

《渡江》:天入大江摇,江潮接海潮。潮声走吴楚,天影湿金焦。到岸方惊险,开帆未觉遥。鼋鼍成窟宅,盘踞向人骄。

《病起杂诗十之一》:水乡节物最宜秋,食味经营那便休。碎剪蔬云烹鸭脚,细倾荷露煮鸡头。嘉鱼一部舍人袴,清酒三升司马裘。门外苔痕稀辙迹,且呼小醉破闲愁。

阮元《淮海英灵集》收有《和阮梅叔(笔者注:阮亨,字梅叔,阮元从弟)鸳湖秋泛》一首:

湖水茫茫荡素秋,鸳鸯飞去不胜愁。木樨香动人初醉,杨柳风多雨未收。十里天教留画本,一竿我欲寄渔舟。棹歌声里征帆远,鸥鹭年年说胜游。①

《中国荒政书集成》中亦收有顾麟瑞七律《杂感十首》中的四首,并有其自注,分别是:

传闻高堰日摧颓,淮泗无端又告哀(蒋家坝决,泗州一带皆已被水)。泪没那禁同类痛,死生还起故人猜(谓邱吉人、王石墉、林庚泉诸子)。司农不惜防河费,上将仍烦治水来(德将军留守南河)。圣主忧劳民事亟,临流空忆济时才。

斗大孤城水四围,女墙崩圮薜萝肥。忽看平野成沧海,独上危楼吊落晖。乐岁谋生才尚拙,贫家奉母事全非。何时买屋南山下,荷锸朝朝种豆归?

---

① 阮元:《淮海英灵集》卷四,清道光十三年(1798)刻本。

策杖归来泪满襟,眼看填海有冤禽。救荒已告臣躬瘁,议赈频知帝泽深。农事百年争水利,国维千古在人心。寄声同学须珍重,且抱遗经守故林。

第茫天地奈愁何,瞥眼繁华委逝波。古渡乱云啼鸟急,空城斜日闭门多。园林咫尺成千里(谓柳园),尊酒悲凉发浩歌。便欲乘风问银汉,生涯未许托渔蓑。①

《扬州历代诗词》收有顾瑞麟《柳枝词》两首,但不知出处:

大雷塘接小雷塘,不种垂杨种白杨。风雨满天听不得,空留燕子说兴亡。
明月扬州第一楼,诗人去后不胜愁。窗前不断垂垂碧,摇雨摇风到暮秋。②

笔者还从清嘉庆二十四年(1844年)进士汪廷儒所编的《广陵思古编》中查找到一篇《汪碧峰诗序》,署名兴化顾麟瑞芝衫,全文如下:

士君子生而为太平之人,优游林泉,身世泰然,人则有父母兄弟妻子,出则有朋友。太和之气,洋溢于性情,涵养于伦理,而发为诗歌,岂非名教之至乐而遭际之幸欤?乃不幸父母早逝,饥驱四方。妻老病而不育,有弟又不能聚处一室。昔之握手示肝肺,号为素交者,又各散而之江海。子焉僇焉,贫病愁苦以终其身如汪子碧峰者,可不谓穷乎!使其以无聊不平之气形诸篇什,必且如寒虫之应候,枯木之怒号也;如哀猿夜啸,寡鹄晨泣,呜咽而断绝也;如边笳独奏,孤蓬振响,悲凉激楚而不可终也:见之者伤心,闻之者陨涕,掩卷太息,莫不悲其遇而哀其志已。读碧峰之诗,缠绵斐恻,怨而不怒,得风雅之正,岂非以其性天厚而涵养深欤?甲子仲冬,予来康山,碧峰出示所为《鸱枭》诸诗,予读之而悲,执手慰问,仰天乌乌:欲推广之而不可得,恝置之又不可:夫以碧峰之孤洁自爱如彼,而竟不得使之颐养天和,享人伦之乐,用蕉萃抑郁以至于死,今读碧峰之诗,缠绵斐恻,怨而不怒,得风雅之正,岂非以其性天厚而涵养深欤?甲子仲冬,予来康山,碧峰出示所为《鸱枭》诸诗,予读之而悲,执手慰问,仰天乌乌:欲推广之而不可得,恝置之又不可:夫以碧峰之孤洁自爱如彼,而竟不得使之颐养天和,享人伦之乐,用蕉萃抑郁以至于死,诗人之穷果如是哉!碧峰既死,江观察成叔厚葬之,恤其妻,俾无饥寒。复掇拾其遗稿,将付之梓,请予点定之。予乃得卒读其诗,《鸱枭》诸篇独失,岂碧峰自逸其稿,不欲出以示人欤?其立意为更

---

① 李文海、夏明方、朱浒主编:《中国荒政书集成》(五),天津古籍出版社2010年版,第3412页。
② 李坦主编:《扬州历代诗词》(三),人民文学出版社1998年版,第681页。

厚矣！予义成叔之所为,而哀碧峰之志向,遂援笔挥涕而为之序。①

汪碧峰其人,应为乾嘉时期扬州诗人。《芸香诗钞》中亦收有张镠(字子贞、号老姜,江都人)的《过汪碧峰墓》诗一首。黄文旸《蔬庵诗草序》云:互相酬唱者则许蔬巷(祥龄)与其友程玉尺、汪碧峰也。"②

此外,从顾麟瑞现存之诗作,可见其岳父黄景仁诗风的影响。郭麐为顾麟瑞《无声诗馆词》所作之序中,云其词作"写其心之所欲出,而取其性之所见"。可见顾麟瑞之词作,与常州词派重视词人思想性情的主张极为吻合。

关于顾麟瑞的剧作,咸丰《兴化县志》未见记载。兴化《顾氏族谱》载:"著《乐府定霸记》《蛾眉研传奇》二种。"民国《续修兴化县志》(卷十四)云:"《乐府定霸记》、《蛾眉砚传奇》,清顾麟瑞撰。"③但奇怪的是,因这两种剧作未能传世,仅笔者所见,目前相关著录中有《定霸记》与《定坝(壩)记》;《蛾眉砚》《峨嵋研》《峨嵋砚》《峨嵋妍》和《娥眉妍》等多种异名。

究其原因,笔者认为,顾麟瑞剧作生前并未刊刻,也未付演,其名靠口耳相传。《族谱》中所录顾麟瑞剧作,可能并不准确。尽管民国《续修兴化县志》主笔者为国学大师李详(审言),其人与顾麟瑞曾孙顾硕为儿女亲家。但该志所录之剧名,却与家谱不同。这可能是该志成书时已至民国,更不知道剧作之具体名称。所以,笔者认为,确定顾麟瑞的剧作名称,除尊重《顾氏族谱》和民国《兴化续志》外,还要根据其生平及创作动机,来稽考剧作的本事及创作时间等。

对于《乐府定霸记》,笔者据前述顾麟瑞佚诗"传闻高堰日摧颓,淮泗无端又告哀"和其曾"屡遭水患"的经历,猜测创作于嘉庆元年(1796年),创作缘起是如其所诗作中所言:"农事百年争水利,国维千古在人心。"本事是纪嘉庆元年,两淮治水通过清淤,加固洪泽湖大坝,短时间免除了里下河水患。据《清史稿》云:"嘉庆元年,湖水弱,清低于黄者丈余,淮遏不出。淮涨则开山盱五坝、吴城七堡,黄涨或减水入湖,以救清口之倒灌"④。基于此,笔者倾向该剧为《乐府定壩记》。

《蛾眉研传奇》可能是写青年男女之悲欢离合的爱情剧。根据顾麟瑞的生平经历猜测,笔者认为,作者可能是以该剧暗寓其与黄仲仙自幼定亲,历经磨难方成婚的婚姻经历。创作时间或在乾隆五十三年(1788年)及之后。

---

① 汪廷儒纂,田丰点校:《扬州地方文献丛刊·广陵思古编》,广陵书社2011年版,第372页。
② 黄文旸:《蔬庵诗草》,清嘉庆年刻本。
③ 李恭简修,李详、魏儁、任乃赓纂:《续修兴化县志》,1944年铅印本。
④ 赵尔巽等纂:《清史稿》卷一二八。

此外，据《顾氏族谱》之《列女传》，顾麟瑞祖母、母亲和嫂子三代守寡，但均一心守节，抚育后代，为世人所称颂，兴化曾建有表彰其嫂徐氏的贞节牌坊。因此，笔者猜测，该剧也可能本名为《娥眉妍》，是作者遵循乾嘉时期剧坛所流行的"风化剧"潮流，取材舜帝之妃娥皇、女英之典所作，创作缘起是颂扬家门三代之"守节"。

五、结　语

综上所述，根据现存兴化《顾氏族谱》和《芸香诗钞》，结合相关方志、清人诗文集以及书画作品，可以考定顾麟瑞(1767—1808年)，字仲嘉，号芝衫(一作芝山)，诗人、戏曲家、书法家。出身扬州学派经学世家兴化顾氏，清嘉庆六年(1801年)拔贡，曾长期寓居扬州和泰州，在扬州入两淮盐运使曾燠幕府，在泰州加入芸香诗社，与乾嘉时期诸多文人有密切交往，并尚有部分诗文存世。

目前，研究乾嘉学派与清中叶曲学之关系、扬州曾燠幕府戏曲现象，乃至乾嘉时期扬州剧坛的相关论著中，均未提及顾麟瑞。笔者认为，作为乾嘉时期扬州曾燠幕府的重要一员，顾瑞麟在戏曲、诗文和书画等方面，均取得了一定成就，如以其为对象，可以深入分析清代经学世家和苏中地域文化家族的戏曲文化传承现象。

［本文为江苏省社科基金一般项目（14LSB001）、江苏省高校哲社研究项目（2016SJD750021）、江苏省第五期"333高层次人才培养工程"培养对象资助项目、江苏高校"青蓝工程"优秀青年骨干教师培养对象资助项目阶段性成果。］

李慈铭集外碑传铭文辑考

□张桂丽

摘 要：本文搜辑李慈铭所作碑传文章6篇，并以所作时间为序进行整理考释。
关键词：李慈铭；佚文；辑佚；考释
作者简介：张桂丽，文学博士，复旦大学古籍整理研究所副研究馆员，200433

　　李慈铭是晚清著名文学家、学者，少以词章名，后专治经史，兼撰文章，且以文献有征为重，多碑传铭文，其《越缦堂文集》《越缦堂骈体文》《越缦堂日记》大都收录。但也有相当一部分当时并未存稿或收入文集，散佚在传主相关的方志、碑帖等文献之中，或者被传抄以存世。刘再华辑校的《越缦堂诗文集》（上海古籍出版社 2008 年版）虽已做了一些辑佚工作，但散佚文章仍多，本文即搜辑相关史料，得李慈铭所作传记类文章6篇，谨以所作时间为序整理如下。

一、从兄星桥传

　　兄为芋町从伯长子，读书得家法，未冠入京，补博士弟子，屡荐不售，失意南归。继遭大故，竟偃蹇死，年五十四。悲矣！兄面目古拙，冠服破陋，见人虽佣竖走卒，必磬折尽恭。其出也，儿童或喧笑随其后，不为意。顾性方严，不苟合，京中故人及先世门下士多列清要，竿牍不一通。今副宪王公履谦督学湖北时，延入幕，以一言不合，束装归。王君谢之，不得。所至类如此，故益贫。与余家最相关，有事即趋赴如己事。余每与之论古今，甚得也。其学通五经，涉猎诸史传，尤熟于《汉书》《明史》，论断识见，雅与余合，又留心本朝文献故事，族中可与言者，兄耳。今已矣。月之十一日，兄来视予，予叩以《礼·玉藻》"士佩瑜玟"句，兄忽不忆"玟"字，予怪之。其将死，神明衰耶？呜呼！昔芋町先生以孝廉讲学，名倾浙东西，年老秉铎青田，卒之日，一邑之士哀恸奔走，以为失父母师保也。柩之归，山水崎阻，不得前，执绋者高者牵者挽者携舟送者,担簦蹑屩,缘山行哭者,声呱呱数百里,相属不绝。其在家薄田二百亩,半以周族党戚友,暨积俸所得,尤微矣。顾求者无不应,至今乡里称善人。然则,兄固善人之后也,又非不克负荷者也,而至此,岂非命与?兄名庚,星桥其字云。

今按:此文出自李慈铭《越缦堂日记》①咸丰五年五月二十九日,有"得星桥兄凶问,兄为芊町从伯长子",随即作小传一篇存于日记中,题目为笔者所拟。李庚,字星桥,李慈铭族兄,二人谈经论史颇为投契。《光绪六年庚辰科会试朱卷·李慈铭》载:"族兄庚,大兴学增广生。"李庚为应试而寄籍大兴,然屡试不中,抱憾归乡,抑郁而终。李庚曾是赵之谦的老师,但李慈铭和赵之谦因为论见不合而失和,未免文人相轻之陋习。

二、西郭李氏辛酉殉义诸人列传

慈铭昔在都,闻越难族人多死义者,欲为之请恤于朝,不果。及归里,见省局采访忠义册籍,则名亦不与,盖亲戚殆尽,故无为上达者,悲夫!爰访敕确实,言之大吏,列上其事,而并为之传,又附以交友一人云。

李肇丙,字南垞,山阴人。幼有至性,好学。年甫冠,补县学生,念父母老,即弃举子业,以治律佐有司,得资以养。素多病,益日夜阅案牍,尽心平反,遂得心疾。归则键户坐一室中,日读经史,间为诗歌以自娱。或疾发,则愤激切齿,慢骂庸俗人,甚至呼号跳掷,不可禁止,闻其母至,即肃然敛容,垂手侍立,唯唯不出声。及母卒,哀恸,疾益甚。辛酉九月,贼陷诸暨,将至郡,肇丙居西郭门外,家人悉它从,劝之,则怒曰:"我生员也,岂苟免草间求活者?"必不可。贼至,开户以待,贼三人者入,欲胁之去,骂曰:"死兽,我岂从汝者?"贼怒,持梃前,肇丙素多力,拔庭中桃树相格斗,连踣二人。其一趋出,呼群贼悉入,攒刃刺之,力竭遂死。与肇丙同死者有从祖子家华。后一日,其再从子瑛亦被杀于城中。肇丙死时年六十矣,子一,家玫。

李云杲,字连坡,会稽人。曾祖仕清,祖父鉴,皆诸生。父鄂辉,廪贡生,试用训导光禄寺署正。云杲少读书,沈静有大志,顾久困童子试,乃援例为国子监生,两试于乡,亦不售。辛酉,寇警踵至,日奔走,与族人中书科中书庆蓉、按察司经历淞等练乡团,居西郭为守御计。九月,寇至,城陷被执,三日不食,贼拥之出城,行至梅市桥,投水死,时年三十七。子维熊,幼慧,能属文,贼至时年十八,与父偕受执,贼欲杀之,

---

① 李慈铭:《越缦堂日记》,广陵书社2004年影印版。本文所引用《越缦堂日记》皆此本。

大骂，怒缚而凿其齿，嚄血，骂益厉，贼以刀连斫其首，至死骂不绝，贼支解之。时同死者，又有云杲再从弟嘉柱、嘉楣、嘉槐。云杲六子，四皆殇，今存者一人，维煐。

右专传二人，应请照举贡生监新章伤亡例给云骑尉世职，袭次完时不给恩骑尉。附传二人，附见十人。

李淞，字秋舫，山阴人。祖壎，岁贡生。父文钊，举人，宗学教习。淞官按察司经历。辛酉，贼警，与族人画守御甚备，城陷，中贼矛，伤甚重，死年五十四。次子增，贼掠之去，亦被杀。长子橺。

李樾，原名钟骏，会稽人，父庆蓉，贡生。中书科中书。樾官光禄寺署正，辛酉之警，佐其父练乡团，有劳。城陷，被杀，年十九。兄子鸿烽，与樾同日死，年十七。

右事略二人，应请照四品以下官阵亡例给云骑尉世职，袭次完时给恩骑尉世袭罔替。附见二人。

辛酉之难，西郭李氏妇女死者六人，曰李周氏，候选从九品星汕之继妻，素有色，贼至，避之后梅村，贼复至，将携行，急入房衣礼般，从户后出，投河死。曰金李氏，中书庆蓉之次女，适平水监生金锡禧。贼至平水，大掠，焚金氏宅，氏产子方数日，不能行，掩户待火至，亦贼夺户入，负氏出，将犯之，氏乘贼它顾，匍匐赴火死。曰李氏姑，六品衔浩之第五女，避贼至屯头村，将渡河，顾见贼尾之行，携其兄子烘偕赴水死，年十九。曰王李氏，监生鄂棠之第三女，继其姊适候选县丞王政，未一月，寇乱，避居蛏浦，寇至，抱姊所生女偕其夫连袂自沉死，年十六。曰李胡氏，监生灏之妻。城破，匿空舍中饿死。曰李秀姑，江苏候补县丞书林之次女，贼至，以病不能出城，亦死。

族人户部郎中慈铭既撰次肇丙以下，或传或略，而为之论曰：不虚美，不隐恶，史职也。若言宗族乡党之事，求其无或私也难矣。庚申、辛酉间，浙东士女死者奚啻数万。朝廷愍伤，特破常格，旌恤皆加等，凭私慎倒，以倖取荣，使恩褒失伦，毅魄羞伍，有鬼神不可诬矣。兹所称列，必使登之明堂，不欺乎天子，谱之家乘，无愧乎祖宗，载之国史方志，可质于天下后世。其间书法抑扬，字不虚设，一篇之中，三致意焉。肇丙等男妇十八人，皆出于予六世祖安仁府君，与慈铭属为袒免，若肇丙之力斗，维熊之骂贼，李周氏之从容就义，金李氏之惨烈舍生，匹夫匹妇，一念合义，遂参圣贤。以视节制数省之大吏及持节乡邦之九乡，辗转逃从，忍辱不死，而卒伏尸都市，或投御魑魅者，直犬彘也。

又有候选从九品清濂者，陷贼饿死，以先得恤，故不复列云。

今按：此文见于浙江省图书馆藏抄本《越缦堂骈体文类钞》卷五。《越缦堂日记》同治七年二月二十八日："为亡友鲁蓉生燮元、族父南坨肇丙、族兄速坡云杲皆仿古人先字后名及族嫂李周氏、族姊金李氏各撰传一篇,皆辛酉死寇难者,将以呈采访忠义局请恤典。""辛酉"即咸丰十一年辛酉,太平军攻陷浙江,驻军绍兴。"西郭"是绍兴府治会稽的西郭城门,李慈铭一族聚居于此。太平军踞绍兴时,世家大族受到严重摧毁,西郭李氏房屋被焚,死难者数十人,家中财物被洗劫,藏书亦荡然灰烬。李慈铭当时在京师捐官候补,听闻消息后痛心疾首。同治五年回乡后,立即携族人增修家谱,重建祠堂,以收族威。《西郭李氏辛酉殉义诸人列传》即写于此时,是一篇反映绍兴当时战乱的重要史料。

三、沈母陆太孺人七秩寿序

吾越躔应婴女,化被内屏,礼宗踔于先贤,壸宪踵乎惇史。盖岩壑韫淑,川原萃稣,社胀义蓼,家习女诫,令媛寿母,辉映里闾,往往室著孝子之称,庭摄严君之任,克育贤子,俾成世儒,经历乱离,慎勖名节。知保家之大谊,树守礼之风声,炜而管彤,益兹筹算,骈福斯戬,摅芬盖铺。

吾友沈君晓湖,幼禀庭诰,长为国英,登贤者廿年,擅诗名者四纪。洁白之养,兰让其馨;孺颐之容,莱惭其逸。自客京国,辱订石交,善必称亲,闻之备悉。盖我伯母陆太孺人毓秀平原,传经吾县,忍啼剪发,偏承大母之怜,奉馈尝羹,独先诸姒之敬。时君家富盛,列舍光华,宛珠传玑,采溢于簪椸。齐纨阿锡,锦簇其袿纤。屑彼华丹,下逮臧获,而乃挽车提瓮,不矜少君之装;捉斗熨襦,自制韩伯之服。洎乎赠公寝疾,卧榻弥年,祷佛影之台,蕲以身代;占少微之曜,祝其他移。遂下樊英之床,重整顾悌之帻。精意所感,灵征必奇。其尤难者,白鸡遘灾,青犊肆虐,望计望孝,半署贼庭,高品高门,多承伪檄,君兄弟以崔卢之世阀,负桑孔之利名,渠帅虎耽,里魁膻慕。露章劫胁,从迹搜求。太孺人慨然曰:秀孝之科,传自父祖,清白之积,仰藉朝廷,可缺者衣食也,不可缺者名义也,宁馨家财,毋污士籍。于是,悉赀以赋里党,挈眷而走山林,四壁俄空,尺符竟免。此其节能报国,智足亢宗,较之杨妇散缗,七库纾役,韦母碎檄,一言辨分,达识通方,卓越古今者焉。

兹也龙纪于壬,鹑躔在未,为太孺人七秩初度。晓湖方为浦江学官,偕其弟子琛茂才、校亭上舍先以中春二月择吉称觞,礼也。时则韶日载暄,淑气扇丽,庆湖朗月,满涵寿相之辉,上方瑞烟,艳烛层霄之绛。锦舒岩萼,悉是丹砂,翠擢溪苹,无非金菜。列钗蝉以进盥,佳妇成行;持蜡凤以侑觞,诸孙绕膝。练裙竹筒,塍乡夸杨朴之才;别馔铜盘,从子尽咏楼之彦。合婺阳之桃李,共奏琅璈;陈竺国之优昙,胥扶玉节(时称觞于郡城大善寺)。慈铭远羁索米,窃慕循陔,阻徼续于登堂,介芜辞以酌斗,惭无银笔,俪厥瑶嫡。春到蓬莱,指寿胜之云五色;福齐佉利,演吴兴之叶千房。诰授中宪大夫户部陕西司郎中加二级愚侄慈铭顿首拜撰。

今按:此文见于《国立浙江大学校刊》1932 年第 115 期,其《琴画室漫录》收李慈铭遗文《沈母陆太孺人七秩寿序》,末署"诰授中宪大夫户部陕西司郎中加二级愚侄李慈铭顿首拜撰",该刊第 116 期《李慈铭遗文(续)》又云:"上期载的那篇骈文,是李慈铭从北京托人带给沈晓湖的,信封面上书'敬求代上晓湖老哥平安书',下署'期慈铭顿首',反面中缝书'九月十一日都门寄',上下封口,还盖着□□(原阙)四方印记。信封上的字和文章的字一样。……这篇寿序和盟约,据说原藏自沈家,顷由友人处辗转得着,为免散佚起见,所以把它录出来。"《越缦堂日记》同治十一年正月初八日:"得晓湖去冬十月十一日浦江书,属撰其母夫人七十寿文。"沈宝森,字晓湖,浙江山阴人。咸丰二年举人,官龙泉教谕。著有《因树书屋诗稿》,李慈铭序之。沈宝森与李慈铭交谊甚笃,两人结为异姓兄弟。

四、皇清诰授中议大夫晋赠通奉大夫董君家传

君讳封青,字逮东,伴云其号也,慈溪人。后汉孝子黯之后。父讳秉愚,母氏柳。君幼颖异,锐志于学,以代亲劳。服贾于吴,节图自立,益大其业。左右报孝,立义庄以收挨,置塾作冢,生死有归。门内之行,雍肃无间,推及乡里,善无不为。既壮,有闻,遂为有司所倚重,自行省以至郡县,凡振灾、捍患之事,悉资于君。其荦荦大者,则岁乙未江浙大旱,大发粟于饿人。岁癸卯,大水,亦如之。岁己酉,水益甚,其赈灾之法亦益备。至粤寇起,军饷急,辄奉庭诰,踊跃输将,为诸富人倡。岁庚申,杭州陷,集乡保练兵以卫。及辛酉浙东之变,而君已卒。乡人谓使君不死,或尚有所为,不至浃辰之间而明、越两州十余县溃败如振萚也。君恤孤贫,培寒酸,如恐不及,尤乐与文士游,教其子孙皆兴于学,故君殁而科名蔚起,积善之报,诒谋之远,盖兼之矣。

君生于嘉庆十六年十月四日,卒于咸丰十一年三月二十五日,得年五十有一。初以援例授州同衔,加四级,为朝议大夫,继晋道衔,加一级,为中议大夫,皆推封父母如其阶。后以次子墉官,赠通奉大夫。配宓夫人,有贤行,能□君。君以宗祠祀祖而不及妣,欲别建祠,未果。君卒后,而宓夫人成之。子三,长荫,阶同知衔。次墉,同治六年举人,官工部营缮司郎中,加五级。次圻,同治十二年副贡,光绪二年举人,官内阁中书。孙五人:丕钦,附贡生运同衔;敦临,光禄寺署正;敦五、敦锡、敦福,

俱幼。

　　李慈铭曰：慈溪，故邓越东包也。越俗好义急仇，振古称之。而辛酉之变，忼慨喋血，死贼如归者，余姚谢敬、诸暨包立身以外，士夫无闻焉。君自粤寇益肆，恨无尺寸柄以自效，因感愤成疾，遂以不起。检其遗箧，得与戚友书百十函，皆往复言保卫乡里之策，无及私者。於呼！自以科名资格为限人之具，士之负奇杰不得为朝廷用、赍志焦原湮没如君者，又岂少哉？

　　今按：是文录自国家图书馆所藏碑帖《皇清诰授中议大夫晋赠通奉大夫董君家传》，馆藏编号"各地661"。末署"会稽陶濬宣书丹。光绪十六年太岁尚章摄提格十一月，高要梁云渠刻"。陶濬宣，字心云，浙江会稽人。为李慈铭弟子。光绪二年举人，著有《稷山文存》《修初堂集》等。《越缦堂日记》光绪八年十月二十二日载："夜为慈溪董慎夫舍人圻撰其父伴云通奉家传。"即此文。董圻，字慎夫，浙江慈溪人。其父董封青，乡里大善人，赈灾救孤，不遗余力，令人敬仰。道光、咸丰年间，浙江遭遇英人、太平军之战，海塘冲决，自然灾害频发，地方大族开仓赈济，救难一方，李慈铭感慨董封青之义行，有士大夫所不及者，故传其事。

五、福建试用直隶州知州殷君墓志铭

　　君名衡，字莘夫，姓殷氏，先世为鄞人，后徙余姚，又徙温州之平阳。祖俊杰，赠资政大夫。妣周氏，赠夫人。父南华，赠朝议大夫。母王氏、张氏，皆赠恭人。君禀丰厚，幼读书敏悟，既从其父习贾，遂专力奇赢，家以日富，而自奉甚俭，好施与，友爱诸弟，于宗族、乡党、祠墓、祭产、义田之事靡力不为。居二亲忧，丧葬尽礼。庶母孤妹，慰恤尤至。暇即阅书史，尤精于本草方书，孜孜以利人为念，施药赋饵，当若不给。援例为直隶州知州，需次福建，未及补官，以同治十二年十一月六日卒，距生于道光六年十二月一日，得年四十有八。

　　君名不出里闬，其所为皆日用常行之事，自君子观之，不过以为能尽其分耳。然吾闻殷氏自君之庀，家政货财，日殖田园，大兴内外诸房，和乐无闲，盖不知有斗尺之争、铢黍之乏者二三十年。洎君殁，而业日以衰，子弟妇女始各有勤家事之忧，而讹离奔走者亦日以不免。于是知君之消息。其盈虚自有以尽百物之情而致家庭之和气者，货殖之事固亦有道者存耶？且世之号为名人魁士者，学业足以显一时，而门以内之闲言有往往不能免者，盖治家之事非可欺饰，其达官贵人及负疚于隐微者无论矣。此伦常庸行,虽圣人亦自以为不能尽,而况他哉?则君之所为以视夫声施外炫者又孰得而孰失也?

君娶黄氏,生子三:汝骧,县学生员;汝骏,江苏候补巡检,出为仲弟后;汝骐,尚幼。女一,未字。孙四人,孙女一人。以光绪四年十一月汝骧等葬君于某原,君之从弟刑部郎中鸿畴与余善,以状来乞铭。铭曰:

是乡里之善人,胡中寿而弗臻?勒之贞珉,以藏君身,以福其后昆。

今按:此文录自符璋、刘绍宽撰《民国平阳县志》(民国十四年铅印本)卷九十二。《越缦堂日记》光绪四年十月二十三日:"为殷萼庭撰其从兄莘夫衡墓志铭,莘夫以贾致富,官福建试用直隶州知州,有子为诸生,其人实未合铭法,以萼庭请之笃,勉应之。文甚修絜,中一段论货殖之道,足感和气,极有名理,其义味亦非近人所知,因非所愿为,故不录本,夜即作书并稿致萼庭。"殷鸿畴,字萼庭,福建平阳人,官户部主事。殷衡从弟。殷宏畴不甚知诗文学问,但为人笃诚,对李慈铭很忠心,所以交情甚笃。李慈铭为殷衡之妾郑氏所撰《殷君郑姬墓志铭》,已收入《越缦堂骈体文》。

六、皇清诰授光禄大夫太子太保头品顶戴工部尚书兼管顺天府府尹南书房翰林赠太子太傅潘文勤公墓志铭

光绪十有六年十月丙寅晦时,太子太保、工部尚书兼顺天尹吴县潘公以疾薨于位,遗疏闻,天子震悼,赠太子太傅,赐千金治丧,命贝勒载滢奠缀,予谥文勤。于是,都中上自王公百执事,下至舆隶小民,咸叹息出涕,惜公之遽去而所施设之未竟。时畿辅巨灾,饥民之流转京师者数万人,皆仰食于公,闻之痛哭声震郊野。盖近百年来公卿薨逝未有能得人心如此者也。

公讳祖荫,字伯寅,小字曰东镛。太傅文恭公考曾绶,四品卿衔,内阁侍读,特赠三品卿衔,封光禄大夫。妣汪,继妣陆,皆赠一品夫人。公,汪出也。自太傅以上内外官氏,皆详余所撰《光禄公墓志》。公幼颖异,太傅尤爱之。十岁遭汪夫人丧,十四岁遭陆夫人丧,十七岁以国子生应顺天乡试,挑取誊录。十九岁,以太傅八十赐寿恩赏举人。二十一岁,考取国子监学正学录。二十三岁中咸丰壬子科会试第九名,殿试一甲第三名,授编修。二十五岁,太傅薨,以遗表恩进侍读。二十七岁,充丙辰科会试同考官。是年十一月,诏在南书房行走,赏戴花翎。二十八岁,晋侍讲学士。二十九岁,充戊午科陕甘正考官。是冬,署国子监祭酒。三十岁,转大理寺少卿。三十

二岁,署宗人府府丞。三十三岁,擢光禄寺卿,署都察院左副都御史,充同治壬戌恩科山东正考官。三十五岁,擢左副都御史,署工部右侍郎。三十六岁,署礼部右侍郎。三十七岁,擢工部右侍郎,兼管钱法堂事务。三十九岁兼署吏部右侍郎,调户部右侍郎,充经筵讲官。四十岁,转左侍郎,兼管三库事务。四十一岁,充庚午科武乡试副考官。四十二岁,充辛未科会试,知贡举武会试副考官。四十三岁,赏头品顶戴。四十四岁,兼署吏部左侍郎,充癸酉科顺天乡试副考官。十二月,以磨勘被议,降二级调用,先以户部遗失行在堂印革职留任,至是循例革任。四十五岁正月,特旨赏编修,仍在南书房行走。六月复特旨开复侍郎任内革职留任处分,以三品京堂候补。四十六岁,授大理寺卿,署礼部右侍郎。四十七岁,署刑部右侍郎,补礼部右侍郎,兼署工部左侍郎,充玉牒馆总裁,光绪丙子科武乡试正考官。四十八岁,充丁丑科武会试正考官。四十九岁,调户部右侍郎,仍兼署工部左侍郎,管理三库事务,充实录馆副总裁、经筵讲官。五十岁,转左侍郎,升左都御史,仍兼署工部左侍郎,擢工部尚书,加太子少保衔,调刑部尚书,赐紫禁城骑马。五十一岁,兼署工部尚书。五十二岁,充国史馆正总裁,赏穿带膆貂褂。五十三岁,兼署礼部尚书,十一月,授军机大臣。五十四岁,正月,丁光禄公忧,四月扶榇还葬。五十六岁,五月服阕,至都,署兵部尚书,仍在南书房行走,充乙酉科顺天乡试正考官,十一月,补工部尚书。五十七岁,充会典馆副总裁。五十八岁,充管理八旗官学大臣,兼管顺天府府尹事务。五十九岁,兼署户部尚书,充戊子科武乡试监临。六十岁,加太子太保衔,充己丑科会试副总裁,顺天乡试监临。十月六日,公六十生辰,赐寿赉加等。

综公一生,以文学、政事扬历三朝,早结主知,日在禁近,近参枢密,出备六卿,恩宠骈蕃,光华震叠。凡程工艰巨之役,文字衡校之司,无岁不膺,无役不与。至国是大议,典礼鸿章,朝局玄黄,党论消长,天下之疑狱,百司之兴作,公悉仔肩其任,折衷是非,强力一心,中外倚重。三圣简在,两后协契,东朝眷睐,尤绝彝等。文宗木兰之狩、穆宗继统之议,昌言危论,尽诚竭忠。惠陵因山,公专其劳,畿京连祲,公萃其责,而官不登于台司,年不跻于中寿,以特简居政地,而不及百日以重。望领中禁,而未长翰林;星轺屡出,而未一与学差,乡举四司而仅一副会试。鸿嗸满野,昼夜畴咨,劝振发仓,言辄流涕,未及安集而积瘁殚精。病作三日,遂以不治。此天下有识者所以憾公才之未尽用,而劳臣志士之怆恨不能已者也。

公天怀忼爽,开济为务。自入翰林,遇事敢言,飙举锋发,不顾忌讳。戊午以后,大寇外夷,海县交讧,怀忠愤发,屡上密疏请诛媚夷辱国之粤东督抚,请暴诸夷罪状,力主战议,请加八旗防营兵饷,请诛清河失守之河督庚长,请诛广德失御之提督周天受,请诛江浙失守之统兵大员张玉良、李定泰及逃官张玉藻等,请撤各省团练大臣,请严惩厘捐扰民之运司金安清,请逮治陕西失事之提督孔广顺、总兵阎丕敏等,而任多隆阿,请诛纵寇肆掠之署淮扬镇总兵龚耀伦,而用黄翼升,请严劾太原镇总兵田在田驻军徐宿杀团冒功,请于江苏、安徽、山东、河南之交添设四界重镇以制捻匪,请严劾拥兵养寇之陕西布政使毛振寿,请治陕西总兵大臣胜保纵兵殃民贻误大局,前署江南提督曹秉忠罪,请斥养交废务之直隶督臣文煜及劾按察使孙治等,而荐前任提督郑魁士、傅振邦,所言皆半施行,而卒以屡劾要人,忌者日众。其劾秦抚瑛棨大坏疆事,尝一奉严旨申饬,而后先秉轴者皆嫌公以清切词臣哓哓言事,虽同乡巨公,亦有嗛于心者。故自庚申以后数载不迁,官光禄卿至满三年。虽公气不少挫,亦恃上有圣仁能保全之。

而公之尤有功于天下者,咸丰之末,湘阴左文襄公以举人参湘抚骆文忠,公幕府有憾文襄者力齮龁于重臣,文忠几为动。公力辨其诬,三疏荐之。谓"左宗棠在湖南关系事势甚大,国家不可一日无湖南,即湖南不可一日无此人"。疏既传,文忠得持之,文襄以安,卒能光佐中兴,功在社稷。而公未尝一日识文襄也。

宋、元以来,吴赋最重,苏、松、太仓尤甚。同治二年四月,公疏请减江苏赋额,得旨允行,千载积痛,一朝而起,四郡欢跃,额手皇仁。而公以大难初夷,宜定民志,凤菑一蠲,根本自固,非止为桑梓计也。此皆公谋国之忠荦荦大者。

公性通敏,遇事理解,批牍答简,运笔如风,无不洞中利弊。长刑、工二部,积年百废俱举,官吏秉成,严而不苛。既去之后,思公不替。久直内廷,待宦寺甚严,指使呵叱如奴隶。及至公薨,而中涓至今言及公者无不流涕,谓如公者不可复见也。公幼服膺家教,谦恭下士,自少与吴中杨芸士、戈顺卿诸名士交,文藻艳发,兼工诗词。既官京师,遍交天下士,士之至都者无不欲识公。公爱才出天性。其主文也,务得魁奇沈博之士,所取不限一格,而深疾骫骳徇时之士。士有一技之长,终身言之不去口。故公既逝,而世失所归,风流遂衰,百身莫赎。

余自己未以选人入都,公时居海淀赐园,闻声致契,折节下交。庚癸之间,余穷悴不振,公亦贫甚,时或质衣致馈。余性狷急,小不可辄言触公,公久而益敬。及长户部,余为属官,形迹自嫌,往还几绝。而公岁时馈问,殷拳弥甚。壬午之夏一日,公忽手书数十纸,具言平生志事,以身后之文相托,余心怪之,为戏言以答公,且还其所书。乃次年春,公丁大故,属余志光禄公之墓。及今八年,而竟执笔为公志矣。公丰颐渥丹,精神强固。余长公一岁,羸瘠多病,言笑笾豆,曾几何时,两世交期,山河俱逖,幽明宿诺,息壤遽征?悲夫!

公夙治《说文》,耽嗜汉学,所刻书几及百种,皆有功学者。少精楷法,中年以后好临书谱,日必数纸,至今为世所宝。尤留心金石文字,自咸丰甲寅辑朝鲜碑刻,附以日本,为《海东金石录》二十四卷。其后搜香益勤,闻有彝器出土者,倾囊购之,至罄衣物不恤,所得有郘钟四、齐镈、史颂鼎、㝬侯鼎、盂鼎、善夫克鼎,皆世之殊绝。尝辑《攀古楼金石款识》,仅止二卷而未成。他所著诗文、笔记凡若干卷。公性孝友,事光禄公膝下,虽老,昕夕如孺子。一弟祖年,庶母张恭人所出,少于公四十岁,抚爱甚笃,今以公遗表恩官刑部郎中。

公娶汪夫人,同邑候选太常寺博士楏之女,公之姑女也。贤淑备德,克资俪助,公相敬如宾,终身无妾媵。公生于道光十年庚寅,享年六十有一。遗命以祖年子树挚为嗣,恩赏举人。将以壬辰三月十九日葬公于吴县五都一图之荄白荡。汪夫人以公平生之言,属祖年征慈铭志公之幽。呜呼,是重可感已。铭曰:

维昔太傅,相我宣宗。名德积庆,再世而丰。实生宝臣,巍科绳武。入侍紫宸,去天尺五。遭国中否,削奏涕洟。造膝危言,帝屡颔颐。朝疏夕行,鼎铉污脑。干将不挠,见沮钩轴。维帝克明,惟臣克忠。保全令名,槐棘雍容。三圣苍朝,是倚是畀。以人事君,中兴以济。回翔卿二,映曜文昌。清流仰镜,吾道有光。薄眚牵婴,吏议遂中。中禁念公,还公法从。再陟八座,属以山陵。虔恭将事,不震不矜。长乐轸劳,当宸述志。锡爵公孤,俾长三事,司空匝月。遂领秋官,祥刑平谳。人以不冤,帝简枢臣。大政攸属,胡席未暖。旋丁荼酷。再起宅揆,止还玉堂。匪帝不思,惟公太刚。平土有余,兼综京兆。降水告灾,匪公孰吊。一夕数起,仰屋赍咨。民庶有豸,公以不支。遂病三朝,遽以赴告。临殁喃喃,蒸黎是悼。九重涕泣,万姓号呼。哀荣振古,公归帝衢。嫩嫣乡君,婉娈嗣子。公辀南还,朝野曷恃。吴山迢邈,浙水委迤。我铭公阡,永无愧辞。

今按:此文录自国家图书馆所藏碑帖《皇清诰授光禄大夫太子太保头品顶戴工部尚书兼管顺天府府尹南书房翰林赠太子太傅潘文勤公墓志铭》,馆藏编号"墓志4930"。中国嘉德国际拍卖公司2007年秋拍有"越缦老人李慈铭手书潘文勤公(祖荫)墓志铭"一种,钤有"越缦老人""子孙宝之""慈铭印信长寿""大本珍藏""道光庚戌秀才咸丰庚申明经同治庚午举人光绪庚辰进士"诸印,末署"赐进士出身诰授中议大夫掌山西道监察御史稽查兵部翰林院事务加三级会稽李慈铭顿首拜撰",审其字迹与印鉴,当为李慈铭手稿真迹;其内容与碑帖同。《越缦堂日记》光绪十八年正月二十六日:"夜撰潘文勤铭辞。余与文勤始合终睽,然其始也,虽踪迹时系,亦相视落落,不甚以余为然;其终也,往还几绝,或竟岁不相闻,而意中时有此人,盖余不能忘势,文勤亦不能无望也。今以此文报之,余事毕矣。"潘祖荫,字伯寅,号郑盦,江苏吴县人,咸丰进士,官至工部尚书,谥文勤,辑刻《滂喜斋丛书》《功顺堂丛书》。潘祖荫和李慈铭是两世交谊,潘祖荫的父亲潘曾绶、叔父潘曾莹喜与文士游,欣赏李慈铭的词章,唱和诗词颇多,李慈铭曾为潘曾绶作墓志。潘祖荫也很钦慕李慈铭的学问,他刊刻书籍常请李慈铭校勘、作序,对于李慈铭的请米贴,有求必应。潘祖荫生前就指定李慈铭为他撰写墓志,相知之深,毋庸赘言;而李慈铭也倾尽心力,为撰长篇,细述潘祖荫生平,王闿运看到这篇别体墓志,亦称不俗。①

[基金项目:国家社科基金一般项目《越缦堂读书记全编》,批准编号:17BZS003。]

---

① 王闿运:《湘绮楼日记》光绪十六年五月初二日:"看李老友撰《潘伯寅墓志》,虽不得体,亦尚不俗。"

《诗经·邶风·谷风》"贾用不售"别解

□叶雁鹏 汪少华

摘 要：《诗经·邶风·谷风》"贾用不售"旧解为"卖物不售"，现代学者根据《诗经》异文提出新解，足资参考。《焦氏易林》化用《诗经》"贾庸不雠"对诗义理解颇有启发，"贾（卖）庸"即出卖劳力为庸工之义，"贾（卖）庸不售"即卖佣不售，比喻妇人的善意不被丈夫理会。

关键词：诗经 贾用 卖庸 焦氏易林

作者简介：叶雁鹏，复旦大学出土文献与古文字研究中心研究生；汪少华，复旦大学出土文献与古文字研究中心教授，博士生导师，200433

《诗·邶风·谷风》以一个弃妇自述的口吻，诉说被丈夫抛弃的不幸遭遇。朱熹《集传》："妇人为夫所弃，故作此诗，以叙其悲怨之情。"①其第五章"既阻我德，贾用不售"两句，郑玄笺："既难却我，隐蔽我之善，我修妇道而事之，觊其察己，犹见疏外，如卖物之不售。""卖物不售"说②多为学者所承袭，例如清周悦让《倦游盦椠记·经隐·毛诗》据郑笺"卖物"断定"用即物也，《礼·中庸》'则财用足'亦以物言，《旅獒》云'服食器用'、'贱用物'是也"③；《汉语大词典》"贾用"词条亦据郑笺释为"卖东西"。然而我们利用古籍电子检索工具，发现古书中"贾用"连用表卖物之义的仅此《谷风》一例，《尚书》中的"贾用"难以确定是连用④，《汉语大词典》作为书证的《后汉书》"贾用"其实是"虚用"⑤，郑笺恐非

---

① 朱熹：《诗集传》，中华书局1958年版，第21页。
② 《玉篇》："《诗》曰'贾用不售'，卖物不售也。"
③ 周悦让：《倦游盦椠记》，齐鲁书社1996年版。
④ 《尚书·酒诰》："妹土嗣尔股肱，纯其艺黍稷，奔走事厥考厥长。肇牵车牛，远服贾用，孝养厥父母；厥父母庆，自洗腆，致用酒。"《诗经·小雅·正月》"其车既载"孔疏引《尚书》"肇牵车牛，远服贾用"，可见孔颖达主张"用"字上属，陈乔枞《经说考》从之："《诗·大雅》曰'贾用不售'（按《谷风》句），亦以'贾用'二字连文，是证也。"但伪孔传主张"用"字下属，顾颉刚、刘起釪《尚书校释译论》也指出："'用'在此同'以'，上属为句不可通，必连于本句始通。"（中华书局2005年版，第1395页）
⑤ 《后汉书·荀悦传》："故在上者先丰人财以定其志，帝耕籍田，后桑蚕宫，国无游人，野无荒业，财不贾用，力不妄加，以周人事。"李贤注："言自足也。"但惠栋《补注》指出："'贾'《申鉴》作'虚'。"荀悦《申鉴·政体》作"财不虚用，力不妄加"，《后汉纪》卷二九作"财不虚用，力不妄加"，《群书治要》卷四六引《申鉴》也作"财不虚用，力不妄加"。可见为"虚用"。李贤之所以注"财不贾用"为"言自足也"，可能也受《谷风》"贾用不售"的影响。

·236·

确诂。

考查"用"的词义引申线索,"贾用"释为"卖物"未必恰当。一个词尽管有多个引申义,但均围绕其中心义素词展开①。"用"的中心义素是"使用",由此衍申出多个义位。其中两条引申链条可以简单描述为:

(一)使用→用度→资财、财用

(二)使用→用具、器具

先来看引申链条(一),"用"由使用义引申为用度义,如《荀子·王制》:"百姓有余用也。"杨倞注:"用,谓食足之外可用贸易。"《汉书·食货志》:"赋共车马甲兵士徒之役,充实府库赐予之用。税给郊社宗庙百神之祀,天子奉养百官禄食庶事之费。"这里"用"与"费"对举。再而引申为资财、财用义。如《国语·周语中》:"以备百姓兆民之用。"韦昭注:"用,财用也。"《论语·学而》:"节用而爱人,使民以时。"邢昺疏:"省节财用不奢侈而爱养人民。"又《战国策·魏策四》:"吾用多。"姚宏注:"用,资也。"故"财用"实乃同义连用,《礼记·中庸》"则财用足"中的"用"不能理解为"物"②。

再看引申链条(二),"用"由使用义引申为用具、器具义,如周悦让所引《尚书·旅獒》"服食器用"、"贱用物"中的"用"是否能与"物"等同呢?来看先秦具体语言环境中作名词之"用"的例子:

1.《左传·昭公十二年》:"子大叔使其除徒执用以立,而无庸毁。"杜预注:"用,毁庙具。"

2.《国语·周语上》:"阜其财求而利其器用。"韦昭注:"用,耒耜之属也。"

3.《国语·周语上》:"民用莫不震动,恪恭于农。"韦昭注:"用,谓田器也。"

4.《孙子兵法·计》:"法者,曲制、官道、主用也。"杜牧注:"用者,车马器械,三军须用之物也。"

5. 桓宽《盐铁论·水旱》:"用不具,则田畴荒,谷不殖。"

上举五例中做名词的"用"均是在具体语言环境中代指有某一用途、比较具体的器具、用具,可以代指某一工具、食器、耕具与车马器械等③。因此做名词的"用"的语义范围要远小于广包一切的"物",传统训诂学中固然可以用语义范围大的词训解语义范围小的词,但决不能将两者的词义等同,或者将两者运用范围混同。用具、器具义是"用"由使用

---

① 蒋绍愚:《古汉语词汇纲要》(商务印书馆 2005 年版,第 70—71 页):"甲义引申为乙义,两个意义之间必然有某种联系,或者意义有相关的部分。从义素分析的角度来说,就是甲乙两义的义素必然有共同的部分。"

② 《周礼·天官·太宰》"以九式均节财用",《管子·重令》"民不务经产,则仓廪空虚,财用不足"等皆同此。

③ 《尚书·旅獒》"贱用物"中的"用物"应理解为动宾结构,《汉语大词典》解为"日常应用的物品";而《旅獒》"服食器用"中的"器用"为同义连用;又有"用器",也为同义连用。《左传·宣公十一年》:"量功命日,分财用,平板干。"杨伯峻注:"财通材。用,用具也。"

义引申而成的义位,其中心义素仍是"使用",而不是"物品",可将这一义位描写为:(有一定用途的)＋(物品)。"用"与"物""货"等运用范围不一样,在于两者中心义素不一样。"物"与"货"等可以构成一个语义场;"用""器"与"具"等又构成另外一个语义场。表达"卖东西"这一很平常见的意思,先秦两汉"鬻""卖""市""贩"等一般与"货""物"等搭配,而不与"用""器""具"等搭配表达"卖东西"的意思。因而在前后时代都没有相应旁证的情况下,把"贾用"解释为"卖物",恐不合先秦用语习惯。

"既阻我德,贾用不售"两句有多处异文:"阻",阜阳汉简作"沮",汉石经作"诈",《太平御览·资产部十五》引《韩诗》曰:"既诈我德,贾用不售。一钱之物,举卖百,何时当售乎?"①"德",阜阳汉简作"直";"售",钱大昕《唐石经考异》:"售字磨改,字亦劣。盖本作雠,后人俗本妄改。"②现代学者据而有新解:胡平生《阜阳汉简〈诗经〉异文初探》指出:"《阜诗》'既沮我直',与毛异文异义。沮,'坏也'(《诗·小旻》毛传);'败也'(《国语·晋语》注);'败坏也'(《一切经音义》引《仓颉解诂》),乃贬损之意。直,同'值',价值。'既沮我直',意谓'既已贬损我的价值'。'贾用不售'之'售',正应训为'价值相当'之意。恰与前句'既沮我直'承接。二句大意,乃弃妇言其夫有意贬损,败坏其名声,使她虽有美德,却无令名;犹如在市场上货物虽好,却无相应的善价。"③刘运兴《诗义知新》认为"阻当读作沮,贾用者故佣也,售当读为雠","'贾用'乃周代称谓故佣之成语","既阻(沮)我德,贾(故)用(佣)不售(雠),乃谓既忘我之恩惠,从而视我故佣之不若也"④。他释"用"为"佣",颇有启发;但把"贾"释作"故(雇)"、认为"故(雇)犹佣也"、视"贾用"为名词同义连用,则稍嫌迂曲,况且利用古籍电子检索并未发现先秦两汉有"故佣"或"雇庸"连用,周代"成语"之说难以定论。

"贾用不售"有一处异文,对诗义理解颇具启发,此前似乎未得到重视:《焦氏易林·小畜之蛊》化用《诗经》⑤作"卖庸不雠"⑥,陈乔枞《齐诗遗说考》引《易林》作"贾庸不售":"案:《毛诗》作'用','用''庸'古通,音义并同。"⑦换言之,《易林》将《诗经》"贾用"理解为"卖庸","庸"与刘运兴《诗义知新》释"用"为"佣"相同,而动宾"卖庸"较刘说为胜。"用"

---

① 李昉等编:《太平御览》卷八三五,中华书局1960年版,第3727页上。
② 钱大昕:《唐石经考异》,《续修四库全书》经部群经总义类184册,上海古籍出版社2002年版,第158页。
③ 胡平生、韩自强:《阜阳汉简诗经研究》,上海古籍出版社1988年版,第51—52页。
④ 刘运兴:《诗义知新》,山东教育出版社1998年版,第73—74页。
⑤ 张玖青《论〈易林〉的〈诗〉说——兼论〈易林〉的作者》(《文学评论》2010年第2期):"《易林》与《诗经》关系密切。《易林》不仅数百次引用或化用《诗》,而且占辞绝类《诗》语,取象类《诗》,可以说是一部融通《诗》《易》的文学巨著。"
⑥ 焦延寿:《焦氏易林》,影印北京图书馆藏元刊本,卷第三。
⑦ 陈乔枞:《齐诗遗说考》卷一,《续修四库全书》经部诗类76册,上海古籍出版社2002年版,第335页。

通"庸",《尔雅·释言》"试,用也"郝懿行《义疏》:"通作庸。"《书·皋陶谟》"五刑五用哉"刘逢禄集释:"用,《后汉书·梁统传》引作庸。""庸"指受雇佣,出卖劳动力的人。《尔雅·释诂》:"庸,劳也。"裘锡圭《说"仆庸"》指出"庸徒之'庸'古亦作'佣'。'佣'一般指从事比较重的、地位较低的劳动者,这是'庸劳'的一个引申义"。西周晚期询簋铭文记载王命询管理"邑人先虎臣后庸"等各种人,"这里所说的'庸'显然是指一种被奴役者"①。春秋战国之间,与社会政治、经济的变革相适应,"庸"所指的对象也发生了变化。在战国时期的史料里,"庸"多指雇佣劳动者。但战国初期,国家对私家使用雇佣劳动者大概有一定控制。《吕氏春秋·上农》说"农不上闻,不敢私籍于庸",《商君书·垦令》等篇也说为了驱民归农应该禁止私家取庸。由于贫民不断增加,商品经济不断发展,以及剥削阶级越来越需要积极性较高的劳动力,到战国后期,雇佣劳动发展极快,国家实际上已无法控制。《管子·治国》说:"耕耨者有时而泽不必足,则民倍贷以取庸矣。"可见为了不失农时,连一般农民都需要雇工。在发生饥荒的时候,统治者有时也用以工代赈的办法来救济贫民。《管子·乘马数》说,如果碰到凶年,就应该大兴土木,"以前无狗后无彘者为庸"。从现存战国史料来看,使用雇佣劳动的工种有耕耨、决窦(渎)、灌园、缮冢墓、理宫室、立台榭、筑墙垣、煮盐等,范围已相当广泛。《管子·山至数》《荀子·议兵》以及云梦秦简都提到"市庸"或"市佣"。如睡虎地秦简《封诊式·□捕》:"自昼甲见丙阴市庸中,而捕以来自出。"②"市庸"指市场中雇用的人,可见当时的市场里集中了很多待人雇佣的劳动者③。

"贾"与"卖"同义④,"卖庸(佣)"在上古汉语中屡见:

《韩非子·外储说左上》:"夫<u>卖庸</u>而播耕者,主人费家而美食、调布而求易钱者,非爱庸客也。"⑤

《战国策·秦策五》:"太公望齐之逐夫,朝哥之废屠,南阳之弊幽,子良之臣,棘津之<u>雠不庸</u>,文王用之而王。"高诱:"钓鱼于棘津,鱼不食饵;<u>卖庸</u>作,又不能自售也。"孙诒让按:"此当作'棘津之<u>不雠庸</u>',故高注'卖庸作不能自售也'。今本'雠不'二字误倒,与注不相应,当乙正。"⑥又范祥雍《笺证》:"按《韩诗外传》卷七云'太公赁于棘津。''赁'即'卖庸'。"⑦

---

① 《裘锡圭学术文集》第五卷,复旦大学出版社2012年版,第110页。
② 睡虎地秦墓竹简整理小组编:《睡虎地秦墓竹简》,文物出版社1990年版,第150页。
③ 以上参考裘锡圭先生给《中国大百科全书·中国历史》(中国大百科全书出版社1994年版,第893—894页)撰写的"庸"词条,引用时有所调整。
④ 《说文》:"贾,贾市也。从贝襾声。一曰坐卖售也。""贾"兼有买卖二义,异体作"賈"。《论语·子罕》"求善价而沽诸",汉石经作"求善价而贾诸"。贾作林《"贮"、"賈"源流考》根据战国玺印中的"貼"断定"貼"才是"贮""贾"母体。《龙龛手鉴》收录"貼"字,"沽"盖源于"貼",异体又作"酤""𧵥"(《睡虎地秦墓竹简·秦律·田律》),文献中"沽"也兼有买卖二义。"贾""沽"买卖之义,战国后多由"买""卖""鬻"等承担。
⑤ 王先慎:《韩非子集解》,中华书局1998年版,第274页。
⑥ 孙诒让:《札迻》,中华书局2009年版,第80页。
⑦ 范祥雍:《战国策笺证》,上海古籍出版社2006年版,第483页。

《汉书·栾布传》:"(彭越)穷困,卖庸于齐。"颜师古注:"谓受雇也。"

"卖庸"魏晋后又写作"卖佣",也有作"卖煦":

东晋葛洪《抱朴子·逸民》也记载了太公的事迹:"且吕尚之未遇文王也,亦曾隐于穷贱,凡人易之,老妇逐之,卖佣不售,屠钓无获,曾无一人慕之。"

又《抱朴子·备阙》:"故姜牙卖煦无所售,而见师于文武。"孙诒让:"案卖煦盖谓卖佣。但以'佣'为'煦',未详其义。"①按"煦"属晓母侯部,"庸"属以母东部,以晓皆喉音,侯东阴阳对转,故音近假借②。

明赵完璧《敬陈赈安之说以备圣明采择疏》:"以故待食之辈聚于市朝,身既不得卖佣,食又赊于指赈。"③

可见"卖庸(佣)"就是出卖劳力为庸工之义。《焦氏易林·小畜之蛊》"卖庸不雠"下还有一句"苦困为祸","卖庸不雠"是说出卖为庸没有人要,唯其如此,故"苦困为祸"。与"卖庸"相对而言的是"买庸",指买进佣仆或力庸。"卖庸"很可能是春秋战国时的"通语",延续在两汉魏晋一直到明清文献中④,这也是我们认为将"贾用"释为"卖庸(佣)"胜于释为"故(雇)佣"的原因。

总而言之,《谷风》"贾庸不售"郑笺"如卖物之不售",或可改释为"如卖庸之不售":出卖为庸工而没有人要,比喻妇人的善意不被丈夫理会。

---

① 孙诒让:《札迻》,中华书局2009年版,第386页。
② "句"有与以母东部字通假之例,如《史记·建元以来王子侯者年表》"句陵"《集解》引徐广曰:"一作容陵。"
③ 《六府文藏·史部·诏令奏议类》,明万历三十七年刻本卷八。
④ 清代文献如咸丰《青州府志》卷四四:"子磻卖佣以养其母。"陈衍《石遗室诗集·橘价贱落戏书》:"卖佣求益终无术。"

书评

一部整体社会史研究的典范之作

□王玉贵

摘　要:作为一部耗费唐力行先生数十年时间和心血的关于徽学研究的精品力作,《延续与断裂:徽州乡村的超稳定结构与社会变迁》准确揭示出,在长期的历史发展中,徽州社会因其特殊的自然地理环境造成了经济上的徽商、社会上的宗族组织与文化上的科举理学等三个要素,并始终处于互补互动之中,维系和拓展了徽州本土社会的内循环以及徽州与域外社会(大徽州)间的外循环,进而实现大小徽州间的频繁互动。

关键词:唐力行;《延续与断裂》;社会史;徽学

作者简介:王玉贵,历史学博士,苏州大学社会学院教授,215006

　　唐力行先生的《延续与断裂:徽州乡村的超稳定结构与社会变迁》(下文简称《延续与断裂》)于2015年10月由商务印书馆出版。这部著作虽是唐先生所主持的2004年度国家社科基金项目"国家权力下的乡村统合——16世纪—20世纪徽州乡村社会权力关系研究"的最终成果,但同时也可视为耗费唐先生数十年时间和心血关于徽学研究的精品力作。读时如善饮者痛饮陈年佳酿时的畅快淋漓之感禁不住油然而生,无论是宏观结构上的谋篇布局,还是力透纸背的具体论述,或是顺畅活泼的文字表达,再或是随处可见的与前人的频繁互动等,都使《延续与断裂》成为一部整体社会史研究的典范之作。

一、小徽州里的内循环:宗族的力量

　　学界公认,经济、社会、文化发展相对完整的徽州,是"具有典型意义的区域社会",是人们认识传统社会的一个极好范本。问题是,这样的"典型区域"究竟是如何形成的?又有哪些具体表现?经过多年的潜心研究,唐先生发现,在长期的历史发展中,徽州社会因其特殊的自然地理环境造成了经济上的徽商、社会上的宗族组织与文化上的科举理学等三个要素,并始终处于互补互动之中:从社会角度看,徽州宗族发达,透过宗族组织、家谱、宗祠、族田、佃仆等,可准确认识中国宗法社会的实态及其运作;从经济角度看,徽州除传统农业外,还有闻名遐迩的商业,透过徽商可以认清商业资本在传统社会中的作用及其与社会转型的关系;从文化角度看,徽州理学昌盛,透过新安理学可以察知宋代以后理学对正统儒学的传承和发展、徽商与儒家文化的结合以及商人心态①。其中,徽商为乡村自治提供了经济保障,士绅担当起乡村自治的领导,宗族则是乡村自治的组织形式。而在这一结构形成的同时,徽州社会进行了文化整合,形成了读书(义)是功名、经商(利)也是功名的新价值观,成为徽州乡村社会结构三要素良性互动的内在驱动力②。他还曾准确地揭示出:"在特定的时空条件下,经过一系列的社会变迁,徽州地域已形成的宗族组织、文化科学和商业经营间的良性互动,三者之间宗族居于核心地位,这便是该地域社会整体的特征。"③宗族的核心地位具体表现在,宗族文化是徽州文化的核心,宗族生活是徽州社会生活的核心。而徽商、徽州士绅与徽州宗族的良性互动又是"在徽州文化整合的背景下形成的",从而使得"徽州乡村社会的超稳定结构具有有持久性和超稳定性"。(第41页)

徽州作为"理学之乡",向有"东南邹鲁"之称,文化十分发达。然而,在长期的文化整合中,徽州社会最终形成了"士商异术而同志"这一义利相通的文化特质。这就为徽商群体的出现和繁兴提供了理论和精神上的支撑,而徽商的勃兴又为舒缓人地矛盾日益紧张的趋势提供了可能;徽商的雄厚实力,则为徽州地域社会的宗族组织和文化发展提供了充足的财力支撑。正是三者间的良性互动,保持了徽州社会的长期稳定。其中,徽商以其雄厚的资力资助教育与科举,并为宗族聚居提供物质基础;士绅因掌握了文化权力,通过控制文会和乡评、编纂族谱和地方志、交通官宦并参与诉讼活动,而成为乡村自治的领导力量;宗族则成为乡村自治的组织形式。

起着组织作用的宗族,在徽州乡村自治中是一种"核心力量"。这种"核心力量"的发挥,一方面在精神文化层面,通过累世持续地墓祭、祠祭、修谱等保持和传承或重建宗族记忆的行为,来维系并强化着族群的认同意识,保持了徽州社会的长期稳定。另一方面在物质层面,通过设立族田、义仓、义冢等,对贫病族人或乡党提供经济和医疗救助,纾难解困;兴办学校,吸收贫寒子弟免费入读;提供原始商业资金,资助族人外出谋生,发挥宗族的社会保障功能,进而与徽商和科举(而产生的士绅)实现良性循环,保障了徽州乡村自治的稳定格局。

---

① 唐力行:《徽州宗族社会》,安徽人民出版社2005年版,第17—18页。
② 唐力行:《延续与断裂:徽州乡村的超稳定结构与社会变迁》,商务印书馆2015年版,第29、30页。下引该书只在文中夹注页码。
③ 唐力行:《唐力行徽学研究论稿》,商务印书馆2014年版,第284页。

当然,徽州乡村社会的长期稳定,也并不总是呈现出田园牧歌式的美丽画卷。一方面,随着商业活动的不断繁盛,商人的逐利本性(人欲)不断冲击着伦常道德(天理),父慈子孝、兄友弟悌、夫唱妇随的背后,掩盖着的是"金令司天,钱神卓地。贪婪罔极,骨肉相残"的冷酷现实,妻孥宗党则"全视所获多少为贤不肖而爱憎焉",亲情、友情终敌不过人们对孔方兄的欲望和喜爱;另一方面,徽商外出后,常年杳无音讯,年轻的妻子们除了在精神上要忍受独守空房、冷对孤灯的巨大压力外,还要承受着侍奉公婆、养育幼子的生活重担。为了维持传统社会的运行,徽州社会特别强调妇女的节操,大量沉重的贞节牌坊下面压着的是众多年轻女子的孤魂,所呈现的则是扭曲、变态的精神文化。再者,徽商中取得成功的毕竟是少数,对于绝大多数人来说,外出经商只是一种迫不得已的谋生手段,等而下之者甚至穷困潦倒到连自家性命也无法保住的地步。完全可以说,少数暴富的徽商是建立在众多经营失败者的基础之上的。在以"所获多少为贤不肖"的徽州商业文化氛围中,生意场上的失败者大多无颜面见江东父老,只能客死他乡,陈尸野外。面对这些不和谐的面向,徽州宗族虽然没有置身事外,而是采取多种措施进行积极干预,但这些干预要么失之消极、要么缺乏刚性约束,而效果有限,有的还和国策相合谋,如通过对节烈妇女进行旌表等,共同对留守妇女这一弱势群体进行精神上的控制。

离开对上述内容的深刻和准确揭示,徽州社会的真实面向显然是不完整的。对这些内容的准确揭示,既是实现整体社会史目标的必然要求,也充分体现了唐力行先生作为社会史学大家的人文情怀,这是弥足珍贵的。

二、大徽州间的外循环:徽商的作用

出生于苏州、成长于上海、求学于南京、受大时代的裹挟而多年蹉跎于徽州近邻的唐力行先生最初是从研究徽学走上学术之路的,但具有上述独特人生经历的他,天然地具有将徽州社会与江南社会进行比较研究亦即探讨大徽州间的外循环的优越条件。

对于徽州这样的多山地区来说,人地矛盾的日益尖锐是一个必然的发展趋势,单靠地域内部的小循环显然是无法得到妥善解决的。深居山区的徽州人的目光从来也没有为环抱的群山所遮蔽,并非偏隅一方,坐困守穷,构建起仅属于自己的世外桃源,单纯向自然界进行竭泽而渔式的索取,而是养成了从不向困难和命运低头的坚毅性格和奋发进取精神(即胡适所谓的"徽骆驼"),早就将生存和发展的目光投向了地域以外的大世界,涌现出了一大批前后相继的徽商群体。

通过唐力行先生的研究成果,我们知道,徽州外出经商的成功者,除了将大量资金汇人家乡,以尽到为人子、为人夫和为人父的责任,并积极从事乡族的公益慈善事业,主动参与小徽州的内循环外,还积极进行大徽州间的外循环,实现宗族、士绅和徽商在大徽州的良性互动,进而为小徽州的长期稳定提供不竭的外部动力。

首先,成功的徽商富了不忘回报乡土,常常将族中乡党带出来经商。对经商中的失败者或遭遇困难者,徽商都会及时提供力所能及的各种帮助。这一方面,减轻了小徽州长期存在的人多地少、自然禀赋严重不足的生存压力。另一方面,徽商又将巨额资金汇入徽州,维持了徽州社会的日常运转,形成了徽州区域社会的超稳定结构。

其次,徽商通过大力发展教育,培养本族、本土的政治精英或积极攀附和结交权贵,为开展商业活动提供政治庇佑,因此徽商兼有儒商和官商的双重品格[①]。徽商具有官商的浓厚色彩,虽不应予以全盘肯定,但却是官本位国家的现实使然,是历史选择、趋利避害的结果,一方面获得了快速发展的有利条件(当然,也正是因为与封建政权的联系太过紧密,徽商常常成为朝代转换之际的殉葬品[②])。另一方面经营活动的扩张和经营范围的扩大,又开阔了徽商的视野,徽州的空间范围也随之大大拓展。

再次,在客居地,徽商还复制了徽州本土社会的宗族组织,结成复杂而又庞大的关系网络,广为奥援,为徽商的生存和发展提供了良好的外部环境。徽商足迹所至,"会馆、义庄遍行各省";徽商在他乡遇到诉讼,无不感同身受,"醵金出死力""以众帮众"。(第148页)近代以来,实力雄厚的同乡会馆在周恤旅外族人方面则发挥了更大的作用。如歙县旅沪同乡会章程明确规定:该会"为敦睦桑梓情谊,企图同乡公益而设",具体办理:旅沪儿童之教育事业、增进公众幸福之事项、失业会员之救济事项、调解乡人之争议事项、援助乡人免除不正当损害事项等。(第164页)徽宁旅沪同乡会章程亦有调护指导旅沪各界之利弊得失、研究扶助旅沪同乡生计之盛衰、提携筹维旅沪同乡公益慈善助事业、共同援助旅沪同乡生命财产及横来之损害等规定,(第168页)且在1926年一年内就举办了8项护侨(即侨居他乡的徽州人)事务,涉及调解同乡纠葛和劳资纠纷、送患病的非会员同乡入慈善医院疗养、处理同乡与外乡人之间的矛盾等内容。(第164—166页)至于发展旅沪同乡之教育事业、增进旅沪同乡之公众幸福(如治疗病患、安葬死者等)、救济失业会员、援助乡人免遭不正当的损害(如参与处理三星楼菜馆被流氓捣毁、大来当主被谋杀、张恒兴茶叶店伙计被殴毙等事件)、调解劳资纠纷等方面的活动,就更是不遗余力。(详见第四章第二节的分析)当然,徽商的上述类似活动绝非仅限于上海一地,并由此在全国乃至世界范围内结成了由坐贾、行商和海商等构成的庞大商业网络,实现了徽州山地与

[①] 唐力行:《商人与文化的双重变奏——徽商与宗族社会的历史考察》,华中理工大学出版社1997年版,第78—88页。

[②] 唐力行:《商人与中国近世社会》,商务印书馆2003年版,第243—244页。

江南平原、内陆与沿海之间的频繁互动,使徽州宗族社会所形成的地缘和血缘关系等优势得到了充分发挥①。正因为如此,大徽州间的外循环得以良性运行。

尽管大徽州间的外循环如同小徽州的内循环因遭遇太平天国的严重冲击而中断过一样,也曾在明末清初和抗日战争期间遭到过冲击而断裂,但由于内循环没有中断,一旦外部的大气候发生变化,待时而动的徽商便很快又将外部大循环重新恢复起来,进而实现内外循环的良性互动。

当然,在分析大徽州间外循环的成因时,还应充分考虑"身份的焦虑"这一因素所起的作用。在中国这样一个乡土意识十分浓厚和强烈的国家里,本应四海为家、逐利而往的徽商,固然可以通过广结社会关系网络、积极参与旅居地的政治、经济和文化公益活动等,以尽可能地融入当地社会,从而为生存竞争获取有利的社会环境,但商人所占有的巨额财富、特有的经营手法和生活方式等也极易引发客居地民众的羡慕嫉妒恨,矛盾和冲突乃由此生发。作为客居地的"陌生人"和"他者"的徽商,通过积极开展业缘和地缘间的大循环,不仅有助于事业上的拓展,还能寻找到情感和精神上的寄托,经营获得成功的徽商更是通过周济乡党、回馈故里而获得心理上的满足。

三、大小徽州间的互动:整体社会史的呈现

社会史自20世纪80年代初在中国复兴之时起,就特别强调要进行整体研究,"社会史追寻的目标是整体的历史",(第14页)防止出现神龙见首不见尾的碎片化倾向。这是由社会史研究的特定对象所决定的。尽管学术界对社会史的研究对象尚未达成共识,但一般来说,不外乎研究日常社会生活所涉及的衣食住行用,扩展而及社会结构的确立与演变、社会问题的防范及其控制等问题。所有这些都是中国传统史学所忽视的问题,即便有所涉及,用的也不是社会史范式,而是政治史或经济史的补充和衬托,如果没有整体史的关照,就特别容易陷入碎片化的泥淖而难以自拔。但是,很显然,社会史的整体性或整体社会史中的"整体"与通常所说的通史(也应是一种整体史)意义上的上下或左右贯通不是一个层面的含义。"整体不是局部相加之和","由历史的碎片缀合而成的历史拼图也不等同于历史的整体"。(第15页)这就对社会史的研究者提出了更高的要求。社会史研究成果的高下之别,鲜明地反映出了研究者的境界。

确定社会整体史研究的合适地域范围和边界是一件十分重要的事情。范围太大,失之空疏;范围太小,难成典型。一般说来,具有同质或近似性因素的徽州、苏南或江南等中观

---

① 唐力行等:《苏州与徽州——16—20世纪两地互动与社会变迁的比较研究》,商务印书馆2007年版,第40、46、48页。

地域范围较为合适。《延续与断裂》辩证地提出,在整体的区域社会史研究中,"既要守住地域疆界,把握地域疆界内的整体特征,又超越地域的疆界,探讨其与环境的互动"①。(第16页)当然,这里所说的合适地域范围是相对的。就徽州而言,主要是因徽商的作用,它的地域范围有着微观、中观和宏观三个层次:徽州本土是核心层次;中间层次涵盖沿长江、运河的市镇农村,其中心区乃是无徽不成镇的江南;外围层次则遍及全国、远至海外。如此,"就把徽州区域研究纳入了徽州社会系统与环境互动的框架之内,把单一、静态、直观的研究变成了整体、动态的研究"②。

但问题在于,在徽州本土的核心层次到远至海外的外围层次之间是通过什么样的载体将其连接成为一个整体的呢?对此,唐力行先生指出,首先"要将该区域的要素提炼出来",然后"再从要素与要素、要素与整体以及整体与环境的互动中来揭示区域的整体特征"。(第15页)如此,也唯有如此,才能准确"揭示区域的整体特征"。从16世纪到20世纪中叶的较长时段里,在血缘、地缘纽带的连接下,徽商、士绅和宗族三要素在大小徽州内部及相互间进行互补互动(唐力行先生将其概括为三个要素、两根纽带和两个互动)的良性循环,使徽州乡村社会保持超稳定的状态,徽州乡村社会也就最稳定、繁荣(第28页);当内外循环之中有一个循环被破坏时,徽州乡村社会就陷于危机状态;一旦内外循环都无法进行时,徽州乡村社会的传统自治格局就难以为继。(第21页)这一建立在实证研究基础上而得出的结论,将以往学术界关于中国社会长期缓慢发展、处于"超稳定状态"的观点,③大大地向前推进了一步。

在长达4个多世纪的时间里,徽州社会曾遭遇过多次内(外)循环中断的危机,最为典型的莫过于日本帝国主义的侵华战争对外循环的强烈冲击和太平天国运动对内循环的严重破坏,但由于两个循环从未同时中断,因此徽州社会的整体地域特征因另一个循环的持续进行而在中缀后又得以缓慢恢复。然而时间到了20世纪中叶,在社会主义革命胜利后,伴随着全新的经济发展和社会治理方式的极速确立,城乡之间、区域之间及其内部的自我循环很快便宣告完全中断,延续了数百年之久的传统乡村社会生活终于寿终

---

① 详细分析,见唐力行:《从区域史研究走向区域比较研究》,《上海师范大学学报(哲学社会科学版)》2008年第1期。
② 唐力行:《明清以来徽州区域社会经济研究》,安徽大学出版社1999年版,第5页。
③ 中国学术界关于中国封建社会长期延续及超稳定结构形成的探讨从20世纪30年代就开始了,并一直延续到"文革"前。"文革"后,更是诸家蜂起,观点纷呈,把对这一问题的探讨大大地推向了深入。参见田居俭:《中国封建社会长期延续原因讨论撮述》,《历史研究》1982年第1期。国外学者则有费正清提出的"冲击—反应"论和黄宗智提出的"有增长无发展"论。马克思也曾指出:"亚洲各国不断瓦解、不断重建和经常改朝换代,与此截然相反,亚洲社会却没有变化"(《资本论》第1卷,人民出版社1975年版,第397页)。但上述研究均不是建立在实证基础上的,而只是在某种程度上揭示了这一社会现象,因此很难令人完全信服。

正寝,一场场号称为"群众运动"的政治运动在"运动群众"中接踵而至。尽管乡村社会在几十年间因各种人为因素的影响而政治运动不断,乡民们的物质生活却长期无法提高,呈现出了另一种形式的"超稳定"结构和特征。

来自乡梓的求助与旅居外地徽籍人士的及时回应,构成了大小徽州间的良性互动。这里所说的乡梓求助所涉及的内容是多方面的,既包括纯属私域范畴的生存和发展方面的困难,也包括涉及桑梓安宁、存续方面的大问题。徽属各旅沪同乡会章程均有救乡方面的规定,并积极开展活动,如1926年,徽宁旅沪同乡会曾出面呼吁绩溪县县长及两浙盐运史妥善处理临溪镇的盐行扣斤问题,并公开反对皖省鸦片公卖。此后这类活动有增无已,包括为家乡争取和平环境、举办慈善事业、弹劾贪黩官员、关注桑梓经济建设等诸多方面。(详见第四章第二节的分析)正是这些活动的积极开展,有效地实现了大小徽州间的频繁互动。

需要指出的是,徽州作为大一统中国的一个组成部分,它的任何变迁都无法摆脱高度专制集权的封建王朝的影响,而只有当双方都相向而行时,徽州社会的超稳定结构才有了政治和社会基础,反之不仅会导致内外循环的中断,徽州社会的稳定也就失去了制度依恃。在《延续与断裂》中,我们不止一次地看到封建王朝在徽州地域社会变迁中的政治影响力,这也是整体社会史研究所必须关切的问题。比如,在探讨徽州商人妇的社会角色时,作者正确地指出,商人的需要和明清王朝强化专制皇权的需要相结合,凝固为压迫妇女的宗族制度,造成了商人的肉欲横流与理学的道貌岸然的并行不悖、商人妇的勤劳才智与贞节牌坊下的愚昧交错。(第114—116页)又如,该书指出,徽州宗族组织的大发展是在明嘉靖十五年"诏天下臣民祀始祖"之后,此前虽屡有僭礼,但终究不合封建王朝确定的礼法,因而难以堂而皇之地进行,更难以在全社会普及开来。(第84—85页)显然,政治因素在传统中国的社会变迁中起着决定性的作用。再如,在探讨种族记忆的重建时,唐力行指出,"宗族记忆系统的重建得到了(封建)国家的支持,因为它与地方社会秩序重建是一致的",(第376页)因而,作为宗族记忆的族谱编制和修订、地方志修纂就和国家层面的历史记述建立了"内在的联系"。(第307页)至于书中虽着墨不多但却屡屡提及的方腊起义、清军征服、太平天国运动、北伐战争、日本侵华、解放战争等,本身就是政治事件。所有这些横向的立体考察,都使本书成为了一部整体社会史的典范之作。

近代以来,受重视文化教育的地域传统影响,大批徽籍子弟纷纷远赴经济文化较为发达的京沪等地乃至海外求学,以求获得更多也更好的发展机遇。但在近代中国,内忧外患接踵而来,尤其是到了民国晚期,政局动荡更加剧烈,且变化迅速,绝大多数的个体命运均已无法摆脱大时代的裹挟,不得不求助于徽州商人的同人组织。面对这样的求助,原本经费一向充裕的徽属各旅沪同乡会在连自身的生存都遭遇了危机的情况下,自然无法再得到积极回应了。(第353—354页)这也预示着离它的寿终正寝已为时不远了。

随着农村土地改革和城市社会改造的进行,到了20世纪50年代初,在内外良性循环中至少保持了4个半世纪之久的徽州乡村社会的超稳定结构,因内外循环的相继中断(就内循环而言,因土改的完成,不仅将士绅这一传统的乡村领袖尽行铲除,在传统社会中处于社会底层的贫雇农则翻身成了新的乡村精英,在传统乡村自治中具有"核心地位"的宗族组织也被新的村级行政组织所代替,国家政权直接控制了传统村落,乡村自治不复存在,从而导致内循环的彻底中断;经费和办公地点均无法解决的歙县旅沪同乡会于1953年5月初宣告解散,标志着外循环的完全断裂),也终于走到了的尽头。"历史翻开了新的一页"。从历史发展的纵向角度看,这为徽州区域社会的整体史研究画上了句号,但问题的本质或(更)在于,这新翻开的一页,究竟是历史发展的必然结果,还是人为强加的结果?进而言之,对徽州社会来说,究竟是祸还是福呢?这就需要人们秉持科学的态度予以客观的揭示,也是作为读者的我期望于唐先生的下一步研究能予以解答的问题。

当然,与所有研究成果一样,《延续与断裂》一书尽管将徽州区域社会史的研究明显地提升到了一个新的高度,是一部新意迭出、极富学术含量的整体社会史的典范之作,但它没有也不可能终结学术界对该区域所有问题的探索。薪火相传是人类进步、社会变迁和学术发展的前提和基础,我们期待有更多站在巨人肩膀上继续探索的优秀新成果面世,但很显然,这不是件容易的事情。

史志目录首次大规模的汇辑和整理
——《二十五史艺文经籍志考补萃编》编纂出版的学术意义

□王承略

摘　要：《二十五史艺文经籍志考补萃编》是专史目录之外史志目录的总汇，也是史志目录迄今为止最大规模的汇辑和整理，它从二十五史的角度建构史志目录的完整体系，为建立中国古代典籍信息库、摸清中国古代学术文化的家底提供了依据。《萃编》收书全面，且每一部都择取精善完备的版本做底本，进行标点、校勘，为学界提供准确、便捷的读本，并推出了一批首次面世的史志目录或版本。史志目录散亡惨烈的现状令人痛惜，今赖于学界同仁的积极找寻，以及大型数据库的有效利用，数年来苦觅不得的史志目录，有些已陆续现身，适时把新发现的史志目录连同1949年之后问世的史志目录考补之作，汇辑为《萃编》的续编，将进一步完善史志目录的体系。

关键词：《二十五史艺文经籍志考补萃编》；古籍资料库；古籍信息库；史志目录；古典目录学

作者简介：王承略，文学博士，山东大学儒学高等研究院教授、博士生导师，250100

艺文志、经籍志，是一种存在于正史、国史、专史及地方志中的目录体裁，是史书、方志中对典籍和学术予以关照并直观反映的一种书目著作形式。与官修目录、私家目录一般单行且体例多样有别，艺文经籍志往往附载于史书，或作为史书研究的补充，且一般体例简明。所谓正史，即二十四史。或加《新元史》，成二十五史。1986年上海古籍出版社、上海书店影印清武英殿刻本二十四史，认为"《清史稿》虽是未定稿，未正式列为正史，但也具备正史的性质"，遂将二十四史与《清史稿》合璧为"新编二十五史"，实现了中国古代历史的完整记录，此后这一称谓为学界所广泛接受。所谓国史，即历代纂修的本朝纪传体史书。所谓专史，即如《文献通考》那样的政书、《通志》那样的别史等。正史、国史、专史、地方志中的艺文经籍志，是不亚于官修、私家藏书目录的大宗书目资料，其中存于地方志中者，数量最为庞大。近人李濂镗《方志艺文志汇目》，根据北京图书馆1932年前入藏的3 800多种方志，著录十九个省府县志的艺文志800余种。而1986年出版的《中国地方志联合目录》，著录地方志8 200多种。如果按比例折算，则方志艺文志当有1 700多种。但地方艺文经籍志往往以正史、国史艺文经籍志为纂修基础，一般被纳入地方文献目录的范畴之内,而专史艺文经籍志数量有限,故存于正史、国史中者,遂构成史志目录的主体,尤以其精粹而为学者所珍视。正史、国史艺文经籍志,就其撰著和存在状态看,或有或无,或存或佚。自宋代以来,特别是清中叶至民国,学者对艺文经籍志投入了极大的研究热情,原有者加以考证、补遗,原无者重为补撰,已佚者重新整辑,从而形成了完整的史志目录系统,完备详尽地记录了数千年来的典籍和学术,成为考察文化思想渊源与流变、古代典籍类别与存亡的最重要的依据,成为原生态学术史、典籍史的直接呈现,成为学术研究不可或缺的大宗参考资料。

《二十五史艺文经籍志考补萃编》是专史目录之外史志目录的总汇,汇集历代正史、国史艺文经籍志以及相关考证与补撰之作,从二十五史的角度建构史志目录的完整体系,摸清中国古代文化典籍的家底,建立中国古代典籍信息库,显示各个时代各种学术的兴起、发展与演变,展现中国古代思想、文化与科技的繁荣,推动史学、目录学、文献学、图书史、学术史、文化史、科技史等多个学科领域研究的深化,以求有助于中国传统文化、民族精神的总结与传承,有助于揭示中国学术文化的发展规律和走向,有助于发现、确立和展开一系列文化创新的研究领域。

具体地说,《萃编》包括四方面的内容:第一,二十五史中本来就有的 7 部艺文经籍志,即《汉书·艺文志》《隋书·经籍志》《旧唐书·经籍志》《新唐书·艺文志》《宋史·艺文志》《明史·艺文志》《清史稿·艺文志》;第二,自宋代以来,对这 7 部艺文经籍志的考证、注释与补遗,如宋王应麟的《汉书艺文志考证》,清姚振宗的《隋书经籍志考证》,佚名(疑缪荃孙)的《唐书艺文志注》,清黄虞稷、卢文弨的《宋史艺文志补》等;第三,清代康、雍以来补撰的历代艺文经籍志,如清姚振宗的《后汉艺文志》《三国艺文志》,清秦荣光、文廷式、丁国钧、黄逢元、吴士鉴各撰的《补晋书艺文志》,聂崇岐的《补宋书艺文志》,陈述的《补南齐书艺文志》,清王仁俊的《补梁书艺文志》,李正奋的《补魏书艺文志》《隋代艺文志》,清顾櫰三的《补五代史艺文志》,清汪之昌的《补南唐艺文志》,清王仁俊的《西夏艺文志》,黄任恒的《补辽史艺文志》,孙德谦的《金史艺文略》,清钱大昕的《元史艺文志》等;第四,宋代国史艺文志的辑本及明、清两代的国史艺文经籍志,如赵士炜的《宋国史艺文志辑本》《中兴国史艺文志辑本》,明焦竑的《国史经籍志》,清谭宗浚的《大清国史艺文志》等。

以上 4 部分,收书下限至 1949 年,共计 84 部,每一部都择取精善完备的版本做底本,进行标点、校勘,尽量作深层次的整理,为学界提供准确、便捷的读本。全书分为 27 卷 31 册,共 968.8 万字。近 200 年来,学界对于史志目录的汇编整理工作一直十分重视,有多种成果问世,特别是 1955—1959 年商务印书馆出版的《十史艺文经籍志》,排印自汉至明史志目录 25 种;2009 年国家图书馆出版社出版的《历代史志书目丛刊》,影印史志目录 73 种，在史志目录汇编、整理和出版史上，都具有里程碑的意义。《十史艺文经籍志》首次采用旧式标点整理，《历代史志书目丛刊》给予有史以来最大数量的影印。与两者相比，《萃编》的收书数量后来居上，并且施以新式标点，又注重校勘，所以可以称得上是史志目录迄今为止最大规模的汇辑和整理。

《萃编》的问世，实现了前辈学者的心愿。如周予同先生在《中国经学史讲义》中说："历代正史中艺文志或经籍志，都记述了经部书目。我们若把这些志汇编起来，并加上《二十五史补编》中的补志，合为一书，点校注释，是了不得的工作。"来新夏先生在《古典目录学》中说："如果我们把正史艺文志和经籍志，加上各种补志，再加上《清史稿·艺文志》，进行整理汇编，那就构成了我国自古以来一部比较完整而正规的图书总目了。由于各时代的国家目录多已亡佚，因而这一套较为完整的史志目录便成为了解历代著述、藏书情况的重要依据。"乔好勤先生在《中国目录学史》中说："如果把原有的正史艺文志和后来的补撰连贯起来，就成了从上古到清初的中国古籍的总目。"台湾学者乔衍琯先生在《史志的整理与点校》一文中提出，应该点校出版一套历代艺文经籍志汇编与索引，并说"有了这样一个汇编的书，而且各自有单行本，那么对于需要利用的人就会感到非常方便"。山东大学著名学者殷孟伦先生，在 1970 年代末 1980 年代初也曾有汇编史志目录的计划，撰有汇编目录，并作了一定的资料准备。

1990 年，笔者在《图书馆工作》季刊第 3、4 期合刊（总第 49 期）上发表《从正史艺文志谈补志的得失》一文，对 7 部正史艺文志的优缺点、清代补志的历程和评价作了初步的探讨，文章最后指出："正史七志和自清至今补辑的多种史志，基本上构成我国二千年来系统完整的典籍目录。从这些著录中，可以探测各时代各种学术的兴起和发展情况，可以体现我国古代文化的繁荣。这些材料，是科研工作者的宝贵财富。可惜的是，这些材料仍很零乱，尚未得到很好的整理。如果能把七部正史艺文志和所有的补志，汇编成一部包括古今具有国家意义的图书总目录，各书下加注来源，最后再出综合索引，那么，这将是当今图书目录事业的一大盛事，它对弘扬民族文化必将产生深远而重大的历史影响。"《萃编》的问世，为实现笔者 24 年前的愿望，奠定了良好的基础。利用《萃编》的资料，再合以《清人著述总目》，完全可以整理出先秦至清代三千年的图书总目，中国古代到底有多少典籍的疑问最终可以给出一个比较准确的回答。对一个民族国家来说，建立起自古以来的图书文献信息库，就等于摸清了学术文化的家底，意义之大，自不待言。

1917 年张尔田为孙德谦的《汉书艺文志举例》作序，比较史志目录与官修目录、私家目录的不同，认为"三者惟史家目录其体最尊"，之所以最尊，是因为"所重在学术"之故，道出了史志目录的根本作用。尽管史志目录是以官修目录为蓝本，间亦参考私家书目而修撰，但史志目录对官修书目不是照抄照搬，而是给予符合史体的改造，《汉书·艺文志》

之于《七略》,《隋书·经籍志》之于《隋大业正御书目录》和《七录》,《旧唐书·经籍志》之于《古今书录》,《新唐书·艺文志》之于《开元四库书目》和《崇文总目》,莫不如此。史体尚简,不能保留原始的提要,故重在体现学术源流而已。何况官修目录大多亡佚,惟赖史志目录存其梗概,史志目录对于学术的保存之功,尤为重大。至于补志,以著录所补朝代著述为要务,更是直接反映和体现了所补朝代的学术研究状况。我们从《汉书·艺文志》的六艺略,不难发现先秦至西汉史学著述的稀少,比较《隋书·经籍志》的史部,就会感叹后汉以降史学著述的繁盛;比对《汉书·艺文志》的诸子略和《隋书·经籍志》的子部,就会感受到先秦诸子之学由汉前的极盛到魏晋以后的急剧衰落;比对《汉书·艺文志》的诗赋略和《隋书·经籍志》的集部,就能感觉到魏晋以下文学观念的转变和别集、总集编纂的高潮;阅读姚振宗的《后汉艺文志》,就会发现东汉真不愧是经学的极盛时代;浏览《新唐书·艺文志》和《宋史·艺文志》,就会发现唐宋时期地理学的繁盛和道家、道教受重视的程度;翻检张继才的《补元史艺文志》,就会发现元代《孟子》地位的进一步提高和《四书》研究的昌盛,以及元代杂剧创作的繁荣。《萃编》表现出的史志目录的完整性和系统性,使之可以作为认识和判断中国学术的一般性指南。

有些史志目录,以前或不为人知,或人们有所耳闻,然孤本流传,难得一见。经过尽力的搜访,《萃编》推出了一批首次面世的史志目录或版本,如清王仁俊的稿本《补宋书艺文志》和《补梁书艺文志》,李正奋的稿本《补魏书艺文志》《隋代艺文志》《隋代艺文志辑证》,佚名(疑常麟书)的《汉隋二志存书述略》,孙德谦的残稿本《金史艺文略》和初稿本《金史艺文略》,清郑文焯的稿本《金史补艺文志》,吴骞的《四朝经籍志补》清抄本,张继才的《补元史艺文志》抄本,等等。新史志、新版本的发现,会给多个学术领域的研究带来新的气象。

在整理过程中,我们努力做到严肃认真,故返工重做时有发生。如陈朝爵的《汉书艺文志集说》,原以安徽省立大学石印本为底本,6卷,有缺页,已于2010年10月完成了2校清样。2011年4月,我们自首都图书馆得到《汉书艺文志约说》,7卷。经比对,《集说》书后所附勘误表10多页,在《约说》中已被悉数改正。《集说》的缺页,《约说》正可补全。《约说》的内容,较《集说》更为丰富。很显然,《集说》是初稿,《约说》是后定稿,故改换《约说》为底本,重新整理。郑文焯的《金史补艺文志》,我们先在北京大学图书馆过录了一个稿本,后用《上海图书馆未刊古籍稿本》影印本作比对,发现上图本较之北大本内容有所增补,更加完整,故改用上图本作底本。李正奋《补魏书艺文志》,先用抄本作底本,后改用稿本作底本,二本内容有较大差别。焦竑的《国史经籍志》,先用《续修四库全书》影印明徐象橒曼山馆刻本,后改为《四库存目丛书》影印明万历三十年陈汝元函三馆刻本,陈本的版本价值远远高出徐本。除在版本上精益求精、不惜返工外,我们特别重视清样的校对,清样经常校到 3 遍 4 遍,尤其注重死校,这样即便标点有所不妥,也会保证文字的准确性,读者可以放心利用。

"萃编"是"汇编"的意思,不是"精华编"的意思。也就是说,《萃编》尽量努力做到不遗漏。我们在编纂过程中,经常遇到的情况是,有些史志目录虽有踪迹可寻,但查无下落,不见原书,是存是亡,难以遽论。梁启超在《图书大辞典簿录之部》中提到的清李赓芸《汉书艺文志考误》一卷、厉鹗《补后汉艺文志》、洪饴孙《补后汉书艺文志》一卷、潘令华《隋代经籍志现存书目》一卷、清朱文藻《宋史艺文志》、清尤侗《明艺文志》五卷,刘纪泽在《目录学概论》中提到的李笠《汉书艺文志汇注笺评》、劳颎《补后汉艺文志》、褚德懿《补梁书经籍志》、杨守敬《隋书经籍志补证》、王荣兰《宋史艺文志补遗》、徐鼐《明史艺文志补遗》等,范希曾在《书目答问补正》中提到的杭世骏《补历代艺文志》、汤洽《补梁书艺文志》和《补陈书艺文志》、汪士铎《南北史补志》、柳逢良《隋书经籍志考证》等,台湾梁子涵在《中国历代书目总录》中著录的段凌辰《汉书艺文志汇注笺释》、饶懿《新莽艺文志》、清王仁俊《隋书经籍志补校》、罗振玉《新唐书艺文志考证》等,以及其他散见于文献记载者,如瞿润缊《汉书艺文志疏证》、傅云龙《补晋书艺文志》、清洪饴孙《隋书经籍志考证》、清金门诏《明史经籍志》等,在编纂整理时皆不曾找到。我们在惊诧于史志目录散亡惨烈之余,在百般搜求未果的无奈之下,把这些信息写进《萃编》前言,期待着这些史志目录还能够重见天日。

令人欣慰的是,在《萃编》出版过程中,部分待访的史志目录被陆续发现。《图书馆杂志》2014 年第 2 期发表中山大学中国古文献研究所王宣标的文章《新见尤侗〈艺文志〉五卷述略》,指出被前人怀疑已经亡佚的尤侗《艺文志》,就存于上海图书馆《西堂全集》所附《余集》里。此书的发现,对研究《明史·艺文志》的成书过程具有重要意义。2014 年 6 月 17 日,笔者接到中国台湾东吴大学中文研究所博士班郭明芳先生的电子邮件,说瞿润缊《汉书艺文志疏证》稿本今藏台北"国家图书馆",100 多页,并寄来一帧书影。6 月 21 日,郭明芳先生在邮件中提到目前所查到台北各馆所藏艺文志情形,有《大清国史艺文志》10 卷、《大清国史艺文志》5 卷两种,皆清国史馆编,清内府朱丝栏写本,藏台北"故宫博物院"图书馆。姚振宗《三国艺文志》4 卷、《后汉艺文志》4 卷、《汉书艺文志拾补》6 卷、《汉书艺文志条理》8 卷,皆清宣统 3 年蓝格清抄底稿本;《汉书艺文志拾补》6 卷,又有清光绪 17 年著者手稿本,均藏台北"国家图书馆"。众所周知,姚振宗是清季目录学大家,在史志目录研究方面成就卓著,他的《快阁师石山房丛书》7 种,有 2 种稿本在复旦大学图书馆,有 4 种稿本在台湾,如果再能找寻到《隋书经籍志考证》的稿本,然后把 7 种稿本珠联璧合,影印出版,将是姚氏之幸,学林之幸。《萃编》若能用到姚氏在台 4 种稿本做底本、校本,也会大大提高整理质量。6 月 25 日,郭明芳先生在邮件中说,利用《民国时期期刊全文数据库》,又查得徐仁甫《汉书艺文志补注补正》(《志学》廿五期)、《汉书艺文志补注补正》(《成高国文学会学刊》第一期)、《补隋书艺文志》(《志学》22期),以及张舜徽《汉书艺文志讲记》(《文艺校刊》第二期,1935年)等。

笔者和刘心明教授在《萃编》的前言中,曾表达过续编的想法。今有王宣标、郭明芳等先生积极找寻,以及大型数据库的有效利用,数年来苦觅不得的史志目录,有些已陆续现身。新发现的史志目录,连同1949年之后问世的史志目录考补之作,如张舜徽《汉书艺文志通释》、陈乐素《宋史艺文志考证》、刘兆佑《宋史艺文志史部佚籍考》、蒋孝瑀《明史艺文志史部补》、《台湾师范大学国文研究所集刊》创刊号所收5种南北朝补志等,适时汇辑为《萃编》的续编。最后统编《萃编》与续编的索引,单独印行。

《萃编》于2005年立为全国高等院校古籍整理研究工作委员会重点项目,2007年列入国家古籍整理出版"十一五"重点规划,2012年获得山东大学人文社科出版基金资助,2013年获得山东大学儒学高等研究院资助。从立项到出版,前后跨涉8年。在时间上与《两汉全书》后期工作重合,而与《儒藏经部诗类》几乎同步。通过三个项目的锻炼,山东大学的古籍整理研究队伍不断壮大,能力不断提高。如今,我们把主要精力用在了"全球汉籍合璧"上。有三个项目的编纂经验和学术基础,"合璧"会做得更好一些。

《传统中国研究集刊》征稿启事

本刊入选 2012—2013、2014—2015 南京大学中文社会科学引文索引 CSSCI 来源集刊。本刊致力于传统中国研究,不分畛域,刊载传统中国研究相关各领域研究论文,同时也注意文献整理及刊发已故前辈学者的遗稿。期盼海峡两岸暨港澳地区学者师友惠赐大作,共同弘扬传统中国文化。

凡赐稿者,务请写明所在单位、职称、研究方向和通讯地址。本刊概不收取版面费,一经采用,即致薄酬。

稿件格式

一、本刊一律采用"宋体—简体"字体。

二、文章标题用三号黑体,二级标题用四号黑体,三级标题用小四号黑体。级次一般用一、二、三,(一)(二)(三),1. 2. 3. (1)(2)(3)。序数中文序号用顿号,阿拉伯数字用下标圆点分开。

三、文章前须附:

1. 摘要:300 字以内,宋体小五号字体。

2. 关键词:3—5 个左右,中以分号分隔。最后一词后不用标点。

四、正文采用宋体五号。凡另起一行的整段引文用五号楷体,前(左)面缩进四格,后(右)面不缩进。

五、注释一律采用脚注,注码用"①②③……","每页重新编号"方式。注释码置于句号、逗号、引号之后,不出现在顿号后,句中不出注。

注释格式如下:

1. 一般著作标注方法:责任者与责任方式/文献题名/出版者/出版时间/页码。责任方式为著时,"著"可以省略,其他责任方式不可省略。引用翻译著作时,于国外作者前加[ ],将译者作为第二责任者置于文献题名之后。如:

赵景深:《文坛忆旧》,北新书局 1948 年版,第 43 页。

[英]弗思:《人文类型》,费孝通译,华夏出版社 2002 年版,第 25 页。

2. 古籍标注方法:责任者与责任方式/文献题名(卷次、篇名、部类)/版本/页码。如:

姚际恒:《古今伪书考》卷三,光绪三年苏州文学山房活字本,第 9 页。

3. 期刊报纸:责任者/文献题名/期刊名/年期(或卷期,出版年月)或者责任者/篇名/报纸名称/出版年月日/版次。如:

何龄修:《读顾诚〈南明史〉》,《中国史研究》1998年第3期。

《上海各路商界总联合会致外交部电》,《民国日报》(上海)1925年8月14日,第4版。

4. 外文书刊:责任者与责任方式/文献题名/出版地点/出版者/出版时间/页码。其中文献题名用斜体,出版地点用英文冒号,其余各标注项目之间,用英文逗号隔开。如:

Peter Brooks, *Troubling Confessions: Speaking Guilt in Law and Literature*, Chicago: University of Chicago Press, 2000, p.48.

5. 同一文献再次引证时只需标注责任者、题名、页码,出版信息可以省略。

六、所有引文均需核实无误,文献版本应信实可靠。

图书在版编目(CIP)数据

传统中国研究集刊.第十六辑/上海社会科学院《传统中国研究集刊》编辑委员会编.—上海：上海社会科学院出版社,2017
 ISBN 978-7-5520-2091-5

Ⅰ.①传… Ⅱ.①上… Ⅲ.①中华文化-文集 Ⅳ.①K203-53

中国版本图书馆CIP数据核字(2017)第198050号

传统中国研究集刊　第十六辑

上海社会科学院《传统中国研究集刊》编辑委员会　编
责任编辑：章斯睿
封面设计：黄婧昉
出版发行：上海社会科学院出版社
　　　　　上海顺昌路622号　邮编200025
　　　　　电话总机021-63315900　销售热线021-53063735
　　　　　http://www.sassp.org.cn　E-mail:sassp@sass.org.cn
照　　排：南京理工出版信息技术有限公司
印　　刷：上海天地海设计印刷有限公司
开　　本：787×1092毫米　1/16开
印　　张：16.25
插　　页：1
字　　数：308千字
版　　次：2017年6月第1版　2017年6月第1次印刷

ISBN 978-7-5520-2091-5/K·407　　　　　　　定价：69.80元

版权所有　翻印必究